KANT
ET
LA FONDATION ARCHITECTONIQUE
DE LA MÉTAPHYSIQUE

(Ce qu'il manque à ce livre) !
Une thèse claire, une véritable idée.
Quelque chose de porteur !
↳ il lui manque des clefs
(et un bon écrivain)...
un qui ne soit pas bêloge

FRANK PIEROBON

Kant et la fondation architectonique de la métaphysique

Préface de

MARC RICHIR

JÉROME MILLON

© Editions JÉRÔME MILLON
GRENOBLE - 1990
ISBN : 2 905614 44 7
ISSN : 0985 6684

Préface

Si, contrairement à la règle, j'entreprends de préfacer l'ouvrage d'un auteur vivant, ce n'est certes pas que je me sente obligé de présenter celui-ci au public — il se défendra tout seul —, ni que j'éprouve le besoin de rendre son livre «accessible» en indiquant plus ou moins dans quel sens il me paraît qu'il faut le lire — pour cela, chacun en décidera. C'est seulement pour expliquer, à propos d'un travail apparemment très austère consacré à la première *Critique* de Kant, tout à la fois une découverte, une passion, et une interrogation.

La découverte, c'est, cela va de soi, celle de la nouveauté, comme toujours déconcertante, et propre à bouleverser pas mal d'idées toutes faites sur le criticisme. Il s'agit en effet ici de prendre Kant réellement au sérieux, de le lire selon ses consignes propres, de mettre entre parenthèses tout ce que l'on croit en savoir ou en avoir déjà compris. Ce serait déjà hautement estimable du point de vue de l'historien, si, par surcroît, le projet sous-jacent n'était proprement «métaphysique», ne touchait, selon la «vision» centrale de Kant lui-même, à la «nature» même de la pensée — et à contre-courant, faut-il l'ajouter, de ce qui est généralement reçu aujourd'hui, dans la sorte de marais bordé par ces deux massifs que constituent Heidegger et Wittgenstein: est en question la mise en perspective de la métaphysique comme «disposition naturelle» de l'esprit humain par la métaphysique comme «science», c'est-à-dire, en quelque sorte, comme «disposition» *architectonique* de la pensée. Voila bien une conception de la «scientificité» qui ne nous est plus du tout familière, et qu'il faudra désormais méditer à nouveaux frais pour aborder les successeurs immédiats de Kant : Fichte, Schelling, Hegel. La lecture ici proposée est toute nouvelle parce qu'elle rend compte, à merveille, des articulations du texte kantien dans leurs détails — détails que l'on passe le plus généralement en les attribuant au souci plus obsessionnel que narcissique d'un auteur excessivement pointilleux — : bien des passages difficiles de la *Critique* s'éclairent subitement, bien des divisions ou des enchaînements d'apparence baroque — et mis au compte d'une néo-scolastique post-leibnizienne — apparaissent rigoureux et nécessaires, et même les obscurités les plus rebelles y trouvent des raisons de principe. Bref, on retire l'impression de n'avoir jamais lu Kant avec l'attention qu'il requérait de son lecteur, et cela, pour avoir manqué la mise en perspective architectonique de la pensée, et surtout, de la métaphysique. C'est à cet égard, mais à cet égard seulement, que l'entreprise paraîtra ardue : elle a tenu le pari de réexposer la première *Critique, autrement,* avec et depuis la compréhension de l'architectonique du «système» critique tout entier. Double parcours, qui n'intéressera pas seulement les «spécialistes» de Kant, mais tous ceux pour qui importe «l'affaire» de la pensée, puisque l'on se rend vite compte qu'en réalité, penser n'est pas «manipuler» ou «bricoler» avec des constantes, mais avancer avec des «variables», des «termes» dont la signification change à mesure que l'on chemine et que le «paysage mental», dans ce cheminement, prend des aspects tout différents, l'erreur de lecture, et l'illusion transcendantale, étant de supprimer la mobilité multidimensionnelle du penser dans l'instantanéité ponctuelle ouvrant à un plan étale, et d'homogénéiser ce qui ne peut l'être : tout comme, plus près de nous, et de manière pour ainsi dire transposée, l'a tenté le «structuralisme», en stratifiant (et en hypostasiant) les divers niveaux d'articulation symbolique.

La passion, c'est donc celle de «voir» à l'œuvre, chez Kant et à travers Kant, une conception, au sens fort, de la pensée, qui paraît plus proche de son énigmatique «réalité» que ce semble avoir été le cas chez d'autres philosophes. C'est en ce sens que l'ouvrage ici publié m'apparaît, peut-être au-delà des intentions explicites de son auteur, porter plus loin que sur une «rééévaluation» du kantisme, et par voie de conséquence, de l'idéalisme allemand. Malgré les apparences que peuvent susciter les métaphores optiques (éclipse, anamorphose) ou topologiques (symétrie chirale) utilisées pour rendre compréhensible le travail architectonique, ce livre n'est précisément pas «structuraliste» : il montre, de manière remarquable, que s'il n'y a pas de pensée possible sans termes langagiers issus de la tradition linguistique de la philosophie, il n'y a pas non plus de pensée possible hors de son *mouvement* à elle, qui les *in-détermine*, les relativise, les fait évoluer à l'intérieur d'un halo, dont l'indéterminité irréductible serait celle de l'«acte» même de penser — ou de ce

que l'interprète nomme la *genèse* phénoménologique. J'y trouve quant à moi une illustration tout à fait étonnante de ce que je
cherche à penser comme l'action à distance de la dimension phénoménologique et de la dimension symbolique de l'expérience.
«Illustration» parce que nous trouverions, avec la question
propre de la *Critique de la Raison pure*, et plus loin, dans ses
profondeurs, l'ébauche d'une «matrice transcendantale» de la
pensée allant bien au-delà des problèmes liés à la fondation épistémologique. Kant aurait été le premier à en éprouver la puissance et la fécondité depuis son point de départ historique — à savoir interroger et réfléchir la représentation de nos moyens
cognitifs qui est pourvue par l'institution symbolique, nouvelle,
de la science moderne, et qui est propre à remettre en question la
représentation, classique de ces mêmes moyens, dérivée de l'institution symbolique, ancienne, de la métaphysique classique.

Cette passion, je l'avoue, ne va pas, pour finir, sans une interrogation. Elle concerne le statut scientifique, qui a tant agité,
à des degrés divers, l'idéalisme allemand, de l'architectonique
kantienne — et l'on sait que celle-ci a déjà été mise à mal par
Fichte, dès 1794, qui voyait précisément, dans les trois *Critiques*, des assemblages baroques. Pour le dire d'un mot, on
n'est pas forcé, pour lire l'ouvrage qui va suivre, de croire en
l'unicité scientifique de l'architectonique kantienne, mais du
moins est-on obligé, si l'on en doute contre Kant lui-même,
d'élever le débat, ce qui est très nouveau, surtout par rapport à
Heidegger, au niveau même de la *possibilité* architectonique de
la pensée — ce qui ne veut surtout pas dire au niveau d'une architectonique des architectoniques puisque cela supposerait
que nous puissions disposer d'un point de vue extérieur d'où
les architectoniques possibles pourraient être «mises à plat»
dans un ou des plans différents. Formulée de la manière la plus
générale, l'interrogation est la suivante : si l'architectonique est
le tout de la pensée, en lui-même imprésentable (principiellement hors de toute *Vorhandenheit*, donc de toute *théôria*) mais
déployé par la pensée dans son mouvement même de penser,
en des termes et des distinctions de termes eux-mêmes variables au cours du mouvement, celui-ci est-il pour autant tout
à fait indépendant des termes qu'il met en place, sur lesquels il
prend appui, et qu'il distribue selon les tours et détours indéfiniment subtils de son cheminement ? Autrement dit, n'y a-t-il
pas dans l'idée architectonique une irréductible *circularité*,

celle, précisément, de l'institution symbolique, dont la pensée aurait trouvé, en quelque sorte, avec elle, le cercle le plus englobant ? Question hégélienne, on le voit, mais tout autant question posée à Hegel, dont le génie aurait à tout le moins été de penser la circularité dans son irréductibilité. Plus largement, est donc posée par là la question générale du «système», qu'il s'agisse du système philosophique ou, plus profondément, des systèmes symboliques — telle qu'elle est posée, par exemple, par Lévi-Strauss dans les *Mythologiques* — comme système (Fichte, Hegel) ou comme systèmes (au pluriel) «de l'esprit humain». La *possibilité* architectonique de la pensée est manifestement à prendre en un sens heideggerien, «ontologique», même si Heidegger lui-même ne l'a jamais envisagée *comme telle*. Jouerait dès lors, dans l'épreuve concrète, par la pensée, de ce possible, quelque chose comme le «tout» du *Dasein* sous l'horizon de la mort. Ce n'est pas pour autant que, par quelque ironie, nous soyons ainsi renvoyés à cet autre «système» mis en place et en œuvre dans *Sein und Zeit*, et même si ce devrait être par-delà l'élaboration heideggerienne du problème kantien, elle-même insensible, précisément, à la question architectonique[1]. Kant a lui-même traité, en effet, de l'épreuve de la mort dans le «moment» du sublime, qui constitue sans doute tout à la fois l'abîme et le pivot de l'édifice critique tout entier — le lieu pour ainsi dire «subjectif» ou phénoménologique où se retourne pour se réfléchir dans le gouffre l'architectonique du système dans son ensemble. Sans doute, chez Kant, ce lieu est-il lui-même architectoniquement situé et divisé (sublime mathématique et dynamique). Mais peut-il l'être *en général* ? Et peut-il l'être, plus particulièrement *dans* la philosophie ? Manifestement non, à moins de réduire, ce qui a été la faute originelle des philosophes, la pensée à la pensée philosophique. L'interrogation demeure néanmoins abyssale à remarquer qu'il revient à la philosophie de s'interroger sur la pensée, c'est-à-dire aussi sur le *sens* en général, et par là, sur la pensée et le sens qu'il y a aussi dans la non-philosophie. Alors peut-être s'ouvrent de tout nouveaux horizons : la philosophie, nous aurait montré Kant, serait cette manière ou ce style propre de descente aux abîmes dont ressortirait dans sa possibilité *ontologique* tel ou tel *par-*

---

1. Frank Pierobon s'en est expliqué dans son étude : «Le malentendu Kant/Heidegger», *Epokhè*, n° l, Jérôme Millon, Grenoble, pp. 127-202.

cours sensé de la pensée *à travers* et *dans* les «systèmes» symboliques, dont le plus familier et le plus prégnant est sans doute celui de la langue. Par là pourrait s'envisager une phénoménologie du langage opérant délivrée du logicisme ou de l'hyperlogicisme encore secrètement à l'œuvre dans le structuralisme.

La transformation de la conception de la pensée qui soustend le livre publié ici, et, je n'en doute plus, l'œuvre de Kant, est telle qu'elle permet à tout le moins, en retour, de réfléchir la nature du langage philosophique, et de là, la nature du langage — je ne dis pas de la langue : j'entends ici la pensée —, à la fois dans ses subtilités infinies et dans ses illusions les plus infimes, qui ne sont pas moins prégnantes dans la non-philosophie que dans la philosophie. C'est dire combien mon interrogation est soutenue par la passion, et combien elle y renvoie. Au-delà d'un ouvrage sur Kant, techniquement exigeant et éclairant, rendant justice à un très grand philosophe, il s'agit ici, dans une distance elle-même énigmatique par rapport à l'œuvre revisitée, et quelles que puissent être les perplexités du lecteur quant au statut de cette distance, d'un exercice de penser *à neuf*, où chacun peut trouver son bien.

Marc RICHIR

Le belge cultivé qui écrit est une souffrance.
Il éprouve un tel besoin de montrer
"qu'il parle français mieux qu'un français"
qu'on pique irrémédiablement du nez à
tout tentative de lecture. Voyez mes profs:
Richir, Legros, Stengers, Hottois, Pieub

Introduction

La *Critique de la raison pure* d'Emmanuel Kant est l'un des ouvrages les plus commentés de la tradition philosophique. Qu'il y ait eu tant et tant d'interprétations différentes et qu'elles aient pu tant diverger entre elles, a souvent été interprété par les plus bienveillants comme le signe d'une fécondité inépuisable et par les plus malins, comme celui d'un vice sans remède dans la fondation même de l'entreprise critique ; naturellement, pour ces derniers, ce vice serait cependant porteur d'une fécondité philosophique non moins immense voire décisive, felix culpa, mais qui, faute du point de vue approprié, serait restée comme cachée à Kant lui-même, tenant ici le rôle du coq qui a trouvé un diamant.

Il est frappant de trouver dans la *Critique* même, une remarque qui s'applique exactement à ce dialogue de sourds entre l'auteur et son lecteur. En effet, Kant propose une distinction entre la *cognitio ex datis* et la *cognitio ex principiis*[1] sur laquelle il nous faut méditer avant d'aborder l'examen de tout texte philosophique, a fortiori si ce texte procède d'un système. Au premier terme de cette distinction correspond la connaissance «historique», au second, la connaissance «rationnelle»...

> «...celui qui a proprement appris un système de philosophie, par exemple le système de Wolff, eût-il dans la tête tous les principes, toutes les définitions et toutes les démonstrations, ainsi que la division de toute la doctrine, et fût-il en état de tout dénombrer sur

1. A836/B864, p. 1387, traduction d'Alexandre J.L. Delamarre et François Marty, dans l'édition complète des *Œuvres philosophiques* d'Emmanuel Kant, parue aux Editions Gallimard, 1980, Bibliothèque de la Pléïade. Nous ferons désormais référence constante à cette édition, qui a été adoptée dès sa parution par toutes les personnes passionnées par la pensée kantienne. Les références, suivant le modèle classique (A pour la première édition, B pour la seconde), sont suivies du numéro de la page dans cette édition. Nous avons pensé faciliter la lecture du présent travail en mentionnant les références dans le corps de notre rédaction, réservant les appels de notes à d'autres fins.

le bout des doigts, celui-là n'a pourtant qu'une connaissance historique complète de la philosophie de Wolff ; il ne sait ni ne juge rien
de plus que ce qui lui a été donné. Contestez-lui une définition, il ne
sait où en prendre une autre. Il s'est formé d'après une raison étran-
gère, mais le pouvoir d'imitation n'est pas le pouvoir de création,
c'est-à-dire que la connaissance n'est pas résultée chez lui de la raison (...). Il l'a bien saisie et bien retenue, c'est-à-dire bien apprise, et
il n'est que le *masque d'un homme vivant.*» A836/B864 p. 1387,
Théorie transcendantale de la méthode, Chapitre III.

Ce dernier trait est d'autant plus terrible, qu'il semblerait
bien que la philosophie kantienne ait eu à subir cette momifica-
tion dont question à propos du système de Wolff et qu'un tel
sort soit réservé à toute philosophie à proportion de sa systématicité. En revanche, la «connaissance rationnelle» à laquelle
pense Kant pour l'opposer à la connaissance historique doit
être puisée «aux sources communes de la raison, d'où peut
aussi résulter la critique et même la décision de rejeter tout ce
que l'on a appris...» (*Ibid.*, A837/B865, p. 1388).

Déjà ici le malentendu menace. Kant ne parle pas spécifiquement de l'enracinement d'une philosophie systématique
dans la Tradition sans laquelle elle n'aurait pas vu le jour et, en
parlant de «connaissance historique», il ne pense pas aux historiens de la philosophie[2] ; de même, quand il parle de «connais-

2.   Pour autant que l'on fasse la différence entre l'histoire de la philosophie
     et la philosophie elle-même. Que la seconde ne soit plus que le synony-
     me de la première constitue un péril extrême non seulement pour la phi-
     losophie elle-même, mais aussi pour la pensée et la liberté humaines.
     Kant l'avait pressenti: «Il y a des savants pour qui l'histoire de la philoso-
     phie (ancienne aussi bien que moderne) constitue la philosophie elle-
     même; ce n'est pas pour eux que sont écrits les présents Prolégo-
     mènes....» *Prolégomènes à toute métaphysique future qui pourra se pré-
     senter comme science,* traduction de Jacques Rivelaygue, *Œuvres*, T. 2,
     IV, 255, p. 17. Il s'agit, cependant, de ne pas tomber dans l'excès inverse
     car il est certain que de très belles études faisant date dans l'histoire de
     l'histoire de la philosophie ont ouvert la voie à une meilleure compréhen-
     sion de l'œuvre de Kant. A ce travail immense (et l'on pense tout de suite
     à Cassirer, H. -J. de Vleeschauwer, A. Philonenko, L. Guillermit, B.
     Rousset, etc.), il n'est rien d'utile que l'on puisse ajouter sans revenir
     aussitôt à des problèmes de cohérence systématique qui exigent que l'on
     dépasse le point de vue non seulement historien, mais aussi «historique»
     au sens explicite ci-dessus pour en revenir au point de vue «rationnel» et
     que l'on retrouve le principe qui dirige l'architectonique et transforme
     l'agrégat qu'énumère sans comprendre la «connaissance historique», en
     un *ensemble* dont la connaissance rationnelle exige d'en faire appa-
     raître l'Idée. Si la compréhension de l'histoire de la philosophie ne

sance rationnelle», il ne songe pas un instant (ce en quoi il appartient à son siècle) que la philosophie puisse être autre chose que «le système de toute connaissance philosophique» (A838/B866, p. 1388). Il est clair, pour Kant en tout cas, qu'en dehors de la systématicité d'une telle connaissance, l'on ne pourrait trouver que les «chimères» suscitées par la métaphysique comme disposition naturelle, à laquelle il pense avoir trouvé le remède définitif.

Or, il est frappant que toutes les interprétations importantes de la Critique n'ont pu se construire qu'en privilégiant telle ou telle partie, et pire, n'ont pu se maintenir qu'en disqualifiant délibérément certains de ses éléments essentiels; songeons au peu de cas que faisait l'École de Marbourg, de l'esthétique transcendantale, ou au sort réservé à toute la problématique de l'entendement par Martin Heidegger. Laissons cependant aux historiens le soin de nuancer cette remarque, laquelle serait sans portée si nous pouvions vraiment nous persuader a priori que Kant demeure indifférent aux questions d'unité systématique et que le plan de son ouvrage n'a pas de signification architectonique par elle-même. C'est, bien sûr, tout le contraire:

> «...la Critique, et elle seule, contient en soi le plan total bien examiné et éprouvé, et même tous les moyens d'exécution qui permettent de réaliser la métaphysique comme science; par d'autres voies et moyens, c'est impossible.»[3]

Ne prenons pas ces paroles à la légère. La *Critique de la raison pure* forme en effet une totalité à ce point organisée qu'elle ne laisse aucun «ailleurs» d'où l'on pourrait l'interpréter. Dès lors, et inversément, pour qu'une interprétation au sens courant du terme (non une simple paraphrase) puisse être rendue possible, il faut tout d'abord établir un ailleurs en marge de cette totalité, ce qui ne peut se faire qu'en niant telle ou telle région de l'architectonique. Il n'y a de lecture possible de la *Critique* qu'immanente et Kant récuse avec la dernière force toute autre lecture. Il faut donc tout d'abord accepter absolument «tout» dans la *Critique* si l'on veut se donner les moyens

---

peut s'appuyer que sur une compréhension encore plus assurée de la philosophie elle-même; la rigueur exigée pour cette dernière renvoie immanquablement à l'étude de la première.

3. T. 2, IV, 365, p. 152, *Prolégomènes, trad. citée.*

d'établir si ce «tout» a la cohérence revendiquée. On ne peut, en toute bonne foi, détruire l'unité de la *Critique* pour se plaindre ensuite qu'elle en manque fondamentalement.

En matière d'écriture, la méthode ordinaire consiste à organiser dans un semblant de cohérence un ensemble de pensées produites par une prétendue «inspiration» qui glisse de l'une à l'autre sans que sa propre nécessité retentisse à travers elles. A l'opposé de ce genre peu méthodique de méthode, Kant revendique bien haut un plan systématique pour sa *Critique* et va jusqu'à en tirer justification pour quelques uns de ses développements, fussent-ils apparemment inopportuns ou par trop abstraits. Que l'on songe aux exemples que nous fournit la première Critique, notamment à la «table du rien» à la fin de l'Analytique ou à celui de l'«Histoire de la raison pure» simplement esquissée dans un souci de complétude. Songeons même à la découverte tardive, entièrement due à l'architectonique, de la possibilité, voire même la nécessité d'une *Critique de la faculté de juger*, comme Kant l'explique à Reinhold, dans sa célèbre lettre du 18 décembre 1787.

Méfions-nous cependant. Si d'ordinaire, il est bien facile de repérer les grands ordonnancements typiquement kantiens, tels que la table des catégories, la division des facultés, etc., en revanche, ceux-ci sont d'autant plus opaques qu'ils sont évidents. L'unité visible, la régularité des façades, les belles symétries ressortissent à l'unité dite «technique» qui ne concerne que le domaine de la représentation, tandis que la vraie unité, celle qui compte, c'est l'unité «architectonique» (*Architectonique*, A833/B861 p. 1385).

L'architectonique, pour Kant est l'art des systèmes. Un système se définit tout autant dans l'individuation de ses divers éléments que dans l'unité totalisatrice de leurs articulations réciproques. Elle n'est pas seulement l'unité de la représentation, elle est aussi l'unité dans la genèse de ces représentations, et encore l'unité de la représentation d'avec sa propre génèse : la définition kantienne du concept de la liaison contient toute l'architectonique, du moins son «germe».

Nous voilà ainsi au cœur du débat. Peut-on représenter l'architectonique tout en lui conservant, effectivement, son unité ? Ne faut-il pas quelque distance entre cette unité, forcément idéale, de l'architectonique et sa représentation, forcément phénoménale, quelque distance qui serait celle de sa schématisation ?

Or, il faut bien le noter, le plan général de la *Critique* est réglé de loin par l'architectonique, moyennant la distance qu'il y a d'une métaphysique systématique à une critique. Cette distance de l'archétype à l'ectype, de l'original à la copie exprime la part du feu, de la contingence portée par une critique dont la raison d'être réside dans les erreurs qu'elle dénonce et qu'elle réduit en la systématisant. Certes, la Tradition a déjà commencé à décanter et à dégrossir ces erreurs en les réfléchissant mais la Critique les prend dans l'état où elle les trouve, et cet état lui-même, le degré de cette systématisation déjà opérée par des générations de penseurs, ne peut se décider au départ de la métaphysique systématique, soustraite a priori à toute historicité. Ainsi, si la *Critique* part des fictions métaphysiques pour atteindre l'horizon de la métaphysique comme science, le trajet inverse, qui est celui des *Prolégomènes*, est impossible, et, il faut le remarquer, la quatrième question capitale, celle de la possibilité de la métaphysique comme science, est littéralement éludée alors que le plan même des *Prolégomènes* la rend incontournable.

Il faut donc bien identifier ce risque pour la pensée : la métaphysique systématique apparaissant comme l'horizon où disparaissent les lignes de fuite des fictions métaphysiques dissoutes par leur systématisation critique, cet effet d'horizon risque de conforter le philosophe contemporain dans l'illusion qu'une telle métaphysique ne peut être donnée in concreto, et dans cette illusion plus grave encore, que devant toujours finir par elle lorsqu'on passe par la Critique, il nous serait absolument interdit de commencer par elle, comme à partir d'un donné. C'est pourtant exactement et explicitement cela que Kant entreprend de faire dans les *Prolégomènes*.

En considérant la métaphysique de manière unilatérale, c'est-à-dire en privilégiant le point de vue qui fait de celle-ci un horizon que la tradition philosophique s'efforcerait indéfiniment d'atteindre comme la fin idéale de son histoire, l'on se prive de la perspective dans laquelle on pourrait enfin apercevoir que ce devenir de la réflexion philosophante ne perd rien de son propre mouvement lorsqu'elle «passe la limite» et devient une «métaphysique» ; rien n'est perdu de son mouvement et la philosophie, à son propre insu, garde intacte sa faculté de tourner en rond, remémoration praxique, itinéraire de vie. L'illusion transcendantale de la philosophie est de se croire taillée dans une seule étoffe et de croire qu'elle reste à elle-même identique quels que soient ses objets. Dans ce fantasme d'hégémonie, elle est la métaphysique comme disposition naturelle, laquelle est à la métaphysique systématique, ce que l'imagination est à l'entendement.

En effet, ce mouvement propre à la métaphysique, dédoublée entre une disposition naturelle et une scientificité qui s'éclipsent l'une l'autre sans jamais se fixer, ce mouvement de la réflexion, dis-je, est semblable à celui de l'activité synthétique de l'imagination qui continue à «imaginer» alors que sa synthèse (nécessairement temporalisatrice et temporalisée) peut «passer à la limite» et se cristalliser en un concept détemporalisé.

Ce que la pensée risque n'est autre que l'enfermement dans la disposition naturelle envers la métaphysique, disposition qu'elle est satisfaite de reconnaître comme la sienne et dont elle jouit narcissiquement, car il n'y a plus rien entre elle-même et son reflet illusoire. La leçon vaut encore aujourd'hui, soyons-en sûrs, car l'apparence ne cesse pas, du simple fait d'avoir été dénoncée.

Le danger que court la pensée provient de ce que la métaphysique systématique ne lui est pas aussi intensément présente que la fiction métaphysique, parce que dans un système des erreurs, seules les erreurs sont visibles. On pourrait poser la question ainsi : une Critique pure en elle-même est-elle possible ? L'entreprise critique peut être comparée à l'homme invisible qui ne voit ses mains que pour autant qu'il les salit ; pures, elles en redeviennent invisibles. Lorsque des parties purement architectoniques apparaissent en pleine lumière, — et nous pensons ici surtout à la table des catégories —, elles apparaissent parfaitement opaques et arbitraires.

La métaphysique systématique ne peut entrer dans une représentation qu'en perdant de sa cohérence architectonique, qui est celle que la faculté de juger a pour tâche interminable de vérifier et de restaurer, si besoin est. Inversément, toute représentation soumise au travail de la réflexion, gagne en cohérence, en «unité» dirait Kant, ce qu'elle perd en visibilité, c'est-à-dire en «représentabilité», si l'on peut se permettre ce barbarisme.

La conséquence, pour le lecteur de la *Critique,* est à relever dans la terminologie kantienne d'un maniement si délicat. En effet, à la myopie qui nous prive de la signification de l'ensemble (dont la *Critique* ne nous donne que l'ombre projetée), s'ajoute une sorte de presbytie qui nous fait perdre celui du détail, c'est-à-dire le sens ponctuel des différents termes ; tout lecteur n'a d'autre ressource que de s'en remettre à la définition usuelle des termes qu'il rencontre, définition confortable dans la mesure où elle garde toujours sa préséance sur le contexte et conserve ainsi sa rassurante familiarité.

Nous visons à l'établir, la pensée architectonique kantienne s'effectue, à travers les développements rédigés de la *Critique*, comme une redéfinition progressive des définitions inaugurales sur laquelle elle prend son essor. Que cela concerne les concepts d'espace et de temps, qui ne sont pas véritablement des concepts, ou bien la diversité même des catégories qui s'impose d'elle-même sans jamais se justifier, ou encore la typologie (synthétique, analytique) des jugements... tous ces thèmes sont appelés à se «dé-thématiser» pour retrouver leur sens par le truchement de l'architectonique qui donne un «effet» de sens : chacun des rouages de la construction critique apparaît comme dénué de sens et semble n'être justement qu'un rouage totalement instrumentalisé ; le sens thématique qui surgit immédiatement comme sens commun (entendu ici comme «bon sens» : tout le monde croit savoir ce qu'est l'espace, le temps, l'expérience, le jugement, etc.) est toujours chez Kant re-déployé dans l'effectuation même de sa pensée, à un point tel que si l'on persiste à s'en tenir à un seul thème (par exemple l'espace), celui-ci devient finalement incompréhensible par lui-même, en ce sens qu'il «sort» du sens commun et cesse d'être «évident». Toute la sémantique, qui ne peut fonctionner qu'en s'appuyant sur un déjà-connu (qui ici ne peut être autre chose, forcément, que l'illusion du déjà-connu : le sens commun), toute la sémantique, disions-nous, se dé-réalise en une syntaxe. Savoir ce que c'est l'espace, chez Kant, revient à pouvoir situer la fonction syntaxique de ce thème, par ailleurs vide, dans le contexte de l'architectonique.

Dans la mesure où cette architectonique se dit accomplie dans le texte même de la *Critique de la raison pure* tout en restant dans l'ombre, comme le schème d'un projet — où beaucoup nous dit Kant, reste à faire —, le point de départ génétique s'étant dé-réalisé dans l'effectuation du mouvement philosophique, on a cette impression que le système tient «en l'air», ou, ce qui revient au même, qu'il tombe tout entier du

ciel comme l'a dit Gérard Granel, à savoir qu'il est sans fondement (lequel serait dans le sens commun, dans la révélation divine ou dans un discours hors langage sur l'être, pour donner
des exemples), environné des zones d'ombre d'où le sens apparaît comme absent et qui n'ont pour raison d'être que d'être dé-
partagées l'une de l'autre, par des oppositions qui malgré leur
efficacité architectonique, semblent — au lecteur pressé —
tout devoir à l'arbitraire.

Mais ce que fait Kant va encore plus loin. Non seulement le
système architectonique ne «résout» pas «tout» extensivement,
puisqu'il tolère cet environnement hors-sens qu'il ne fait que
délimiter et qui est comme sa chair (tâche qui apparaît encore
plus nettement dans la Dialectique) mais encore il ne «résout»
rien, intensivement, dans le sens où en chacun de ses points, le
sens, si l'on va jusqu'au bout des choses, s'absente. Tout se
passe comme si l'architectonique ne devenait «visible» et ne
produisait du sens qu'en mouvement. Arrêtez-la sur un détail,
celui-ci disparaît à l'examen.

«Apparence», «évidence», «visibilité»... il y a, d'une manière décisivement profonde, quelque chose comme une théorie de la pensée comme vision à l'œuvre dans la première Critique mais cette perspective projetée par une théorie non
théorisée de la pensée comme vision est par elle-même très
dangereuse à notre sens, justement dans la mesure où elle n'est
pas théorisée : on peut disserter à l'envi sur ce que Kant a
pensé mais n'a pas dit car on est certain de ne jamais se retrouver en contradiction avec les écrits. Nous nous contenterions
volontiers de pouvoir montrer qu'il y a un effet d'«évidence»
(dont le lien étymologique avec la vision est patent) propre au
témoignage des sens et à celui de la logique, qui se redouble
lorsque ce témoignage prend une forme logique, dans une représentation objective et prend une force telle qu'elle en devient presqu'invincible.

Il y a là une source plus déterminante de difficultés proprement philosophiques à saisir l'essence de la logique, difficultés
qui consistent en ce que cet effet d'évidence est aussi nécessaire en lui-même qu'est inévitable l'apparence dialectique. C'est
dire que si dans l'utilisation par Kant d'expressions telles que
«logique de l'apparence», on sent poindre comme une sorte de
théorie de la pensée comme vision, du moins à l'état latent, il
est par là parfaitement possible de comprendre cet effet d'évi-

dence, toujours produit par le fonctionnement même de la logique, comme étant une apparence vraie, c'est-à-dire une apparence qui correspond à quelque chose qui n'est pas elle-même, qui est en «dehors» d'elle-même, contrairement à l'apparence dialectique, qui ne sort pas d'elle-même. *La logique de la vérité n'est pas opposée à la logique du faux, mais à la logique de l'apparence*, (reconnue vraie dans les antinomies dynamiques) par une médiation dont la logique, de prime abord, n'a pas à tenir compte.

Qu'il y ait apparence, qu'elle soit par le biais de la réflexion transcendantale, reconnue comme «vraie», constitue l'amorce de cet effet d'évidence propre à la logique sur lequel nous voudrions attirer l'attention. De surcroît, cet effet d'évidence provient de la nécessaire auto-référence par laquelle passe tout discours sur la logique en général, car nous n'avons que la logique pour systématiser toute connaissance, y compris celle que nous pourrions avoir sur la logique même. Dès lors, tout discours sur la logique va nécessairement s'impliquer dans un mouvement d'auto-référence qui risque de produire des «apparences» qui, si elles sont inévitables dans le fait, n'en doivent pas moins être soumises à une critique. Or, la simple description de la logique doit déjà puiser dans la terminologie de la logique son appareil langagier, et l'évidence (comme effet non pas d'illusion mais de surdétermination de l'effet de conviction, phénoménal et logique) va rayonner à partir de ce qui, en dernière analyse, risque de n'être rien de plus qu'une simple auto-affirmation de la logique en elle-même : autrement dit, une nouvelle fiction métaphysique. En ceci, la logique se produit comme l'analogue de l'effet de réalité que l'on suppose à la connaissance absolue d'une pensée intuitive.

Qu'est-ce qui sépare l'analogue, à savoir la logique formelle, de ce dont elle est l'analogue ? Voilà une question dont nous voulons montrer qu'elle est symétrique à celle-ci : qu'est-ce qui sépare le concept intellectuel d'une maison du phénomène même de la maison ? Voilà la grande difficulté qu'affronte le Kantisme : si nous pouvons déterminer de quelle analogie il s'agit, c'est que nous possédons, d'une part, la connaissance absolue produite par un *entendement intuitif,* en ce qui concerne la logique, et d'autre part, la connaissance absolue produite par une *intuition intellectuelle*, en ce qui concerne le phénomène. Or, cela est clair, nous n'avons ni l'une ni l'autre.

L'entendement intuitif et l'intuition intellectuelle seraient la même chose s'il n'y avait la discursivité de l'entendement pour les séparer. Cette discursivité n'est autre que l'architectonique, objet de la métaphysique comme science et ensemble des transformations qui font passer la réflexion transcendantale de la faculté de juger d'un horizon à l'autre, du noumène à l'Idéal du tout de la réalité. A propos de toute description de cette architectonique, et donc de la possibilité même d'une science qui en ferait son objet, il importe d'insister sur ce point : l'architectonique ne peut être représentée dans son unité, car il faut toujours qu'il reste un au-delà d'où la représenter.

Nous en sommes revenus à la difficulté centrale de la métaphysique systématique, difficulté qui est en même temps son essence : non seulement elle ne peut se rendre visible, représentable, qu'en se déposant dans l'une ou l'autre de ses régions isolées, mais encore c'est plus dans le mouvement de *déclôture* de ces régions que la métaphysique se montre, que dans ce que celles-ci contiennent, car elles ne peuvent contenir rien d'autre que des apparences.

La métaphysique systématique, par conséquent la science de la métaphysique, n'a pas le statut d'une connaissance positive, ou ce qui revient au même, elle a ce statut en tant qu'elle est une connaissance positivement vide. Sa valeur est heuristique, et elle est plus que cela : elle est une praxis. Est-ce à dire qu'elle appartient au domaine de la raison pratique ? Encore une fois, oui et non : oui elle est une praxis, non puisque de par son statut de science pure a priori (comme philosophie transcendantale), elle concerne une volonté totalement indéterminée : la volonté de savoir. Ainsi, tout comme le concept de la liberté, le donné a priori est *postulé* comme pour pallier à l'impossibilité de le produire comme donné. Mais ce en quoi nous n'avons plus affaire à une raison pratique, vient de ce que cette volonté est indéterminée, non pas quant à ses objets, mais bien quant au sujet de cette volonté, lequel, nous le montrons, dis-paraît dans sa connaissance.

✳

Ce premier tour d'horizon nous fait déjà apercevoir comment La *Critique de la raison pure* pourrait indéfiniment rester verrouillée sur elle-même dans l'apparence d'être un texte soumis à la clôture de la simple logique alors qu'il s'agit d'un texte *à propos* de celle-ci.

Nous proposerons donc dans la *première partie* de cet ouvrage une étude de la signification kantienne de la systématicité qui montrera que cette systématicité devient in-apparente au fur et à mesure qu'elle devient véritablement *effective* ; ce faisant, nous nous servirons de plusieurs schémas interprétatifs dont la teneur n'est pas simplement conceptuelle (c'est-à-dire produits par le seul entendement) mais topologique (c'est-à-dire produits par la sensibilité dans l'intuition). En effet, comme le précise Kant dès la *Dissertatio* de 1770 et à propos de la chiralité des mains, certaines relations d'identité non stricte échappent d'emblée à l'entendement «si l'on s'en tient à tout ce qui est formulable selon les critères que le discours rend intelligibles à l'esprit» (T.1, Section III, p. 653) et par conséquent, «requièrent une intuition pure» (*Ibid.*).

Ces éléments méthodologiques étant rassemblés, nous examinerons ensuite, dans la *seconde partie*, comment l'Esthétique transcendantale est construite et comment sa construction retentit sur sa signification, et nous procéderons de même, dans la *troisième partie*, à propos de la Logique transcendantale. Enfin, dans la quatrième et dernière partie, par le biais d'un commentaire soutenu d'une partie de l'Analytique des principes, nous compléterons *dans une certaine mesure* la reconstitution de la table des catégories.

Dans cet ouvrage, nous avons voulu montrer combien l'architectonique anime et dirige la pensée critique tout en donnant une idée aussi complète que possible de son essence afin d'échapper à une sorte de structuralisme portatif qui ferait de celle-ci une sorte de procédé aussi commode que mystérieux. Il n'y a donc rien, affirmerions-nous volontiers, qui échappe à l'architectonique, laquelle, en revanche, d'être complète, en devient inexponible puisque la représentation, nous le montrons, doit constitutivement éclipser sa propre condition de possibilité, autrement dit sa génèse, pour se rendre possible.

Cela risque pourtant de nourrir une nouvelle génération de malentendus dans la mesure où l'on persisterait à penser l'architectonique sur le modèle du «plan tracé» de l'architecte, surveillant à partir de sa feuille où l'architectonique serait *représentée,* l'exécution du nouvel «édifice» ; on reconnaît ici plusieurs des expressions dont Kant est lui-même friand. Or, l'architectonique fondamentale, autrement dit la métaphysique systématique, si elle est bien une doctrine, ce à quoi elle tend, ne peut l'être que pour un entendement intuitif, à lui-même sa propre connaissance. Il nous faut donc observer comment en visant la *représentation parfaite et unique*, concept métaphysique *premier,* la pensée réfléchissante fait apparaître au fur et à mesure de sa raréfaction étagée, les différents plans constitutifs de la discursivité humaine, dont ce n'est pas le moindre caractère que d'exiger constitutivement le *dédoublement* du jugement pour fonder toute représentation, comme nous le montrerons dans la partie consacrée à l'Analytique des principes et aux concepts de la réflexion transcendantale. En effet, face à ce *dédoublement* irréductible de la représentation discursive (et qui touche jusqu'à la représentation de la connaissance absolue (dès lors inexponible dans son unité), fragmentée entre intuition intellectuelle et entendement intuitif), l'*unité* de l'*acte* producteur caractérise l'effectivité temporalisatrice et détemporalisatrice des pouvoirs de l'esprit.

Première Partie

L' ARCHITECTONIQUE

CHAPITRE I

Situation de l'Architectonique
dans la Critique

1. LA PRÉTENTION À LA SYSTÉMATICITÉ

Une pensée qui revendique une cohérence rigoureuse présente l'avantage que toutes ses conclusions peuvent être retrouvées et redémontrées. Si maintenant cette pensée inclut une réflexion sur la cohérence systématique en général, il lui est alors permis de s'estimer définitive en son principe, la dernière question restant alors à résoudre serait celle, *auto-référente*, de savoir ce qu'est la *pensée en général*...

Or la philosophie spéculative kantienne revendique bien haut sa particularité d'être un tout systématique ; de sa systématicité dépend sa vérité et s'il devait lui manquer quelque chose, elle devrait s'avouer n'être qu'une fiction de plus.

> «En effet, la raison pure est une unité si parfaite que si son principe était insuffisant à résoudre une seule de toutes les questions qui lui sont posées par sa propre nature, on ne pourrait plus que le rejeter, parce qu'on ne saurait pleinement se fier à son efficacité pour aucune des autres questions.» AXIII, p. 728, Préface à la première édition.

Si ces prétentions sont avancées avec une relative modération dans cette première préface, elles sont, en revanche, littéralement claironnées dans les *Prolégomènes à toute métaphysique future qui pourra se présenter comme science* de 1783. En effet, cet ouvrage, écrit pour mieux faire connaître la *Critique* et dissiper les malentendus répandus par la *recension de Göttingen*, assène de manière fracassante des affirmations d'une véhémence déconcertante. Le programme est brutalement simple : «Tout ou rien»[1]. Avant Kant, il n'y avait

---

1. «l'on peut dire d'une telle critique qu'*on ne peut jamais compter sur elle tant qu'elle n'est pas totalement achevée* jusque dans les moindres

rien[2] ; après Kant, il n'y aura plus rien à ajouter[3], puisqu'il a
«tout» donné. Avec une conviction qui laisse pantois, Kant revendique en effet l'absolue originalité de sa conception, depuis
l'inspiration première jusqu'à l'exécution dans la *Critique* (exception faite pour l'hommage appuyé à David Hume, *Ibid.* T.2
IV, 262 p. 25). Certes, au-delà de ces disputes refroidies depuis
longtemps, seule cette omniprésente prétention à la «complétude» doit retenir notre attention[4]. Kant n'entend pas aventu-
rer une «philosophie» de plus, mais bien plutôt renouveler de
fond en comble la démarche métaphysique, de la faire passer de
l'état pathologique de disposition naturelle à celui d'une science
arrêtée une fois pour toute dans une «certitude géométrique»[5].

Le projet d'une refonte totale et définitive de la métaphysique est donc au cœur de ces *Prolégomènes*, d'où leur intérêt
spécifique en marge de la *Critique de la raison pure*. Si cette
dernière peut facilement être interprétée comme une théorie de

---

éléments de la raison pure, et que, dans la sphère de cette faculté, c'est
   tout ou rien qu'il faut déterminer ou repérer.» *Prolégomènes*, trad. cit,
   T. 2, IV, 263, pp. 26-27 (nos italiques).

2. «La métaphysique comme science n'a pas encore existé du tout.»
    Ibid., T. 2, IV, 369 p. 156.

3. «C'est en effet un avantage sur lequel, seule parmi toutes les sciences,
    la métaphysique peut compter avec assurance, que de pouvoir être por-
    tée à sa perfection et à un état stable, *sans être susceptible par la suite
    de transformation ni non plus d'accroissement sous l'effet de nou-
    velles découverte...*» *Ibid.* , IV, 366, pp. 152-153 (nos italiques).

4. Nous verrons plus loin que l'intérêt spécifique des *Prolégomènes* ne
    doit pas non plus être limité aux quelques protestations de systématici-
    té, qui ne retiendraient l'attention que dans la mesure où elles sont plus
    tranchées et donc plus éloquentes: en effet, cette
    complétude offre de surcroît la clef de la signification de la configura-
    tion architectonique particulière et spécifique de cet ouvrage.

5. «Car, si leur impossibilité <celle des tentatives infructueuses de la rai-
    son pure> n'a pas été clairement démontrée, si la connaissance de la
    raison par elle-même ne devient pas une véritable science, où le champ
    de son usage correct soit séparé, avec une certitude géométrique, de
    celui de son usage stérile et sans valeur, alors ces vains efforts ne ces-
    seront jamais complètement» *Ibid.* , IV, 317, p. 94 (nos italiques). No-
    tons au passage qu'il ne s'agit pas d'établir la certitude géométrique
    d'une connaissance (définie comme appartenant nécessairement à
    l'entendement – logique de la vérité – ou comme appartenant à la rai-
    son logique de l'apparence), mais d'une séparation entre l'usage «cor-
    rect» et l'usage «stérile et sans valeur». Cette séparation, on le devine,
    n'est autre que l'*Aufhebung*...

la connaissance insérée dans une perspective plus vaste pour la situer par rapport à la Foi («l'Aufhebung»), il est en revanche impossible de se méprendre sur la teneur du projet de ces *Prolégomènes* : la métaphysique comme science forme son point de départ. En effet, un mouvement ascendant, suivant l'ordre des catégories, articule les quatre questions essentielles de la raison pure (spéculative)[6] et fait de la dernière, celle de la possibilité de la métaphysique comme science, à la fois le fondement de l'entreprise critique et son moment suprême. Aussi tombe-t-on de haut lorsqu'enfin, alors que l'on s'attend légitimement à un exposé complet de la science de la métaphysique, on lit ceci :

> «*Il serait trop long de montrer ici à quelle métaphysique l'on peut s'attendre en conséquence de la critique*, dès lors qu'on s'est mis en règle avec les principes de celle-ci...» *ibid.*, IV, 382 p. 171 (nos italiques).

Il serait facile mais quelque peu précipité de tirer les conclusions d'une telle dérobade. Toute la question qu'il faut poser à une philosophie qui s'emploie à démêler le visible de l'invisible, l'apparent de quelque chose (le phénomène empirique), de l'apparent de rien (l'illusion transcendantale) serait plutôt celle-ci : la métaphysique comme science, celle qui suit, comme sa conséquence, la dissolution par la critique de l'apparence métaphysique (à laquelle la Dialectique porte remède), peut-elle être «montrée»? Si oui, où est-elle? Si non, puisque tel semble être le cas, est-elle quand même de nature exponible?

Cette dernière question, celle de la possibilité de «montrer» la métaphysique scientifique (du moins dans l'expression écrite) est au cœur de l'entreprise critique. En effet, la métaphysique comme *science* est ce qui régit en sous-main toute la *Critique*, ce que Kant affirme sans relâche dans ses *Prolégomènes* ; de surcroît, nous ne pouvons pas la chercher ailleurs, bien que dans les *Prolégomènes*, elle ne soit pas exposée «in concreto». Si nous voulons la «voir», alors nous devons concéder que la question de la possibilité d'une métaphysique scientifique re-

---

6.   «...la question transcendantale sera peu à peu résolue après avoir été divisée en quatre autres: 1° Comment la mathématique pure est-elle possible? 2° Comment la science pure de la nature est-elle possible? 3° Comment la métaphysique en général est-elle possible? 4° Comment la métaphysique comme science est-elle possible?» *Prolégomènes, trad. cit.,* T. 2, IV, 280, p. 47

tentit jusque dans la (non-)philosophie du langage de Kant, du moins dans l'état d'impensé où elle se trouvait nécessairement à l'époque de la rédaction de la *Critique,* qu'elle a mis en branle un processus de réflexion qui a débouché sur la rédaction de la *Critique de la faculté de juger* et que ce processus lui a fait faire l'épreuve de ce qu'elle est, par nature, inexponible, que tout comme dans l'institution de la logique générale analytique, il appartient à l'essence schématisante de la métaphysique scientifique de disparaître au fur et à mesure de son effectuation ; à la différence près qu'il reste la logique générale analytique comme l'analogue d'une connaissance absolue pour un entendement intuitif, lorsque les représentations se sont détemporalisées pour être toutes homogènes les unes aux autres, alors que dans le cas de la métaphysique scientifique, elle permet de *tout* présenter et il n'est rien qui lui échappe — et nous faisons à Kant ce crédit illimité qu'il nous demande — sauf elle-même. Cette pensée de la pensée n'est pas une connaissance.

Pour suivre l'intrépide Kant jusqu'au bout de ses affirmations et les comprendre dans toutes ses conséquences architectoniques, il est essentiel d'aller au fond des choses et de mettre au jour ce que recèle cette prétention à l'hégémonie, hégémonie sur laquelle Kant mise avec insistance toute la valeur et la vérité de sa philosophie spéculative. Autrement dit, si nous nous méprenons sur le projet d'*ensemble* dont la *Critique de la raison pure* est une première concrétisation, cette *Critique* nous restera illisible et obscure dans son *détail.*

Le Chapitre III de la Théorie transcendantale de la méthode, intitulé «Architectonique de la Raison Pure», (A832/B860 & seq., p. 1384 & seq.), contient un exposé très clair de la manière dont Kant situe la possibilité de son projet, sous la forme de «philosophie transcendantale». Relisons ce passage :

> «Le système de toute connaissance philosophique est la philosophie. On doit la prendre *objectivement,* si l'on entend par là le *modèle* qui permet d'apprécier toutes les tentatives de philosopher, appréciation qui doit servir à juger toute philosophie *subjective,* dont l'édifice est souvent si divers et si changeant. De cette manière, *la philosophie est la simple idée d'une science possible, qui n'est donnée nulle part in concreto,* mais dont on cherche à se rapprocher par différentes voies, jusqu'à ce que l'on ait découvert l'unique sentier qui y conduit...» A838/B866 pp. 1388-1389 (nos italiques).

L'expression «in concreto» mérite d'être relevée car elle contient, d'une manière il est vrai plus symptomatique qu'explicite, la situation faite par Kant à la philosophie, comme science pure a priori, dans son rapport à la mathématique et à la morale[7], autres sciences pures a priori. En prenant le recul nécessaire, la philosophie étant le système par excellence, et étant par ailleurs la *simple idée d'une science possible*, il suit imparablement que le système — et nous devinons sans peine qu'il s'agit de la métaphysique systématique — est en lui-même une Idée qu'il faut accomplir. Tout d'un coup, ré-apparaît la dimension *pratique* de la raison, la métaphysique se produisant à la fois comme progrès interminable et in(dé)fini pour l'être raisonnable et comme accomplissement *in concreto* de la science de la métaphysique, tout comme la liberté est à la fois un «fait» et un postulat de la raison pratique.

2. LA MÉTAPHYSIQUE ET LA CRITIQUE

La métaphysique systématique, même si elle ressemble à la philosophie transcendantale, n'est pas très exactement la même chose. Relisons justement les pages, dans ce même chapitre de l'Architectonique, consacrées à les situer l'une par rapport à l'autre :

> «La philosophie de la raison pure est ou une propédeutique (...) et elle s'appelle alors critique, ou (...) le système de la raison pure (la science), toute connaissance philosophique (*vraie aussi bien qu'apparente*) venant de la raison pure dans un enchaînement systématique, et elle s'appelle métaphysique, encore que ce nom puisse être donné aussi à l'ensemble de la philosophie pure, y compris la critique, pour embrasser aussi bien la recherche de tout ce qui peut jamais être connu a priori que l'*exposition de ce qui constitue un système de connaissances philosophiques pures de cette espèce*, mais se distingue de tout usage empirique, *ainsi que de l'usage mathématique de la raison.*» A841/B869 p. 1391 (nos italiques)

Par un tour de pensée typiquement kantien, la métaphysique scientifique englobe et n'englobe pas à la fois la *Critique* : «ce nom peut être donné aussi à l'ensemble de la philosophie pure,

---

7. «En dehors de la philosophie transcendantale, il y a encore deux sciences rationnelles pures, [...] la mathématique pure et de la morale pure». A480/B508, p. 1130.

y compris la critique». L'on pourrait deviner là qu'il ne s'agit que d'habitudes prises dans l'utilisation de ce mot, dont il serait difficile de se défaire. Rien n'est plus éloigné de l'esprit de Kant. La métaphysique scientifique comprend la «connaissance» — le mot est excessivement important, car tout le problème se cristallise sur sa propriété ou son impropriété — «vraie aussi bien qu'apparente», c'est-à-dire la philosophie objective comme condition pure a priori de toute philosophie subjective comme tentative métaphysique (A838/B866 pp. 1388-1389 loc. cit.). Tout va se jouer là. Nous savons quelle peut être la connaissance vraie : la mathématique pure et la science de la nature dans la mesure où la mathématique pure s'y applique (pour reprendre la nomenclature des *Prolégomènes*, première question capitale). Or Kant exclut l'usage empirique (la physique, puisque le mouvement et le changement présupposent l'expérience) et l'usage mathématique. Que reste-t-il donc pour mériter le nom de connaissance ? La science de la nature en général, (seconde question capitale des *Prolégomènes*) et la métaphysique...

Si nous poursuivons la lecture de ce passage, nous voyons comment Kant détermine plus précisément le reste de l'«organigramme» :

> «La métaphysique se divise en métaphysique de l'usage spéculatif et métaphysique de l'usage pratique de la raison pure, et elle est ainsi ou une métaphysique de la nature, ou une métaphysique des mœurs. La première contient tous les principes purs de la raison qui, par de simples concepts (*à l'exclusion par conséquent de la mathématique*) portent sur la connaissance théorique de toutes choses» A841/B869 p. 1391 (nos italiques)

En laissant de côté l'usage pratique de la raison pure, que nous ne traiterons pas ici, nous remarquons à nouveau le grand soin que Kant prend à nettement distinguer l'usage intuitif de la raison (la mathématique), de son usage discursif (la philosophie)[8]. En effet, la distinction peut paraître vainement subtile, alors qu'elle est essentielle. Autant la philosophie que la mathématique sont des connaissances : la première est «par concepts» la seconde, par «construction de concepts» (A837/

---

8. Cf. la «grande différence» qu'«il y a entre l'*usage discursif de la raison* d'après les concepts et l'*usage intuitif au moyen de la construction des concepts*» dont traite toute la section «Discipline de la raison pure dans l'usage dogmatique». A719/B747, p. 1302

B865, p. 1388), et Kant a repris là un développement déjà présenté dans la première section du premier chapitre de cette Théorie transcendantale de la méthode (A713/B741, p. 1298). Dans cette section, nous trouvons une indication de la différence à faire, architectoniquement, entre la philosophie et la mathématique:

> «La connaissance philosophique considère donc le particulier uniquement dans le général, et la connaissance mathématique, le général dans le particulier, même dans le singulier, mais a priori et au moyen de la raison... (...) C'est dans cette forme que consiste donc la différence essentielle de ces deux espèces de connaissances rationnelles, et elle ne repose pas sur la différence de leur matière ou de leur objets.» A714/B742 pp. 1298-1299.

Le fait que cette «différence essentielle» soit concentrée en une simple différence de sens (de direction) dans le parcours entre le général et le particulier est très important. Tout vient de là. Si la considération du particulier dans le général donnait le même résultat que celle du général dans le particulier, autrement dit si la philosophie était la même chose que la mathématique, nous aurions une intuition intellectuelle et une connaissance absolue, ou pour dire ces choses dans le langage même de Kant, notre jugement déterminant serait le simple inverse de notre jugement réfléchissant, et tout deux seraient analytiques. En effet, le schème serait en même temps son propre produit.

Très légitimement, Kant accorde lui-même une très grande importance à la différence entre l'usage discursif et l'usage intuitif de notre raison et y consacre des pages essentielles dans cette théorie transcendantale de la méthode, dont l'importance semble avoir été généralement méconnue. Si nous devons prendre avec le plus grand sérieux l'exigence de systématicité que la philosophie spéculative kantienne revendique pour son propre compte, il est indispensable et urgent d'examiner ce qui différencie la systématicité de la mathématique pure a priori, de celle de la philosophie transcendantale (au sein des trois seules sciences pures a priori, dont — il faut s'arrêter sur ce trait essentiel — seule la philosophie est dite *transcendantale*).

3. LA MATHÉMATIQUE NE PEUT PAS SERVIR DE MÉTHODE À LA PHILOSOPHIE

La différence entre l'usage intuitif (mathématique) et l'usage discursif (philosophique) de la raison contient celle qui a été si mal comprise entre les jugements analytiques et les jugements synthétiques (a priori) et par là permet d'accéder au cœur de l'architectonique de la raison pure et donc au centre de l'entreprise kantienne. En effet, Kant dans un passage crucial distingue finalement entre ces deux types de synthèses :

> «Toute notre connaissance se rapporte en définitive à des intuitions possibles, car c'est par elles seules qu'un objet est donné. Or, ou bien un concept a priori (un concept non empirique) contient déjà en soi une intuition pure, et alors il peut être construit...»
> A720/B748, p. 1302

Il s'agit bien évidemment de la mathématique et il faut noter, avant de poursuivre notre lecture, que la construction n'est pas autre chose qu'une synthèse, mais dont il faut soigneusement distinguer le caractère a priori ;

> «... ou bien il ne contient rien que la *synthèse d'intuitions possibles qui ne sont pas données a priori* et alors on peut bien, au moyen de ce concept, juger *synthétiquement* et a priori ; mais on ne jugera que discursivement, d'après des concepts, et jamais intuitivement par la construction du concept.» *Ibid.* (nos italiques)

Nous avons ici un exemple d'un problème d'expression que l'on rencontre très souvent chez Kant et qui naît de la nécessité de formuler une distinction ayant la caractéristique de dis-paraître dès qu'on la considère de l'un des deux points de vue à distinguer. Il est clair qu'en essayant à notre tour d'expliquer cela, nous nous débattons dans exactement le même genre de difficultés et il n'est pas sûr que nous y réussissions mieux que Kant : qu'il suffise cependant de faire les remarques suivantes, à propos de ce passage. Examinons les deux termes de la distinction. D'un côté nous avons un concept contenant une intuition et il peut donc être «construit» : ce terme est à la fois très évident et très mystérieux. Cette construction est une synthèse, nul doute là-dessus. De l'autre côté, nous avons une «synthèse d'intuitions possibles qui ne sont pas données a priori», expression non moins évidente et mystérieuse à la fois. L'intuition «possible» renvoie à l'intuition pure qui en contient la possibilité. Tout le poids de la distinction se déplace de la nature de l'intuition (laquelle est reconnue comme pouvant être subsumée sous l'intuition pure dans les deux cas) vers le mode de donation : intuition ou sensation. Ce que Kant n'arrive pas à soustraire aux évidences de la pseudo-familiarité du lecteur avec la problématique mathématique, est que tout est mathématique dans l'expérience, sauf l'expérience elle-même. La mathématique n'est possible, dans sa pureté constitutive, qu'en dehors de l'expérience. Ces intuitions «possibles» qui ne sont pas données a priori, sont ces intuitions pures qui ne sont pas organisées comme dans la «construction» mathématique, mais, différemment, comme dans la «donation» empirique.

L'explication que Kant donne à la suite de ce texte fait apparaître la distinction entre la mathématique et la philosophie comme excessivement subtile :

> «...de toutes les intuitions, il n'y en a aucune qui ne soit donnée a priori, si ce n'est *la simple forme des phénomènes,* espace et temps et un concept de l'espace et du temps, à titre de quanta, peut être présenté a priori dans l'intuition, c'est-à-dire construit...» *Ibid.* (nos italiques)

Voilà pour la mathématique qui ne concerne que la «simple forme des phénomènes», et qu'il faut bien distinguer de la philosophie, qui concernera, elle, la forme, aussi pure, de ces mêmes phénomènes, *mais a posteriori* :

> «...la matière des phénomènes, par quoi des choses nous sont données dans l'espace et dans le temps, ne peut être représentée que dans la perception, par conséquent a posteriori. Le seul concept qui *représente a priori ce contenu empirique* des phénomènes, c'est le *concept de la chose en général,* et la connaissance synthétique que nous avons a priori ne peut rien fournir de plus que la simple règle de la synthèse de ce que la perception peut donner a posteriori...» *ibid.* A720/B748 p. 1303 (nos italiques)

Les choses que considèrent la mathématique et la philosophie sont nécessairement les mêmes, si l'on se cantonne à la perspective *a priori,* mais la différence apparaît dès lors qu'on aperçoit qu'il n'y a pas d'a posteriori à l'intérieur même de la mathématique et qu'il faut en sortir pour l'appliquer à quelque chose de radicalement hétérogène, à savoir l'expérience, pour que ces notions d'a priori et d'a posteriori prennent leur sens. Et c'est justement ce sens-là que déploie la philosophie transcendantale, à savoir l'architectonique du passage de l'a priori à l'a posteriori, ce en quoi elle est justement *transcendantale*. Aussi, la mathématique considère-t-elle les choses dans leur possibilité «formelle» indépendamment de leur existence et sans tenir compte de ce en quoi l'existence peut se distinguer de la simple possibilité, tandis que la seconde les examine dans leur possibilité «matérielle», dont elle n'a, pour commencer dans l'a priori, que le «concept de la chose en général», concept qui est nécessairement indéterminé. Aussi, la mathématique ne connaît-elle qu'une seule modalité aux choses : la possibilité. Tout y est monochrome, pour ainsi dire. Tandis qu'«examiner la possibilité de cette existence, sa réalité et sa nécessité ou leur contraires, tout cela appartient à la connaissance rationnelle par concepts qui est appelée philosophique» (A724/B752, p. 1306).

Dans le mathématique, comme dans le logique, l'on va du particulier au général et vice-versa, sans jamais quitter sa dimension, sans jamais devoir recourir à un troisième terme qui assurera la liaison entre le général et le particulier. Cette immanence est caractéristique de la mathématique pure a priori et de la logique générale analytique[9]. Par contre, dans la philosophie, où il s'agit d'expliciter non seulement la possibilité formelle des choses mais encore leur possibilité matérielle, la nécessité d'un tel terme médian est omniprésente. Lisons très lentement, je dirais mot à mot, le passage où Kant la définit :

> «Les propositions synthétiques qui portent sur des choses en général dont l'intuition ne peut nullement être donnée a priori sont transcendantales.» A720/B748, p. 1303

Ainsi, inversement, les propositions synthétiques qui portent sur les choses en général dont l'intuition peut (et doit) être donnée a priori sont immanentes. La difficulté va porter sur la manière dont l'intuition, alors qu'elle dépend entièrement (formellement et matériellement) des formes de la sensibilité, peut être ou ne pas être donnée a priori. En effet, *soumise à un jugement réfléchissant*, il n'y a rien dans l'intuition empirique qui ne puisse être rapporté en définitive aux formes de la sensibilité, hormis la détermination singulière de sa complexité (que

---

9.   ...dont les «sciences» respectives sont exposées dans un parallèlisme
      sous-jacent que Kant n'a pas véritablement mis en avant mais qui se
      révèle rapidement et d'une manière incontestable à l'examen, comme
      nous le montrerons plus loin.

Kant appelle simplement «détermination empirique»), laquelle est justement ce qui est perdu dans toute réflexion. D'où ce grand danger de tout mathématiser. Ainsi Kant écrit-il aussitôt, à la suite de cette phrase :

> «Les propositions transcendantales ne peuvent donc jamais être données par la construction de concepts, mais uniquement d'après des concepts a priori.» (*ibid.*)

Un concept construit est un concept qui contient une intuition pure ; cette manière de contenir en fait son contenu et le schème est en même temps son propre produit[10]. Ceci paraît tautolo-

---

10. Dans une note de la Préface des *Premiers principes métaphysiques de la science de la nature*, Kant donne un raccourci vertigineux de l'homologie, par l'immanence, de la logique générale analytique (dont le mode que nous avons dit monochrome, est celui de la simple possibilité) et la mathématique: «L'essence est le principe premier et intérieur de tout ce qui appartient à la possibilité d'une chose. Ainsi, on peut accorder aux figures géométriques une essence seulement, mais non une nature puisque dans leur concept rien n'est pensé qui exprime une existence.» T. 2, IV, 467, p. 363, traduction de François De Gandt.
Pouvoir tout déterminer sans sortir d'un concept, c'est à la fois la définition d'un principe métaphysique, d'une méthode analytique et de l'immanence des principes dans une science. On voit par là que la logique règle les essences, sans pouvoir les déterminer comme individus, puisque toutes les représentations sont homogènes, et que corrélativement, la mathématique pure (sans la logique) détermine des individus sans pouvoir dépasser par elle-même cette individuation et déterminer la pure possibilité au-delà des individuations. Aussi la logique tend-elle à faire semblant qu'elle n'a pas besoin d'intuitions (et, de canon, devient-elle organon) tandis que la mathématique fait semblant de son côté de n'avoir pas besoin de logique et de l'avoir toujours déjà en elle-même. Ces deux tentations métaphysiques n'en font qu'une et Kant passe volontiers de l'une à l'autre, car l'illusion transcendantale réside en la conjonction analytique de la logique et de la mathématique. La solution critique consistera donc à montrer que la logique générale analytique *n'est rien* sans les intuitions *même si elle peut tout*, tandis que la mathématique pure a priori *ne peut rien* sans la logique mais *si elle est tout*. Mais la solution critique échouerait si elle se contentait de la simple perspective épistémologique où la logique et la mathématique suffisent à elles-deux à fournir tous les principes a priori formels et matériels d'une connaissance. Ce qui manque et ce qui, nous voulons le montrer, disparaît dans l'élaboration même de toute connaissance, est l'effectivité: en effet, être tout ou rien s'oppose ici à pouvoir tout ou rien, comme le contenu de la connaissance éclipse sa génèse, et c'est cette *éclipse*, et rien d'autre, qui permet l'apparition d'une illusion transcendantale naturelle et inévitable.

gique, et l'est, finalement : là réside le danger de l'illusion transcendantale. La construction de concept n'est pas immédiatement immanente car elle s'inscrit dans le temps d'une temporalisation (comme nous le verrons dans le détail), temporalisation schématisante qui s'évapore en n'en laissant que le produit, qui apparaît fondamentalement a-temporel, et la mathématique, de ce fait, apparaît comme une connaissance absolue. Cette apparente immanence caractérise la construction de concepts en ce qu'elle ne sort jamais d'elle-même à tel point qu'il est impossible, par cette construction, de «sortir du concept» pour aller vers le réel, et donc de donner une proposition transcendantale.

S'il n'y a rien dans l'expérience dont la mathématique ne puisse, a priori, digérer la possibilité, inversément, il n'y a rien dans la mathématique que l'expérience n'ait déjà produit, d'une manière brute, certes. Comment distinguer les deux points de vue de la raison, ses deux usages, intuitif et discursif ? Kant précise :

> «Elles <les propositions transcendantales> contiennent simplement la règle suivant laquelle une certaine unité synthétique de ce qui ne peut être représenté intuitivement a priori (des perceptions) doit être cherchée <gesucht> empiriquement.» Ibid.

On ne peut manquer de penser à la seconde antinomie. Une «certaine unité synthétique» doit être cherchée de manière empirique ; elle n'est pas immédiatement le fruit de l'activité synthétique comme dans la mathématique. Ainsi, la mathématique trouve dans la même proportion qu'elle cherche et son acte est véritablement créateur, tandis la philosophie doit faire la différence entre ce qu'elle rencontre et ce qu'elle demande[11]. La règle dictée par les propositions transcendantales

---

11. «Si le tout est donné *empiriquement*, il est possible de remonter à l'infini dans la série de ses conditions internes. Mais s'il n'est pas donné, si plus exactement il doit l'être tout d'abord par la régression empirique, je peux seulement dire qu'il est possible à l'infini de s'élever à des conditions encore plus élevées de la série. [...]. Dans le premier cas, il était nécessaire de *trouver* <antreffen> toujours un plus grand nombre de membres de la série; dans le second, il est nécessaire d'en demander <fragen> toujours un plus grand nombre puisqu'aucune expérience ne fournit de limite absolue.» A514/B542 pp. 1154-1155.
Kant signale que les mathématiciens «parlent simplement d'une progression à l'infini» pour opposer cette position à celle des philosophes et

est simplement régulatrice, heuristique et non constitutive et dogmatique. Par ailleurs, comme tout peut être représenté intuitivement a priori, Kant ressent le besoin d'expliquer qu'il s'agit des «perceptions». La faculté perceptive (la sensibilité) ne confère pas d'emblée cette unité dont bénéficient les représentations mathématiques ; cette unité empirique n'apparaît qu'au terme d'un travail dont les propositions transcendantales donnent les règles a priori. Nouvelle difficulté : ou bien ce travail échoue toujours déjà et l'unité reste empirique, contingente et subjective. Ou bien ce travail réussit puisque les règles en sont données dans une nécessité pure a priori égale à celle de la mathématique et nous atteignons toujours déjà à l'unité pure sous-jacente à l'unité empirique des perceptions. On le vérifie à nouveau : la distinction entre philosophie et mathématique menace toujours de disparaître. Qu'est-ce qui sépare l'unité empirique et l'unité pure des phénomènes ? Et si nous pouvons parler de cette unité pure, qu'est-ce qui l'en distingue de l'unité pure commune aux représentations mathématiques ? Qu'est-ce qui distingue l'a priori de l'a posteriori ?

Kant ne méconnaît pas cette difficulté. Il en possède la clef mais celle-ci n'est pas d'un maniement aisé : poursuivons en effet notre lecture :

> «Mais elles <les propositions transcendantales> ne peuvent, en quelque cas que ce soit, présenter a priori un seul de leur concepts ; elle ne peuvent au contraire le faire qu'a posteriori, au moyen de l'expérience, qui devient tout d'abord possible d'après ces principes synthétiques.» (*ibid.*)

Passage absolument capital. Présenter a priori un concept, c'est le représenter in concreto dans l'intuition, c'est le construire. Les propositions transcendantales ne sont pas des

---

conclut que l'on peut dire avec raison d'une ligne droite qu'elle peut être prolongée à l'infini, et ici la distinction de l'infini et du progrès qui se poursuit sur une distance indéterminable (progressus in indefinitum) serait une vaine subtilité <*eine leere Subtilität*>». Cette subtilité est en effet «vide» de signification pour les mathématiciens car ils sont d'emblée dans une perspective métaphysique et immanente où il ne peut y avoir d'antinomie puisque la phénoménalité de l'acte n'entre pas en conflit avec celle de l'objet de l'acte, puisque ce sont les mêmes. Ce n'est pas du tout le cas dans l'expérience et donc dans la philosophie transcendantale.

représentations mathématiques. Allons droit au but : *la discursivité n'est pas représentable mathématiquement*, n'est pas mathématique au sens très précis que Kant assignait à ce terme. Les conséquences sont immenses, à commencer par la différence entre l'usage discursif (philosophie) et l'usage intuitif (mathématique) de la raison, et l'affinité exprimée au niveau des termes mêmes entre cet *usage* intuitif de la raison et le thème de *l'entendement intuitif* comme horizon de son usage discursif.

Nous aurons maintes occasions de le souligner, la mathématique par son immanence, par son objectivité a priori (qu'il nous faudra fonder) est l'équivalent d'une connaissance absolue. Rassurons-nous, sans la matière de l'expérience, celle-ci n'est qu'une forme vide. Kant, à qui on a pu reprocher quelques libertés avec sa propre terminologie, est suffisamment conséquent pour ne pas appeler l'activité mathématique «usage intuitif de la raison» sans viser quelque chose de très précis, à savoir l'adéquation du mathématique à l'intuition originaire créatrice de par son simple acte. C'est pour cela que l'activité mathématique présente une telle incitation, par l'exemple de son efficacité, et surtout par sa manière immédiate de se représenter l'intuition pure, à l'usage transcendant et abusif des catégories[12].

Mais l'essentiel de ce passage n'a pas encore été épuisé. Son intérêt réside encore dans le fait que la règle de la synthèse

12. «Le grand succès qu'obtient la raison au moyen de la mathématique nous conduit tout naturellement à présumer que la méthode employée par cette science, sinon la science même, réussirait aussi en dehors du champ des grandeurs...» A724/B752, p. 1306.
   Il n'y a pas que ce critère somme toute pragmatique qui encourage la tentation métaphysique à étendre la méthode mathématique au-delà de sa province. L'intérêt d'une telle méthode est qu'elle permet d'obtenir des résultats par la simple application des règles, c'est-à-dire par un mécanisme très sûr et qui ne requiert rien de spontané à la pensée, si ce n'est le primum movens d'un vouloir totalement indéterminé : le mathématicien découvre ce vers quoi ses propres pas le mènent. A l'opposé, on trouverait l'autre science pure a priori : la législation morale, où l'être raisonnable (comment appeler autrement l'adepte de la science morale?) ressent l'impératif catégorique comme un appel pressant d'aller là où aucun de ses pas ne peut le mener. La mathématique est un pouvoir de connaître, dont la volonté est totalement *indéterminée* comme individu, et donc désindividualisée tandis que la morale donne (ou prétend donner) une connaissance a priori du pouvoir, qui n'est autre que la *détermination* de la volonté *comme pur individu*, et où tout l'effort moral consiste à rapporter l'action à son concept fondateur et objectif.

ne peut être représentée qu'a posteriori, c'est-à-dire qu'elle exige la supposition préalable de l'expérience, qui, à son tour, les exige en préalable, de sorte que, comme nous le repérerons souvent par la suite, l'expérience n'est possible que par des propositions synthétiques a priori qui ne sont possibles à leur tour que par l'expérience. On criera au cercle, au paradoxe, à l'équivoque... Pourtant, que dit Kant ? Il dit que la présentation des jugements synthétiques a priori fondateurs de l'expérience suppose l'expérience. Il y aurait un cercle si nous étions restés dans une perspective logico-mathématique, c'est-à-dire dans une perspective épistémologique et «métaphysique» ; mais nous sommes dans une perspective transcendantale et l'on ne doit pas considérer «le particulier uniquement dans le général» (philosophie) de la même façon que l'on considère le général dans le particulier» (mathématique) (A714/B742, pp. 1298-1299, *loc. cit.*). Le jugement synthétique a priori n'est pas la simple contraposée d'un jugement analytique. Il ne faut pas confondre expérience et connaissance, expérience et conditions de possibilité de l'expérience pas plus que l'on doit négliger de distinguer «soigneusement» entre percevoir et connaître, et entre connaître et penser. Seule l'intuition intellectuelle (que nous n'avons pas, est-il besoin de le préciser) se représente de telles propositions sans devoir en «faire l'expérience», sans les phénoménaliser. Seul l'usage intuitif de la raison, qui ne peut représenter ces propositions synthétiques fondatrices de l'expérience empirique, peut se représenter immédiatement, sans passer par l'expérience, des intuitions pures telles qu'elles sont, puisqu'elles sont ce qu'elles lui paraissent être.

Aussi — et nous terminerons là le commentaire pas à pas de ce passage —, Kant revient-il directement au jugement synthétique, défini par cette «sortie du concept», dont il faut élucider la signification profonde :

> «Si l'on veut juger synthétiquement d'un concept, il faut *sortir de ce concept*, et à vrai dire aller à l'intuition dans laquelle il est donné. En effet, si l'on s'en tenait à ce qui est contenu dans le concept, le jugement serait simplement *analytique,* et il ne serait qu'une explication de la pensée suivant ce qui est effectivement contenu en elle.» *Ibid.* A721/B749, p. 1303 (nos italiques).

Kant a du mal à éviter les affirmations tautologiques : si l'on s'en tenait au contenu, on n'aurait qu'une explication du contenu... Du reste, il s'agit ici d'une reprise des explications déjà données dans différentes parties de la *Critique*. Ainsi, on trouve une description de la différence entre jugements analytique et synthétique dès l'Introduction (A7/B11, p. 765) où le jugement analytique est dit «explicatif» de la pensée, tandis que le jugement synthétique est dit «extensif»; on les retrouve également dans l'Introduction de la Logique transcendantale, où la partie simplement formelle de la logique est dite «analytique» (A60/B85, p. 819) et où il est précisé qu'elle est incapable d'établir la vérité «matérielle» de ses contenus. Enfin, — pour se limiter aux textes les plus essentiels —, les deux premières sections du Chapitre II de l'Analytique des Principes, consacrées aux principes suprêmes respectifs de ces jugements contiennent cette notation très intéressante :

> «L'explication de la possibilité des jugements synthétiques est une *tâche où la logique générale n'a absolument rien à faire, et dont elle n'a même pas besoin de connaître le nom.* Mais dans une logique transcendantale, elle est l'affaire la plus importante de toutes, la seule même ...» A154/B193 p. 895 (nos italiques)

Voilà qui est bien déroutant. On ne peut s'empêcher de penser à cette seconde antinomie qui ne peut concerner les mathématiciens puisque la phénoménalité de leur acte est en même temps celle du produit de leur acte et le schème, son propre produit. La logique générale (que nous appelerons toujours, suivant Kant, «générale analytique» pour bien la distinguer de la logique générale dialectique et d'une manière plus élargie, la logique transcendantale) ou simple logique a en commun avec la mathématique, l'immanence de son fonctionnement. Nul besoin de sortir du concept, ou de sortir des concepts, que cela aille du général au particulier, ou vice-versa. En effet, la logique fait «abstraction» de tout contenu empirique, comme Kant ne cesse de le répéter. Ainsi, on ne peut que ressasser des affirmations tautologiques dès que l'on veut caractériser, à partir de la logique générale analytique, les jugements synthétiques a priori. Mais laissons cette question de côté, pour l'instant.

Nous avons isolé et longuement commenté ce passage de la théorie transcendantale de la méthode parce que, à nos yeux, il présentait dans la problématique de l'opposition entre la mathématique et la philosophie, la plupart des difficultés méthodologiques de la *Critique,* celles qui obèrent le développement de la métaphysique scientifique, et par conséquent, qui entra-

vent la compréhension même de l'intention critique. Le fond
de la question n'est autre que le statut même de la systématicité
en général. Disons-le en peu de mots : *dans une perspective
épistémologique, la différence entre l'usage intuitif et l'usage
discursif de la raison s'estompe, dis-paraît* : autrement dit,
dans une perspective métaphysique (pré-critique). La seule différence, que nous pouvons relever dans une telle perspective,
en nous limitant aux connaissances (comme dans la méthode
suivie dans les *Prolégomènes*) est celle qui est faite entre la
mathématique comme science pure a priori et la science (pure)
de la nature, laquelle correspond, on s'en aperçoit très vite, à
l'Analytique des Principes. Comme cela apparaîtra plus clairement par la suite, la différence ne concerne pas l'usage même
de la raison, qui construit dans les deux cas, mais simplement
l'objet transcendantal, totalement indéterminé (et égal à X)
dans le cas de la mathématique pure a priori et dans le cadre
d'une connaissance *pure* a priori, c'est-à-dire en définitive dans
le cadre de la *Critique de la raison pure*, et progressivement
déterminé métaphysiquement suivant l'ordre des catégories,
dans le cas de la la science de la nature (phoronomie (théorie
du mouvement pur), mécanique, dynamique, phénoménologie),
ce qui construit une connaissance a priori *non pure* et s'ouvre
en s'évasant indéfiniment sur la multiplicité infinie des lois
empiriques. Dès lors, chaque avancée des sciences exactes se
fera donc *apparemment* au détriment de la philosophie transcendantale, entendue comme métaphysique scientifique, ce qui
s'est historiquement vérifié. Ce qu'elle perd comme domaine,
ce qui d'elle devient *visible* en se déterminant comme matière
des sciences exactes, elle ne le perd qu'apparemment car sa
portée formelle, autrement dit son empire comme science de
toutes les sciences devient autrement plus formidable qu'il devient *invisible* : apparemment, il n'y a plus de philosophie possible et il n'en reste que l'histoire. C'est que la philosophie a
cessé d'apparaître une *connaissance* possible (comme le voulait la disposition naturelle envers la métaphysique) pour devenir l'être de ce qu'il nous faut devenir, c'est-à-dire un pur *devoir* dont la dimension pratique reste intacte.

4. L'Aufhebung entre les différents usages de la raison

On vient de le voir, la systématicité de la philosophie transcendantale ne veut rien devoir aux méthodes mathématiques. Encore faut-il ne pas sombrer dans le malentendu et présupposer que notre concept — ou plutôt notre familiarité confuse d'avec la mathématique en général — épouse exactement la réflexion kantienne sur l'essence de la mathématique. En effet, celle-ci, cristallisée dans la pensée de la mathématique en tant que science pure a priori, la décrit comme œuvrant en vase clos dans une immanence (la construction *in concreto* dans l'intuition), laquelle n'est pas loin de constituer un simulacre de connaissance absolue pour un entendement intuitif, d'où le risque de susciter une illusion transcendantale, dès que les limites de l'expérience (limites qui ne sont *rien* pour elle) sont franchies. Aux antipodes de la mathématique pure a priori se situe la philosophie, *transcendantale* puisqu'elle pense la «sortie hors du concept».

La complicité inévitable entre le dogmatisme naturel de la mathématique pure a priori et celui qu'elle communique à la connaissance physico-mathématique qu'elle sous-tend, étend le problème de l'illusion transcendantale jusqu'à toucher le domaine de la Foi, qu'il s'agit dès lors de circonscrire. Pour mieux éclaircir les compartimentages méthodologiques qui sont appelés à constituer la solution critique, il convient de situer d'ores et déjà la distinction apparue précédemment entre le *connaître* fondé par la mathématique pure a priori et le *penser* fondé par la philosophie transcendantale, par rapport à l'*Aufhebung*, distinction célébrissime entre le *savoir* et le *croire*. Rappelons tout d'abord ce qu'est l'*Aufhebung.*

> «Je ne puis donc même pas admettre Dieu, la liberté et l'immortalité au service de l'usage pratique nécessaire de ma raison, si je ne démets en même temps la raison spéculative de sa prétention à des intuitions transcendantes, parce que pour y parvenir elle doit se servir de principes qui (...) déclarent ainsi impossible toute extension pratique de la raison pure. Je devais donc supprimer le savoir, pour trouver une place pour la foi <Ich musste also das Wissen aufheben, um zum Glauben Platz zu bekommen>, et le dogmatisme de la métaphysique, c'est-à-dire le préjugé de progresser en elle sans critique de la raison pure, est la vraie source de toute incrédulité, qui est en conflit avec la moralité et est toujours dogmatique.» BXXX, p. 748.

Cela est très connu, certes. L'incrédulité tient au dogmatisme de la métaphysique, c'est-à-dire à cette disposition naturelle envers le dogmatisme qui n'est pas assujettie aux rênes de la critique. Le «dogmatisme», ce coupable ainsi dénoncé par deux fois dans la même phrase, est démasqué. Pour de telles fautes, une simple censure, voire même la critique toute entière, n'y suffit pas. Il y faut une «discipline» (A711/B739, p. 1296). Fort bien. Or, voilà qui est troublant, par quoi commence la «Discipline de la raison pure, dans l'usage dogmatique»? Par ceci :

> «La mathématique donne le plus éclatant exemple d'une raison pure qui s'étend d'elle-même avec succès, sans le secours de l'expérience. Les exemples sont contagieux... (...) Aussi la raison pure espère-t-elle pouvoir s'étendre, dans l'usage transcendantal, avec autant de bonheur et de solidité qu'elle est parvenue à le faire dans l'usage mathématique...» A713/B741, p. 1297

Cette section est fort longue (jusqu'à A738/B766 p. 1316) et étend ce «système de la précaution»[13] fort loin jusqu'à légiférer sur les définitions, les axiomes et les démonstrations. Les

---

13. «On peut remédier aux erreurs particulières par la censure, et aux causes de ces erreurs, par la critique. Mais là où on rencontre, comme dans la raison pure, tout un système d'illusions et de prestiges bien liés entre eux et réunis sous des principes communs, il semble alors que soit nécessaire une *législation toute spéciale, mais négative*, qui sous le nom de discipline, institue, à partir de la nature de la raison et des objets de son usage pur, comme un *système de la précaution et de l'examen de soi-même* devant lequel aucune apparence fausse et sophistique ne peut subsister, mais doit au contraire se trahir aussitôt, nonobstant toutes les raisons dont elle peut se farder.» A711/B739, p. 1296.
La systématicité règne, omniprésente, puisque l'erreur même apparaît sous la forme d'un «système d'illusions et de prestiges bien liés entre eux et réunis sous des principes communs». L'on doit alors – plaisamment – s'imaginer que Kant pousse au crime lorsqu'il écrit, dans la seconde préface: «Je devais penser que l'exemple de la mathématique et de la physique, [...] était assez remarquable pour réfléchir au point essentiel du *changement dans la façon de penser* qui leur a été si avantageux, et pour les imiter ici, du moins à titre d'essai, autant que le permet leur *analogie*, comme connaissances rationnelles, avec la métaphysique.» BXVI, p. 739. Naturellement, la seconde préface est bien plus modeste dans l'annonce des prétentions de l'auteur que ne l'était la première. L'*Aufklärer* Kant ne propose pas de nouvelles connaissances, ce en quoi il se renierait, mais bien plutôt, une nouvelle «façon de penser», dont il parle avec une telle prudence qu'elle passe inaperçue. Cette prudence imposée par les stériles querelles avec les métaphysiciens patentés, lui fait dire dans cette préface qu'il veut tirer exemple des sciences exactes, lui qui disait encore dans les *Prolégomènes* le

trois autres types de discipline (dans l'usage polémique, par rapport aux hypothèses et aux preuves) se cantonnent dans le domaine de la connaissance et de sa méthodologie et la nécessité de rendre sa place à la foi est enfin thématisée dans la section suivante, appelée «Canon de la raison pure» : l'usage pratique est la «seule voie qui lui reste encore» (A796/B824, p. 1359). Mieux encore, que «la plus grande et peut-être la seule utilité de toute la philosophie de la raison pure n'est donc sans doute que négative» (A795/B823, p. 1358). La raison pure ne peut être qu'un canon, c'est-à-dire «l'ensemble des principes a priori du *légitime usage* de certains pouvoirs de connaître en général» (A796/B824, p. 1359), et non un organon qui constituerait une connaissance.

Cette distinction faite à propos de la raison, entre canon et organon est identique à celle que Kant faisait dès l'introduction à la Logique transcendantale, à propos, non de la raison pure, mais de l'entendement :

> «...il y a quelque chose de séduisant dans la possession d'un art si spécieux, celui de donner à toutes nos connaissances la forme de l'entendement, quelque vide et pauvre qu'on puisse être à l'égard de leur contenu, que l'on use de cette logique générale, qui est simplement un canon pour l'évaluation, comme d'un organon pour produire réellement, du moins en en donnant l'illusion, des affirmations objectives, ce qui est en fait abuser de cette logique. La logique générale, donc, comme prétendu organon, s'appelle dialectique.» A61/B85, p. 819

Si la distinction, elle-même critique, à faire entre raison et entendement nous échappe, nous penserons immédiatement que Kant n'a fait que se répéter. Il n'en est rien. L'*Aufhebung* placée entre le *Wissen* et le *Glauben* au début de la *Critique* concerne la raison pure, se retrouve également dans la nécessité critique de

---

contraire, à savoir: «La critique...fournit à notre jugement la règle de mesure qui permet de distinguer avec sûreté la science du savoir apparent et, si elle est pratiquée dans sa plénitude en métaphysique, elle fonde *une manière de penser* qui étend ensuite son influence bienfaisante à tous les autres usages de la raison, et avant tout inspire le véritable esprit philosophique.» *Prolégomènes*, T. 2, IV, 383, p. 172. Cette prudence peut se révéler bien imprudente, tout comme l'excès de clarté, bien obscur. Cette «manière de penser» est le seul legs dont Kant pouvait (et voulait) faire bénéficier ses épigones et c'est la seule chose qui est restée au fond de la boîte de Pandore quand toutes les «grandes» métaphysiques de l'idéalisme allemand s'en sont envolées.

distinguer, au sein de l'entendement entre *Wissen* et *Denken,* entre penser et connaître, comme nous le montrerons dans le détail dans le chapitre suivant. Autant, dans la raison pure, faut-il respecter l'*Aufhebung* critique entre la métaphysique de la nature (le *Wissen*) et celle des mœurs (le *Glauben*), autant au sein de l'entendement, faut-il respecter une différence aussi essentielle d'un point de vue critique que l'*Aufhebung* classique, entre penser et connaître, que la réflexion logique ne «voit» pas et qui apparaît seulement dans une réflexion transcendantale de la faculté de juger, différence qui n'est autre que celle qui sépare l'usage discursif (la philosophie transcendantale) et l'usage intuitif (la mathématique) de la raison.

La seconde *Aufhebung* s'emboîte dans la première. L'entendement est à la sensibilité, ce que la raison est à l'entendement[14]. Mais au-delà de cette particularité architectonique sur laquelle nous reviendrons, il faut s'attacher à déterminer quel est le plan architectonique qui peut contenir en une seule et unique perspective, les trois usages possibles de la raison, intuitif, discursif et pratique, qui correspondent aux trois seules sciences pures a priori, respectivement, la mathématique, la philosophie transcendantale et la morale (A480/B508 p. 1130, *loc. cit.*).

Ce plan unique n'est pas celui de la connaissance. Tout d'abord, Kant insiste beaucoup dans le «Canon de la raison pure», sur le peu d'importance que la connaissance en général présente pour la raison pure[15]. Parallèlement, lorsqu'on se transporte de la perspective de la raison pure en général, dans

14. Tout comme l'Analytique des concepts est pleine d'un parallèle entre les formes de la sensibilité et celle de l'entendement, la Dialectique est entrelardée de notations et de remarques sur la similarité entre l'œuvre de l'entendement et celle de la raison: «La raison n'a donc proprement pour objet que l'entendement et son emploi conforme à une fin; et, *de même que celui-ci relie par des concepts le divers dans l'objet, celle-là de son côté relie par des idées le divers des concepts...*» (A644/B672, p. 1248 – nous soulignons); un passage plus important encore, quelques pages plus loin, souligne qu'il s'agit plus ici de l'exploitation d'une similarité essentielle et profondément architectonique que d'un procédé d'écriture: «*L'entendement constitue un objet pour la raison, exactement comme la sensibilité le fait pour l'entendement*» A664/B692, p. 1263 (nos italiques). La citation complète est donnée plus loin.

15. «A l'égard de tous les trois <objets de la spéculation dans son usage transcendantal: la liberté de la volonté, l'immortalité de l'âme et l'existence de Dieu>, *l'intérêt purement spéculatif de la raison n'est que très faible...*» A798/B826, p. 1360 (nos italiques); Cela va même

celle de l'entendement en général, la «Discipline de la raison dans son usage dogmatique» nous enjoint de ne prétendre en rien égaler la mathématique[16]. Cela est capital : la morale pure a priori et la mathématique pure a priori ne laissent rien à la philosophie transcendantale, cette troisième science pure a priori. Il ne reste à la raison qu'un «système méthodique» ou une «méthode systématique», et Kant hésite d'une manière très symptômatique dans cette même section :

> «Si donc il n'y a pas de dogmes dans l'usage spéculatif de la raison pure, même quant au contenu, aucune méthode dogmatique, qu'elle soit empruntée au mathématicien ou qu'elle devienne une manière propre, ne saurait lui convenir. En effet cette espèce de méthode ne fait que cacher les fautes et les erreurs...» A737/B765, p. 1316

La condamnation de la méthode «more geometrico» (et l'on pense à Descartes et à Spinoza) est donc sans appel. Il ne reste donc rien à l'usage spéculatif de la raison et ce vide[17] provoque l'apparition d'une «espèce de méthode», c'est-à-dire une fiction désordonnée, dont le nom pré-critique n'est autre que celui de «métaphysique» et qui correspond à une «disposition naturelle». La critique, en la disséquant, établira par le relevé ordonné de toutes les erreurs métaphysiques possibles (dans la Dialectique), une connaissance qui fait partie de la connaissan-

---

plus loin: «Si donc ces trois propositions cardinales <idem> *ne sont nullement nécessaires en vue du savoir*, [...] leur importance ne devra concerner proprement que le pratique.» A799/B828, p. 1361 (nos italiques).

16. «...la raison pure tout entière ne contient pas, dans son usage simplement spéculatif, un seul jugement directement synthétique par concepts. En effet, [...] elle n'est capable de porter, au moyen des *idées*, aucun jugement synthétique qui ait une valeur objective, tandis qu'au moyen des *concepts de l'entendement*, elle établit sans doute des principes certains, non pas, il est vrai, directement par concepts, mais toujours seulement de *manière indirecte par le rapport de ces concepts à quelque chose d'entièrement contingent, à savoir l'expérience possible...*» A736/B764, p. 1315 (nos italiques).

17. «La mathématique, la science de la nature, les lois, les arts, la morale même, etc. , ne remplissent pas encore entièrement l'âme; il y reste encore toujours un espace qui est jalonné pour la seule raison pure et spéculative, et dont le *vide* nous force à rechercher dans des sornettes, des futilités ou même des divagations, [...] pour couvrir l'appel *obsédant* de la raison qui, conformément à sa destination, réclame quelque chose qui la satisfasse en elle-même...» *Prolégomènes*, T. 2, IV, 381 pp. 169-170. (nos italiques)

ce philosophique et qui est une connaissance de l'apparence fausse, laquelle n'est autre que celle, vraie, de la subjectivité transcendante du sujet. Le sujet se manifeste à lui-même par le besoin de sa propre raison de pourvoir, par des fictions, faute de mieux, au «but final de la raison pure»[18].

C'est pour cela que dans le plan général des *Prolégomènes*, calqué délibéremment sur celui des catégories, la troisième question capitale qui est celle de la possibilité de la métaphysique comme «disposition naturelle» correspond, comme connaissance positive, à la Dialectique, dans la *Critique de la raison pure*. La Dialectique (ou la connaissance positive de la métaphysique comme disposition naturelle) recense systématiquement toutes ces erreurs qui ont ceci de particulier qu'elles sont «erreurs» faute d'aller jusqu'au bout d'elles-mêmes, faute, par conséquent, de constituer un système. Il y a «espèce de méthode» quand il y a une unité simplement technique, et «méthode» dont les vertus critiques sont définitives, lorsque cette unité devient architectonique. Aussi, ce même texte se poursuit-il par un revirement dont il faut saisir toute la portée :

> «...Pourtant la méthode peut toujours être systématique. En effet, notre raison est elle-même (*subjectivement*) un système quoique dans son usage pur, au moyen de simples concepts, elle ne soit qu'un système de la recherche, suivant des principes, de l'unité pour laquelle l'expérience seule peut fournir la matière.» (*ibid.*)

18. «Quand j'examine toutes les idées transcendantales, dont l'ensemble [...] oblige la raison à s'élever au-dessus de toute expérience possible [...] et à réaliser par cet effort la chose (qu'elle soit science ou ratiocination) qu'on nomme métaphysique, je crois me rendre compte que cette disposition naturelle a pour but de dégager notre conception des chaînes de l'expérience [...] afin que puissent au moins être admis comme possibles des principes pratiques qui, (...sinon...) ne pourraient s'étendre jusqu'à l'universalité dont la raison a inévitablement besoin pour sa fin morale.» *Prolégomènes*, T. 2, IV, 362-363, pp. 148-149.

Dans le texte cité à la note précédente, Kant fait état de la finalité matérielle d'un vide, dans la connaissance que vient remplir la raison, qui ne trouve rien d'approprié à sa nature. Dans ce texte-ci, la raison, mue par son propre ressort, doit irrésistiblement revenir à son usage pratique, parce que son usage logique satisfait à l'unité de l'expérience dans une proportion égale à la frustration qui naît de la reconnaissance de ses limites. La raison est en proie à un vide qu'il est dans sa nature de se recréer, mais ce vide, ajoutons-nous pour notre part, n'est autre que celui qui résulte de ce que la connaissance objective, pour s'instituer, «évacue» la raison comme subjectivité transcendantale et la sensibilité comme subjectivité empirique.

Soulignons ce trait : la raison a cette tendance à se déposer
en un système positif, alors que ce système ne peut être rien
d'autre que le système de sa propre subjectivité, débouchant
sur ce que Kant appelle une philosophie subjective (*loc. cit.*), à
apprécier d'après le modèle archétypal de cette philosophie objective qu'il propose et dont l'on comprend *in fine* qu'elle est à
la fois un horizon immuable et quelque chose qui est interminablement en train de dis-paraître en un horizon. Ce système
qui dis-paraît en un horizon n'est autre que celui de la Dialectique (plus exactement celui des Idées transcendantales), dont
la valeur spéculative est donc très faible et ne peut être d'intérêt que *pratique*.

Ainsi, lorsqu'on retraverse l'*Aufhebung* dans l'autre sens, et
que l'on revient du côté *théorique,* la critique aura dissipé la
prétention de ces fausses connaissances à l'objectivité et il ne
restera qu'un *horizon,* c'est-à-dire un système non pas de
connaissances, mais *de recherche (ce qui est la traduction spéculative de sa valeur pratique*), pour lequel il faut tout d'abord
supposer l'expérience dans toute sa contingence. Le système
heuristique de la raison pure n'est autre que cette philosophie
transcendantale que nous cherchons en tant qu'à la différence
de la mathématique pure et de la morale pure qui sont toutes
les deux des législations immanentes[19], elle est le système de la
transcendance.

✳

Comme nous voudrions limiter la portée de cet ouvrage à la
seule problématique de la *Critique de la raison pure*, c'est-à-dire
à celle de la philosophie transcendantale considérée du point de
vue purement spéculatif et métaphysique, nous devons considérer la métaphysique scientifique du seul point de vue de la raison
spéculative. Mais est-ce bien légitime ? Car voilà qu'apparaît la
caractéristique même de la métaphysique comme science : son
statut heuristique en tant que système rationnel scientifique est

---

19. En effet, et c'est le problème de la *Critique de la faculté de juger* que
    de réconcilier deux immanences qui se côtoient sans se gêner : «L'en-
    tendement et la raison ont...deux législations différentes sur un seul et
    même territoire de l'expérience, et celles-ci ne doivent pas s'y gêner
    l'une l'autre.», V, 175, p. 24, trad. d'A. Philonenko (Cf. *Œuvres*, T. 2,
    p. 928).

tel qu'il se situe sur la limite même[20] du théorique et du praxique. Cette limite étant marquée, tel devrait être en effet le résultat de l'entreprise critique, la métaphysique ainsi comprise ne peut manquer d'amener le penseur à réfléchir sur la raison pratique, quand bien même il serait enclin à tenir celle-ci pour impossible, de par un préjugé quelconque. C'est là le sens de l'*Aufhebung*, que nous détaillerons plus loin : l'entreprise critique mène jusque là et quand bien même la Foi à laquelle la Science doit «laisser de la place» serait chose désormais im-pensable en notre siècle, cette place ainsi critiquement dégagée resterait vide et vacante : le statut du sujet (à faire, à être) reste de toutes façons indéterminé par l'institution de la science.

Cette métaphysique comme science ne peut être «connue» mais seulement «pensée». Et à moins d'une intuition intellectuelle et de la télépathie qu'elle implique dès que nous sommes plusieurs à en profiter, le «penser» ne se communique qu'à travers le «connaître», en une problématique à laquelle Kant luimême a été amené et qu'il a exposée dans la troisième critique. Lisons donc, à ce propos, la fin de ce passage si intéressant de la *Discipline* :

> «Mais il n'y a *rien à dire ici de la méthode propre à une philosophie transcendantale*, puisque nous n'avons à nous occuper que d'une critique de nos facultés, afin de savoir si nous pouvons bâtir...» *Ibid.* (A738/B766 p. 1316).

A nouveau, notre attente est déçue, comme elle le fut à la lecture de la dernière partie des *Prolégomènes*, qui, elle aussi débouche sur de vagues projets, présentés comme aboutis ou à la portée de tout le monde, moyennant quelque rigueur. Or, justement, le statut de la philosophie transcendantale comme «système de recherche» pose les mêmes problèmes d'«inapparence», ceci dit pour connoter la Dialectique, que l'Idée d'un tout d'une science, qui n'apparaît que dans une schématisation nécessairement inadéquate[21]. Il serait donc intéressant de pou-

---

20. «Or nous nous tenons sur cette limite, lorsque nous bornons notre jugement simplement à la relation que le monde peut avoir à un être dont le concept se trouve hors de toute connaissance...» *Prolégomènes*, T. 2 IV, 357 pp. 141-142.

21. Les problèmes d'inapparence, auxquels la disposition naturelle métaphysique répond par l'illusion transcendantale, sont véritablement les mêmes dans les deux cas:

voir comparer, au projet dont seule l'orientation générale est
donnée dans la *Critique,* un système de connaissances qui serait
donné «d'un coup», comme achevé, non pas en tant que les
connaissances qui s'y trouveraient seraient matériellement com-
plètes, mais en tant que la systématicité même du tout serait assumée et exhibée comme telle et non plus allusivement signalée
comme un horizon vers lequel s'acheminer interminablement.

On l'a deviné, ce système des connaissances, annoncé
comme achevé, n'est autre que celui des *Prolégomènes.* La nécessité apparaît donc incontournable de réunir la *Critique de la
raison pure* et les *Prolégomènes* dans une même étude de l'institution kantienne de la *Critique,* parce que la première indique
ce que la seconde prétend avoir réalisé. L'important n'est pas
d'évaluer si cette «réalisation» est effective, car ce n'est pas la
matière même des connaissances, mais leur système qui est en
mis en jeu ; en s'essayant, à propos des *Prolégomènes,* à un regard neuf, c'est bien toute l'architectonique qui va enfin «entrer en apparition», pour reprendre l'expression de G. Granel à
propos de l'être phénoménal.

«L'œuvre de la raison est de constituer systématiquement l'unité de tous les
actes empiriques possibles de l'entendement, de même que l'entendement
relie par des concepts le divers et le soumet à des lois empiriques. Cependant, *de même que les actes de l'entendement, sans les schèmes de la sensibilité, sont indéterminés, de même l'unité de la raison, par rapport aux
conditions sous lesquelles l'entendement doit unir systématiquement ses
concepts et au degré jusqu'où il doit le faire, est indéterminée par elle-
même.»* A664/B692, p. 1263 (nos italiques)
Les «actes de l'entendement», c'est-à-dire les jugements, deviennent
matériellement indéterminés et ne sont plus considérés que suivant
leur forme, lorsque passant du monde sensible au monde intelligible,
on consomme l'éclipse du premier par le second, parce que l'on franchit une «limite», ainsi qu'on le verra plus loin dans le détail. Le formalisme des jugements (des concepts) devient la matière pour la for-
malisation apportée par la raison à l'entendement; mais qui
formalisera la raison? C'est l'argument du troisième homme, en
quelque sorte. Mais l'indétermination de l'unité de la raison, au-delà
du système des Idées transcendantales, débouche sur l'idée d'un entendement intuitif, lorsqu'en franchissant cette nouvelle limite (l'unité indéterminée de la raison elle-même), on perd ce qui restait de détermination et on perd la matérialité propre aux Idées transcendantales et
qui n'était autre que celle de la raison en tant que telle. L'entendement
intuitif dont question, par son absoluité a perdu en même temps que la
discursivité dont la raison formait le système, la possibilité de se séparer a priori de ses objets: il a donc en même temps une intuition originaire, et le système des Idées transcendantales culmine alors dans
l'Idéal de la raison pure, qui est l'idée d'un tout de la réalité.

5. Vers une caractérisation de l'architectonique

C'est dans ce soin insistant que Kant prend à se démarquer de la méthode mathématique *more geometrico*, que réside l'essentiel. La mathématique en tant que connaissance possède une certitude a priori, mais celle-ci ne peut pas s'étendre au-delà de son propre domaine, qui est celui tracé par l'ensemble des objets qu'elle peut construire a priori dans l'intuition. Cela recouvre, extensivement, tout le domaine de l'entendement, c'est-à-dire *à la fois* celui de l'expérience sensible et celui de la logique générale analytique : la méthode mathématique, dont l'effectivité est logico-déductive, a donc ceci en commun avec la fiction métaphysique, qu'elle ne reconnaît pas ses «limites» parce que — similaire en cela à la logique, et nous y reviendrons —, elle est ceinte d'une clôture invisible à l'intérieur de laquelle elle est immanente.

C'est donc une double similarité, nourricière de l'Amphibologie, qui rend la mathématique si dangereuse ; elle ressemble *formellement* à la logique et *matériellement* à la métaphysique (dans le sens de la fiction, non du système). De plus, elle est à elle-même à la fois *forme et matière*. Si maintenant, la logique coïncide avec la métaphysique, autrement dit si l'articulation immanente de la *forme* à la *matière,* caractéristique de la mathématique, se reproduit dans la logique, c'est la logique qui se discrédite, en tant que méthode, et non la «méthode mathématique». Mais ce que Kant vise, n'est pas si éloigné que cela ; ce n'est finalement ni la logique en tant que telle, ni même la mathématique transcendantalisée qui sont contestées, c'est la mise en coïncidence, dans la logique générale analytique, de la *matière* et de la *forme.*

A partir de là, deux possibilités : ou bien, cette mise en coïncidence opérée au sein de la logique est légitime, et dans ce cas, l'on ne voit pas comment l'on ne retombe pas dans la mathématique pure et simple ; ou bien, elle est illégitime et elle constitue alors proprement la fiction métaphysique. C'est là que s'ouvre une nouvelle voie : pas plus que la mathématique, la logique *formelle* ne peut prendre autre chose qu'elle-même comme *matière.* Dès lors, il faut penser qu'elle ne peut pas réussir de la même manière que la mathématique (car sinon elle serait ipso facto absorbée par la mathématique) et que la matière de la logique *formelle* est nécessairement différente que la logique formelle *elle-même*, et que cette logique formelle elle-même doit être pensée dans un *formalisme différent*, qui, nous le verrons, se caractérise surtout par le dépassement du tiers exclu (qui s'accompagne de l'abandon de toute prétention à l'objectivité positive, au profit d'une valeur heuristique en vue d'une plus grande cohérence scientifique) et qui, nous le verrons également, *ressemble* étonnamment à certaines méthodes des mathématiques (notamment à la topologie) que Kant ne pouvait pas connaître, bien que sa définition par l'immanence garde toute son actualité. La logique pour se penser — pour admettre l'auto-référence, ce qu'exclue la non-contradiction —, doit sortir d'elle-même et elle ne peut que se «matérialiser» mathématiquement (en un sens que Kant ne pouvait deviner) ; mais c'est justement cette «sortie» indispensable que pense la méthode critique et qu'est incapable de penser la «méthode» mathématique, entièrement immanente.

Il nous faut donc dépasser l'information littérale que nous donnent les mots de Kant et qui ne peuvent manquer de faire naître des résonances parasites et essayer de comprendre la pensée même (et non pas seulement les mots). Tout d'abord, il faut bien donner acte de ce qu'une méthode «mathématique» ait pu être employée (légitimement ou non) en philosophie — pensons à Descartes et surtout à Spinoza —, indépendamment de la question de savoir si cela est ou non légitime. La question est alors de savoir où un si grand danger réside exactement puisque, somme toute, cette méthode aurait pu n'être mathématique que d'allure, sans vraiment dépasser le niveau d'une vague analogie[22], l'unité essentielle à la pensée exigeant,

22. Kant «flaire» le danger plus qu'il ne l'identifie, faute de pouvoir définir plus clairement ce que doit être la méthode proprement philosophique, dont on doit bien remarquer qu'elle prend chez lui une allure très *more geometrico*. Ainsi, si nous recensons dans les textes de la *Théorie transcendantale de la méthode* les précautions exigées par Kant, nous relevons notamment qu'il ne faut pas, en philosophie, commencer par la fin, c'est-à-dire par des définitions, qu'il n'y a pas, chez elle, d'axiomes, «car même la possibilité de la mathématique doit être montrée dans la philosophie transcendantale» (A733/B761, p. 1313) et enfin, que les raisonnements philosophiques ne doivent pas être appelés démonstrations, mais bien plutôt preuves «acroamatiques» (A736/B763, p. 1314), c'est-à-dire *discursives*, précise Kant dans une parenthèse essentielle, au lieu de «pénétrer dans l'*intuition de l'objet*». Il est difficile de se faire une idée précise en revanche sur ce que ces

semble-t-il que l'on pense *formellement* de la même façon l'objet qu'il soit «dans la pensée» ou qu'il soit «dans l'intuition». Il faut bien identifier quel pouvait être, aux yeux de Kant, le danger, et non simplement l'erreur commise ici ou là.

Le danger serait donc de penser de la même façon l'objet, qu'il soit «dans la pensée» ou «dans l'intuition», une distinction fondamentale dans le fonctionnement de l'esprit dont Kant attribue la responsabilité à la «réflexion transcendantale». Mais poursuivons dans cette voie, car Kant à ce propos est peu disert. En effet, les choses ne seraient-elles pas simples, la réflexion transcendantales aidant, si nous pouvions affirmer qu'il s'agit de la même objectité dans les deux cas, «pensée» et «intuition», entendement et sensibilité, la différence se portant alors sur le *lieu transcendantal*, pour employer le langage de l'Amphibologie. Or, non seulement, il nous faut distinguer entre les «lieux» transcendantaux (terme auquel nous préférons celui de «perspective»), mais il faut distinguer, à nouveau, entre les objets, parce qu'une même objectité peut habiter deux lieux différents et un même «lieu», deux types d'objets différents[23]. Ainsi, il nous faut faire la différence tout d'abord entre un phénomène empirique et une construction déterminée in concreto dans l'intuition (un triangle, par exemple), tout comme il nous faire la différence également entre une loi empirique et un concept simplement logique, abstraction faite de tout contenu empirique (ce par quoi la logique générale analy-

---

raisonnements doivent être, car «ces preuves ne peuvent se faire que par des simples mots (par l'objet en pensée)» (*ibid.*).

23. Par exemple, une intuition pure peut être l'unité d'une intuition formelle comme elle peut également être la forme de l'intuition, si l'on se réfère à la note B160, p. 873 (cf. *infra*, note 25), tout comme une représentation de l'entendement (*i.e.* un concept) peut être aussi bien un principe rationnel qu'une règle intellectuelle. Ni le «lieu» (dans une topique pour la réflexion transcendantale), ni l'objet en général ne peuvent *seuls* épuiser la caractérisation architectonique d'une représentation. Que l'on se limite soit à la division des facultés et en général à une perspective épistémologique (privilégiant exclusivement le «lieu» ou la «topique») ou que l'on prétende tout retrouver à partir de la *genèse* de l'objet, dans une perspective phénoménologique de type heideggerien, on manque chaque fois l'essentiel, qui est l'articulation de chacune des deux perspectives à l'autre. Mais, à décharge, faut-il préciser tout de suite qu'il appartient à l'essence de la représentation de faire dis-paraître cette articulation et la perspective qui lui sert d'horizon simplement formel, comme nous voulons le montrer dans cet ouvrage.

tique est définie[24]). De surcroît, il nous faut également faire cette différence essentielle entre une *règle* de l'entendement, qui est un concept appartenant à l'ensemble de tous les concepts de l'entendement, et un *principe* de la raison (spéculative), qui traite de l'entendement non comme collectif, mais comme *tout* (comme un «objet de la raison») et qui en exprime l'une ou l'autre déterminations sous le régime de la plus grande unité.

Là réside justement l'illusion portée par la «méthode mathématique» : elle s'apparaît identique à elle-même quel que soit le «lieu transcendantal» où la réflexion situe ses objets. Or la leçon kantienne, s'il fallait la résumer, est bien au contraire que la pensée «change» suivant le «lieu» d'où se donne son objet, parce qu'il n'y a aucun objet qui ne présente à notre *faculté de connaître discursive* sa propre spécification sans la spécifier en même temps comme sensibilité, entendement ou raison (voire même comme simple faculté de juger réfléchissante dans l'expérience esthétique).

Ainsi, comme tout cet ouvrage s'emploie à le montrer, c'est le propre de l'entendement *discursif,* c'est-à-dire pluriel, de s'apparaître comme *intuitif,* c'est-à-dire comme uni ou unanime : cette *apparence* constitue l'essence de la pensée, en amont de la question de savoir si elle renvoie à autre chose encore (transcendance de la logique de la vérité) ou si elle ne renvoie à rien d'autre qu'elle-même (immanence métaphysique de la logique de l'apparence). Parallèlement, c'est le propre de l'intuition *sensible,* c'est-à-dire fragmentaire, «synoptique» dira Kant dans la première version de la Déduction, de s'apparaître autonome — à tel point que Kant prêtera à l'Esthétique une synthèse qui appartient en fait à l'entendement[25] —, c'est-à-dire de sembler pouvoir se donner à elle-même l'unité dans la représentation, et cette *apparence* constitue l'essence de l'intui-

---

24. Par exemple ; «...la logique simplement formelle......fait abstraction de tout contenu de la connaissance (*est-elle pure ou empirique?*) et ne s'occupe que de la forme de la pensée (*la connaissance discursive*) en général...», A131/B170, p. 879 (nos italiques).

25. Cf. note B160, p. 873, où Kant précise la différence entre la *forme de l'intuition* qui donne le divers et l'*intuition formelle* qui donne l'unité de la représentation. «Cette unité, je l'avais, dans l'"Esthétique" attribuée simplement à la sensibilité pour faire remarquer seulement qu'elle est antérieure à tout concept, bien qu'elle suppose à vrai dire une synthèse qui n'appartient pas au sens...»

tion, qu'elle soit pure et objet de la mathématique comme science pure a priori ou qu'elle soit empirique et forme de la sensation. La première apparence est «transcendantale», la seconde, suivant la terminologie que nous préciserons plus bas, est «métaphysique» : elle donne à imaginer que «tout» se trouve dans le phénomène et érige l'imagination en faculté suprême ; la première nourrit les rêves de l'épistémologie, la seconde, ceux de la phénoménologie, mais toutes deux délirent dès qu'elles se séparent l'une de l'autre car l'une est l'instance critique de l'autre, et réciproquement.

Nous approchons maintenant d'une caractérisation de l'architectonique qui bien que sommaire nous fournira un fil conducteur pour nous orienter dans tous les détails. Il nous restera ensuite à décrire un peu plus finement ce parallèle que nous avons souligné en reprenant la même construction syntaxique pour caractériser tour à tour la pensée et l'intuition. En effet, ces deux configurations ne sont pas superposables l'une sur l'autre, même moyennant une inversion, c'est-à-dire une *symétrie chirale*, concept-clef bien que caché de la pensée kantienne. Pour que la configuration de la pensée soit superposable dans son identité profonde à celle de l'intuition, même moyennant une inversion, il faudrait que nous eussions respectivement un *entendement intuitif* et une *intuition intellectuelle*, dont la symétrie chirale (aussi bien que l'identité de l'un à l'autre) est visible au niveau même des mots.

Or, notre entendement est *discursif,* et notre intuition, *sensible.* Ce qu'il convient maintenant de porter au jour, pour parachever cette caractérisation de l'architectonique est le *décalage* entre l'effectivité synthétique de l'imagination transcendantale dans l'*intuitionner* et celle de la faculté de juger (y compris la raison «dans son usage logique») dans le *penser* : ce décalage[26] est

26. Ce qui «décale» l'intuition intellectuelle hors de l'entendement intuitif, et les rend, elle sensible et lui discursif, n'est autre que le monde de l'expérience empirique, dont la possibilité figure dans la perspective métaphysique de la manière la moins déterminée qui soit; c'est le simple concept de la matière en général, dont l'objet en général, qui situe la transcendance en même temps que celle-ci s'y situe, n'est autre que le X, car ce concept métaphysique de la matière ne contient rien a priori, pour une connaissance pure a priori, objet de recherche de la *Critique de la raison pure.* Spécifier ce concept revient en effet à énumérer les *Premiers principes métaphysiques de la science de la nature.* Qu'il ne contienne rien, ce concept de la matière, forme la raison

ce qui différencie l'entendement discursif de l'entendement intuitif tout en leur laissant une base conceptuelle commune. La
partie découverte par ce décalage laisse *apparaître* l'Idée d'un
entendement intuitif comme culmination de la «réflexion transcendantale» dans la pensée de la pensée, et l'Idée d'une intuition intellectuelle comme culmination de cette même réflexion
dans la pensée de l'intuition. Comment la pensée s'identifie
comme pensée face à l'intuition, est une question que nous devons laisser ouverte pour le moment, puisqu'il ne s'agit ici que
de caractériser l'architectonique, et à laquelle toute réponse ne
pourra être compréhensible qu'à la fin de tout le travail développé dans cet ouvrage et comme constituant sa conclusion.

Pour rendre plus «visible» cette configuration architectonique décalée, nous proposons le tableau suivant qui se place
d'emblée dans la perspective métaphysique dont l'horizon se
dédouble entre intuition intellectuelle et entendement intuitif[27],
en ce qu'il situe les aires d'effectivité de l'imagination transcendantale (dans le domaine projeté au départ de la mathématique pure a priori) et de la faculté de juger (dans le domaine
projeté au départ de la logique générale analytique), la mathématique pure a priori et la logique générale analytique étant
considérées toutes deux comme (apparences de) clôtures métaphysiques. Ainsi, l'orientation métaphysique de ce tableau se
traduit par la *dis-parition* du concept (nécessairement vide,
dans une perspective métaphysique) de la matière de l'expérience sensible, autrement dit en termes plus modernes, la dis-
parition de la phénoménalité du phénomène (qu'il soit celui
rencontré dans l'expérience sensible ou celui que constitue
cette expérience même).

pour laquelle il n'apparaît que par prétérition comme ce qui mystérieu-
sement décale l'un hors de l'autre, et ce, d'autant plus mystérieuse-
ment, que Kant ne permet à aucune détermination métaphysique analytiquement dérivée de ce concept de participer à la nature de la raison
(différente a priori de la nature «particulière» de notre entendement) et
à son enracinement dans l'intelligible.

27. Telle est la condition de possibilité de la représentation en général,
qu'elle exige un tel *dédoublement* (quel que soit son objet), comme
nous le montrerons dans notre commentaire des concepts de la réflexion transcendantale.

	Mathématique	
Sensibilité	Immanence de l'effectivité synthétique des intuitions pures : *Mathématique comme science pure a priori*	*Apparence dialectique* : l'entendement intuitif/l'intuition intellectuelle
Entendement	Transcendance dans la détermination des intuitions empiriques comme pluralité ; Schématisme	Transcendance dans la détermination du phénomène empirique comme unité d'une totalité ; Schématisme
Raison	*Apparence dialectique* : l'intuition intellectuelle/l'entendement intuitif	Totalisation de la faculté de juger en un système immanent : *la logique générale*
		Logique

Si ce qui est laissé en dehors des deux cadres décalés (mathématique et logique) correspond aux horizons métaphysiques, l'ensemble même de ce tableau, dans sa systématicité, appartient à la métaphysique entendue cette fois comme *science,* c'est-à-dire comme système. Par ailleurs, (et ceci peut aider à illustrer les différents sens du *métaphysique* utilisés par Kant), la partie entourée d'un trait plus gras dans chacun des deux cadres ci-dessus constitue l'aire proprement métaphysique (immanente) de l'effectivité synthétique centrée soit sur l'intuition soit sur la pensée.

Insensiblement sommes-nous portés à entrer dans le détail des différents sens qu'il convient d'attribuer à tel ou tel termes de la *Critique* ; c'est ce que voulons faire maintenant, avec méthode, dans la section suivante. Naturellement, par un mouvement de «rétrojection» déjà repéré par Kant dans des «entreprises de ce genre», il faut tout d'abord un plan d'ensemble pour organiser les détails et ne pas se laisser dériver au gré des certitudes anecdotiques, mais ce plan n'est lui-même compréhensible qu'à la lumière de ces mêmes détails, en tant qu'ils sont systématisés. Aussi peut-on souhaiter ici que ce qui précède soit relu à la lumière de ce qui va suivre, bien que les analyses de détail que nous présentons maintenant indiquent chaque fois la perspective dans laquelle il convient de les replacer.

CHAPITRE II

Description terminologique
de l'Architectonique

1. BORNES ET LIMITES

La distinction pratiquée par Kant entre bornes *<Schranke>* et limites *<Grenze>* est essentiellement architectonique ; les premières sont toujours contingentes, et les secondes, toujours nécessaires. Les bornes de la connaissance peuvent ainsi être indéfiniment reculées, mais les limites de l'expérience sensible sont des caractéristiques constitutives et métaphysiques que l'on peut déterminer a priori.

Ces concepts ont une allure typiquement «topologique», dirions-nous aujourd'hui, et nous verrons dans les exemples donnés ci-après que Kant n'hésite pas à les utiliser dans leur contexte spatial d'origine ; la limite y est alors dimensionnelle et elle appartient analytiquement au concept-même qu'elle délimite, tandis que la borne est une détermination apportée synthétiquement, extrinsèquement. La tentation — l'illusion transcendantale, pour tout dire — menace toujours de prendre des bornes pour des limites et d'attribuer à la chose même ce que nous y avons subrepticement mis nous-mêmes. Ainsi, la première occurrence de ces deux concepts se rencontre-t-elle dans la Dialectique, à propos de la question des limites du monde, tantôt prises dans un sens spatial et donc empirique, ce qui suppose quelque chose au-delà, tantôt prises dans un sens logique et idéel, dans le sens de bornes[1].

---

1. «au lieu d'un monde sensible, on pense à je ne sais quel monde intelligible [...]; qu'au lieu des *limites* de l'étendue, on pense des *bornes* de l'univers; et que l'on esquive ainsi le temps et l'espace.» A433/B461, p. 1093 (Remarque sur l'antithèse de la première antinomie).

La confusion qu'il faut critiquement dissiper est donc double : s'il faut tout d'abord se garder de prendre des limites pour des bornes, il n'en faut pas moins veiller à bien cerner l'articulation de ces concepts spatiaux avec leur condition de possibilité logique. Dans un passage des *Prolégomènes* particulièrement heureux dans l'expression, Kant exploite les possibilités métaphoriques du concept spatial de limite et du concept logique de borne pour illustrer la démarche critique ; il convient, en le lisant, d'être extrêmement attentif aussi bien au fonctionnement intrinsèque de l'image (dans sa propre possibilité) qu'à celui de l'analogie.

> «Des limites (pour des êtres étendus) supposent toujours un espace qui se trouve hors d'un lieu déterminé et l'entoure : des bornes n'en ont nul besoin, car elles sont de simples négations qui affectent une quantité dans la mesure où elle n'a pas la *complétude absolue.*» *Prolégomènes*, T.2, IV,352 p. 136 (nos italiques)

L'espace est la présupposition première, en tant qu'il est vierge de détermination ; il est analogue à l'intuition originaire parce qu'il est isotrope et susceptible de contenir une infinité de représentations possibles. Comme notre entendement est discursif, cet espace, comme intuition pure, est vide. Les «êtres étendus» apparaissent (ou doivent être pensés) «dans» l'espace. Un «lieu» est déterminé par des limites, tandis qu'une «quantité» l'est par des bornes. La différence paraît ténue et pour rémédier à cela, Kant ajoute cette précision éclairante : la «complétude absolue» est requise pour des limites. Cela peut paraître étrange : le concept de complétude signifie bien qu'il y faut l'unité, exprimée par un concept, et les limites désignent une cohérence que des bornes, en tant que «simples négations» restreignent à la simple homogénéité dans la quantité. Pourquoi ajouter «absolue» ?

Plus loin dans le même texte (T.2. IV,473, p. 371), Kant parle à nouveau de «complétude absolue» qui caractérise la métaphysique fermée sur elle-même en une diversité finie d'objets de pensée alors que «les mathématiques pures et la théorie empirique de la nature» doivent affronter une «multiplicité infinie d'intuitions (pures ou empiriques)[2]». L'analogie

---

2.   La citation complète est donnée dans l'étude des expressions «transcendantal et métaphysique» que l'on trouvera plus loin au n° 4 de ce chapitre.

qu'il est facile de vérifier dans les textes entre la notion propre d'espace au sens esthétique et la notion métaphorique d'espace au sens architectonique possède chez Kant une telle puissance qu'elle redéfinit *en retour* les notions mêmes d'espace et d'architectonique, au point que nous n'hésiterions pas à souligner une fois de plus le tour proprement topologique de l'architectonique kantienne.

Prenons un autre exemple, cette fois dans l'admirable section intitulée «De l'impossibilité où est la raison pure en dissension avec elle-même de trouver l'apaisement dans le scepticisme» (A758/B786, p. 1330 & seq.), sur laquelle nous aurons l'occasion de revenir, car Kant y révèle beaucoup de sa «méthode» sous-jacente et de cette inspiration quasi «topologique» avant la lettre. Voulant donc illustrer la différence entre l'ignorance possible d'un savoir par ailleurs disponible (ignorance à laquelle correspondent des bornes) et celle d'un savoir impossible en soi à obtenir (les limites), Kant prend l'exemple de la Terre :

> «Quand je me représente (suivant l'apparence sensible) la surface de la Terre comme une assiette, je ne puis savoir jusqu'où elle s'étend. Mais l'expérience m'apprend que, où que j'aille, je vois toujours devant moi un espace où je puis continuer de m'avancer, par conséquent je reconnais les bornes de ma connaissance chaque fois effective de la Terre, mais non pas les limites de toute description possible de la Terre. Mais si je suis allé assez loin pour savoir que la Terre est une sphère et que sa surface est une surface sphérique, je puis alors connaître d'une manière déterminée et suivant des principes a priori, même par une petite partie de cette surface, par exemple la grandeur d'un degré, le diamètre de la Terre, et, par ce diamètre, la complète délimitation de la Terre, c'est-à-dire sa surface ; et bien que je sois ignorant par rapport aux objets que cette surface peut contenir, je ne le suis pas cependant quand au périmètre qui les contient à sa grandeur et à ses bornes.» A759/B787 p. 1331.

La supposition que la Terre est «comme une assiette», c'est-à-dire plate, est l'équivalent de l'illusion transcendantale : la Terre serait en elle-même comme elle apparaît dans «l'apparence sensible» (d'où l'importance de cette parenthèse). La possibilité est infinie de continuer à avancer et la solution critique de l'antinomie cosmologique consistera à montrer que contrairement au cas de figures déterminées spatialement (c'est-à-dire à l'intérieur de l'espace, et donc à l'intérieur des limites de l'expérience sensible), il faut distinguer entre la possibilité infinie de remonter dans la progression (la régression du conditionné vers la condition elle-même inconditionnée) et celle, finie, d'y remonter à l'infini. Aussi, Kant suppose-t-il donnée la solution critique qui est celle de s'apercevoir que l'on peut connaître quelque chose au sujet de sa connaissance, c'est-à-dire par la «méthode», sans posséder cette connaissance elle-même, en passant à la révélation de la courbure de la terre. La complète délimitation de la Terre peut s'opérer par des principes a priori sans qu'il soit besoin de la parcourir réellement et complètement. La «complétude absolue» dans le cas de l'intuition spatiale est directement construite, car l'homogénéité immanente de l'intuition le permet ; par contre, dans l'usage discursif de la raison, cette complétude absolue peut être atteinte et exprimée par des principes a priori : le concept, étant tout d'abord un schème, contient «sous lui» (*loc. cit.*) cette infinité déterminée a priori (la surface sphérique), tandis que l'espace la contient «en lui». Elle est absolue dans la mesure où elle est a priori et idéelle.

Si nous poursuivons la lecture du passage des *Prolégomènes* précédemment cité, nous verrons que c'est bien dans cette optique métaphysique que Kant situe le problème critique. L'espace est l'analogue de l'intuition originaire, et par ce biais, l'analogue d'un «espace» de pensée, comme condition formelle et vide de la pensée et donc comme analogue de l'entendement intuitif.

> «Mais notre raison cherche en quelque sorte du regard autour d'elle *un espace pour la connaissance des choses en soi,* bien qu'elle ne puisse jamais avoir de concepts déterminés et soit bornée aux seuls phénomènes.» *Ibid.,* IV, 352, p. 136.

La restriction aux phénomènes est la clef de voûte de l'idéalisme critique tandis que cette quête du «regard» est l'effet de la tentation métaphysique, comme disposition naturelle. La différence entre les bornes et les limites va se révéler essentielle : si la mathématique et la science de la nature connaissent des bornes, elles sont simplement l'effet du progrès historique et contingent et leur progrès est lui-même infini et va à l'infini, sur le modèle de la connaissance absolue, qui est leur horizon architectoniquement idéal, justement parce que, comme le dit la suite de ce texte important,

> «*Tant que la connaissance de la raison est homogène, on ne saurait en concevoir de limites déterminées.* Dans la mathématique et la science de la nature, la raison humaine reconnaît certes des

> bornes, mais point de limites... (...) L'extension des connaissances en mathématique et la possibilité d'inventions toujours nouvelles se poursuivent à l'infini» *Ibid.*, IV, 352, p. 136

La situation est inverse, dans la métaphysique. Il n'y a pas de borne, mais il y a des limites. Les bornes que poussent devant elles les sciences mathématique et physique sont celles de l'accomplissement historique de leurs progrès, mais leur possibilité d'avancer à l'infini est elle-même infinie (ce en quoi elles «ressemblent» à la connaissance absolue, surtout dans le cas de la mathématique pure a priori). En revanche dans la métaphysique, la conquête n'est jamais suivie d'une occupation durable et cette science piétine ; toutes les «connaissances» de la métaphysique ne sont que des fictions, seul leur ensemble, dans la mesure même où il est systématique et où il est réduit à n'être que le principe architectonique de ce système, a une valeur objective dont l'objet n'est autre que la délimitation (les «limites») de la «faculté rationnelle elle-même». Le reste de ce texte achève cette mise en perspective spatiale de la métaphysique, avec toute la précision voulue :

> «Mais la métaphysique, dans les tentatives dialectiques de la raison pure <de par la nature de la raison> nous conduit à des *limites* ; et les idées transcendantales (...) servent non seulement à nous *montrer effectivement les limites* de l'usage de la raison pure, mais encore *la manière de les déterminer...*» *Ibid.*, T. 2, IV, 353 p. 137

La «manière de déterminer» les limites est en même temps leur démonstration effective ; le schème de la métaphysique scientifique est une méthode, mais non une connaissance. Les limites de la connaissance apparaissent en même temps comme la connaissance de ces limites, et par là, comme connaissance des limites en général. Ainsi l'exigence de «complétude absolue» relevée plus haut, autrement dit la nécessité de trouver l'unité intrinsèque et objective pour la représentation en général (et non bornée aux simples représentations empiriques) va se traduire par la division entre les facultés, et leur spécification, division redoublée par une distinction entre les types de connaissances possibles. Ce n'est que dans la mathématique pure a priori (analogue à l'intuition originaire) et dans la philosophie transcendantale (la métaphysique systématique comme analogue de l'entendement intuitif) que se rejoignent la «manière de délimiter» et les «limites» elles-mêmes en tant qu'elles peuvent être «montrées effectivement». Ce n'est que dans ces deux pôles idéels de toute connaissance théorique, matériel pour la mathématique et formel pour la philosophie transcendantale que le schème est en même temps le produit du schème et que la connaissance des limites est en même temps les limites de la connaissance.

Dans une réflexion simplement logique, la conjonction entre la métaphysique systématique et la mathématique pure a priori paraît instantanée : elle apparaît comme étant la logique elle-même, abstraction faite de tout contenu empirique (comme dans la mathématique) et de l'origine même des représentations quant aux différentes facultés de connaître (comme dans la métaphysique fantasmatique). En revanche, dans une réflexion transcendantale où le contenu empirique ainsi que l'origine des représentations (sensibilité ou entendement, c'est-à-dire en clair entendement empirique ou entendement autonome et logique) sont pris en considération, la mathématique apparaît, dans sa «limite inférieure» comme l'analogue d'une intuition originaire, mais à la manière d'une «extériorité amorphe», suivant l'expression de Joseph Moreau[3], c'est-à-dire d'une *plénitude indifférenciée* ; parallèlement, la philosophie transcendantale apparaît, dans sa limite supérieure, comme l'analogue d'un entendement intuitif (le noumène), dans le sens d'un pur *schématisme de différenciation absolument vide* par lui-même (la raison pure elle-même dans sa pureté nouménale).

Dans cette perspective, les indications par lesquelles Kant définit la limite comme point de contact entre le vide et le plein présentent un intérêt renouvelé dont on ne pouvait tout d'abord suspecter la portée :

> «...nous avons indiqué les bornes de la raison à l'égard de toute connaissance d'êtres intelligibles ; maintenant, puisque les idées

3. «Cette considération de l'espace comme extériorité amorphe, contenu indifférencié de l'intuition pure correspondant à l'unité formelle de la conscience sensible, est sous-jacente à l'Exposition métaphysique du concept de l'espace; mais cet aspect de l'espace demeure souvent inaperçu, car il paraît moins original, moins caractéristique de la critique kantienne, que les réquisits de l'Exposition transcendantale, qui remonte des caractères d'une connaissance rationnelle se rapportant à un objet, aux conditions qui la rendent possible.» in «Construction de concepts et intuition pure», 1981, p. 87 du recueil *La Problématique Kantienne*, Vrin, Reprise, 1984.

> transcendantales nous font néanmoins nécessité de progresser
> jusqu'à eux et ne nous ont donc conduits en quelque sorte que
> jusqu'au *point de contact* de l'espace plein (l'expérience) avec
> l'espace vide (dont nous ne pouvons rien savoir, les noumènes),
> nous pouvons aussi déterminer les *limites* de la raison pure...»
> *Ibid.* T. 2 p. 138 (nos italiques)

La plénitude associée à l'expérience n'est autre que la possibilité de connaître quelque chose, tandis que le vide en est
justement l'impossibilité. La détermination des limites prend
donc tout d'abord l'aspect d'un horizon inapprochable, ou en
tout cas, d'une limite par l'illimité. Or, ces limites de l'expérience ne sont pas objet d'expérience et donc ne sont pas objet
de connaissance (au sens non trivial, non vide, du terme).

Mais justement là, Kant déborde du cadre de la seule problématique des limites de l'expérience, qui est un problème de métaphysique (dont la fiction systématisée cesse d'être fiction),
pour revenir au problème plus fondamental d'une fondation
commune à la connaissance vraie comme à celle de l'apparence,
selon la définition de la philosophie transcendantale, c'est-à-dire
d'une véritable institution de la logique transcendantale. Nous
disons qu'il déborde, parce qu'à travers sa métaphore spatiale
(de la limite), Kant décrit, par le truchement des enchâssements
dimensionnels (le point dans la ligne, la ligne dans l'espace), le
schème de la division de facultés, elles-mêmes englobées les
unes dans les autres, chacune trouvant dans la suivante la condition de possibilité de sa propre spécificité :

> «car, en toute limite, il y a aussi quelque chose de positif (par
> exemple, la surface est la limite de l'espace corporel, et cependant
> elle est elle-même un espace ; la ligne est un espace qui est la
> limite de la surface, le point la limite de la ligne, mais c'est pour-
> tant toujours un lieu dans l'espace), tandis que les bornes ne
> contiennent que des négations.» *Prolégomènes, ibid.* T.2, IV, 354,
> p. 138.

L'on sent, dans cette volonté de se faire clair, le travail souterrain du schème qui anime secrètement toute l'architectonique kantienne. La division des facultés se fait suivant le principe de la complétude absolue ; par contre, celle des
connaissances doit suivre un autre principe moins absolu, puisqu'il dépend du premier. La division des facultés est analogue
à la division des dimensions dans l'espace euclidien ; le point
pour l'appréhension «en un moment» par la sensation (l'intui-

dans l'imagination et pour la représentation privilégiée du temps (successif) ; l'espace pour la succession objective des phénomènes et la représentation du temps simultané (la coexistence des parties). Passer d'une faculté à l'autre, c'est «*passer à la limite*» dans la progression de la synthèse de l'imagination dans son rapport à l'unité transcendantale de l'aperception. De même, dans l'économie de la *Critique,* l'on part de l'Esthétique transcendantale, pour aller à la Logique transcendantale, qui étudie tout d'abord l'entendement comme constitutif de l'objectivité (le passage de la *ligne* phénoménologique à l'*espace* épistémologique de la représentation et de la pensée) et ensuite la raison (comme passage de la *surface* délimitée à l'*espace* métaphysique) ; l'on comprend l'importance architectonique de la situation de la théorie transcendantale de la méthode, placée en fin de l'ouvrage, alors que méthodologiquement elle aurait dû se trouver au début.

Nous verrons plus loin que ce rapprochement entre les limites (dans le sens du calcul intégral) et les dimensions d'un espace était déjà présent dans la *Dissertatio* de 1770[4]. Un cheminement souterrain d'une intuition profonde affleure enfin et

---

4.   Ainsi Kant, dans la *Dissertation*, reconnaît de l'immanence à la définition de la limite: «la limite...est ce qui, dans une grandeur continue, contient la raison des délimitations.» (note, T. 2, II, 403, p. 654), dont les *Prolégomènes* parleront en termes de complétude; la limite est directement un concept métaphysique, qui renferme sa propre nécessité. Mais cela va très loin, car le décalage entre la limite et la possibilité effective de limiter (qui est transcendante par rapport à la limite comme connaissance) est déjà reconnu:
      «La limite du solide est la *surface,* la limite de la surface est la *ligne,* la limite de la ligne est le *point.* Il y a donc trois espèces de limites dans l'espace, comme il y a trois dimensions. De ces limites, deux (la surface et la ligne) sont elles-mêmes des espaces. Le concept de limite ne concerne aucune autre grandeur que l'espace et le temps» (*Ibid.*).
      Il est intéressant de voir que ce concept de limite va déborder ; l'analogie va s'emparer de Kant, qui lira les limites de l'expérience (espaces vide et plein) en termes de limites et de dimensions, avec le décalage que tout n'est pas connaissable dans l'espace euclidien, c'est-à-dire que tout n'est pas «espace». Si l'on retranche les exemples expressément donnés par Kant, *i.e.* la surface et la ligne, il ne reste que le point et l'espace lui-même. Or le point est la limite inférieure et inconnaissable de la division d'un tout (seconde antinomie), la partie simple et en même temps indéfinie, en même temps c'est la *singularité en elle-même*, l'Idée psychologique; l'espace est la condition formelle elle-même inconditionnée, et via l'analogie de l'espace vide avec la raison, abondamment exploitée dans les *Prolégomènes*, c'est l'Idéal d'un tout de la réalité,

tout semble alors couler de source, sans que l'on sache vraiment d'où «tout cela» vient. En effet, on peut noter que Kant arrive à «caser» quatre moments dans son analogie avec la déclinaison des trois dimensions de l'espace euclidien; en effet, il écrit que «la surface est la limite de l'espace corporel, et cependant elle est elle-même un espace». De cette manière, il reconstitue le dualisme propre à l'idéalisme critique (dualisme entre idéalisme transcendantal et réalité empirique): tout comme il y a l'espace pur (l'intuition pure) et l'espace corporel, rempli par la matière, il y a l'espace métaphysique *vide* où la raison promène ses «regards» pour y découvrir les noumènes, et l'espace *plein,* qui correspond à la connaissance tirée de l'expérience possible — dès lors nous ne sommes plus dans l'architectonique méthodique de la division des facultés.

Nous voilà revenus à l'exemple de la sphéricité de la Terre, qui est un exemple de «complétude» servant à représenter les limites «invisibles» de l'expérience, «complétude» qui, par conséquent, n'est pas absolue comme le serait une dimension, c'est-à-dire une faculté de connaître. Nous y sommes revenus par une passerelle métaphorique: la surface limitant un espace déterminé corporellement et la délimitation de la surface sphérique terrestre par des principes a priori; mais également via la signification identique dans les deux cas (la *Critique* et les *Prolégomènes*) renvoyant à l'ensemble des objets de l'entendement[5], c'est-à-dire aux limites de la connaissance sensible.

---

l'Idée théologique comme *la totalité en elle-même,* et pour l'expérience, la nécessité considérée en soi (quatrième antinomie).

Remarquons tout de suite, avec Kant, que l'entendement est par lui-même indispensable à la schématisation qui produit, in concreto, dans l'intuition pure, ces deux triangles. Par conséquent, «...ce qui détermine l'espace en forme de cercle, en figure de cône et de sphère, c'est l'entendement...» *Prolégomènes*, T. 2, IV, 321, p. 99.

De quoi s'agit-il, en fin de compte? – De l'institution de la logique, comme réduction à une dimensionnalité moindre de toutes les représentations où perdant leur enracinement dans la sensibilité ou l'effectivité de la subjectivité qui les a produit, elles peuvent être enfin rendues «homogènes» (*loc. cit.*) et entrer dans une combinatoire, une mécanique systématique où l'on peut, a priori, déterminer par la simple application des règles, quelque chose de plus dans les représentations, qui d'«obscures» en «deviennent claires».

5   Cf. A759/B787, pp. 1332-1333, l'entendement est comparé à une surface plane où la raison, comparée à une sphère, projette un horizon «apparent». Ces passages sont étudiés plus loin.

Il est dès lors essentiel de soigneusement distinguer la problématique de l'entendement comme relevant de la division architectonique des facultés, de celle des limites de l'expérience, relevant de l'application critique de cette systématique. Car autant la «complétude absolue» *formellement* recherchée dans les jugements réfléchissants se laisse ramener sous trois formes distinctes d'unité (de l'intuition, du concept et de l'idée), désignant ainsi trois facultés, autant *matériellement,* le domaine de l'entendement n'a pas de limites inhérentes à son concept :

> «L'expérience qui contient tout ce qui appartient au monde des sens *ne se limite pas elle-même* ; à partir de chaque conditionné elle ne parvient jamais qu'à un autre conditionné. *Ce qui doit la limiter réside nécessairement tout à fait en dehors d'elle et c'est le champ des purs êtres intelligibles.* (...) Mais comme une limite est elle-même quelque chose de positif qui appartient autant à ce qui est à l'intérieur d'elle qu'à l'espace situé à l'extérieur d'un tout donné, elle est bien une connaissance positive effective à laquelle la raison ne prend part qu'en s'étendant jusqu'à cette limite, sans chercher cependant à la dépasser, parce qu'elle trouverait en ce point devant elle un espace vide où elle peut assurément penser des formes pour les choses, mais non des choses elles-mêmes. Or la *limitation du champ de l'expérience par quelque chose qui lui est d'ailleurs inconnu constitue cependant une connaissance qui reste acquise à la raison de ce point de vue...»* Prolégomènes, T.2, IV,361-362, p. 146 (nos italiques).

La situation est d'une clarté aveuglante et Kant ne laisse rien à désirer quant à l'expression. L'expérience, dont l'entendement au sens large est la faculté, est phénoménologiquement immanente : elle va d'un conditionné à l'autre. Mais l'entendement, dont l'expérience est le domaine, peut épistémologiquement être transcendant. Il est possible de passer du conditionné à la condition (de l'entendement à la raison), de la même façon qu'il est possible de passer de la perception du phénomène à sa représentation comme conditionné (de la sensibilité à l'entendement). Ces limites sont donc matériellement invisibles pour l'expérience et elles ne peuvent être mises au jour que par la raison[6].

---

6.   Nous expliquons plus loin comment notre schème métaphorique de la double anamorphose peut ici nous faciliter la compréhension d'une telle situation. Dès qu'il y a perception, il y a conscience de cette perception, c'est-à-dire perception de la perception: il y a double anamorphose dont la courbure résultante est la simple composition des deux courbures. Cette double anamorphose, par le travail synthétique de l'imagination, étalé lui-même dans le temps, tend vers l'équilibre, où il «passe

La question est de savoir si la limite appartient ou non à ce qu'elle limite, autrement dit si la «connaissance» des limites de la connaissance est toujours une connaissance. Nous voilà confrontés à un paradoxe richardien, à une proposition auto-référente et donc indécidable (entre connaissance des limites et limites des connaissances). Il est clair que Kant a parfaitement mesuré les enjeux et dans les *Prolégomènes* où il ose tout montrer à ce public si myope, il fait état de ce qu'on appelle, depuis Gregory Battheson, la double contrainte et du statut périlleux de la limite, en matières critique et architectonique :

«Si, à l'interdiction qui nous enjoint d'éviter tous les jugements transcendants de la raison pure, nous relions l'ordre, en apparence opposé, d'aller jusqu'aux concepts qui se trouvent hors du champ de l'usage empirique (*immanent*), nous nous rendrons compte qu'ils peuvent coexister tous deux, mais *seulement à la limite précise de tout usage autorisé de la raison.* (...) Or *nous nous tenons sur cette limite*, lorsque nous bornons notre jugement simplement

_____

à la limite» et dis-paraît (la courbure nulle de l'anamorphose est celle de l'anamorphose nulle). Si nous comprenons l'ensemble des objets de l'expérience comme globalement soumis à la double anamorphose de la réflexion, cet ensemble rendu objectif dans le passage à la limite se trouvera simplement contenu dans un plan dimensionnellement illimité, dont l'inflexion est nulle. Il y sera donc contenu sans y être limité et par la loi transcendantale de la spécification des formes logiques, notamment en matière de continuité et d'homogénéité, l'ensemble des objets de l'expérience s'effrange vers rien, qui n'est autre que le plan vide, à inflexion nulle, de son support simplement logique, sans que l'on puisse déterminer très exactement où cesse l'expérience, où commence le vide. C'est donc le même processus, – nous avons cité plus haut Kant faisant cette même remarque – qui donne l'objectivité et qui en rend l'usage illégitime au-delà de limites invisibles, limites qu'il faut marquer «formellement» en distinguant, via la doctrine des facultés, entre raison et entendement. Or, l'entendement est déjà l'entendement des «objets en général» (institution de la simple logique), il est en outre celui des «objets donnés» «in concreto» (institution de la logique transcendantale et déduction de la possibilité de l'expérience objective); obtient-il maintenant, en tant que faculté de connaître (ce que la raison n'est pas, étant celle de désirer, et dans son rapport à l'entendement, celle du vouloir-connaître), le privilège de la connaissance des limites de sa connaissance? Oui et non. C'est un indécidable. Kant le sait, lui qui écrit sans faiblir que «la limitation du champ de l'expérience par *quelque chose* qui lui est d'ailleurs *inconnu* constitue cependant une *connaissance* qui reste acquise à la raison de ce point de vue.» (*loc. cit.*). Nous lisons bien: «quelque chose d'inconnu constitue une connaissance». Ce n'est rien d'autre que le problème gödélien de la complétude absolue, c'est-à-dire de la limite.

à la relation que le monde peut avoir à un être dont le concept se
trouve hors de tout connaissance dont nous soyons capables à l'intérieur du monde.» pp. 141-142 (nos italiques)

Il en va de l'idéal de la raison pure (l'être de tous les êtres,
i.e. Dieu) comme des autres illusions transcendantales ; ce sont
des faits de la raison pure, les déterminations objectives de la
subjectivité transcendantale ; la connaissance positive et effective que l'on peut en avoir est elle-même à la limite formelle de
toute connaissance en général (c'est-à-dire du statut même de
la connaissance). Elle est un pur schème, qui se tient sur la limite extrême où le schème, encore schème, n'est plus par lui-
même une connaissance effective, mais le redevient dès lors
qu'il se perd en une schématisation quelconque, c'est-à-dire
une représentation déterminée.

Autant dans la cosmologie, nous pouvons sans dommage
traiter les phénomènes en choses en soi (A393, p. 1461), puisqu'il n'y a pas de différence pour la science de la nature tant
qu'on n'en franchit pas les limites, autant nous pouvons hypostasier les idées psychologique (le vide absolu) et théologique
(le plein absolu), parce que cela n'entraîne pas de contradiction
et sert l'usage pratique de la raison. Le tout, en ce qui concerne
Dieu, est de rester lucide : «...nous nous permettons un anthro-
pomorphisme symbolique qui en fait ne concerne que le langage et non l'objet lui-même» (*Prolégomènes*, T.2, IV, 357,
p. 142), autrement dit le schème poïétique et non la connaissance transcendante visée par là.

Nous verrons avec plus de netteté que tous les concepts di-
recteurs de la *Critique* que nous allons maintenant passer en
revue sont des traductions ou des spécifications du système topologique dont le compartimentage opéré par la «limite» dimensionnelle est représenté, c'est-à-dire *projeté* pour former
une connaissance *pure* a priori, c'est-à-dire une *représentation*
de l'effectivité dont l'unité inexponible est au principe de la division des facultés, qui sont en retour les différentes phases
possibles de cette effectivité. Nous devons parler de *projection*
car il n'y a pas isomorphie entre la connaissance pure a priori
et le système des pouvoirs de l'esprit, sauf, naturellement, pour
un entendement divin.

2. TRANSCENDANT ET IMMANENT

Nous avons déjà introduit ces indispensables notions en soulignant combien elles dépendent de la notion de limite. Ainsi, Kant distingue entre un rapport de transcendance et un rapport d'immanence en ces termes :

> «Nous nommerons les principes dont l'application *se tient entièrement dans les limites* de l'expérience possible immanents, mais ceux qui *sortent de ces limites*, nous les appellerons transcendants.» A296/B352 p. 1014 (Dialectique transc., Introduction - nos italiques)

Tout ceci paraît très clair, mais il faut bien se garder du risque de confusion entre le domaine de l'entendement (c'est-à-dire «l'expérience possible») et l'entendement lui-même. En effet, il semble plus aisé de distinguer entre principes immanents et transcendants en s'appuyant sur les limites de l'expérience, que l'inverse : or ainsi que nous l'avons vu, si les limites de l'expérience sont invisibles pour l'expérience (au sein de l'entendement) et si, de surcroît, elles ne peuvent être révélées que du dehors (par la raison), cette distinction non seulement ne peut pas s'appuyer sur la délimitation de l'expérience possible mais bien au contraire la fonder.

L'activité de la faculté de juger se laisse ramener sous des principes dits «immanents» dans la mesure où celle-ci ne va pas au-delà d'une certaine limite, et «transcendants» dans la mesure contraire. Autrement dit, c'est l'activité elle-même qui est «immanente» ou «transcendante», en tant qu'elle aboutit à un concept respectivement intellectuel ou rationnel (une idée). Définir un principe en général est déjà une démarche de la raison et par exemple le principe de l'unité de l'expérience, principe essentiel à la possibilité même de celle-ci, est par lui-même transcendant. Par conséquent, Kant définit l'immanence et la transcendance en sortant tout d'abord de la sphère de l'entendement pour définir le principe en général et y rentre à nouveau lorsqu'il utilise le caractère interne de son «application» comme critère décisif.

La continuité des formes logiques est telle que l'on passe des principes immanents aux principes transcendants sans s'en apercevoir, car un principe de la raison, dans son usage objectif, n'est autre que celui qui vise «l'absolue totalité dans l'usage des concepts de l'entendement» (A326/B383, p. 1035), tandis qu'un principe de l'entendement viserait l'unité de l'objet d'une expérience, unité exprimée elle-même par le concept. Il y a donc une hiérarchie évidente qui subordonne les principes de l'entendement à ceux de la raison, mais en même temps, par ce passage à la limite imperceptible pour l'entendement, cette subordination détermine de manière elle-même transcendant(al)e, ce qui est immanent et ce qui est transcendant :

> «Aussi l'usage objectif des concepts purs de la raison est-il toujours transcendant, tandis que celui des concepts purs de l'entendement, d'après sa nature, doit toujours être immanent, puisqu'il se borne simplement à l'expérience possible.» A327/B383, p. 1036.

Il est déjà évident que le principe immanent concerne directement la connaissance, tandis que le principe transcendant, la méthode. Mais ceci n'est vrai que dans la mesure où nous nous plaçons d'emblée à travers tout cet ouvrage dans la perspective d'une métaphysique de la nature et non des mœurs. A contrario, en effet, est immanent ce dont la nature atteint la complétude «absolue», par soi-même, et transcendant lorsque la synthèse s'achève (dimensionnellement) «ailleurs» ou est simplement inachevable.

3. TRANSCENDANTAL ET TRANSCENDANT

Dès que l'on distingue entre une connaissance (objective) et une méthode (subjective), on démultiplie la perspective. Au sein d'une connaissance absolue, le schème étant à lui-même la méthode et en même temps la connaissance, une telle différenciation n'est plus possible. L'effet d'évidence exprimé métaphoriquement par l'«espace plein» de l'entendement est tel que la tentation métaphysique sera irrésistible de remplir de même l'«espace vide» de la raison qui l'entoure. L'erreur métaphysique peut être ou bien partielle et donc contingente, ou bien totale et totalisatrice et donc constituer par là une certaine connaissance dont l'objet serait la raison elle-même (dans la nécessité inhérente à sa disposition naturelle envers la fiction métaphysique).

A ces deux risques d'erreur correspondent respectivement le «transcendantal» et le «transcendant», encore que Kant ne semble pas, de prime abord, utiliser cette terminologie avec toute la rigueur voulue : le premier risque consisterait en l'emploi (anarchique) des principes immanents qui relèvent de l'entendement, illégitimement appliqués dans le domaine de la raison. Dans ce cas là, il s'agirait de «l'usage transcendantal ou de l'abus des catégories» (A296/B352, p. 1014), qui est une «simple faute de notre faculté de juger».

Symétriquement, le second type d'abus consisterait à utiliser des principes transcendants (qui relèvent de la raison) dans le domaine de l'entendement, c'est-à-dire à l'intérieur des limites de l'expérience possible : à vrai dire, ces principes restent extérieurs et ne font que produire l'illusion d'une «extension de l'entendement pur» où ils se retrouveraient comme «immanents». Comment cette illusion se produit-elle ? Simplement parce que l'entendement ne distingue pas entre des principes (ou plus exactement les règles dont il est la faculté) et les principes de principes (ou plus exactement les «principes» stricto sensu, dont la raison est la faculté) et parce que, à l'intérieur de l'entendement, toutes les représentations sont homogènes et qu'un principe de principe est lui-même un principe, par immanence, c'est-à-dire par idempotence.

Les principes (rationnels) qui servent à systématiser les règles de l'entendement, sont donc purement régulateurs et non constitutifs d'une connaissance. La distinction entre règles et principes n'apparaît pas dans un système de connaissance où tout est, pour ainsi dire, «mis à plat», et elle ne peut être effective que pour une réflexion transcendantale (distinguant non plus entre sensibilité et entendement, mais entre entendement et raison) ; autrement dit, la solution critique n'est rien d'autre qu'une maxime pour la faculté de juger théorique. La distinction entre principes transcendants («principes») et immanents («règles») n'a de sens[7] que pour elle (dans la mesure où l'on

---

7.   Cette distinction entre principes («règles» de l'entendement) et principes de principes («principes» de la raison) qui peut paraître pécher par excès de subtilité n'est autre que celle que Kant fait entre inférences de l'entendement et inférences de la raison dans la Dialectique et entre jugements analytique et synthétique dans l'Analytique; elle pose certains problèmes à Kant qui voit bien que l'on peut appeler principe à peu près tout ce qui est universel, et cette confusion qu'il s'efforce de dissiper est aussi celle qui fait passer du transcendant (abusif) au transcendantal légitimé dès qu'il apparaît comme système du transcendant:

peut estimer, comme nous le montrerons plus loin, que la raison «dans son usage logique», fait partie de la faculté de juger
théorique)[8].

Lorsque ces principes rationnels sont objectivés, ils deviennent dialectiques; la difficulté et l'ambiguïté de l'utilisation du
terme «transcendantal» dans l'œuvre kantienne tiennent à ce
que ces principes rationnels restent systématiques et compor-
tent une certaine objectivité, même lorsqu'ils sont objectivés.
Cela veut dire que l'objectivité dont il s'agit n'est pas la même
dans les deux cas: il y a l'objectivité *dans* la connaissance, la
vérité matérielle de l'expérience sensible, et il y a l'objectivité
de la connaissance, la vérité formelle. Le principe suprême des
jugements analytiques (la non-contradiction) se traduit par
l'homogénéité de toutes les représentations et la vérité matérielle «apparaît» comme identique à la vérité formelle, et l'objectivité «apparaît» de même isotrope, qu'elle soit celle du

---

«Si nous considérons ces principes de l'entendement pur en eux-mêmes,
dans leur origine, ils ne sont rien moins que des connaissances par concept.
En effet, ils ne seraient même pas possibles a priori si nous n'y introduisions
l'intuition pure (c'est le cas de la mathématique), ou les conditions d'une expérience possible en général. [...]. L'entendement ne peut donc nous fournir
de connaissances synthétiques par concepts, et ces connaissances sont proprement celles que j'appelle, au sens absolu, principes, bien que toutes les
propositions universelles en général puissent être appelées des principes par
comparaison.» A301/B357, pp. 1017-1018.

Dans la première utilisation du terme, Kant situe l'«entendement» du
point de vue de la sensibilité: l'entendement apparaît ne faire qu'un
avec la raison et ces principes sont les siens propres: il est «pur».
Mais lorsque, plus bas dans le texte, ce terme revient, c'est pour désigner l'ensemble des connaissances matérielles empiriques: Kant
s'est alors placé du point de vue de la raison et l'entendement apparaît comme fondamentalement lié à l'expérience empirique dont il
est synonyme.

8.   «...c'est uniquement dans le jugement, c'est-à-dire dans le rapport de
      l'objet à notre entendement, qu'il faut placer la vérité aussi bien que
      l'erreur, et partant aussi l'apparence, en tant qu'elle nous incite à
      l'erreur.» A293/B350, p. 1012 (*Dialectique transcendantale*, Introduc-
      tion). Cependant, en marge de cette déclaration de Kant, nous verrons
      plus loin que l'usage logique de la raison, n'étant pas à proprement
      parler objectif, ne concerne que les jugements. Il faut cependant res-
      pecter la distinction terminologique entre les jugements (de la faculté
      de juger) et les raisonnements (de la raison), parce qu'il y a un change-
      ment de puissance, autrement dit un «passage à la limite» qui, sinon,
      deviendrait parfaitement imperceptible.

contenu ou celle de la forme. Dans les deux cas, cette «apparence» de continuité est dialectique et c'est lorsqu'on passe insensiblement et continûment de l'objectivité épistémologique (à savoir le contenu d'une représentation) à l'objectivité phénoménologique (à savoir sa génèse) que des antinomies se produisent. Une telle isotropie est réalisée dans la mathématique où le schème est immédiatement son propre produit, mais la puissance transcendantale de la mathématique, dans son application à la réalité sensible, ne rend pas compte pour autant de sa propre possibilité : tout est mathématisable dans l'expérience, sauf la mathématisation.

Il s'agit bien d'un problème d'auto-référence où l'acte de référer risque d'altérer le contenu si l'acte et le contenu ne sont pas architectoniquement séparés par des limites dimensionnelles, de manière à ce que l'acte appartienne à une dimension, et le contenu à une autre, de telle manière que la référence puisse se produire sans tomber dans l'indécidable. Dans le cas de la mathématique, soit elle est en elle-même vide (exposition métaphysique), soit elle s'applique à toute l'expérience sensible, et cela n'est possible qu'en «éclipsant» sa propre effectivité subjective (exposition transcendantale). En passant la limite suivante, on se retrouve dans le «vide» même puisqu'il n'y a plus rien à objectiver, si ce n'est ce qui a disparu dans le processus même d'objectiver : la subjectivité. L'apparence est donc dialectique, mais elle n'en est pas moins réelle et inévitable. Elle peut sans dommage être hypostasiée dans les domaines où l'isotropie de la référence n'est pas atteinte en retour[9] ; lorsque c'est le cas, dans la cosmologie, les isotropies hégémoniques respectives, de l'objectivité de l'expérience sensible et de celle du sujet intelligible, s'entrechevêtrent, provoquant une diffraction dont les axes (les antinomies) sont ceux de la table des catégories. La systématisation de l'apparence transcendantale insère donc la table des catégories, qui n'est autre que la forme pure a priori de la connaissance objective, au sein d'un tout architectonique beaucoup plus vaste, puisqu'il comprend également l'idée psychologique (le sujet) et l'idée théologique, c'est-à-dire l'idéal

---

9. Et cela n'est possible qu'en dehors du domaine de la cosmologie, à propos des Idées psychologiques et théologiques qui sont de toutes façons éclipsées dans la constitution de la connaissance. Cf. A673/B701, p. 1269.

de la raison pure (la totalité au-delà de laquelle il n'y a pas de totalité plus grande et qui n'est donc pas totalisable, étant auto-référente), mais elle ne peut prétendre à la même certitude que celle qui naît de la conjonction des phénomènes et des catégories. Elle est donc le système vrai de l'apparence fausse, autrement dit le système régulateur de la connaissance, qui ne peut devenir constitutif que sous l'Idée cosmologique dont la schématisation, qui sollicite toute l'architectonique, consiste à isoler un sous-système clos et cohérent : la table des catégories, sous-système dont la clôture dimensionnelle n'est autre que celle du «plan à inflexion nulle» de la logique générale analytique et en même temps de l'objectivité. Cette clôture permet une nouvelle schématisation, tout comme le plan à inflexion nulle peut être indifféremment lu vers le haut, comme condition matérielle idéale[10] ou vers le bas, vers les intuitions, comme résultant de la mise en équilibre d'une double anamorphose dont il est la limite. Cette schématisation est celle qu'établit la *Déduction transcendantale (objective) dont la difficulté consiste à rapporter le plan idéalement clos dans sa propre dimensionnalité : la logique, à un mouvement phénoménologique que nous décrivons comme double anamorphose, c'est-à-dire comme redoublement sur soi-même d'une structure extatique*, cette difficulté se laissant ramener à penser l'immanence dans son articulation et son éclipse réciproque avec la transcendance.

L'«apparence» fausse est appelée transcendantale, pour l'opposer à l'apparence empirique, c'est-à-dire l'illusion optique, qui est tout à fait contingente[11]. Elle est inévitable et

---

10. La *Realität* est pour l'intuition la condition matérielle idéale (dont l'intuition est la condition formelle), tout comme l'ensemble des objets *donnés* de l'entendement est, pour la raison, une similaire condition matérielle idéale. La difficulté naît de ce que l'entendement, comme ensemble des objets *en général*, apparaît dimensionnellement détaché aussi bien de sa rétrojection inférieure, avec la *Realität* attestée par les intuitions, que de sa rétrojection supérieure, avec l'Idée d'un tout de la réalité (omnitudo realitatis) indiquée par la culmination des raisonnements.

11. A295/B351, p. 1014. «...le jugement est égaré par l'influence de l'imagination» dans «l'usage empirique des règles d'ailleurs justes de l'entendement». Méfions-nous cependant des «illusions d'optique» de la terminologie. En effet, si l'on suit le système des divisions architectoniques, le transcendantal peut s'opposer à l'empirique, comme l'a priori nécessaire s'oppose à l'a posteriori contingent, et c'est le cas ici;

comporte une certaine nécessité. Aussi faut-il distinguer entre cette nécessité même que l'on peut représenter par un système, dans une perspective épistémologique et l'activité même, dans une perspective phénoménologique, et par là, distinguer entre transcendantal et transcendant :

> «Aussi le transcendantal et le transcendant ne sont pas la même chose. Les principes de l'entendement pur que nous avons exposés plus haut n'ont qu'un usage empirique, et non un usage transcendantal, c'est-à-dire *dépassant les limites de l'expérience*. Mais un principe qui repousse ces limites et nous enjoint même de les franchir, s'appelle un principe transcendant.» A296/B352, p. 1014 (nos italiques)

Il est nécessaire de pas se laisser induire en erreur par une combinatoire du dehors et du dedans, qui sont mis au même niveau de part et d'autre de la limite, mais de bien considérer la subordination des principes immanents (le dedans) aux principes transcendants (le dehors, c'est-à-dire l'unité du dedans, donnée du dehors). Par conséquent, si l'on considère l'application de la simple logique (de l'entendement), fautive non pas

---

il peut également s'opposer au métaphysique, comme la condition extrinsèque d'un conditionné à la condition intrinsèque. Ainsi l'apparence métaphysique ne serait autre que celle par laquelle la chose en soi est ce qui apparaît dans le phénomène, sans que nous puissions aller plus loin que déclarer qu'il n'y a dans le phénomène rien d'autre que le jeu de nos représentations sensibles, tout en affirmant d'une manière dialectiquement opposée, que le phénomène n'est pas une «simple apparence». Cette problématique est traitée plus loin: il s'agit de ne pas confondre l'«image» créée par l'imagination (la perception, qui n'est autre que la sensation accompagnée de conscience) qui est un résultat construit de la *Wirklichkeit* et la réalité elle-même en soi, dont la représentation métaphysique est véridique dans la mesure inverse de ce qu'elle est «imagée». Or, nous avons besoin d'images: «Autant que nous puissions élever nos concepts, et ce faisant, les abstraire de la sensibilité, il y adhère toujours des représentations imagées dont c'est la destination véritable, alors que ces concepts ne sont du reste pas déduits de l'expérience, de les rendre aptes à l'usage expérimental...» (*Qu'est-ce que s'orienter dans la pensée?*, première phrase, trad. de Pierre Jalabert, T. 2, p. 529). L'image n'est possible que singulière; elle est contingente et subjective. Elle ne trouve d'objectivité que dans le concept qui contient le schème de l'unité de ce dont elle est la représentation; mais ce concept qui exprime la vérité de ce qu'elle est, l'exprime d'une manière extrêmement appauvrie. La vérité de l'image est donc intrinsèque: elle est un fait et l'apparence dialectique métaphysique serait de considérer qu'on peut, à partir d'elle *seule*, dans sa *singularité*, en retirer une connaissance.

ici et là, mais d'une manière elle-même systématique, si, en
d'autres mots, la logique générale, au lieu d'être appliquée
comme «canon» de l'entendement, est abusivement promue au
rang d'«organon» et qu'on veuille en tirer analytiquement des
connaissances objectives, alors qu'elle doit constitutivement
faire abstraction de tout contenu empirique, alors «la logique
générale... comme prétendu organon, s'appelle dialectique»
(A61/B85, p. 819). En effet, la logique générale est elle-même
un système, mais elle ne peut être systématisée d'après l'Idée
d'un tout que dans la mesure où elle est considérée à partir de
la raison. Il est donc indû qu'elle devienne, même systématiquement, un objet pour l'entendement. Elle sera donc une «apparence» (organon) pour l'entendement, et un objet (canon)
pour la raison.

   Le principe transcendant est en lui-même transcendantal
dans la mesure où son essence subjective est reconnue comme
telle : c'est en tant que constitutif, qu'il est transcendant, en
tant que régulateur, qu'il est transcendantal. *Dès lors est transcendant l'objet (le contenu d'une représentation) qui ne peut
être qu'une apparence dialectique, tandis qu'est transcendantal, le principe qui le produit nécessairement* : tout tient à ce
qu'au delà des limites de l'expérience, cesse la possibilité
d'isoler un contenu et d'en dériver des connaissances par des
jugements analytique autrement dit, cesse la possibilité «métaphysique» d'individuer quelque chose dans un concept.

> «...le phénomène, tant qu'on en use dans l'expérience, engendre la
> vérité, mais ...aussitôt qu'il en dépasse les limites et devient *trans-
> cendant*, il n'engendre plus rien que de l'apparence.» *Prolégo-
> mènes*, T.2, IV, 292, p. 63.

> «...le terme *transcendantal*, qui chez moi ne signifie jamais un
> rapport de notre connaissance aux choses, mais seulement à la fa-
> culté de connaître...» *ibid.*, IV, 293, p. 64.

   La possibilité (indéterminée) de produire des apparences (et
non ces apparences (déterminées) elles-mêmes) est elle-même
dictée par la métaphysique systématique ; en passant de la métaphysique naturelle à la métaphysique rationnelle (de la disposition innée au système architectonique), on fait dis-paraître
l'objet et il ne reste que la subjectivité, de la même manière et
dans la continuité du même mouvement qui faisait dis-paraître
le sujet pour qu'il ne reste que l'objectivité, dans le contenu
d'une connaissance sensible. A travers le système des Idées

transcendantales, à travers la Dialectique elle-même, cette subjectivité apparaît dès lors comme l'ensemble de toutes les figures possibles ou comme l'espace de tous ses mouvements, à cela près que pas plus mon bras n'«est» tout ce cercle qu'il peut parcourir en faisant des moulinets, pas plus la subjectivité est-elle tous ces mouvements à la fois ou encore tel ou tel en particulier (ce qui permettrait, si un mouvement était «canonique», c'est-à-dire plus «représentatif» de la subjectivité qu'un autre, de l'objectiver en une connaissance)[12]. Nous en arrivons ainsi à la distinction capitale dans la pensée de Kant, entre transcendantal et métaphysique.

4. Transcendantal et métaphysique

Les principes a priori de l'usage transcendantal (légitime ou illégitime) de la faculté de juger, sont donc tous transcendantaux, qu'ils conviennent à la logique de la vérité (Analytique transcendantale) ou à la logique de l'apparence (Dialectique transcendantale). A ces principes transcendantaux, Kant oppose quelque chose qui correspond à l'immanence en général (et non pas limitée seulement au domaine de l'entendement) : le métaphysique.

Ainsi, dans la *Critique de la faculté de juger*, trouve-t-on ces définitions :

> «Un principe transcendantal est un principe par lequel est représentée la condition universelle a priori, sous laquelle seule des choses peuvent devenir objets de notre connaissance en général. En revanche on nomme métaphysique un principe lorsqu'il repré-

12. Ainsi, Kant en parlant, dans les *Prolégomènes*, de la «...division de toute la dialectique de la raison pure en paralogisme, antinomie et enfin idéal de la raison...» déclare que «...par cette déduction, l'on est pleinement assuré que toutes les prétentions de la raison pure sont ici représentées tout à fait au complet, et qu'aucune ne peut faire défaut, puisque la faculté rationnelle elle-même, en tant que lieu d'où elles tirent toute leur origine, est ainsi *mesurée* dans sa totalité.» *Prolégomènes*, T. 2, IV, 330, p. 109 (nos italiques)
Tout comme dans l'image de l'espace plein (de l'entendement) entouré de l'espace vide (de la raison), on ressent, à travers ces expressions, «lieu», «mesurer», la nécessité d'en parler comme d'un espace propre à l'effectivité de la raison, mais qu'elle ne remplirait pas «corporellement», c'est-à-dire en laquelle elle ne présenterait pas une opacité dont on pourrait retirer analytiquement une représentation objective.

sente la condition a priori, sous laquelle seule des objets dont le concept doit être donné empiriquement, peuvent être a priori déterminés plus complètement.», V, 181, trad. cit., d'A. Philonenko, p. 29

Le point de vue est pris de très haut dans l'architectonique puisque le principe transcendantal est celui qui règle la constitution de «l'objet de notre connaissance en général», ce qui n'en limite pas l'application à la seule expérience sensible[13].

Par contre, la définition du principe métaphysique paraît très obscure si on la lit en termes de contenu d'une connaissance (ce qui serait céder à la tentation métaphysique, justement) ; elle n'exprime rien d'autre que l'immanence dans le fonctionnement même de la faculté de juger. Mais il faut noter par ailleurs que dans le cadre de l'expérience sensible (Kant parle bien «des objets dont le concept doit être donné empiriquement») un principe métaphysique ne peut pas devenir absolu tout en restant singulier : il ne s'agit pas de la détermination complète a priori d'une chose donnée empiriquement, ce qui serait, selon nous, l'«apparence métaphysique». Dans cette formulation très dense et très caractéristique du style de Kant, deux choses différentes sont dites : l'on doit tout d'abord se limiter à la science de la nature et le principe métaphysique est un principe très relatif, car la détermination de la chose donnée dans l'expérience est poursuivie «plus complètement», mais non «complètement», c'est-à-dire de manière absolue : *la singularité synthétiquement jointe à l'absoluité* produirait ce que nous avons appelé précédemment une «apparence métaphysique» : l'absolu singulier.

13. Au delà de la simple science de la nature, qui présuppose l'expérience dans sa contingence ordonnée, il y a la mathématique pure a priori et la métaphysique systématique (Dialectique et Architectonique) ce qui correspond, respectivement aux seconde, première, troisième et quatrième questions capitales des *Prolégomènes*; autrement dit, si nous devons nous limiter aux sciences (et non au «savoir» ou à l'«art systématique», terme que Kant utilise pour la chimie qui n'avait pas encore trouvé de concept unificateur à son époque), il y a le mathématique et le métaphysique: «Or j'affirme que, dans toute théorie particulière de la nature, on ne peut trouver de science à proprement parler que dans l'exacte mesure où il peut s'y trouver de la *mathématique.*» *Premiers principes métaphysiques*, T. 2, IV, 470, *trad. cit.,* p. 367 (Kant souligne); en effet, cela est dû à ce que «pour connaître la possibilité de choses déterminées de la nature, et par conséquent pour la connaître a priori, il faut en outre que soit donnée l'intuition a priori correspondant au concept, c'est-à-dire il faut que le concept soit construit.» *Ibid.*, p. 367.

Pourtant, dans le même mouvement qui fait de la Dialectique la science vraie des apparences dialectiques (fausses), et qui rend une légitimité heuristique au «transcendantal» en le dégageant du «transcendant», est défini un système des apparences métaphysiques, qui ne serait possible qu'en les transcendant toutes ; c'est ce que réalisent les *Premiers principes métaphysiques de la science de la nature*. En effet, est métaphysique (suivant la disposition naturelle), la chimère, c'est-à-dire l'apparence transcendantale, qui non seulement nous fait traiter une représentation subjective comme si elle était objective, mais — et c'est en cela qu'elle est justement métaphysique — nous la fait traiter analytiquement en déduisant par exemple du concept de la perfection divine, son existence nécessaire. Or le jugement analytique, qui peut être rapporté au métaphysique, comme le jugement synthétique a priori, au transcendantal, est le seul jugement véritablement admis dans la métaphysique entendue comme science et non comme méthode systématique. La métaphysique *systématique* individue tout d'abord ses objets, dont traitent ensuite les métaphysiques *scientifiques,* celle de la nature et celle des mœurs.

Ainsi, l'on trouvera, dans les *Premiers principes métaphysiques de la science de la nature*, d'intéressantes indications concernant le statut du métaphysique en général.

> «...dans la métaphysique, l'objet est envisagé tel qu'il doit être représenté d'après les lois universelles de la pensée, alors que dans les autres sciences il est envisagé selon les données de l'intuition (pure aussi bien qu'empirique)» *Premiers Principes, trad. cit.,* T. 2, IV,473, pp. 371.

Cette distinction a une portée immense et ressemble d'ailleurs à celle que Kant pratique entre limites et bornes. En effet, l'objet métaphysiquement envisagé désigne de lui-même son individuation ; autrement dit, il n'est pas subjectivement individué au sein d'une expérience et possède, de par son propre concept, une «complétude absolue». En d'autres termes, il n'est pas synthétiquement objet, c'est-à-dire qu'il n'a pas été constitué par la synthèse de l'entendement, au sein d'une expérience, et de même aucun objet synthétique donné dans l'expérience ne possède d'individuation en soi : ce serait en effet ce que nous avons appelé, plus haut, «l'apparence métaphysique», qui est dialectique.

Dans ce passage des *Premiers Principes*, il faut se faire attentif aux mots utilisés : «l'objet est envisagé tel qu'il doit être...» (et non tel qu'il peut être...) «...représenté d'après les lois universelles de la pensée». Ces lois sont celles qui apparaissent lorsque l'on a dépassé la subjectivité empirique et transcendantale du sujet. Ce dépassement s'est opéré alors que les données de l'intuition empirique, puis celles de l'intuition pure se sont elles-mêmes évanouies dans les anamorphoses successives qui nous font accéder au domaine du pur a priori, du métaphysique. Autrement dit les seules lois qui apparaissent au-delà de toute expérience sensible ou même possible sont celles de la subjectivité transcendantale en tant qu'elle s'abolit en objectivité transcendantale, dans un domaine où les deux termes (subjectivité et objectivité) se fondent l'un dans l'autre et n'ont plus de sens : c'est l'idéal de la raison, l'idée d'un tout de la réalité.

Les objets métaphysiques se définissent alors comme des dimensions globales et «architectoniques», c'est-à-dire possédant une nécessité intrinsèque, et non comme des délimitations à l'intérieur de dimensions, délimitations dont l'unité serait simplement «technique» et, par là, contingente[14]. C'est à ce ni-

14. Le rapprochement s'impose entre cette distinction et celle à laquelle Kant procède en séparant l'unité rationnelle (des formes de la pensée en général) <*Vernunfteinheit*>, qui exprime l'inconditionné et qui est inconditionnée, de l'unité intellectuelle <*Verstandeseinheit*>, qui exprime le conditionné (l'objet synthétique) et qui est toujours conditionnée:

«...la raison pure abandonne tout à l'entendement qui se rapporte immédiatement aux objets de l'intuition ou plutôt à la synthèse de ces objets dans l'imagination. Elle se réserve seulement l'absolue totalité dans l'usage des concepts de l'entendement, et cherche à mener l'unité synthétique qui est pensée dans la catégorie jusqu'à l'absolument inconditionné. On peut donc désigner cette totalité sous le nom d'unité de raison des phénomènes, comme celle qu'exprime la catégorie est appelée unité d'entendement.» A326/B383, p. 1036

La catégorie, par elle-même, est déjà une unité rationnelle; ce qu'elle «exprime» par contre est une unité intellectuelle, dont elle est le type et la limite supérieure. De même, puisque la métaphysique est un système d'objets particuliers, on peut passer à la limite supérieure et parler non plus d'un système d'individus, mais d'un système d'individuation, par lui-même non individué, mais totalement unique:

«elle <la métaphysique> peut ou bien traiter des lois qui rendent possible le concept d'une nature en général, sans aucune relation avec un objet d'expérience déterminé, et donc sans rien déterminer concernant la nature de tel ou tel objet du monde sensible; on a dans ce cas la partie *transcendantale* de la métaphysique de la nature...» «...ou bien elle <la métaphysique> s'occupe de

veau d'abstraction que Kant peut se permettre d'opposer le métaphysique au mathématique, sur le modèle de l'opposition entre la détermination pure et le pur déterminable. Le métaphysique est alors la singularité ou l'individu a priori, tandis que le mathématique est l'individuable a priori non individué : les propositions mathématiques sont donc toutes synthétiques, et Kant ne cesse d'insister là-dessus, parce que la mathématique est absolument incapable d'individuer par elle-même, analytiquement, son objet. La métaphysique systématique est alors le système de tous les (objets) métaphysiques singuliers possibles en tant qu'ils s'individuent comme les dimensions du plan euclidien se répartissent l'espace. On le voit, le métaphysique et le mathématique se complètent par leurs principes a priori, comme le veut l'architectonique des *Premiers Principes*, moyennant la synthèse de l'entendement exprimée par les catégories, pour former une science principiellement exhaustive de la nature (qui est le seul type d'exhaustivité possible pour un entendement *discursif,* pour lequel l'infinité des représentations est comprise *sous* le concept ; une science conceptuellement exhaustive de la nature n'est possible que pour un entendement *intuitif,* dont l'intuition contient *en elle* cette même infinité). En effet, la métaphysique systématique est à la fois un système d'individus (les objets ou concepts métaphysiques) et un système d'individuation (la science métaphysique) et Kant poursuit ainsi ce texte dont nous avions commencé la lecture plus haut :

> «dans la métaphysique, en effet, l'objet doit toujours être confronté avec *toutes* les lois nécessaires de la pensée, *cela doit fournir un nombre déterminé de connaissances que l'on peut entièrement épuiser* ; dans les autres sciences, au contraire, qui offrent une multiplicité infinie d'intuitions (pure ou empiriques) et donc d'objets de pensée, on ne peut jamais arriver à une *complétude absolue*, mais *le développement peut se poursuivre à l'infini.* Il en

---

la nature particulière de telle ou telle sorte de choses dont est donné un concept empirique, mais elle en traite de telle manière que, *hormis ce qui est contenu dans ce concept, aucun autre principe empirique n'est utilisé pour la connaissance de cette sorte de choses*).» *Premiers Principes,* T. 2, IV, 470 pp. 366-367 (nos italiques).

Dans le premier cas, il s'agit du système d'individuation a priori, tandis que dans le second, il s'agit d'un système d'individus, dont l'individuation est absolue, intrinsèque et analytique.

est ainsi pour les mathématiques pures et la théorie empirique de
la nature.» *Ibid.* T. 2 IV, 473, p. 371.

Ainsi, le métaphysique est-il d'emblée entièrement déterminé a priori, que son objet soit celui de la raison théorique (la
matière de la nature corporelle) ou celui de la raison pratique
(la liberté de la volonté). La métaphysique systématique forme
donc par elle-même un tout parfaitement individué, l'architectonique elle-même. Cependant, il faut bien se rendre compte
que dans un système où certaines parties en éclipsent d'autres,
ou, plus précisément, dans l'auto-référence globale du discours
de l'objectivité, l'*auto*-référent dis-paraît dans l'auto-*référent*,
la forme canonique de la métaphysique dépend du point de vue
d'où on la considère, car «tout» ne peut pas apparaître à plat
dans une perspective unifiée sans devenir automatiquement
dialectique et tomber dans l'une ou l'autre des métaphysiques
naturelles, c'est-à-dire des fictions. Le métaphysique est trop
grand pour l'esprit humain, pour pouvoir s'y représenter «en
une seule fois» et y sauvegarder son unité schématique. Le
point de vue de la connaissance qui est celui privilégié de la
Critique, des *Prolégomènes* et des *Premiers Principes*, organise les éclipses dans la métaphysique systématique, de manière
à se limiter à la cohérence dimensionnelle centrale. Que reste-t-
il donc de l'architectonique métaphysique, lorsqu'on veut la représenter dans la perspective de la possibilité de toute connaissance ?

> «le schéma qui permet d'établir exhaustivement un système méta-
> physique, soit de la nature en général, soit de la nature corporelle
> en particulier, c'est la table des catégories.» *Premiers Principes*,
> T. 2, IV, 474 pp. 371-372

Tout le paragraphe 39 («Appendice à la science pure de la
nature, du système des catégories») des *Prolégomènes* mérite-
rait d'être cité, car Kant y fait le tour de la question des catégories sans rien laisser dans l'ombre, si ce n'est les modalités de
déploiement et de repli de l'architectonique dans la table des
catégories. Les termes-clefs de «complétude» et de «systématicité» y reviennent constamment. Citons ce passage très dense
qu'il aurait été paradoxalement trop long de résumer :

> «Ce système des catégories rend à son tour systématique tout trai-
> tement de chacun des objets de la raison pure, et il donne une indi-
> cation indubitable (...) pour déterminer comment et selon quels

points de la recherche doit être conduite toute considération métaphysique, si elle doit être *complète* : car il épuise tous les moments
de l'entendement sous lesquels tout autre concept doit être placé.
C'est ainsi également que s'est formée la table des principes, dont
la *complétude* n'est assurée que par le système des catégories et
même dans la division des concepts qui doivent dépasser l'usage
physiologique de l'entendement (...), c'est toujours le même fil
conducteur qui, comme il doit toujours être *mené par les mêmes
points fixes déterminés a priori dans l'entendement humain,*
constitue sans cesse un cercle *fermé*, (...) Je n'ai même pas pu me
dispenser de faire usage de cette ligne directrice à l'égard de l'une
des divisions ontologiques les plus abstraites, à savoir la distinction multiple des concepts de quelque chose et du rien, et de réaliser d'après cela une table régulière et nécessaire.», *Prolégomènes,*
T. 2, IV, 325, p. 103 (nos italiques).

Le système des catégories constitue donc une réduction à
une dimensionnalité moindre (autrement dit une projection)
de toute l'architectonique, c'est-à-dire de toute la métaphysique systématique. Cette projection concentre l'articulation
réciproque des modalités de l'*effectivité synthétique* et celles
de la *représentation analytique* en un seul domaine, celui de
l'entendement. Mais au-delà de ce domaine, là où les deux
perspectives épistémologique (la représentation analytique) et
phénoménologique (l'effectivité synthétique) se décalent et
ne sont plus ajustées l'une à l'autre, un recroisement chiral se
produit entre les substantifs et les adjectifs des expressions
«effectivité synthétique» (la genèse, dans la synthèse de l'entendement, des représentations phénoménales) et «représentation analytique» (le contenu, dans la représentation de l'entendement, d'un concept objectif et donc logiquement
homogène).

Le résultat est que nous avons soit des représentations synthétiques a priori, c'est-à-dire des «points fixes» qui décrivent un
«cercle fermé» comme s'il s'agissait d'une orbite, c'est-à-dire
une limite invisible mais indépassable pour une certaine modalité de l'activité synthétique de l'imagination et de la faculté de
juger, comme un cercle peut être tracé dans l'espace comme la
limite invisible maximale des moulinets que je peux faire avec
mon bras. La métaphysique systématique, répétons-le, est la description des limites immatérielles tracées dans l'«espace» vide
de la raison, par l'effectivité de la faculté de penser.

A l'antipode des «représentations synthétiques a priori»
(Kant dirait : les jugements synthétiques a priori, car ce sont

des représentations matériellement vides) dont la métaphysique systématique forme d'«en haut» la science en leur conférant l'*unité*, il y aurait «en bas», selon notre schéma, de l'«effectivité analytique», c'est-à-dire la matière pensée comme *Wirklichkeit* au sein de laquelle il est impossible de distinguer a priori entre l'effectivité de cette réalité qui affecte le sens et la réceptivité des sens qui sont affectés : il y a continuum et l'analycité dont question ici est justement la traduction, en termes logiques, de ce continuum qui fait que nous sommes «physiquement», par notre corps et la réceptivité de nos organes sensoriels, en continuité avec la nature en général, dont nous faisons partie sans qu'il y ait rien, du point de vue de la corporalité, qui puisse nous y distinguer a priori.

En conclusion, nous formulerions le rapport du métaphysique au transcendantal de la manière suivante :

— Est métaphysique le principe qui signale l'immanence du fonctionnement de la synthèse dans une connaissance : la détermination de l'objet est alors possible (en tant qu'effectivité, nous ne parlons pas de son contenu) dans une dimension moindre. Dès lors, le métaphysique est toujours ce qui se contient dans une «dimension» et en même temps, la métaphysique est la détermination a priori de toutes les «dimensions» possibles de la pensée (l'idéalisme transcendantal), en tant qu'elles s'excluent mutuellement : c'est ainsi qu'à l'idéalisme transcendantal, il faut ajouter le fondement métaphysique de la réalité empirique pour reconstituer dans sa plénitude le «système de la philosophie transcendantale». Il faut l'y rajouter parce que la table des catégories ne s'approprie son autonomie constitutive qu'en «éclipsant» tout rapport à toute matière, c'est-à-dire en la rendant absolument indéterminée[15].

---

15. A la table des catégories, il faut donc «...ajouter au complet sous la dénomination de prédicables tous les concepts à en dériver, que ce soit par liaison effectuée entre elles, ou entre elles et la pure forme du phénomène (espace et temps) ou *sa matière en tant que non encore empiriquement déterminée* (objet de la sensation en général), dès qu'il faudrait *réaliser le système de la philosophie transcendantale...*» *Prolégomènes*, T. 2, IV, 324, p. 102 (nos italiques).
   A première vue, le concept de la matière ne peut pas se déterminer autrement que suivant le déploiement analytique des catégories, puisqu'aussi bien toute loi empirique doit pouvoir leur être subsumée. Or, la difficulté profonde de la compréhension de la pensée kantienne

— Est transcendantal ce qui est toujours «à cheval» entre deux dimensions, passant («à la limite») de l'une à l'autre de par l'effectivité du travail de la faculté de juger en tant qu'il en qualifie le principe. Dès lors, le transcendantal concerne toujours les modalités (ou plutôt, les principes) d'un tel travail, car il n'y a pas de représentation qui soit «à cheval» entre deux dimensions tout en étant objective : les seules représentations de cette sorte sont les thèses et antithèses de la cosmologie rationnelle.

Il est donc toujours essentiel de parfaitement situer le «lieu» dans la «topique» transcendantale où réside le concept ou la représentation que l'on appelle métaphysique, car la logique transcendantale est tout sauf isotrope : elle est anamorphique et la terminologie se déforme continuellement et de manière cependant cohérente lorsqu'on passe d'un territoire à l'autre dans cette logique transcendantale.

5. Expositions et déductions «métaphysiques» et «transcendantales»

Considérons maintenant les significations respectives du «métaphysique» et du «transcendantal» dans l'Esthétique, où, pour

---

réside ici: si l'on s'en tient à une perspective simplement logique, entièrement réglée par le tiers exclu, la détermination a priori du concept de la matière des sensations doit pouvoir s'étendre à l'infini et «retrouver» (dans la mesure où nous pourrions «achever» un tel travail) tout ce que l'empirique est susceptible de nous présenter. Or, rien n'est plus faux. Le tiers exclu sert à la fois à régionaliser la logique et à la donner pour unique et hégémonique; pour rendre compte du réel dans sa richesse *vivante*, il faut non seulement penser la causalité, c'est-à-dire dédoubler le temps (ce que ne peut faire la logique générale analytique), mais encore il faut penser un temps dédoublé dont l'un des brins «remonterait le temps» pour ainsi dire, et c'est le concept de la *finalité*, où la représentation finale est pensée comme cause de la forme complexe ; enfin, il faut également penser un temps dé-temporalisé pour penser la possibilité d'une raison *pure*. La matière analytiquement dérivée par les catégories est parfaitement lisse, isotrope, marmoréenne, éternelle; la matière pensée avec les Idées esthétiques, la matière rencontrée dans le réel, est constamment traversée de tourbillons temporels que sont les formes complexes du vivant dont le futur détermine le passé, matière dès lors irrégulière voire chaotique, anamorphique à foyers infiniment nombreux, éphémère suivant une temporalité qui n'est plus linéaire, etc.

chacune des formes pures a priori de la sensibilité, une exposition *transcendantale* suit une exposition *métaphysique*[16]. L'exposition d'un concept est métaphysique lorsqu'elle ne sort pas de la caractérisation intrinsèque du concept. Le métaphysique se présente comme l'analogue de l'«immanent» précédemment commenté, tout comme le transcendantal est celui du... «transcendant(al)». Le premier se limite au concept dont question, tandis que le second «déborde» des limites de ce concept et le situe par rapport à d'autres connaissances qui en proviennent non pas immédiatement, mais bien par le truchement de jugements fondateurs, puisque ces connaissances sont dites «synthétiques»[17].

On le voit, ces concepts d'allure topologiques (dedans, dehors), que sont l'immanent, le métaphysique, l'analytique d'un côté et le transcendant, le transcendantal et le synthétique de l'autre, sont dans une structure en écho d'une systématicité telle qu'on ne pouvait davantage l'éluder et qu'il fallait en déterminer et en maîtriser le principe directeur.

L'exemple des expositions métaphysique et transcendantale n'est pas isolé. En effet, parallèlement, Kant donne une définition de la déduction métaphysique et de la déduction transcendantale[18] au paragraphe 26 :

16. «...cette exposition est *métaphysique* lorsqu'elle contient ce qui montre le concept comme donné a priori.» A23/B38, p. 785 (nos italiques).

17. «J'entends par exposition *transcendantale* l'explication d'un concept comme d'un principe, à partir duquel peut être saisie la possibilité d'autres connaissances synthétiques a priori.» B40, p. 787 (nos italiques).

18. Une première définition avait été inauguralement donnée de la déduction transcendantale au paragraphe 13 : «J'appelle donc l'explication de la manière dont ces concepts peuvent se rapporter a priori à ces objets leur *déduction transcendantale*...» A85/B117, p. 843.
On peut regretter que Kant n'ait pas clairement intitulé le Chapitre I de l'Analytique, «Déduction métaphysique»; son titre est en effet: «du fil conducteur servant à découvrir tous les concepts purs de l'entendement»; or cela est tout à fait cohérent avec ce que Kant définit comme «fil conducteur» dans ce long passage des *Prolégomènes* que nous avons cité plus haut. Il n'est pas question d'autre chose que de la «complétude», et donc de la table des catégories. Or, on l'a remarqué, Kant assène plutôt qu'il n'introduit sa table des catégories. On doit d'autant plus regretter cet expédient que la notion de déduction transcendantale est introduite dans une corrélation parasite avec la déduction empirique. C'est ainsi que nous nous expliquons comment les

> «Dans la *déduction métaphysique*, l'origine a priori des catégories a été mise en évidence en général par leur plein accord avec les fonctions logiques universelles de la pensée, et, dans la *déduction transcendantale*, a été exposée la possibilité de ces catégories comme connaissance a priori des objets d'une intuition en général (paragr. 20, 21)» (nos italiques) B159, p. 872.

Il faut cependant poursuivre notre démarche et noter que le mouvement critique, que Kant veut exprimer et clarifier en faisant appel à ce terme de «déduction» qui appartient plus aux juristes qu'aux philosophes, s'étend à toute la Logique Transcendantale, c'est-à-dire également à la Dialectique, ce qu'indique Kant lui-même en écrivant:

> «Il nous faut suivre ici le chemin que nous avons pris plus haut dans la déduction des catégories, c'est-à-dire examiner la forme logique de la connaissance rationnelle, et voir si par hasard la raison n'est point par là aussi une source de concepts qui nous font regarder des objets en eux-mêmes comme déterminés synthétiquement a priori par rapport à telle ou telle fonction de la raison.» A329/B386, p. 1038.

Le sens de la déduction auquel il est fait appel est clairement à la fois métaphysique : on s'y préoccupe de la raison

---

éditeurs et commentateurs de l'admirable et indispensable édition de référence «Pléiade» (Gallimard NRF) puissent écrire: «La déduction transcendantale fait couple avec une déduction empirique», dans une note de renvoi à la page 843 (p. 1600). Une telle confusion peut toutefois être dissipée par un examen attentif du texte de Kant qui a servi de point de départ à une telle analyse:

> «...et je la distingue de la déduction empirique, qui montre de quelle manière un concept a été acquis par l'expérience et la réflexion sur celle-ci, et qui ne concerne donc pas la légitimité, mais le fait, d'où résulte la possession.» A85/B117, p. 843.

Ce serait là, à notre avis, suivre trop littéralement le texte de Kant, car celui-ci oppose empirique et transcendantal non pas dans le concept même d'une déduction en général, mais dans le concept d'une déduction portant sur le rapport a priori d'un concept à un objet. Kant a suffisamment mis en lumière ce qu'il entend par déduction, dans son rappel de l'usage que les jurisconsultes font de cette expression (*quid juris, quid facti*), où l'opposition droit/fait dont la distinction transcendantal/empirique se fait l'écho, gouverne en amont l'utilisation du terme «déduction». Or d'une part, «déduction» ne s'emploie que pour des questions de droit, et d'autre part, la déduction empirique, concernant «le *fait* d'où résulte la possession» <de ce concept> est donc, dans l'esprit de Kant, improprement appelée déduction (expression qu'il faut réserver à l'établissement d'une «légitimité»).

comme source de concepts et donc par là des concepts en eux-
mêmes (tels qu'ils apparaissent dans «la forme logique de la
connaissance rationnelle») ; et transcendantal : le rapport à des
objets serait déterminé a priori synthétiquement. Mais ce que
Kant concède, il le reprend trois pages plus loin, indiquant ainsi
que la fécondité du mouvement déductif s'épuise très vite :

> «De ces idées transcendantales, il n'y a pas à proprement parler de
> *déduction objective* possible, comme celle que nous avons pu don-
> ner des catégories. Car en fait elles n'ont aucun rapport à quelque
> objet qui pût être donné de manière à leur être adéquat, précisé-
> ment parce que ce ne sont que des idées. Mais nous pouvions en-
> treprendre de les dériver *subjectivement* de la nature de notre rai-
> son, et c'est aussi ce que nous avons fait...» A336/B393,
> pp. 1042-1043 (nos italiques).

Ces indications permettent de préciser la transformation du
couple métaphysique/transcendantal qui subit la variation du
rapport entre le mode de présentation (exposition pour la sensibilité, déduction pour l'entendement, dérivation pour la raison)
et la faculté de connaître envisagée. Ainsi, l'entendement étant
considéré sous l'angle double du métaphysique (tel qu'en lui-
même) et du transcendantal (tel qu'en son rapport génétique à
tous ses objets), il manque pour compléter cette perspective, un
statut dans lequel l'entendement lui-même, mais d'un point de
vue extérieur, puisse être considéré. Or lorsqu'on passe de l'entendement à la raison, on passe en même temps de l'objectif
(d'où la possibilité d'une déduction) au subjectif transcendantal (d'où celle d'une dérivation) ; la raison contient donc ce qui
caractérise l'entendement comme constitution transcendantale
du sujet. Elle la contient dans la mesure où l'entendement
s'abolit totalement dans l'objectivité de sa connaissance : la
transparence de l'entendement est telle qu'il dis-paraît dans sa
propre connaissance et qu'une réflexion simplement logique
est possible, qui homogénéise toutes les représentations entre
elles, comme dans une connaissance absolue et isotrope.

Ainsi, le rapport entre une sensibilité qui serait l'horizon indépassable vers le réel et un entendement qui serait l'horizon
indépassable de l'idéel ne suffit pas à épuiser l'architectonique
fondant la possibilité de la connaissance pure ou empirique ; il
manque en effet l'articulation de la réalité propre à l'entendement à la réalité de ses objets, articulation dont nous avons
déjà vu d'une part qu'elle était elle-même éclipsée et d'autre

part qu'elle est en elle-même éclipse réciproque : l'entendement contient l'objectivité de ce qui n'est pas lui (son caractère
transcendantal) ; la raison contient l'objectivité de l'entendement dans la mesure où l'entendement est l'objet de la raison
(c'est son caractère métaphysique).

Il apparaît nécessaire, par conséquent, lorsqu'on définit
l'entendement par le biais de l'immanence, c'est-à-dire comme
clôture, de réserver un espace «au-dessus» de celui-ci d'où
l'entendement en lui-même serait organisé comme «immanence» même[19]. Cela veut dire entre autres que l'immanence de
l'entendement n'est pas une propriété intrinsèque ou métaphysique de celui-ci, qui caractériserait a priori et analytiquement
sa nature et dont on pourrait déduire le mode de fonctionnement. Au contraire, il apparaît d'ores et déjà que c'est l'inverse, que c'est un type de fonctionnement qui projette la nécessité architectonique de définir une clôture (l'immanence) au sein
de l'entendement comme si ce fonctionnement (l'usage «empirique») décrivait, par le mouvement de son effectuation, une
clôture, laquelle correspond, on le verra, aux limites de l'expérience, c'est-à-dire en clair au domaine de l'objectivité. Ainsi,
la vérité procède à l'inverse de l'évidence (i.e. de l'apparence) :
le mystère n'est pas en vérité, dans le transcendant, dans l'obscurité de l'«espace vide» entourant l'«espace plein» et «sphérique» (loc. cit.) ; mais bien au contraire, le miracle, c'est la
constitution transcendantale de l'immanence. Le miracle, c'est
la possibilité même de la métaphysique (systématique) ; c'est-
à-dire que la possibilité d'un entendement discursif, et par
conséquent, la possibilité même de l'objectivité comme immanence (du conditionné allant toujours au conditionné) est elle-
même extraordinaire. Mais l'effet aveuglant de l'évidence
combinée du logique et de l'expérimental est tel que nous prenons la lumière pour l'ombre et l'ombre pour la lumière et
nous nous étonnons, toujours victimes des hallucinations de la
métaphysique naturelle, du chaos et trouvons «naturel», tout ce
qui y est ordre.

19. Nous avons vu précédemment combien Kant est lui-même friand de ce
genre de comparaison: «notre raison cherche en quelque sorte du regard autour d'elle un espace pour la connaissance des choses en soi...»
(Prolégomènes, T. 2, IV, 352, p. 136 et cf. ibid. , IV, 354, p. 138 pour
la comparaison entre l'espace euclidien (point, ligne, espace) et la
division des facultés, loc. cit.).

L'on en passe donc, insensiblement, de la déduction à la «dérivation» à partir du moment où les concepts de l'entendement cessent d'avoir un rapport, même lointain, à l'objet, et ils deviennent des idées de la raison, de par un saut qualitatif, marqué, comme nous le montrerons plus loin par un passage à la limite du même type que celui qui sépare les règles de l'imagination, des concepts de l'entendement. En passant de l'entendement à la raison, on perd totalement l'objet (d'une expérience possible) et l'objet de la réflexion cesse d'être objectif pour être constitué par l'entendement lui-même. Il se passe la même chose lorsque la réflexion de la faculté de juger, ne trouvant aucun medium de «connexion» entre ses représentations, sous la forme d'une connaissance matérielle possible, doit poser son acte-même, sous la forme d'un jugement synthétique a priori comme fondateur de l'expérience. Autrement dit le jugement synthétique a priori est celui qui sort du domaine de l'objet de l'expérience (de l'entendement) pour entrer dans celui de l'expérience comme objet (de la raison), qui va donc «au-delà» du concept et qui ainsi sort de l'objectivité pour rentrer dans la subjectivité transcendantale.

On le voit, l'opposition entre le métaphysique et le transcendantal dont le relief est très net au sein de l'Esthétique, perdure encore en perdant de sa prépondérance dans la partie de la Logique qui traite de l'entendement et de la faculté de juger, l'Analytique et s'émousse tout à fait, au niveau des raisonnements, dans la Dialectique. Kant parle de cet élargissement ou de cet évanouissement de la structure de l'objet, tissé entre le transcendantal et le métaphysique en un langage nettement plus topologique; ainsi trouvons-nous dans la *Critique* que l'usage de la raison, dans ce contexte, est «asymptotique»[20] et dans les

---

20. Kant utilise ce terme à propos des lois transcendantales de la spécification des formes logiques et écrit, à leur propos:

> «Ce qu'il y a de remarquable dans ces principes [...], c'est qu'ils semblent être transcendantaux et que, bien qu'ils ne contiennent que de simples idées pour l'accomplissement de l'usage empirique de la raison, idées que cet usage ne peut suivre que d'une manière en quelque sorte asymptotique, c'est-à-dire par simple approximation, et sans jamais les atteindre, ils ont cependant, comme principes synthétiques a priori, une *valeur objective, mais indéterminée*...» A663/B691, p. 1262

Cette valeur objective se révèle schématiquement dans son influence heuristique sur la faculté de juger et non analytiquement comme contenu d'une représentation pour l'entendement.

Prolégomènes, les objets transcendantaux sans contenu déterminé sont appelés des «objets hyperboliques»[21]. Mais si l'on
considère les choses dans la perspective inversée qui est celle
des *Prolégomènes*, on peut remarquer que la Métaphysique
elle-même se distingue entre la «métaphysique comme disposition naturelle», ce qui correspond à la définition métaphysique et analytique d'une connaissance a priori et une «métaphysique comme science», ce qui correspond à la définition
transcendantale et synthétique du principe méthodique de la
possibilité d'une connaissance. Cette distinction, manifeste
au niveau de la Métaphysique, si on devait peu à peu régres-
ser, venant du concept, vers le niveau de l'intuition, disparaî-
trait totalement dans la science pure a priori de la mathématique, où le schème est en même temps le produit du

---

21. *Prolégomènes*, T. 2, IV, 333, p. 112. Le cas est identique au contexte
situé dans la note précédente. C'est la pureté des catégories qui «peut
entraîner la raison à étendre leur usage, tout à fait au-delà de l'expérience, à des choses en soi»; cela tient à ce que les catégories ont le
pouvoir «comme fonctions simplement logiques de représenter...une
chose en général, mais non pas de se donner par elles-mêmes un
contenu déterminé d'une chose quelconque». Les objets en général dérivés de la seule systématicité des catégories qui sont le schème d'une
cohérence dont l'«extension» est dimensionnellement infinie comme
l'est celle du plan à inflexion nulle résultant de l'évanouissement réciproque des deux moments de la double anamorphose, dont l'extension
est pourtant «finie» et correspond aux limites de l'expérience sensible
– on voit que ces limites sont abolies en tant que telles dans le «passage à la limite». Ces objets sont des schèmes d'individuation que l'on
prend illusoirement pour des individus par eux-mêmes; ils ne sont pas
synthétiquement déterminés, mais sont des «horizons» d'objets, des
«objets hyperboliques» qui «sont ceux que l'on appelle noumènes ou
purs êtres d'entendement (ou mieux êtres de pensée)...»
Il est important de remarquer ici que l'aboutissement du mouvement
propre à l'activité effective de la faculté de penser (c'est-à-dire l'imagination, pour les facultés inférieures de connaître, et la faculté de
juger (jusque et y compris la raison dans son usage logique) pour les
facultés supérieures), autrement dit l'aboutissement de l'a posteriori,
est «rétrojectivement» le point de départ, *i.e.* l'a priori de l'ensemble
des représentations possibles (esthétique, logique analytique et logique
dialectique). *Le point de départ de la perspective épistémologique
n'est autre que le point d'arrivée de la perspective phénoménologique,
et vice-versa.* Les deux perspectives sont donc dans une situation d'homologie et en même temps d'opposition, c'est-à-dire de symétrie inverse (chirale) comme dans le cas des mains, identiques et non superposables.

schématisme (ce qui est la définition de la construction in concreto dans l'intuition)[22].

Cette situation, que nous ne faisons qu'indiquer et qui sera explicitée et justifiée par la suite, est donc celle d'une homologie totale entre le parcours qui va de la condition (formelle) au conditionné (du sensible à l'intelligible) et celui qui va du conditionné matériel à sa condition matérielle (de l'intelligible au sensible). Ces deux parcours sont architectoniquement identiques, mais de sens inverse (synthétique ou analytique - vide infra). Cette particularité est très manifeste dans l'Esthétique : dans une perspective épistémologique, c'est-à-dire en les considérant d'après les critères architectoniques de la possibilité formelle d'une connaissance, l'exposition du temps est comme le décalque de celle de l'espace ; tandis que dans la perspective transcendantale, c'est-à-dire en considérant les modalités de l'effectuation des représentations spatiale et temporelle, il y a une complémentarité symétrique que nous exposerons plus loin en termes de «spatialité de la représentation temporelle et temporalité de la représentation spatiale».

22. Que le schème soit à lui-même son produit (comme dans une connaissance absolue), et que cela soit le cas, en «haut», dans la philosophie transcendantale, c'est-à-dire la métaphysique systématique, comme en «bas» dans la science de l'intuition pure, la mathématique pure a priori, c'est ce que dit expressément Kant, mais sans y appuyer, dans l'introduction à l'Analytique des Principes:

> «La philosophie transcendantale a ceci de particulier qu'outre la règle (ou plutôt la condition générale des règles) qui est donnée dans le concept pur de l'entendement, *elle peut indiquer en même temps a priori le cas où la règle doit être appliquée.* La cause de l'avantage qu'elle a sous ce rapport sur toutes les autres *sciences qui accroissent la connaissance (la mathématique exceptée)* tient à ce qu'elle traiter de concepts qui doivent se rapporter *a priori* à leurs objets, et dont par conséquent la valeur objective ne peut pas être présentée a posteriori.» A135/B174, p. 883 (nos italiques)

Pourquoi Kant spécifie-t-il en parlant des sciences, celles qui «accroissent la connaissance»? Parce que tout simplement, il reste dans la nomenclature une législation pure a priori qui est par elle-même une science, sans «accroître la connaissance»: la morale pure a priori. Ainsi, les sciences qui «accroissent la connaissance» sont celles qui, comme la physique, supposent l'expérience sensible et y situent leurs objets.

6. LA CHIRALITÉ

La configuration que nous venons de décrire est celle que les physiciens d'aujourd'hui appellent «chiralité»[23]. Nous avons maintenant réuni suffisamment d'éléments pour qu'il apparaisse désormais manifeste que ces symétries chirales jouent un rôle aussi déterminant que «clandestin» dans la pensée kantienne. En effet, l'exemple des mains, déjà présent dans la *Dissertatio* (cf. T. 1., II, 403, p. 653) comme justification de l'idéalité de l'espace apparaît très naïf et même risible; J. Vuillemin[24] explique avec érudition que Kant ne disposait pas à l'époque de l'outil conceptuel de la théorie des groupes, notamment en ce qui concerne le groupe des rotations dans l'espace (la superposition pure et simple étant limitée à celle du plan). Il est cependant très troublant de revoir cet exemple de l'identité non superposable des mains, à nouveau dans les *Prolégomènes* et l'argument de Vuillemin tombe tout à fait lorsqu'on le confronte au fait que cet exemple est accompagné d'une description très complète de la construction de triangles identiques mais non superposables tracés sur une «sphère» (encore une!) de manière se trouver aux antipodes l'un de l'autre (*Prolégomènes*, T. 2, IV, 286, pp. 54 & 55 — nous y reviendrons). Cela revient à prendre conscience que la traduction *géométrique* du concept *logique* d'identité (qui est la conversion du principe de la non-contradiction) résulte nécessairement en la conversion de l'identité strictement univoque en «symétries» qui sont *multiples*. Nous montrerons qu'il en va de même pour les conditions architectoniques de possibilité respectives de l'Esthétique et de la Logique. Elles sont, dans une perspective épistémologique, parfaitement homologues, mais les modalités de leur effectivité sont symétriques-inverses et se complètent l'une l'autre.

---

23. «*Kheir* en grec, en effet, c'est la main. La chiralité, c'est la propriété de deux objets d'être à la fois ressemblants et dissemblables, comme une main gauche et une main droite.» Transcription d'un entretien avec Jean Jacques, directeur de recherche (honoraire) au CNRS, «Symétrie et matière. Atomes et molécules», in *La symétrie aujourd'hui*, Editions du Seuil, 1989, p. 108. Les auteurs de ce recueil attribuent la paternité de ce concept «maintenant complètement admis et général» à L. Pasteur, qui l'a développé à propos de la problématique de l'isomérie.

24 *Physique et métaphysique kantienne*, Vrin, 2e édition, 1987, p. 52 & seq.

Il faut en effet noter qu'à l'opposé des interprétations courantes qui limitent la portée de la chiralité des mains à un argument fondateur de l'idéalisme de l'espace, il faut, du moins dans la période critique, au contraire soutenir que c'est l'idéalisme de l'espace qui est illustré, métaphoriquement, par la chiralité des mains. En effet, prenons l'argument lui-même tel qu'il apparaît dans la *Dissertation* de 1770 :

> «...entre des solides parfaitement semblables et égaux, mais non superposables, comme, par exemple, la main gauche et la main droite (dans la mesure où on les considère seulement selon l'extension), ou encore entre les triangles sphériques de deux hémisphères opposés, il y a une différence telle qu'il est impossible de faire coïncider leurs limites ; et pourtant, si l'on s'en tient à tout ce qui est formulable selon les critères que le discours rend intelligibles à l'esprit, ces figures semblent pouvoir être substituées l'une à l'autre ; il est clair par conséquent, que la différence en question, à savoir l'impossibilité de coïncider ne peut être caractérisée que si l'on fait appel à quelque intuition pure» T. 1, Section III, p. 653.

Sans entrer dans la question destinée aux historiens de déterminer ce qui est déjà critique dans la *Dissertation,* il y a lieu d'examiner très attentivement ce qui y est dit, parce que ces exemples (la main, les triangles antipodiques) sont repris mots pour mots treize ans plus tard dans les *Prolégomènes* (vide infra). Il y a deux séries de restrictions convergentes de part et d'autre du mode de connaissance (l'intuition construite et le formulable discursif dans le «discours») qui organisent le sens à une profondeur étonnante. D'une part les mains doivent être considérées uniquement suivant l'extension. D'autre part, il ne s'agit pas dans le discours, de la pensée mais du «formulable», c'est-à-dire du contenu même d'une représentation. Ainsi il y a-t-il identité et différence dont la représentation ne peut rendre compte, parce que le domaine de la représentation est moins puissant que celui de la construction dans l'intuition pure.

L'analyse étant ainsi formulée, Kant s'en sert, dans la *Dissertation,* pour justifier le caractère d'intuition pure propre à l'espace. L'argument qui, en 1770, devait fournir tout d'abord la définition de l'intuition pure s'effondre directement dans l'énumération des propriétés de la géométrie, ce qui est prouver le droit par le fait, et la nécessité par la contingence, puisque l'on passe de la réalité effective de la géométrie (telle que l'attestent les manuels et traités) à la nécessité de ce que l'espace, objet de la géométrie, soit non seulement «pur» mais encore la «forme fondamentale de toute sensation externe».

Il est très troublant, disions-nous, que cette analyse resserve mot pour mot dans les *Prolégomènes*[25] (T. 2, IV, 285 p. 54):

> «...deux triangles sphériques situés dans deux hémisphères, ayant pour base commune un arc de l'équateur, peuvent être parfaitement égaux en ce qui concerne leurs côtés et leurs angles, en sorte qu'aucun d'eux, si on le décrit seul et complètement, ne présente rien qui ne soit du même coup dans la description de l'autre, et pourtant on ne peut mettre l'un à la place de l'autre (c'est-à-dire dans l'hémisphère opposé) ; il y a donc ici une différence *interne* des deux triangles qu'aucun entendement ne peut indiquer comme *intrinsèque*.»

La perspective dans laquelle la chiralité des mains va resservir est toute autre. L'idée «en germe» a fait son chemin. Le concept de l'entendement est un concept qui ne peut être utilisé qu'analytiquement. Prenons l'exemple du triangle ; sa méthode de construction constitue le contenu de son concept. Même concept, même représentation, dit l'entendement. Voilà que Kant construit un indécidable pour l'entendement — tout comme Gödel le fera cent cinquante ans plus tard —; en effet, en appliquant le même procédé[26] (le même «schème»), il pro-

---

25. Dans les *Prolégomènes*, l'exemple des mains revient d'une manière plus ramassée et éclairante: «Le gant de l'une ne peut être utilisé pour l'autre.» [...] «Par suite, nous ne pouvons non plus faire comprendre la différence entre deux choses semblables et égales et pourtant non coïncidentes (par exemple, des volutes inversement enroulées) par aucun concept, mais uniquement par la relation de la main droite à la main gauche qui concerne immédiatement l'intuition» (*ibid.* IV, 286, p. 55). Il s'agit de «faire comprendre» non de «penser» – le concept dont question n'est pas simplement logique, mais immédiatement schématique, *i.e.* mathématique.

26. En effet, le théorème de Gödel repose sur la *construction*, au sein d'une logique reconstituée arithmétiquement au moyen de nombres premiers et d'exposants de nombres premiers, de deux propositions opposées formellement et concernant matériellement la complétude de la logique. L'on pourrait contester le procédé, puisqu'il consiste à faire méthodologiquement le pari de la complétude, c'est-à-dire de l'immanence (*en construisant*) pour ensuite revenir rétrojectivement sur ce pari en construisant une représentation nécessairement transcendante de ce pari méthodologique. C'est comme si l'on déclarait vouloir se cantonner à l'intérieur des limites de l'entendement (et à l'intérieur de celui-ci, aucune limite n'est *apparente*) pour ensuite représenter, c'est-à-dire rendre apparente ces mêmes limites, ce qui revient à passer *subrepticement* du

duit deux triangles qui, par conséquent, devraient être strictement identiques. Or, ils ne le sont pas, comme l'exemple des
mains l'illustre «naïvement».

Le fait est que pour l'entendement, l'identité de deux représentations consiste en l'identité de leur contenu. Ou bien A est
absolument identique à B, ou bien il ne l'est pas. C'est le principe suprême des jugements analytiques. Si l'identité est comprise comme schème d'une identité relative, passant par degrés
(et non d'un seul coup) de l'identité vers la différence, alors
l'entendement est impuissant. Car si le contenu à «identifier»
est schématique, cela ne fait aucune différence car la logique
générale analytique (propre à l'entendement) fait abstraction de
ce que la représentation appartient à elle-même originairement
(l'entendement) ou indirectement (provenant de la sensibilité).
L'exemple est donc construit dans la sensibilité pour montrer
qu'en perdant une dimensionnalité supplémentaire (marquée
par la restriction à l'extension, pour l'exemple des mains),
l'entendement a l'illusion, mais non la réalité, de la complétude absolue. Ainsi, l'exemple des triangles est-il doublement
parlant, car le schème est immédiatement son propre résultat,
tout comme dans la logique, mais la schématisation admet dans
la mathématique des dimensionnalités différentes, ce qui n'est
pas le cas de la Logique. Ainsi n'est-on pas étonné de trouver
les mêmes arguments dans la *Dissertation* de 1770 et dans les
Prolégomènes, ici à l'état d'«intuitions» (au sens de l'inspiration philosophique) et là, dans la plénitude de la maîtrise acquise entretemps[27].

---

point de vue de l'entendement à celui de la raison. Le théorème de
Gödel ne fait que reconstituer la démarche de la Dialectique avec une
naïveté qui est *criticable*, dans les sens kantien et habituel du mot. Disons-le simplement: Kant reste au-delà, bien au-delà de Kurt Gödel.

27. Pour mémoire, nous mentionnerons l'allusion à la chiralité que l'on retrouve dans ce passage de *Qu'est-ce que s'orienter dans la pensée?*,
où le sentiment d'une différence, «celle de ma droite et de ma gauche»
– *«Je dis sentiment*, écrit Kant, *parce que, du dehors, ces deux côtés
ne présentent dans l'intuition aucune différence perceptible»* – est indispensable pour s'orienter par rapport à une «contrée» du ciel donnée
(VIII, 135, *trad. cit.*, T. 2, p. 531).

7. ANALYTIQUE ET SYNTHÉTIQUE, RÉGRESSIF ET PROGRESSIF

Nous avons vu plusieurs exemples d'une homologie relative entre le parcours qui va de la condition (formelle) au conditionné (du sensible à l'intelligible) et celui qui va du conditionné matériel à sa condition matérielle (de l'intelligible au sensible). Cette homologie est relative car l'identité architectonique s'accompagne d'une inversion de la direction, entre le principe et la conséquence, la condition et le conditionné, qui reste marquée comme étant une orientation spécifique (et tout comme il y a une main gauche et une main droite, il y a une condition formelle et une condition formelle). Il est remarquable, comme nous allons le voir, que cette situation se présente également à une bien plus grande échelle, entre la *Critique* et les *Prolégomènes* et fournit l'occasion à Kant de faire le point sur les différents sens possibles des termes «analytique» et «synthétique», d'une manière qui s'apparente fortement à la chiralité.

En effet, en présentant les *Prolégomènes*, Kant signale comme un passage à la limite vers laquelle s'était acheminée la *Critique* et au-delà de laquelle les *Prolégomènes* se trouvent institués d'emblée :

> «Voici donc un plan de ce genre, fait d'après l'œuvre achevée, et qui a pu maintenant être établi suivant une *méthode analytique,* alors que l'œuvre elle-même avait absolument dû être composée suivant un procédé d'exposé *synthétique.*» T. 2, IV, 264, p. 27 (nos italiques).

Soulignons que ce qui va du principe (idéel) vers sa conséquence (réelle) est synthétique, tandis ce qui va de la conséquence pour remonter aux principes, est analytique. Cela peut paraître paradoxal : toutes les déterminations possibles se rapportent aux catégories de l'entendement et elles y sont donc contenues analytiquement ; mais l'inverse ne tient pas, les catégories de l'entendement ont beau contenir toutes les déterminations possibles, en tant que nous les pensons indéterminées plus particulièrement, il est impossible de dériver au départ des catégories, de manière *analytique,* l'infinie multiplicité des lois empiriques particulières[28]. Cela illustre à nouveau qu'en *re-*

---

28. «Des lois particulières, puisqu'elles concernent des phénomènes empiriquement déterminés, ne peuvent être *complètement dérivées* des catégories, quoiqu'elles leur soient toutes dans leur ensemble soumises.» § 26 de la Déduction, B165, p. 876.

montant vers les catégories, la réflexion perde la multiplicité *hic et nunc* de l'expérience objective et n'en garde que la condition de possibilité formelle et *indéterminée.*

Nous retrouvons ici, respectivement, quelque chose de la définition du jugement déterminant et du jugement réfléchissant, et non, comme on pourrait le croire, le décalque exact des jugements respectivement synthétique et analytique. La distinction (sans laquelle on tombe dans la confusion la plus complète) n'est autre que celle qu'il faut toujours maintenir entre la connaissance elle-même (comme constituée) et sa génèse, autrement dit entre les perspectives épistémologique et phénoménologique. Elle débouche donc sur la distinction que nous commentons plus loin entre concepts (ou plutôt les *connaissances*) de l'entendement et concepts de la faculté de juger (la *méthode* de la réflexion transcendantale).

Kant, soucieux d'éviter une telle confusion, offre ces précisions dans une note, p. 43 (T. 2, IV, 276), de ces mêmes *Prolégomènes*:

> «La *méthode analytique*, en tant qu'opposée à la synthétique, est tout autre chose qu'un ensemble de propositions analytiques ; elle signifie seulement que l'on part de ce que l'on recherche comme si c'était une donnée, et que l'on remonte aux conditions sous lesquelles seules elle est possible. (...)
>
> On ferait mieux de l'appeler méthode régressive, à la différence de la synthétique ou progressive. Le nom d'analytique se présente encore également pour désigner une partie principale de la logique, et c'est alors la logique de la vérité, qui est opposée à la dialectique, sans que l'on voie par là précisément si les *connaissances* qui lui appartiennent sont analytiques ou synthétiques.» (nos italiques).

Dans la *Critique,* le donné que l'on suppose est la matière des sensations, donnée dans l'expérience. Dans les *Prolégomènes*, ce sont les connaissances elles-mêmes. Dans le cas d'une objectivité idéalement réalisée, le donné doit être identique ou en tout cas «adéquat» (suivant la définition de la vérité comme *adaequatio rei et mentis*) au connu ; ainsi nous voyons que la faculté de juger est réfléchissante dans les deux cas et de la même manière, mais cette manière ne se laisse pas ramener à une connaissance commune, mais simplement à un principe méthodologiquement commun. Si nous pouvions avoir une connaissance commune aux deux manières de réfléchir, vers le donné sensible (la matière des sensations, *i.e.* la réalité effective) et vers le donné intelligible (la forme de la pensée discursive), alors nous aurions l'identité entre le schème et son propre produit, autrement dit une connaissance absolue. Nous ne pouvons avoir qu'une identité seconde, tout comme les mains ne sont pas immédiatement identiques, mais médiatement, par le biais d'une rotation qui suppose une dimension supplémentaire (l'espace n=3) à celle (le plan n=2) demandée par la simple identification par translation et superposition. La rotation, opération par laquelle les mains sont reconnues principiellement/formellement identiques (mais non conceptuellement/matériellement puisqu'elles ne sont pas directement superposables), ne modifie pas la déterminité de la main droite mais est nécessaire à la (re)connaissance de son identité avec la main gauche.

La différence entre le schème[29] et son produit ne doit pas non plus être absolue (sinon la déduction des catégories en deviendrait impossible et la table des fonctions logiques ne serait qu'une «misérable nomenclature, sans explication ni règle de leur usage.» - *Prolégomènes*, T. 2, IV, 324, p. 102), mais elle doit être réelle et effective, sinon nous aurions à l'intérieur des limites de l'expérience sensible, la même conjonction entre schème et produit que nous observons dans la mathématique pure et dans la philosophie transcendantale (la métaphysique systématique). Cette différence, pour à la fois être et ne pas être effective, doit donc être effective et dis-paraître dans l'accomplissement de cette effectivité, tout comme on «oublie» la nécessité de l'espace de rotation dans le problème de la chiralité des mains.

La méthode analytique-régressive en supposant la connaissance comme donnée d'un coup, au-delà de la limite en deçà de laquelle la métaphysique systématique n'apparaît que comme projet, s'oppose donc à la méthode synthétique-

---

29 Nous utilisons «schème» dans un sens plus large peut-être que celui communément admis, qui n'est autre que le schème des concepts de l'*entendement*; mais Kant lui-même élargit la notion de schème et la transpose de la perspective sensible (où il n'y a que l'entendement et la sensibilité) à la perspective intelligible (où il n'y a que la raison et l'entendement): «L'idée de la raison est...l'analogue d'un schème de la sensibilité, mais avec cette différence que l'application des concepts de l'entendement au schème de la raison n'est pas une connaissance de l'objet lui-même (comme l'application des catégories à leurs schèmes sensibles), mais seulement une règle ou principe de l'unité systématique de tout usage de l'entendement.» A665/B693, p. 1263.

progressive[30] qui est ce même projet en tant qu'il est interminablement en passe d'aboutir, de même que la catégorie,

30. *Les Fondements de la métaphysique des mœurs* font également état d'une méthode consistant en une remontée analytique vers le principe suivi d'une descente synthétique du principe vers la connaissance (Cf. T. 2, traduction de Victor Delbos remaniée par Ferdinand Alquié, IV, 392, p. 250), mouvement déjà présent dans la première version de la Déduction transcendantale, où la «Troisième section» (A115-119, pp. 1417-1420) veut mettre en évidence le «principe interne» de la synthèse où toutes les représentations «doivent converger», et procède donc du haut vers le bas; et où la séquence est ensuite reprise expressément dans l'autre sens: «Nous allons maintenant mettre sous les yeux l'enchaînement de l'entendement avec les phénomènes par l'intermédiaire des catégories, en allant de bas en haut...» (A119, p. 1420). Ainsi, la descente synthétique au départ de l'unité originaire de l'aperception précède la remontée «de bas en haut». Un passage des *Prolégomènes*, T. 2, IV, 274 pp. 40-41, y fait allusion: «Dans la Critique de la raison pure, en vue de résoudre cette question <celle de la possibilité de la métaphysique>, je me suis mis à l'ouvrage de façon synthétique, c'est-à-dire en faisant des recherches dans la raison pure elle-même...», ce qui consiste à établir tout d'abord le concept rationnel scientifique pour ensuite tracer le plan complet et systématique de l'ensemble des connaissances, plan qu'il devient loisible de remplir ou de laisser au soin du lecteur.
Enfin, ce tour d'horizon des inversions chirales ne serait pas complet si l'on n'y faisait mention de ce passage programmatique de la *Critique de la raison pratique*, où Kant situe le point de vue approprié au sein duquel la raison pure, de par l'immanence de son effectivité en son propre domaine, apparaît toute entière si elle doit apparaître. Ainsi la configuration de la raison pratique apparaît à la fois en éclipse (l'*Aufhebung*) et en même temps en symétrie chirale avec celle de la raison *théorique*. Toutes les deux ont ceci en commun qu'elles contiennent immédiatement le schème de leur propre effectivité, ce que Kant souligne en écrivant que la raison «contient elle-même la règle pour la critique de tout son usage» et ce que l'on peut rapprocher des nombreuses affirmations suivant lesquelles une volonté absolument pure (et donc bonne) n'a, par exemple, nul besoin de maximes. Au-delà de cette homologie que nous ne pouvons ici qu'*indiquer*, la symétrie chirale résiderait en ce que la raison théorique démontre sa pureté par la dis-parition absolue qu'elle opère de toute effectivité subjective, dans le thème suprême de l'Idéal du tout de la réalité, où il ne peut y avoir d'effectivité que dans la mesure où celle-ci est d'emblée, immédiatement et totalement sa propre représentation (pour en parler à la manière d'une *finalité*), c'est-à-dire où l'entendement intuitif rejoint l'intuition intellectuelle pour s'y fondre: tout le problème va alors se porter sur la signification qu'il convient d'accorder à cet *Idéal*, puisqu'il n'est qu'un horizon heuristique (et transcentalement subjectif) pour l'objectivité.
En revanche, tout le problème de la *Critique de la raison pratique* est de faire dissoudre cette dis-parition, tant au niveau de l'effectivité elle-même praxique (la conduite concrète de l'être raisonnable) qu'au niveau

concept pur de l'entendement lui aussi donné d'un coup («tombé du ciel» comme dirait G. Granel), s'oppose au concept de la réflexion, réflexion elle-même interminable et indéfinie par principe. La catégorie «ignore» ou «éclipse» le concept de la réflexion transcendantale tout comme la réflexion logique le fait envers tous ses objets détaillés entre eux suivant leur origine par la réflexion transcendantale (qui suppose un «espace de rotation» dont la logique prétend n'avoir jamais besoin, puisqu'elle en fait «abstraction»).

Grâce à ces éclaircissements, il est maintenant possible de bien saisir le sens de prime abord assez ésotérique de la note (ajout de la seconde édition) qui se trouve à la fin de l'exposition du «Système des Idées transcendantales», dans la Dialectique :

> «Dans une représentation systématique de ces idées, l'ordre cité <théologie, morale et religion, soit les trois idées transcendantales rapportées à la métaphysique> serait, comme ordre synthétique, le plus convenable, mais dans le travail qui doit nécessairement précéder celui-ci, l'ordre analytique, qui est l'inverse du premier, est plus conforme à notre but, qui est de nous élever de ce que l'expérience nous fournit immédiatement, c'est-à-dire de la doctrine de l'âme, à la doctrine du monde, et de là jusqu'à la connaissance de Dieu, et par là d'accomplir notre vaste plan.» A338/B396, p. 1044.

---

de sa représentation possible (en une métaphysique des mœurs). «Concept incompréhensible», la liberté est à la fois le fait d'une expérience irréductible à toute connaissance (fait parfois atteint dans l'expérience du *sublime*) et l'objet d'un postulat : s'il y a la liberté, alors il y a la liberté. C'est l'argument ontologique, transposé de l'Idée théologique à l'Idée psychologique. S'il y a une effectivité (celle dont la raison *théorique* opère nécessairement et inévitablement la dis-parition pour toute connaissance objective), peut-elle faire retour dans ce qui la dissout toujours-déjà. Autrement dit, est-ce qu'une «raison pratique en général» est possible ? autrement dit, suis-je possible en tant qu'être raisonnable autonome, *individué* ?

> «...nous avons à faire une critique, *non de la raison pure pratique, mais seulement de la raison pratique en général*. Car la raison pure, quand on a montré qu'elle existe, n'a pas besoin de critique. *C'est elle qui contient elle-même la règle pour la critique de tout son usage.* [...] L'usage de la raison pure, s'il est démontré qu'elle existe, est seul immanent, l'usage empiriquement conditionné, qui s'arroge la souveraineté, est au contraire transcendant et se manifeste pas des prétentions et des ordres qui dépasse tout à fait son domaine. *C'est précisément l'inverse de ce qui pourrait être dit de l'usage spéculatif de la raison pure.*» Trad. Picavet, p. 14, PUF.

Nous devons laisser cette problématique à l'état d'indications, puisque ce n'entre pas dans le propos de ce travail et qu'ensuite, de telles recherches supposent tout d'abord que ce travail ait pleinement abouti.

Ce passage de la *Critique* utilise l'expression «analytique» dans le même sens que celui qu'a précisé Kant dans les *Prolégomènes*, en spécifiant leur différence d'avec les jugements du même nom. L'ordre «analytique» de et dans la *Critique*, qui consiste à s'élever du donné de l'expérience sensible pour aller vers l'intelligible, semble à la fois identique et opposé à la méthode «analytique», revendiquée par les *Prolégomènes*, qui suppose la connaissance, c'est-à-dire «ce que l'on recherche comme si c'était une donnée, et que l'on remonte aux conditions sous lesquelles seules elle est possible» (*Prolégomènes*, *loc. cit.*). Cette méthode est donc identique - et c'est pour cela que la *Critique* et les *Prolégomènes* estiment l'appliquer toutes deux - en ce qu'elle suppose matériellement ce qu'elle recherche (c'est cette rétrojection, selon l'expression de Marc Richir, qui produit un a priori à partir de l'a posteriori, comme lui apparaissant antérieur) pour en retrouver la condition formelle. Elle lui est opposée par contre, en ce que la seule chose qui nous soit véritablement donnée est la matière de la sensation, tout le reste étant déjà inhérent au sujet et on peut estimer qu'il y a contradiction entre les revendications méthodologiques respectives de la *Critique* et des *Prolégomènes*.

La question peut maintenant être entièrement retournée comme un gant, lorsqu'on rapproche le sens de l'«analytique» dans la méthode (régression), de son sens, dans le jugement (explication). En effet, autant Kant pose tant et plus la question de la possibilité des jugements synthétiques a priori, en tant qu'ils réalisent la conjonction (la synthèse) dans cet espace vide de la raison, autant nous pourrions nous demander si les jugements analytiques sont toujours analytiques lorsqu'ils sont poursuivis indéfiniment et que l'on passe à la limite pour accéder à la représentation de leur principe suprême (*i.e.* la non-contradiction), et donc rétrojectivement, s'ils sont possibles, ou, ce qui revient au même, s'ils contiennent à l'intérieur d'eux-mêmes leur condition de possibilité (en d'autres mots, l'analycité est-elle elle-même analytique ?). L'analycité n'est possible que localement, puisque la représentation totalisatrice de l'analytique produit nécessairement une apparence transcendantale.

Ainsi l'on passe de l'«analytique»-immanent au «synthétique»-transcendant d'une manière tellement continue et imperceptible, qu'il faudrait maintenant ajouter un critère supplémentaire et préciser du jugement analytique qu'il renonce à la complétude et qu'il est donc toujours d'une nécessité moindre, par lui-même, que celle qui est renfermée dans le concept élucidé.

Sans ce critère de «localité» (qu'on opposerait à l'exigence de «totalité» ou de «complétude» désormais propre aux jugements synthétiques), l'itinéraire de la *Critique* comme celui des *Prolégomènes* est un itinéraire qui ne peut jamais se cantonner dans son propre «donné» qu'il soit celui de l'expérience, ou celui de la connaissance. Si Kant a prouvé que la perspective épistémologique ne pouvait contenir, à l'intérieur d'elle-même, sa propre clôture et sa propre «complétude» sauf à se l'y donner par un coup de force qui est le propre de l'illusion transcendantale, nous pouvons déjà conjecturer à l'encontre des interprétations de type heideggerien, que la perspective et la démarche phénoménologiques, dans la mesure où elles s'efforcent d'être conséquentes, se renversent dialectiquement et débouchent tout aussi inévitablement dans l'illusion transcendantale. Le phénoménologique est indispensable mais ne suffit pas à son propre projet et il en va de même pour l'épistémologique (dont la variante actuelle pourrait bien être une certaine tendance du post-positivisme anglo-saxon). Mutatis mutandis, la même chose peut être dite de l'analytique et du synthétique. La question «comment le jugement synthétique a priori est-il possible, c'est-à-dire comment peut-il «sortir» de l'ensemble des concepts?» n'est que la conversion de la question «comment le jugement analytique a priori est-il possible?», comment peut-on «rester» à l'intérieur de l'ensemble des concepts ? Si le jugement analytique décrit dimensionnellement comme un simulacre de la connaissance absolue (mathématique, morale et philosophie transcendantale), comment peut-il demeurer à l'«intérieur» de ce même ensemble ?

On peut trouver un élément de réponse dans l'exemple contenu dans le passage cité précédemment. En effet, si, par définition, est analytique le jugement qui ne sort pas du concept, alors la progression qui va de la doctrine de l'âme à la connaissance de Dieu, n'est pas, stricto sensu, analytique, puisqu'on sort, d'abord de l'âme, ensuite du monde, pour rejoindre Dieu. Mais, suivant la définition, cette démarche n'est pas plus synthétique, puisque la doctrine de l'âme est matériellement vide et que de fait, on n'y est jamais «entré» pour pouvoir prétendre en «sortir» et puisque la doctrine du monde n'est pas limitable intrinsèquement tout comme le jugement ne peut pas être pensé, dans sa nature, sans aussitôt supposer un entendement et une raison. Il faudrait alors introduire une distinction analytique/synthétique spécialement adaptée au raisonnement (dont c'est la nature de «sortir» - le raisonnement est une inférence médiate et ne peut donc être analytique) : un raisonnement analytique serait un raisonnement pro-syllogistique («régressif», dit Kant), qui irait du conditionné à la condition, tandis que le raisonnement synthétique («progressif») serait épi-syllogistique puisqu'à partir d'un tout matériel, il lui faudrait subjectivement sortir de sa totalité absolue pour trouver un principe a priori transcendant à cette totalité (même si cette totalité absolue, comme dans l'Idéal, doit objectivement «contenir» ce principe architectonique) qui lui soit comme le «schème» de son Idée et qui lui serve à opérer la division du tout en parties.

Nous l'avons vu : tout comme le schème et son produit se rejoignent dans les sciences pures a priori qui «entourent» et conditionnent l'ensemble des objets de l'expérience sensible (mathématique pure comme science de l'Esthétique, philosophie transcendantale comme science de la Logique), l'«analytique» et le «synthétique» sont une même et unique chose en dehors des limites de ce même ensemble. Ainsi, la *Critique* et les *Prolégomènes* ne se contredisent pas, tout en s'opposant, lorsqu'elles appellent leur méthode respective, «analytique» ou «synthétique». L'on part d'un donné supposé pour arriver à une sorte de supposé donné ; ainsi, dans la *Critique,* l'on part de l'expérience sensible (la matière de la sensation) pour arriver aux conditions transcendantales et architectoniques de la possibilité de l'unité de l'expérience, et par là à celles de l'unité de l'unité de l'expérience (c'est-à-dire l'entendement systématique) et par là encore de l'unité de l'unité de l'unité de l'expérience (la métaphysique systématique). Dans les *Prolégomènes,* l'on part de l'idée donnée comme réalisée d'une métaphysique systématique pour revenir aux différentes connaissances qu'elle contient, et par elles, à la réalité dans l'expérience sensible. Certes, cet ouvrage n'a pas l'ampleur de la *Critique* tout comme le but poursuivi n'est pas le même. La nécessité de faire connaître la *Critique de la raison pure* passait par celle d'en donner un exposé d'autant plus clair qu'il en sera moins rigoureux. La question à se poser, dès lors, est celle de savoir pourquoi Kant a adopté un autre plan que celui de la *Critique,* si le but de l'entreprise n'était que didactique.

La systématicité et la facilité que ce plan procure constituent naturellement la réponse à une telle question, mais si elles répondent de même, par le fait, pour ainsi dire, à la question de la possibilité de la métaphysique scientifique, elles n'y répondent pas complètement, puisque la question de la possibilité même d'une science métaphysique, objet de la quatrième partie, est en définitive éludée. Le propos des *Prolégomènes* se retourne contre lui-même puisqu'ils se supposent eux-mêmes comme réponse à cette quatrième question «capitale», alors qu'ils n'y apportent aucune réponse explicite : la métaphysique comme science est-elle possible ? Nous l'avions déjà repéré : la métaphysique systématique existe toujours déjà et elle reste toujours à faire, ce en quoi son essence (réfléchie en remontant au plus haut et en dépassant l'illusion transcendantale qu'elle pourrait constituer un savoir positif) manifeste une affinité certaine avec la question nullement scolaire de la possibilité du concept de la liberté. Nous y reviendrons.

Les *Prolégomènes* révèlent leur importance essentielle, non par ce qu'ils contiennent d'informations ou bien par leur propos vulgarisateur, mais justement par leur plan sous-jacent et la symétrie inverse dans laquelle cet ouvrage se place vis-à-vis de la *Critique.* Au-delà de l'indication de la symétrie entre les méthodes respectives de ces deux ouvrages, les *Prolégomènes* «sont» ce vers quoi tend la *Critique* sans jamais pouvoir déclarer l'avoir atteint, parce que, de ces deux ouvrages, l'un est l'horizon de l'autre, dans le système architectonique kantien.

Autant la *Critique* marche-t-elle vers la possibilité partout annoncée mais jamais donnée in concreto d'une métaphysique scientifique réalisable (comme l'indique à différentes reprises la «théorie transcendantale de la méthode», *loc. cit.*), autant les *Prolégomènes* ne rejoignent jamais l'horizon de la réalité effective. Ainsi, si l'on voulait, à partir de la métaphysique systématique, retrouver le donné de la sensation, l'on devrait traverser plusieurs strates, formant horizon apparent : l'entendement comme ensemble des objets en général, puis comme ensemble des objets donnés aux sens, puis la sensibilité (l'Esthétique) et en son sein, la différence entre la matière et la forme des phénomènes, sans que l'on puisse faire autre chose que marcher vers l'horizon élusif de l'être tout comme est effectif et élusif à la fois celui de la métaphysique, au sein de la *Critique*.

Au-delà des limites de l'expérience, même si l'on ne considère pas le trajet qui nécessairement les traverse, mais seulement les connaissances supposées, la distinction analytique/synthétique s'inverse par rapport à la définition classique : dans le domaine projeté au départ de l'Idée cosmologique (l'expérience), est analytique ce qui peut être pensé sans sortir du concept. Dans le domaine soit de l'Idée théologique, soit de l'Idée psychologique, est synthétique ce qui est pensé sans sortir du concept, car il faut synthétiser un intérieur conceptuel (une représentation inévitablement métaphysique du Je Pense, ou du tout de la totalité[31]) pour ensuite prétendre ne pas en sortir. La distinction entre jugements synthétique et analytique doit donc être méthodologiquement limitée au seul domaine où elle a un sens : l'expérience possible. En effet, lorsqu'on «sort de ces concepts»[32], l'on risque de prendre la partie pour le tout et la condition matérielle (l'empirisme «sensualiste») ou formelle (le dogmatisme «intellectualiste») pour l'unique condition déterminante : les deux conditions, matière (des sensations) et forme (de la pensée) sont tout à fait homologues et l'on remonte vers elles de manière identique, excepté pour la direction. Elles sont donc identiques, mais non superposables ; leur identité est donc seconde comme celle des mains.

31. L'Idée du tout de la réalité, l'idée de la totalité au-delà de laquelle il n'y a plus de totalité, est très clairement l'«espace vide» et irreprésentable dont nous parlions plus haut. De même, l'Idée psychologique est celle d'un sujet au-delà duquel il n'y a pas de sujet. Ainsi, l'unité absolue du sujet pensant (l'idée transcendantale psychologique) résulte de «l'usage *synthétique* de la même fonction dont elle se sert pour le raisonnement catégorique» (A335/B392, p. 1042, *loc. cit.*). L'usage analytique sort immédiatement de la «proposition je pense»; d'ailleurs, on ne peut y entrer, car celle-ci «(prise problématiquement) contient la forme de tout jugement de l'entendement en général...» (A348/B406, p. 1051, *loc. cit.*). Autrement dit, l'Idée psychologique a ceci en commun avec l'Idée théologique (l'Idéal) qu'elle n'appartient pas au représentable. L'Idée psychologique est une idée limite, ou, si l'on veut, un concept parfaitement vide de l'architectonique et dont le rôle n'est qu'architectonique : il est la singularité même, l'expression de la disparition transcendantale de la subjectivité du sujet.

32. L'on sent, par ce biais, combien cette distinction synthétique/analytique est elle-même auto-référente puisque sa définition consiste en la manière de se définir et qu'ainsi elle révèle son origine non intellectuelle, mais bien rationnelle, puisque le schème y est en même temps son produit.

On ne saurait en terminer avec l'élucidation des méthodes en ce qu'elles ont d'«analytique» et de «synthétique» sans considérer l'autre passage de la Critique où elle est moins pleinement sollicitée. Il s'agit, dans l'Appendice à la Dialectique, des lois transcendantales de la spécification des formes logiques :

> «Si nous *intervertissions* l'ordre des principes que nous venons de citer <les principes de l'homogénéité, de la spécification et de la continuité des formes>, de manière à les disposer *conformément à l'usage de l'expérience*, les principes de l'unité systématique pourraient bien se présenter ainsi : diversité, affinité et unité, mais chacune d'elles prise comme idée dans le degré le plus élevé de sa perfection.» A662/B690, p. 1261 (nos italiques).

Souvent, c'est lorsque Kant a l'air de bavarder qu'il «lâche» l'essentiel. En effet, dans ce passage, il ne dit rien de plus que ceci : l'ordre qui va de l'unité du tout à la division des parties (suivant le raisonnement disjonctif dont l'idée est à la fois l'Idée théologique et, (sur)transcendantalement, l'Idéal) est inverse de celui de l'expérience. Autrement dit, l'ordre (plus exactement : la hiérarchie) observé dans une perspective qui présuppose la métaphysique systématique, comme dans les *Prolégomènes*, est inverse de celui de «l'usage de l'expérience», c'est-à-dire de celui qu'étudie la *Critique*.

Insistons à nouveau sur le caractère hiérarchique de la division dedans/dehors laquelle prend trop facilement une allure de commutativité. Pourquoi? Parce qu'on ne peut voir qu'un seul horizon à la fois, comme nous le montrerons plus loin. En effet, si l'entendement était comme un «espace plein» entouré de cet «espace vide» que lui serait la raison, qu'est-ce qui représenterait la matière de la sensation, cet autre Autre? Or, Kant le précise lui-même (A664/B692, p. 1263, *loc. cit.*), il y a une homologie du rapport sensibilité/entendement au rapport entendement/raison mais cette homologie est ce qui empêche d'avoir une véritable architectonique complète du rapport sensibilité/entendement/raison sous les yeux. Si ce rapport hiérarchique était représenté par abc, nous aurions toujours la possibilité de «voir» soit (ab)c, soit a(bc) (mais jamais ac - la raison n'a rien à voir avec l'intuition[33]). Comme les deux termes

---

33. «le raisonnement ne concerne pas des intuitions...» A306/B363, p. 1022.

compris à l'intérieur de la parenthèse se coalisent pour ainsi
dire pour «paraître» n'en faire qu'un, l'illusion de la commutativité renaît et il s'ensuit une impression de paradoxe qui n'est
qu'une apparence métaphysique projetée par une méthodologie
déficiente. En réalité, l'effet de rétrojection qui a cet avantage
de tenir compte de la hiérarchie entre l'a priori et l'a posteriori
naît de l'aplatissement des deux termes résiduels de la parenthèse en un effet d'«horizon apparent», selon l'expression de
Kant (A759/B787, p. 1332).

Aussi, l'analycité et la synthéticité, dans le *jugement,* se définissent toujours sur deux termes seulement, le troisième étant
éclipsé et, dans cette perspective réduite (qui est celle de l'entendement, terme commun et en même temps pris dans deux
sens différents) l'analycité et la synthéticité par conséquent
«s'opposent». Mais si on les considère dans la perspective élargie de la *méthode,* il faut alors une perspective complète, abc,
où l'inclusion (dedans/dehors) comme métaphore simplement
spatiale cède le pas à un mouvement transcendant d'ex-stase,
par conséquent hiérarchisé, qui est le même, abc ou cba,
quoique le sens soit inverse, que l'on aille vers la matière nouménale (le tout de la réalité, inconnaissable et donc idée) ou
vers la forme nouménale (l'Idéal, comme idée d'un tout de la
réalité). L'anamorphose étant elle-même une structure extatique et l'objectivité étant constituée par son application d'elle-
même à elle-même opposée, il devient facilement compréhensible que le mouvement exstatique soit le même à une
inversion près, si on le considère dans son effectivité (perspective phénoménologique) ou si, dans une perspective épistémologique, il se laisse réduire à un simple relevé des rythmes de
toutes ses exstases possibles où abc = cba, abstraction faite de
toute hiérarchie.

L'inférence de la raison (jugement synthétique) est celle qui
fait s'élever du divers de l'expérience à son unité, tandis que
celle de l'entendement (jugement analytique) dérive d'un tout
matériel un divers qui y est «renfermé». En considérant dans
l'expérience ces trois intérêts de l'entendement, diversité, affinité et unité du phénomène, et en les élevant à la dignité d'idée
comme le demande Kant, on retrouve, mais inversé, le même
système des Idées transcendantales. On peut rester indifférent
au soin répété que Kant a pris de montrer que, si l'on s'en tient
à la définition topologique de la distinction synthétique/analy-

tique (suivant que l'on sorte ou non d'un concept), l'ordre phénoménal est inverse de l'ordre idéel. Cette inversion du signe
témoigne, dans notre perspective, de ce que l'on procède dans
un cas (du haut de l'Idéal) suivant la diversité intellectuelle
(donc dans le plan de la pensée en général) tandis que dans
l'autre cas (à partir de l'expérience), on procède suivant la diversité matérielle (donc dans le plan de l'intuition en général).

Notre théorie de la double anamorphose consiste en l'application de l'anamorphose à elle-même, avec *inversion de son
signe*, puisque la diversité matérielle de la synthèse de l'imagination, en affectant le sens intime, y provoque (pour l'imagination), une diversité dont la matérialité est le formalisme propre
de cette première diversité matérielle, formalisme qui est la traduction dans le temps (forme du sens intime) de cette diversité
matérielle première résultant du travail synthétique d'appréhension de l'imagination. L'anamorphose est donc identique,
qu'elle soit formelle ou matérielle, mais cette identité n'est
possible que moyennant une inversion du signe, tout comme
les mains sont «identiques» moyennant une rotation dans l'espace.

8. JUGEMENTS SYNTHÉTIQUE ET ANALYTIQUE

La différence entre les jugements synthétiques et analytiques a
fait couler beaucoup d'encre. Nous venons de montrer que
moyennant la restriction critique de cette problématique aux limites de l'expérience, elle devrait redevenir très claire ; il suffit
d'ailleurs de rassembler les textes où celle-ci est exposée pour
vérifier qu'en se limitant à ce qu'en dit Kant, il n'y a plus rien
qui fasse problème.

Cette différence est tout d'abord présentée dans l'Introduction (A6/B10, p. 765) d'une manière on ne peut plus simple :

> «Dans tout les jugements, où est pensé le rapport d'un sujet au
> prédicat (...), ce rapport est possible de deux façons. Ou bien le
> prédicat B appartient au sujet A comme quelque chose qui est
> contenu (...), ou bien B est entièrement hors du concept A,
> quoique en connexion avec lui. Dans le premier cas, je nomme le
> jugement analytique, dans l'autre, synthétique.»

Si B est en A, que m'importe de savoir où se trouve A? Par
contre, si B n'est pas en A, il me faut retrouver, par la faculté

de juger réfléchissante un certain C qui les contiendra tout deux, ainsi que leur «connexion». Si nous étions assurés que quels que soient A et B, il y a toujours (pour nous) un C qui les contienne, nous aurions la possibilité de déduire qu'un jugement analytique n'est que l'inverse du jugement synthétique, et, à une plus grande échelle, que la faculté de juger déterminante est aussi l'inverse de la faculté de juger réfléchissante.

Kant, dans ces définitions inaugurales, ne laisse pas sousentendre qu'un tel C peut toujours être retrouvé, quels que soient A et B. Au contraire, l'on doit «sortir du concept» (selon l'expression de la première édition : *aus dem Begriffe*), mieux encore, l'on doit «sortir au-delà du concept» (seconde édition : *über den Begriff*)[34].

Ce champ d'expérience supporte la possibilité des jugements synthétiques a posteriori (les jugements d'expérience, *ibid.* p. 766) ; cela correspond au C recherché plus haut. Mais dès que l'on veut instituer de la nécessité contraignante dans les jugements, nécessité que l'on ne peut pas espérer trouver dans l'expérience empirique, l'on s'aperçoit qu'il faut pousser la réflexion de la faculté de juger plus haut encore et que celle-ci débouche sur la question de la possibilité des jugements synthétiques a priori, qui sont finalement fondateurs de la possibilité de l'expérience. L'on sait que cette question constitue le «problème général de la raison pure» (B19, p. 772). Pourquoi cela? Parce que le principe suprême des jugements synthétiques, en posant l'identité des conditions de possibilité des objets de l'expérience et de l'expérience elle-même, cesse d'être lui-même pour s'affirmer comme analytique (de par la production de l'identité) et se perd lui-même comme synthétique. Voilà le problème.

Dans la *Critique de la raison pure* (car la terminologie changera ou plutôt se précisera par la suite), les jugements analytiques se rapportent, en ce qui concerne l'entendement, aux jugements déterminants[35], et les jugements synthétiques, aux

---

34. Cette même correction est apportée deux pages plus loin lorsque les jugements synthétiques a priori sont examinés: «Si je dois aller *au-delà* du concept A pour en connaître un autre B comme lié avec lui, sur quoi m'appuyer et par quoi rendre possible la synthèse alors que je n'ai pas ici l'avantage de recourir au champ de l'expérience». B12, p. 767.

35. L'illustration donnée par Kant du jugement analytique, dans le processus de pensée qui le donne, est à ce propos très claire: «...je dois seulement décomposer ce concept, c'est-à-dire me faire conscient du divers

jugements réfléchissants. Cependant, si l'on devait se contenter d'une telle perspective (en tant qu'elle est limitée à l'entendement, c'est-à-dire à la seule logique générale analytique), elle nous mènerait rapidement à une vision tronquée de la pensée kantienne. Certes, pour se rendre plus clair, Kant a fortement simplifié les choses[36] et l'on pourrait, dans le droit fil de son propos, reformuler les choses ainsi. Sont analytiques les jugements déterminants et réfléchissants dont toutes les représentations appartiennent de manière interne à un même ensemble, de sorte que quels soient A et B, il y ait toujours un C (lequel peut être soit A, soit B, soit encore quelque autre représentation) qui en contienne la connexion. La nouveauté, pour ne pas dire le trait de génie, est que l'on puisse considérer qu'un tel C soit introuvable pour la réflexion (alors qu'en revanche, la détermination est toujours possible, B étant alors en A). C'est alors que le jugement, comme acte et non comme connaissance, doit «sortir au-delà du concept» et se produit lui-même comme fondateur : c'est le jugement synthétique a priori. Ce C qu'il ne trouve pas, il le trouve en lui-même, comme étant lui-même comme acte. En effet, que le C ne se trouve pas «dans» les limites du fonctionnement immanent de l'entendement, indique qu'il n'est autre que la totalité même de cet entendement, c'est-à-dire l'acte même de synthétiser.

---

que je pense toujours en lui, pour y rencontrer ce prédicat.» A7/B11, pp. 765-766. Il faut toutefois faire abstraction du sens, progressif ou régressif, pour comprendre en quoi un jugement analytique peut être considéré comme entrant sous le type des jugements déterminants: en effet, un jugement analytique suppose toujours le concept qu'il «décompose», et ce concept-là sert toujours de principe déterminant à cette décomposition. En revanche, si nous ne considérons dans les jugements synthétiques que ceux qui ne sont pas des jugements analytiques-inverses, et donc que les jugements synthétiques a priori, nous n'étudierons alors que ces jugements qui exigent une réflexion pour trouver le terme médian C, contenu ni en A ni en B.

36. Kant n'a certainement jamais minimisé l'importance capitale de cette différence: «Si la métaphysique est restée jusqu'ici dans un état si branlant d'incertitude et de contradiction, la cause en est à imputer uniquement au fait de n'avoir pas pensé plus tôt à cette question <comment des jugements synthétiques a priori sont-ils possibles?> et peut-être même à la différence entre des jugements analytiques et synthétiques.» B19, p. 772. Il surenchérit dans les *Prolégomènes*: «cette division est indispensable à la critique de l'entendement humain, et mérite donc d'y être classique». T. 2, IV, 270, p. 35.

Voilà justement le problème des jugements synthétiques a priori : ils ne sont plus des connaissances, pourtant ils en sont la condition formelle. *En dehors de l'entendement, l'unité n'est pas représentable*. Nous passons alors d'un domaine à l'autre, de l'usage objectif de la faculté de juger, d'où est absente la subjectivité (a priori ou en général) du sujet, à son usage subjectif, dès que l'objectivité est à son tour perdue ; nous passons de la connaissance à la réflexion, du concept à la maxime, des conditions du vrai formel et matériel à celle du beau et du sublime.

Inévitablement, nous opérons ici une «sortie» hors du cadre requis par une *Critique de la raison pure*, à savoir la connaissance *pure* a priori, en supposant l'expérience empirique (ce qui inclut l'expérience que constitue l'*acte* même de réfléchir pour une faculté de juger) ; cette «sortie» est toutefois nécessaire pour marquer la *limite* qu'il faut franchir pour qu'apparaisse enfin la possibilité d'un principe pur a priori de la faculté de juger et que s'engrène l'architectonique d'une connaissance *pure* au système des *pouvoirs* de l'esprit et qu'apparaissent dans leur propre spécificité les problématiques du beau et du sublime et celle du jugement téléologique.

Précisons donc, afin de le rendre plus manifeste encore, que le projet de la première Critique est tout d'abord *critique,* ce que peuvent manquer les lecteurs obnubilés par les théories de la connaissance et pour lesquels la question de la Foi ne se pose pas (et c'est une chose différente que d'y répondre négativement, que de négliger de la poser). Le projet *critique* s'emploie à mettre en lumière la possibilité pour «nous, êtres humains» ou pour «la nature particulière de notre entendement» de *penser au-delà de la finitude* afin non seulement de rendre à la Science son objectivité absolue (du moins en son principe), mais également d'ouvrir la voie à une Foi qui, libérée de sa prétention à un savoir positif, désenclave l'être raisonnable de sa finitude, en le définissant comme fin en soi, expression qui exprime un aller (la finalité, nécessairement extatique) et un retour (l'en soi, nécessairement immanent) qui se laissent décrire sur le modèle de la double anamorphose, dont la révolution n'est pas *apparemment instantanée* comme dans la science positive, mais dont l'aboutissement indéfiniment différé suppose l'immortalité. Nous devons arrêter là les incursions dans le domaine pratique et nous limiter à indiquer que toute la *Critique de la raison pure* tend vers cela : établir que l'on peut penser, mais non certes connaître, *le concept de la liberté, dans la mesure où il ne renferme aucune contradiction.*

9. Jugements d'expérience et jugements de perception

Il faut, écrit Kant, «se situer peu à peu par la pensée à l'intérieur d'un système qui ne prend encore pour fondement aucune donnée, hormis la raison pure elle-même, et tente aussi, sans s'appuyer sur un fait quelconque, de développer la connaissance à partir de ses germes premiers» (*Prolégomènes*, T.2, IV, 274, pp. 40-41); cela signifie qu'il faut peu à peu s'habituer aux changements de perspective qui accompagnent, souvent à l'insu du lecteur, les changements de thèmes. Ainsi, si dans la perspective de l'Analytique des Concepts, on s'était accoutumé à diviser les facultés suivant la triple synthèse, intuition, imagination et entendement, il faut tout revoir et accepter la nouvelle perspective de l'Analytique des Principes, qui se décline d'une manière différente : «l'entendement, la faculté de juger et la raison» (A130/B169, p. 879).

Dans chacune de ces deux perspectives, qui correspondent aux facultés respectivement «inférieures» et «supérieures» de connaître (et par là au sensible et à l'intelligible), c'est le terme médian, ici l'imagination, là, la faculté de juger, qui produit l'effectivité et ce sont les termes extrêmes, ici l'intuition et le concept, là l'entendement et la raison, qui forment les limites respectivement inférieures et supérieures de chacun de ces deux types d'effectivité (synthèses figurée et intellectuelle). L'architectonique est beaucoup plus simplifiée dans les *Prolégomènes* d'où l'on retiendra simplement qu'au domaine de l'imagination (et de l'expérience réelle) conviennent les «jugements de perception» et qu'à celui de la faculté de juger logique, les «jugements d'expérience»[37]. Entre ces deux domaines, passe la «limite» entre la règle subjective et le concept objectif et entre le phénomène de l'expérience et la représentation de la connaissance, ce passage à la limite débouchant sur l'objectivité.

---

37. «Des jugements empiriques, en tant qu'ils ont une valeur objective, sont des jugements d'expérience; mais ceux qui ne sont valables que subjectivement, je les nomme simples jugements de perception.» *Prolégomènes*, T. 2 IV, 298, pp. 69-70.

Cette distinction pourrait s'arrêter là ; elle recroise la différence précédemment commentée entre analytique et synthétique. Mais autant cette distinction nouvellement essayée dans les *Prolégomènes* peut éclairer, autant elle peut obscurcir car le passage à l'objectivité, du jugement de perception au jugement d'expérience, est en fait la consécration de la dis-parition du sujet et la question transcendantale de la possibilité des jugements synthétiques a priori en devient parfaitement obscure. En effet, si les jugements d'expérience sont ces jugements empiriques en tant qu'ils sont objectifs, comment appeler ces jugements réfléchissants qui vont au-delà de l'expérience et la prennent comme objet? Comment nommer l'objectivité de la subjectivité, c'est-à-dire la systématique donnée par la raison pour l'entendement et qui est, par la systématisation de toutes les erreurs métaphysiques possibles en une Dialectique, la description de l'essence de la raison en elle-même?

Cette distinction entre jugements d'expérience et de perception se restreint donc à la seule perspective de l'expérience empirique (et non : «possible») et son utilité s'en trouve d'autant limitée. Si l'on tient un jugement empirique, on peut par la réflexion savoir s'il est objectivement ou subjectivement «valable». Mais l'objectivité, nous le verrons, est telle qu'elle coïncide par le plan à inflexion nulle qu'elle dégage (au passage à la limite de la double anamorphose de l'expérience sensible) avec ce plan isotrope (à inflexion nulle) qui est celui de la logique générale analytique, la logique pure, qui ne sait jamais de quoi elle parle puisqu'elle est purement formelle et que son critère de vérité, la non-contradiction, s'il était le seul en notre possession, la réduirait à n'être qu'une «misérable nomenclature» (*Prolégomènes*, T. 2 p. 102, *loc. cit.*) sans rime ni raison, un ordre (comme le contrepoint en musique), mais non un langage.

Ainsi, si l'on détient une représentation empirique, la question de son origine ne se pose pas, mais bien celle de son objectivité. Par contre, si l'on a affaire à une représentation objective, il est impossible de déterminer analytiquement si celle-ci est empirique ou logique : c'est le travail de la réflexion et c'est un travail proprement subjectif qui n'altère pas le contenu de la représentation déterminée comme simplement logique ou comme empirique et objective.

Diviser les jugements entre expérience et perception revient donc à limiter l'architectonique à l'entendement et à la sensibilité et donc à la priver de fondement. Cela laisse également en dehors toute la question des jugements concernant les jugements eux-mêmes, qu'elle soit celle de la réflexion transcendantale qui concerne le *contenu* des représentations (perspective épistémologique) ou bien celle de la réflexion esthétique qui en concerne la *génèse* (perspective phénoménologique).

En distinguant entre *génèse* et *contenu* des représentations, nous produisons une représentation de leur différence, qui est par elle-même auto-référente, et qui dès lors tombe soit dans la tautologie, soit dans l'antinomie. En effet, si l'auto-référence est positive, alors la différence entre la représentation de la représentation en général et celle du pouvoir de représenter en général, devient identité. Par contre, si l'auto-référence est négative (comme dans le Paradoxe du Menteur), alors la représentation devient en elle-même impossible car elle tombe dans une antinomie. En recroisant cette première distinction par celle qui est faite, dans la réflexion transcendantale, entre deux types de réflexion, logique et transcendantale, l'auto-référence acquiert ainsi le moyen de s'organiser en un jeu d'éclipses entre les différents compartimentages du recroisement, de manière à ce que la référence puisse passer «dans» l'objet (définition des catégories mathématiques) et de manière également à ce que la référence puisse se situer elle-même (en tant que «faculté de connaître», c'est-à-dire entendement pur, pour la référence coupée de son sujet, ou la sensibilité, comme référence dépendante du sujet) «par rapport» à l'objet (définition des catégories dynamiques)[38].

---

38. C'est le même raisonnement que celui par lequel Kant concluait à l'idéalisme de l'espace au départ de la symétrie chirale des mains. En s'isolant dans la problématique de la représentation en général et en essayant d'y distinguer la représentation elle-même, de la représentation de l'effectivité qui l'a produite, on ne quitte pas le domaine de l'entendement et l'effectivité dis-paraît dans la représentation (auto-référence positive) ou suscite une contradiction intenable. En recroisant la représentation de l'effectivité en elle-même, c'est-à-dire en lui restituant la dimensionnalité plus puissante dans laquelle l'effectivité peut être représentée, on ne fait rien d'autre que de se donner la dimension supplémentaire (par rapport au domaine de l'entendement) où deux choses peuvent être identiques (auto-référence positive) sans être superposables (auto-référence négative), c'est-à-dire cette dimension spatiale supplémentaire où des mains idéalement plates (dimension $n=2$) exigent un espace vide (dimension $n=3$) pour que l'une puisse s'opérer une rotation avant de se superposer à l'autre. L'entendement,

Si maintenant, on en reste au cadre restreint de la connaissance *pure* a priori, où l'objet transcendantal est un X indéterminé (et donc où l'expérience n'est supposée que dans sa possibilité simplement déterminable), l'effectivité même de
l'imagination dans le jugement de perception et celle de la faculté de juger dans le jugement d'expérience est la même et elle
est en elle-même *indéterminée,* puisque le principe pur a priori
de la faculté de juger ne donne lieu à *aucune connaissance pure.*
Que l'effectivité de l'imagination et de la faculté de juger (que
Kant considère comme l'entendement lui-même dans sa spontanéité, et plus largement, comme faculté de *penser*) soit également celle de la raison dans son usage logique n'apparaîtra très
clairement que plus tard et ce n'est qu'en 1789 que Kant prendra
un soin très particulier à distinguer entre la «philosophie comme
système de connaissances» et le «système des pouvoirs supérieurs de connaître» (cfr. *Première introduction à la critique de
la faculté de juger*, sections I et II, traduction d'A. J.-L. Delamarre, T. 2, pp. 845-855). Nous attirons l'attention sur cette évolution car la simple répartition des jugements entre la perception
et l'expérience délaisse tout à fait les jugements réfléchissants
qui correspondent à l'«usage logique de la raison» et qu'il faut
toujours bien distinguer des jugements *esthétiques* réfléchissants
qui ne procurent aucune connaissance.

10. LES JUGEMENTS DE RÉFLEXION

En abordant — dans le cadre de la première Critique, et non
dans celui, postérieur, de la troisième Critique — ce type de
concept qui, à la différence des catégories, ne produit aucune
connaissance, il nous faut critiquement faire l'effort d'échapper
à l'emprise gravifique de l'évidence «naturelle» de l'expérience et de la connaissance empirique, parce que sous cette emprise, c'est-à-dire à l'intérieur des limites de l'expérience, ces limites, justement, sont invisibles. Or la question de la

---

entendu comme domaine (et non comme pouvoir de connaître), est un
ensemble de représentations *aplaties* et la dimension perdue (et qu'il
faut perdre pour acquérir l'objectivité) est celle de l'effectivité (imagination, faculté de juger et raison dans son usage logique, ceci dans la
terminologie de la première Critique).

possibilité des jugements synthétiques a priori, possibilité dans laquelle transparaît la subjectivité transcendantale de l'entendement (puisqu'il n'y a rien d'autre à «voir», «au-delà» du concept), est en même temps celle de la constitution de l'objet d'une expérience, comme nous le rappelle le principe suprême des jugements synthétiques. La réponse à cette question est celle qui formule l'articulation de la genèse phénoménologique de l'objet, à l'objet en tant que contenu de connaissance. Mieux encore, cette réponse n'est autre que la manière de faire dis-paraître la question.

En même temps, la question centrale de la déduction (la valeur objective des conditions subjectives de la pensée) peut se convertir en la question de savoir comment la subjectivité de la pensée peut s'abolir pour penser immédiatement l'objectivité comme si elle était pensée intuitive ou intuition intellectuelle, comme si, autrement dit, être (penser) ici et maintenant était comme penser partout et nulle part, et de manière intemporelle[39].

39. C'est la difficulté du Kantisme: le concept pur est le concept d'un objet en général, c'est-à-dire d'un objet pour un entendement intuitif, lequel est isotrope comme l'est idéalement la logique générale analytique dans son fonctionnement. Le concept d'un objet en général n'est donc pas nécessairement celui d'un objet empirique indéterminé ou objet transcendantal = X; la différence est ténue, voire invisible, car elle est celle qui distingue notre type d'intuition de tout autre type (dont nous avons aucune idée) et pour laquelle Kant demande simplement qu'elle soit «sensible» (Kant parle ainsi de *l'intuition en général, qu'elle soit ou non semblable à la nôtre, pourvu qu'elle soit sensible et non intellectuelle*» B148, p. 864). Le concept d'un *objet en général* est la condition formelle et transcendantale de l'être-objet et ce n'est donc pas un objet, pas plus que l'intuition en général n'est une intuition (pure ou empirique) ou l'entendement intuitif, un entendement. La condition formelle est toujours déjà transcendante par rapport au conditionné qu'elle règle a priori et lorsqu'on passe du conditionné à la condition, on franchit cette «limite», c'est-à-dire qu'il se passe quelque chose dans la synthèse, au niveau (ou au «moment») du passage à la limite qui équivaut à une perte ou à une éclipse. Le problème posé ici est celui de l'institution de la logique pure, comme isotrope (abstraction faite du hic et nunc matériel de l'objet et formel du sujet, c'est-à-dire de la spécificité de l'une ou l'autre de ses facultés de connaître) en tant qu'elle dissout ou «éclipse» l'objet empirique, tant dans son contenu matériel (le sensible) que dans son format subjectif (la sensibilité ou l'entendement); l'autre problème qui en découle est celui de la possibilité de retrouver l'objet, alors qu'on l'a perdu de par l'institution de la logique comme *homogénéité*: c'est le problème de la Déduction transcendantale qui doit réconcilier l'*hétérogénéité* de la catégorie et du phénomène.

Il est absolument remarquable que Kant sente à ce point la nécessité de caractériser la logique non pas de l'intérieur, comme par exemple système des règles opératoires de l'entendement, mais architectoniquement, par son autonomie et l'immanence de son fonctionnement. Cela commence dès la Préface (seconde édition) :

> «Si la logique a été si heureuse, elle ne doit cet avantage qu'à la délimitation qui l'autorise et même l'oblige à faire *abstraction* de tous les objets de la connaissance et de leur différence, si bien qu'en elle l'entendement n'a affaire à rien d'autre qu'à lui-même et à sa forme.» BIX, p. 735 (nos italiques).

Dans la Logique transcendantale, («De la logique en général»), la logique de l'usage de l'entendement en général...

> «...contient les règles absolument nécessaires de la pensée, sans lesquelles il n'y a aucun usage de l'entendement, et se rapporte par conséquent à celui-ci *sans avoir égard à la diversité des objets auxquels il peut s'appliquer*». A52/B77, p. 813 (nos italiques).

On pourrait multiplier ad nauseam les exemples. Chaque fois qu'il parle de la logique, Kant prend un soin tout particulier de rappeler qu'«elle fait abstraction de tout le contenu de la connaissance» (par exemple, A55/B79, p. 815). L'abstraction, précisons-le, ne concerne pas seulement le contenu matériel ; l'origine du concept (sensibilité ou entendement pur) est également indifférente, ce qui n'est pas le cas pour la réflexion transcendantale :

> «On peut alors dire que la réflexion logique est une simple comparaison, puisqu'on y fait *abstraction* de la faculté de connaître à laquelle appartiennent les représentations données, et elles sont dans cette mesure, en ce qui concerne leur siège dans l'esprit, à traiter comme *homogènes*» (nos italiques) A262/B318, p. 990.

La réflexion logique coïnciderait avec le jeu de la faculté de juger si cette dernière ne s'occupait que de jugements analytiques. La logique classique, autrement dit la logique générale analytique est ainsi réduite à n'être qu'une combinatoire formelle et vide dont aucune opération ne réussit à sortir, ce en quoi cette combinatoire est dès lors «immanente». Loin de couler de source, cette possibilité de tourner à vide, par sa puissance opératoire est à la fois le miracle de la logique et le cœur de son mystère. L'importance de cette caractéristique et, partant, de ses conséquences, semble être vouée, par son excès d'évidence, à l'obscurité. Cela est d'autant plus dommageable que la logique (la table des fonctions logiques) est elle-même *à la fois un système architectonique de réflexion et le produit de ce système comme schème*. Ici, il n'y a pas lieu de distinguer entre l'entendement comme *pouvoir de juger*, donnés comme équivalents dans l'Analytique des concepts[40] et l'entendement comme *connaissance systématique*[41]. La réflexion logique, isotrope puisque toutes les représentations y sont rendues homogènes, se présente comme l'archétype d'une connaissance absolue (pour un entendement intuitif) et il arrive bien souvent que Kant considère les noumènes comme des concepts intellectuels des objets en général. Par ce biais, *la réflexion logique est par elle-même une métaphysique systématique* de plein droit quoique régionale et de là provient sa propension à se supposer isotrope et idéalement achevée et à reconvertir tous les jugements, y compris les jugements synthétiques a priori qui la dépassent à son propre insu, en objets dont certains sont alors transcendants[42]. Mais si elle s'abstient d'une telle conversion, si elle accepte son destin qui est de faire abstraction du contenu empirique de toutes ses représentations, et donc de l'objet déterminé quelle que soit sa détermination et d'en rester à l'objet transcendantal = X, alors *le système de la logique générale analytique constitue une dimension essentielle et fondamentale de la métaphysique systématique*, en tant qu'elle en est la partie dimensionnelle qui recrée l'immanence de la connaissance absolue, immanence qui est «perçue» métaphysiquement comme ne comportant aucun «dehors» possible et qui éclipse donc la transcendance de son insertion dans une métaphysique systématique plus large, à savoir la

40. «...nous pouvons ramener tous les actes de l'entendement à des jugements, si bien que l'entendement en général peut être *représenté* comme un pouvoir de juger. Car il est...un pouvoir de penser. Penser est la *connaissance par concepts*.» A69/B94, p. 826 (nos italiques).

41. L'Analytique transcendantale n'est «possible qu'au moyen d'une idée du tout de la connaissance a priori de l'entendement et par la division ainsi déterminée des concepts qui la constituent, donc par leur cohésion en un système.» A64/B89, pp. 822-823.

42. Ainsi, si le jugement synthétique a priori n'était que l'inverse du jugement analytique, la réflexion logique serait la seule possible. La réflexion transcendantale est donc transcendantalement subjective tout comme les jugements synthétiques a priori expriment la subjectivité transcendantale, qui est pure effectivité (l'«acte») et qui ne se laisse ramener à aucune connaissance positive (mais seulement à un système de schématisme).

philosophie transcendantale pure a priori, qui doit, par cet effet de rétrojection «richirienne» déjà aperçu çà et là, fonder en retour ce système de la logique générale analytique sur laquelle elle s'appuie pour définir le fléchissement transcendant qui détermine la discursivité de notre entendement humain.

Mais ce n'est qu'au sein de la logique transcendantale que la logique générale analytique peut être aperçue dans sa complétude absolue; la logique transcendantale doit donc comporter une dimension supplémentaire mais «vide». La simple logique éclipse cette dimension supérieure et prétend toujours déjà en faire l'économie, tout comme l'identité par superposition veut faire l'économie de l'espace de rotation dans le cas de la chiralité.

En définissant ainsi négativement (par l'abstraction de son contenu et de la faculté productrice de la représentation) la logique générale analytique, Kant rend compte de la désunion de la pensée et l'intuition et rend impossible toute tentative (nous pensons à Heidegger) de faire dériver l'une de l'autre. Par cette désunion, que nous voulons nommer «éclipse», la pensée est ainsi rendue autonome par rapport à l'intuition en général, en ce sens que la pensée peut exister sans elle, même si cela lui vaut d'être vide ou sans signification. A contrario, on pourrait remarquer qu'en effet, une pensée serait impossible qui ne pourrait se libérer de quelque manière des objets que lui fournit l'intuition et se ménager un espace de jeu; or une telle pensée, en ce qu'elle est incapable de s'abstraire de ses objets et d'y retourner à volonté, n'est autre que l'imagination elle-même.

Le rapport déjà entrevu entre la faculté de juger, pour la synthèse intellectuelle et l'imagination pour la synthèse de l'imagination nous fait comprendre que l'«acte» éclipse dans son effectivité les limites fixes et invisibles de cette même effectivité, et a contrario, la contemplation de ces limites rendues visibles, rend invisible cette effectivité contenue dans l'acte même de les produire (l'économie faite de l'espace de rotation dans le cas de la symétrie chirale). La réflexion transcendantale, dans la mesure où elle détermine les «marques» laissées par toutes les possibilités inhérentes à l'effectivité de l'«acte» de l'imagination et de la réflexion[43], s'exprime dans une perspective phénoménologique, laquelle éclipse la perspective épisté-

---

43. Dans la triple synthèse, l'«acte» de l'imagination est opposé aux représentations que sont le concept et l'intuition. De plus, la réflexion

mologique, comme la réflexion transcendantale et la réflexion simplement logique s'éclipsent l'une l'autre.

Mais encore une fois, par-delà cette éclipse réciproque qui prend facilement et métaphysiquement des allures de commutativité, l'on ne doit jamais perdre de vue l'enchâssement hiérarchique de la réflexion simplement logique dans la réflexion transcendantale, tout comme la réflexion simple logique «contient» l'activité synthétique de l'imagination dans son rapport avec l'unité de l'aperception, c'est-à-dire tout comme l'entendement des objets en général contient l'entendement des objets en tant que «donnés».

L'immanence de la logique, approchée transcendantalement et négativement, du «dehors», se traduit métaphysiquement par une «science courte et aride» (A54/B78, p. 814) qui ne dépassera jamais le stade d'un formalisme vide, autrement dit l'énumération de ses concepts purs. A cette immanence, répond l'organisation de l'entendement d'après une Idée (et non, dès lors, d'après une énumération de concepts) : cela va beaucoup plus loin que simplement, du haut, situer la logique générale analytique au sein de la logique transcendantale ; cela va jusqu'en bas, «en dessous» de la logique générale analytique et cela concernera également la manière dont l'imagination dans son rapport à l'unité de l'aperception originaire transforme ses règles subjectives en concepts objectifs (Analytique). En d'autres mots, dès que l'on sort en «dehors» de la logique générale analytique, et qu'on la considère du haut de la raison (dans son usage logique), l'entendement (comme pouvoir de

---

transcendantale est définie comme «l'acte par lequel je confronte la comparaison des représentations en général avec la faculté de connaissance où elle a sa place...» (A261/B317, p. 989). C'est un acte, donc un jugement, et non une connaissance, c'est-à-dire un concept de l'entendement. C'est par cette même différenciation entre ce qui est «acte» (et effectif) et ce qui est «connaissance», que nous pouvons distinguer entre sensation et intuition, et par là entre *Wirklichkeit* et *Realität* et mettre fin à l'aporie de la phénoménalité du phénomène; c'est également par cette distinction critique entre représentation et l'effectivité, que nous pourrions — la place nous manque pour le faire ici — diagnostiquer le problème architectonique qui obère la première déduction et rend la seconde, difficile et obscure, et distinguer, dans la triple synthèse de la première Déduction, entre l'«acte» de l'imagination (l'*effectivité*) et les connaissances (les *représentations* qui ne sont que les limites de cette même effectivité) que sont respectivement l'intuition et le concept.

juger) cesse de se confondre avec cette logique (comme connaissance purement formelle et systématique).

La subjectivité transcendantale du sujet, on le voit, se trouve non seulement «en dehors» de ses connaissances, mais au-dessus de la logique (dans la raison) et en-dessous d'elle (dans la sensibilité). Nous passons de l'apparence fausse de la commutativité, où le sujet se retrouvait d'un côté de la barrière, et l'objet de l'autre, à la vérité de la transcendance qui perd le sujet empirique, dans le passage de la règle de l'imagination au concept de l'entendement, et qui retrouve la subjectivité transcendantale, condition a priori et nouménale du sujet empirique, dans le passage du concept de l'entendement à celui de la raison. Au niveau de la première Critique et de l'institution d'une connaissance *pure* a priori, s'il faut déterminer comment le sujet se «conserve» dans l'«éblouissement» où il s'aveugle à lui-même pour laisser «passer» la connaissance objective, nous n'avons que le *Je pense,* autrement dit que le principe de l'unité *originaire* de l'aperception transcendantale qui ne se laisse ramener à aucune représentation, si ce n'est ce *focus imaginarium* qu'est l'Idée psychologique. Dans un cadre aussi restreint, qui s'interdit de dépasser le cadre de la simple possibilité transcendantale de l'expérience sensible et qui ne veut pas entrer, suivant l'aveu de la première Préface (*loc. cit.*) dans la problématique de la *possibilité de penser*, autrement dit de la détermination plus précise de l'*effectivité* même du penser, donné dans l'Analytique des Concepts (*loc. cit.*) comme équivalent au pouvoir de juger, c'est-à-dire à l'entendement, dans un cadre aussi restreint, dis-je, c'est bien comme Kant le fera remarquer plus tard un «infranchissable abîme»[44] qui sépare la législation de la nature de celle des mœurs.

---

44. Cf. *Critique de la faculté de juger*, trad. Philonenko, Introd. V, 176, p. 25. Kant prend un soin particulièrement méticuleux à souligner que le passage ne peut se faire par «l'usage théorique de la raison» (et encore moins par son usage pratique); un passage est possible mais il ne concerne que la «manière de penser suivant les principes de l'un à la manière de penser suivant les principes de l'autre» (*ibid.*). Le passage se fait au-dessus d'un «incommensurable abîme» *eine unübersehbare Kluft*, et la traduction de Philonenko est plus heureuse que celle de J.-R. Ladmiral, M.-B. de Launay et J.-M. Vaysse (*Œuvres*, T. 2, p. 929) qui parle d'un «gouffre immense», donnant ainsi à cette *immensité* un caractère objectif et mathématique (dans le sens kantien) qu'évitait l'*incommensurabilité*, expression plus dynamique et donc plus appropriée.

Or, la possibilité même de penser, qui contient l'unité de l'effectivité immédiatement communiquée aux actes de l'imagination, de la faculté de juger (autrement dit l'entendement) et à la «raison dans son usage logique», cette possibilité même de penser contient le principe a priori d'une événementialité de la pensée qui régit la phénoménalité de l'expérience subjective dans le sujet, *par au-dessus* toute possibilité de conceptualisation dans l'entendement. Dans la troisième Critique, ce seront les jugements esthétiques et téléologiques qui rendront compte de cette événementialité, et nous n'entrerons pas plus loin dans ces textes dont on ne peut rendre compte en quelques lignes. Il importe ici de situer la troisième Critique par rapport à la première, car loin de se contredire, elles se complètent miraculeusement. En effet, autant la constitution de la *représentation* (pour une connaissance) ne devient objective que dans la mesure où elle fait dis-*paraître* le sujet sensible (c'est-à-dire la subjectivité hic et nunc de l'expérience empirique singulière) et où elle donne acte de ce que le sujet transcendantal ne peut entrer en *apparition* que dialectiquement (dans un paralogisme), autant dans l'effectivité constituant cette représentation, un jugement esthétique fait résonner l'appréhension de l'imagination/entendement avec la compréhension de l'entendement/raison.

Sans entrer dans le détail de la troisième Critique, il nous importe de préciser pourquoi nous ne parlons pas, tout simplement et en suivant Kant, d'imagination dans son jeu avec l'entendement et pourquoi nous préférons préciser qu'il s'agit de l'accord (ou du désaccord) de l'appréhension de l'imagination/entendement avec la compréhension de l'entendement/raison : nous montrerons comment l'entendement forme le «plafond» du monde sensible et le «plancher» du monde intelligible ; nous venons de souligner comment l'autonomie de la logique générale analytique isole l'entendement comme s'il était *intuitif.* Or, en sortant du domaine de la réflexion logique (et de la connaissance objective), nous restituons le dédoublement de l'entendement comme *pouvoir,* d'avec lui-même comme *connaissance.* Dans le jugement esthétique, ce dédoublement est achevé et ce n'est plus le sujet lui-même qui est éclipsé, mais sa *faculté d'objectiver*, autrement dit l'entendement. La difficulté de la troisième Critique provient essentiellement de ce que cette expression d'«entendement» sert indif-

féremment pour situer le *pouvoir* et la *connaissance*[45] ; c'est
ainsi qu'une expression comme «schématisme sans concept» devient tout à fait obscure ; le schématisme produit toujours un
concept, et ce cheval que je trouve beau, je le reconnais bien
comme étant un cheval, et il me serait difficile de le trouver beau
si, capturé par ma contemplation esthétique, je ne pouvais déterminer tout d'abord de quoi il s'agit. Mais le schématisme avec
concept, s'il me produit le concept *objectif* du cheval, et me
rend, en tant que sujet, indéterminé par rapport à celui-ci, est en
même temps production, acte, événement, qui me procure un
plaisir *subjectif* par rapport auquel le concept objectif du cheval
est rendu indéterminé (il n'en provient pas analytiquement).

Dès qu'il y a donné (l'objet), il y a en même temps et par la
seule effectivité de la faculté de juger, phénomène[46] du donné

---

45 . Kant distingue effectivement entre «la philosophie comme système»
titre de la première section de la *Première Introduction à la Critique de
la faculté de juger*, et le «système des pouvoirs supérieurs de connaître»,
titre de la seconde section; Il est utile de considérer que les termes de
cette distinction se rapportent respectivement à la *doctrine* et à la *critique*, et de rappeler qu'on s'interroge dans la seconde, sur la possibilité
de la première. Cette distinction n'est pas maintenue au niveau des
termes, d'abord parce que ce serait trop lourd, ensuite parce que l'œuvre
est chaque fois située d'emblée, non pas comme doctrine, mais comme
critique; mais elle n'en est pas moins palpable dans certains passages où
Kant la souligne expressément: «quand il s'agit de diviser non pas une
philosophie, mais notre pouvoir (supérieur) de connaître a priori par
concept, bref quand il s'agit d'une critique de la pure raison...[...], la représentation systématique du pouvoir de penser aboutit à une triparti-
tion.» (XX, 202, trad. Guillermit, p. 20). A la fin de la section II, Kant
dissipe tout malentendu: «la philosophie, comme système *doctrinal* de
la connaissance de la nature ainsi que de la liberté, ne s'accroît de cette
façon d'aucune partie nouvelle...[...] En un mot, une enquête de cette espèce fera partie du système de la critique de la raison pure, sans faire
partie de la philosophie doctrinale» (*ibid.*, XX, 205, p. 24). Ainsi, le sort
de la Critique reste intimement lié à celui de la métaphysique systématique; cette dernière détient seule la légitimité d'une connaissance, mais
sans pouvoir se réaliser pleinement et *in concreto* dans une représentation systématique, tandis que la première réduit l'erreur en la systématisant et s'accomplit comme effectivité architectonique dont il ne reste
rien une fois qu'elle est accomplie.

46. Il est peut-être utile de préciser que ceci n'a rien à voir avec le «phénomène de phénomène», ou «phénomène indirect», dont parle l'*Opus
postumum* et qui a vivement impressionné et dérouté des commentateurs très sûrs, tels que Bernard Rousset. Le phénomène du phénomène concerne la corporalité du sujet soumis à des forces vives, motrices,

(l'événement vécu). Au donné (l'objet), se rapporte un concept de l'entendement (dans le beau) ou de la raison (dans le sublime) ; au phénomène du donné, ne se rapporte aucun concept de l'entendement, car il ne s'agit pas simplement d'une synthèse locale, c'est-à-dire figurée (entre l'entendement formel et l'imagination) ou intellectuelle (entre l'entendement matériel et la raison), mais il s'agit d'une mise en *résonance* entre ces deux activités synthétiques (figurée et intellectuelle) : seul un entendement intuitif pourrait synthétiser la synthèse intellectuelle et la synthèse figurée en *un seul concept,* c'est-à-dire *opérer une synthèse*, par l'effet d'une transitivité (dont l'entendement discursif est incapable) dans la représentation, *entre une intuition de la sensibilité et une Idée de la Raison* : aucun concept, c'est-à-dire aucune représentation *adéquate* ne peut contenir la Raison et la Sensibilité, de la même façon qu'aucune représentation ne peut contenir une effectivité et en même temps les limites de cette effectivité, comme Kant s'en est aperçu de la première à la seconde version de la Déduction. L'entendement pour lequel un tel concept est possible n'est autre que l'entendement intuitif.

Il n'y a donc pas de concept possible, mais seulement un «passage» d'une manière de penser à l'autre, une passerelle jetée au-dessus d'un «abîme», un escalier extérieur, invisible de l'intérieur. La *résonance* (et ses modalités) entre le sensible empirique phénoménal et les Idées de la raison forme donc le cœur de l'entreprise critique de cette *Critique de la faculté de juger*.

✳

à l'occasion desquelles naissent des sensations, et qui devraient pouvoir s'organiser en un «système élémentaire», qui procurerait le passage <*Übergang*> tant recherché entre la métaphysique de la nature et sa physique. Mais quand bien même, un tel système pourrait être déterminé, il ne cesserait pas d'être totalement caché au sujet intuitionnant. A supposer que l'on puisse aboutir dans une telle recherche, le système qui en résulterait n'aurait en rien concerné la troisième Critique, qui est une critique *sans doctrine*, exception faite peut-être pour l'*agréable*, qui est ce qui plaît immédiatement aux sens et qui, pour cette raison, n'intéressait pas Kant qui les nomme «empiriques», «jugements des sens», «jugements esthétiques matériels» et auxquels il refuse la qualité d'«authentiques jugements de goût.» *Critique de la faculté de juger*, § 14, V, 225, p. 66, trad. cit.

Si nous revenons au cadre de la *Critique de la raison pure*, nous retrouvons quelque chose de cette éclipse entre l'effectivité de la faculté de juger (la réflexion) et les représentations dans leur ensemble (l'entendement), à ceci près que tout l'effort tend à montrer que dans la réflexion logique analytique, l'entendement *est en même temps* la faculté de juger, tandis que dans la réflexion transcendantale, il en *diffère*. On détermine en effet par la réflexion transcendantale si les représentations appartiennent à la logique générale analytique (comme possible) ou à la logique transcendantale (qui admet en plus du possible, non pas seulement l'existence, mais également le nécessaire — cf. Postulats de la pensée empirique).

L'effectivité est ce qui distingue la réflexion transcendantale, où elle est isolée et éclipsée dans sa propre production, de la réflexion logique, où elle fait corps avec son produit. Ainsi, la réflexion transcendantale est définie comme

> «l'*acte* par lequel je confronte la comparaison des représentations en général avec la faculté de connaissance, où elle a sa place, et par lequel je distingue si c'est comme appartenant à l'entendement pur ou à l'intuition sensible qu'elles sont comparées entre elles» A261/B317, p. 989.

Nous l'avons indiqué : il s'agit bien d'un acte, donc d'un jugement, et non d'une connaissance, c'est-à-dire d'un concept de l'entendement et cette distinction est auto-référente. Le *transcendantal* du *transcendantal* est l'acte pur, qui ne peut être condensé en aucune connaissance : c'est l'effectivité, ou la spontanéité même reconnue à l'entendement. Mieux encore, pensons-nous, c'est la faculté de désirer elle-même, en tant qu'elle agit, indéterminée, dé-subjectivée au sein de l'entendement, où elle n'est qu'un vouloir-connaître «en général». Le logique est en même temps le *logique* du *logique,* ni objet, ni sujet, dans la double abstraction qui le rend si adéquat à prétendre, métaphysiquement, être l'entendement absolu, intuitif. Il y a également le *transcendantal* du *logique,* ce qui est déterminé par l'effectivité transcendantale comme appartenant aux représentations logiques et il y a enfin le logique du transcendantal, autrement dit la métaphysique, qu'elle soit, faute de système, une chimère, ou grâce à lui, une réconciliation : l'architectonique, dont nous voyons, par effet de retour, qu'elle-même est auto-référente, puisqu'elle décrit les quatre

moments[47] du passage de la connaissance métaphysiquement
absolue mais vide d'effectivité (la logique ne signifie rien) à
l'effectivité parfaitement inconnaissable : le dire de la subjectivité transcendantale qui dis-paraît originairement ou qui ne paraît qu'à travers un système de faux-nez métaphysiques : la
Dialectique.

Dans cette définition, citée ci-dessus, de la réflexion transcendantale, il faut revenir sur un point très précis du texte et
qui contient déjà l'essentiel de la *Critique de la faculté de
juger* : il ne s'agit pas exactement de comparer des représentations, mais de «confronter cette comparaison» <*die Verglei-
chung zusammenhalten*>, c'est-à-dire elle-même un jugement,
avec la faculté de connaissance... Aussi la réflexion ne concer-
ne-t-elle pas immédiatement le contenu des représentations
mais, formellement, les représentations elles-mêmes dont le
formalisme dans sa possibilité (pour l'entendement) ou son impossibilité (pour la raison) devient la matière respectivement
du beau et du sublime dans le jugement réfléchissant esthétique. L'enchaînement des représentations (les concepts) en
tant qu'il est subjectif est toujours le produit de la synthèse de
l'imagination et l'on a vu que Kant distingue entre «synthèse
figurée» (la «sensibilité») et «synthèse intellectuelle» (l'entendement). Cela peut se lire de deux façons : le travail de l'imagination admet des «limites» ou «des dimensions» qui sont différentes suivant qu'il s'agit de représentations encore subjectives
(la sensibilité) ou de représentations déjà objectives. Or qu'est-
ce qui différencie les unes, des autres? La nécessité[48]. Et cette
nécessité se découvre par un «passage à la limite», que nous
décrirons plus loin en ce qu'il caractérise l'entendement et lui
donne ses limites. La réflexion est donc l'appréhension de l'enchaînement des représentations dans la mesure où la nécessité
en émerge ; nous ne sommes plus très loin de la sensation, dans

---

47. Ce passage de la connaissance absolue mais vide que *représente* l'Es-
    thétique *pour nous* à l'effectivité absolue mais vide qui est ce «pour
    nous» en soi, s'articule entre quatre moments, qui constituent les
    quatre classes des catégories. La table des catégories est justement
    cette *métaphysique systématique* dans sa version la plus opaque,
    comme nous le montrerons dans notre commentaire des Postulats de la
    pensée empirique et des concepts de la réflexion transcendantale.

48. Rappelons que, dans les *Prolégomènes*, toute la métaphysique systé-
    matique n'est fondée que «sur la loi irrésistible de la nécessité» T. 2,
    IV, 367, p. 154, *loc. cit.*

le sens interne affecté par le travail de l'entendement (au sens large, donc y compris l'imagination et l'unité originaire de l'aperception). Toutefois, l'enchaînement n'est pas considéré dans son résultat (la représentation de la nécessité) mais dans son événementialité, dont nous reparlerons en termes de «rythmes de l'appréhension». Tout cela reste donc subjectif et n'affecte pas le contenu des représentations sous le point de vue de leur objectivité :

> «L'exacte détermination de ce rapport <i.e. les quatre concepts de la réflexion transcendantale> repose sur la question de savoir dans quelle faculté de connaître ils <les concepts> se rattachent *subjectivement* les uns aux autres, si c'est dans la sensibilité ou dans l'entendement. En effet, la différence de ces facultés fait une grande différence dans la manière dont on doit penser ces rapports.» A261/B317, p. 989 (Kant souligne).

Cette «grande différence» dans la manière de penser ces rapports n'est autre que celle que nous pratiquons lorsque nous distinguons entre perspectives épistémologique et phénoménologique. En parlant naïvement, un concept rapporté à un objet empirique ne doit faire aucun problème et l'on peut concevoir quelque difficulté à percevoir cette «grande différence»[49] ; en effet, l'évidence de l'apparaître phénoménal (l'objet empirique) se joint à celle de l'apparaître métaphysiquement fantasmatique (tous les phénomènes sont immédiatement des choses en soi) et il n'y a rien, dans les limites de l'expérience sensible, qui nous oblige ou nous encourage même à distinguer entre phénomènes et noumènes. Le concept empirique est immédiatement un concept logique, et vice-versa. La théorie du schématisme, courte parce qu'elle ne sera jamais assez longue pour être claire pour ceux qui n'ont pas compris les enjeux de l'Analytique des concepts, en devient tout à fait obscure, parce

---

49. Cette «grande différence» est en même temps celle d'entre le beau et le sublime, dans la mesure où le beau renvoie à l'entendement, et le sublime, à la raison. C'est lorsque le beau (le logique) échoue, que la réflexion verse dans le sublime (le transcendantal et donc l'inaccessible) et y découvre la *Bestimmung* de l'être raisonnable. Sans la possibilité, pour la réflexion logique, de faillir (de tomber dans un conflit avec elle-même à l'occasion de l'illusion transcendantale), l'entendement, quand bien même il resterait essentiellement discursif, ne pourrait jamais s'apercevoir autrement qu'intuitif. Le beau est une apparition pour un sujet absent, tandis que le sublime est le sujet s'apparaissant comme absent.

que dans cette double évidence, dans cette conjonction des deux types d'apparence, elle apparaît parfaitement «amphigourique» comme dit Kant, et superfétatoire.

A nouveau, la distinction est auto-référente et se recroise ; nous l'avons déjà décrit en développant cette problématique jusqu'aux concepts métaphysiques qui la sous-tendent, à savoir la pure connaissance (l'objectivité doublement vide de sujet et d'objet : l'inflexion nulle du plan de la logique) et la pure effectivité de la subjectivité transcendantale (le pouvoir doublement anamorphique du sentir et du juger).

Seconde Partie

LA SENSIBILITÉ

Introduction

L'éclipse réciproque des perspectives phénoménologique et épistémologique

Nous sommes efforcés jusqu'à présent d'«isoler» cette systématicité qui organise en sous-main l'économie de toute la *Critique,* en nous frayant un passage, suivant Kant, entre le chant des sirènes de la «méthode mathématique» et les hasards de la compilation thématique. Si pour Kant, le danger de la «méthode mathématique» réside fondamentalement dans l'hégémonie qu'elle réclame de par sa nature pour une perspective *unique,* ce n'est pas en tant que telle qu'elle s'annonce tout d'abord aux lecteurs. En effet, celle-ci se manifeste le plus souvent par une extravagante cohérence textuelle et en seconde analyse, par la prétention exorbitante que cette cohérence toute extérieure authentifie et garantit la rigueur des enchaînements logiques. Kant situe cette cohérence dans «l'unité technique», à soigneusement distinguer, comme nous le verrons dans le détail, de «l'unité architectonique» : la seconde est complète et totale, tandis que la première ne l'est que régionalement, malgré l'apparence.

C'est justement parce que l'unité technique est incomplète qu'elle apparaît si invinciblement cohérente, parce que la cohérence qu'elle rend possible est «dimensionnelle», en ce sens qu'elle remplit totalement une «dimension» : pour reprendre les métaphores topologiques sur lesquelles nous venons d'attirer l'attention dans le chapitre précédent, précisons que cette cohérence systématique n'est représentable que dans la mesure où elle laisse libre une dimension supérieure (cet «espace libre» où Kant situe la raison par rapport à «l'espace plein» de l'entendement et de l'expérience sensible) qui contient justement la condition de possibilité de cette même représentation.

La représentation en général exige au moins cette unité technique, qui est l'œuvre de la raison agissant sur celle de l'entendement, mais elle ne peut jamais prétendre à l'absoluité, ni l'unité technique, à l'unité architectonique et suprême, car sa condition de possibilité, autrement dit son essence *métaphysique* qui ne lui permet d'être ce qu'elle est qu'à l'intérieur d'une clôture, se modifie dès que dis-paraît cette clôture. Ce n'est autre en effet que le système de ces clôtures qui rend possible la représentation de l'architectonique, et c'est pour cela que nous appelons *épistémologique* ce genre de perspective dimensionnelle, caractérisée par l'unité technique. Il faut n'y voir aucun souci de se rattacher à un courant de pensée du même nom et ce terme est utilisé ici non pas pour ce qu'il voudrait dire par lui-même (car c'est là une sorte de nominalisme métaphysique, auquel nous répugnons), mais bien plutôt pour ce qu'il est susceptible de signifier vis-à-vis du reste du système architectonique dont la perspective épistémologique fait nécessairement abstraction puisque c'est là sa propre condition de possibilité.

Le reste du système est occupé par l'effectivité même qui a rendu possible la représentation ; cela ne veut pas dire que la raison soit invariablement le «lieu» de l'effectivité de l'entendement, qui, à son tour, serait le «lieu» de celle de la sensibilité. Toute l'unité architectonique se déséquilibre et se polarise dès qu'elle est représentée — puisqu'elle ne peut l'être que partiellement, dimensionnellement —, en quelque chose d'«apparent», la représentation (comme par exemple, la *Realität*), et quelque chose d'inapparent, l'effectivité (au sens de la *Wirklichkeit*), comme si, en se concentrant d'un côté pour devenir «visible», elle se dilatait de l'autre et devenait ainsi «invisible».

La perspective *phénoménologique* est ce qui décrit cette effectivité, et elle ne peut le faire qu'en dissolvant toute clôture, tout comme la représentation de toute clôture ne peut se faire qu'en faisant dis-paraître toute trace de l'effectivité synthétique. Nous montrerons ailleurs que Martin Heidegger ne pouvait thématiser l'imagination transcendantale qu'en lui faisant avaler tous les compartimentages architectoniques, quitte à perdre par là toute possibilité d'instituer la science et l'objectivité comme contrecoup de la suspension, de la subjectivité, la Foi et le Savoir s'éclipsant de part et d'autre de cette *Aufhebung*. Nous nous contenterons ici de toujours souligner que l'imagination transcendantale est l'effectivité circonscrite épistémologiquement à la sensibilité, tout comme la faculté de juger l'est pour l'entendement et la «raison dans son usage logique», c'est-à-dire la raison architectonique, l'est pour la raison en général. Ainsi est corrigée la métonymie qui confère à l'interprétation heideggerienne ce caractère dialectique d'auto-destruction où le lecteur subjugué veut voir le signe supplémentaire de la manifestation de la vérité : elle brûle d'une grande lumière et ne laisse aucune cendre.

Il est encore trop tôt pour expliquer comment les perspectives épistémologique et phénoménologique, comme nous voulons les appeler, s'éclipsent nécessairement l'une l'autre. Cela doit être introduit, ici, comme une hypothèse qu'il nous faut tout d'abord déployer pour «voir» ensuite comment elle se justifie. L'introduction de cette terminologie, avec les réserves faites plus haut, ainsi que celui du concept d'*éclipse* qui sera plus loin articulé à celui de la *chiralité* (perspective épistémologique) et de la *double anamorphose* (perspective phénoménologique) nous permettra de contraster les lignes de force de l'architectonique kantienne, qui juste là, nous semblaient plongées dans une monochromie telle qu'elles n'apparaissaient que localement au sortir de ce qu'elles organisent et n'en semblaient que plus arbitraires et obscures encore.

Chapitre I

La représentation de l'effectivité
(Perspective phénoménologique)

1. Commentaire des «Anticipations de la Perception[1]»

1.1 Introduction

On pourrait croire que Kant, puisqu'il parle abondamment du réel et de la matière de la perception, en parle métaphysiquement, c'est-à-dire comme si son sujet, dans l'analyse de ce second principe (les Anticipations de la Perception), était thématiquement plutôt le réel et l'appréhension du réel, et non la perception. Pourtant, il s'agit bien ici de traiter des règles de l'usage objectif des catégories, c'est-à-dire de la phénoménalité du phénomène en tant qu'il est phénomène pour nous, et non chose en soi. Mais si le phénomène n'est qu'une représentation empirique prise dans son sens le plus large, autrement dit «l'objet indéterminé d'une intuition empirique» (A20/B34 p. 782, *loc. cit.*), quelle garantie avons-nous de ne pas tomber dans une fiction, c'est-à-dire dans un discours subjectif concernant du subjectif, puisque l'élucidation métaphysique de la nature (objective, notre subjectivité s'en étant évaporée) du réel détermine en retour celle de la nature de notre accès (subjective, quelle que soit l'objectité de l'objectif) au réel ?

Dès lors, Kant est bien obligé de parler du réel et de la matière de la perception, même si ce n'est pas là son propos, et, de surcroît, ne peut éviter d'en parler comme si ce réel était déjà objectif, c'est-à-dire comme si l'objectivité en-soi du réel était la même chose que celle de toute connaissance vraie, alors

---

1. Voici leur définition: «Dans tous les phénomènes, le réel, qui est un objet de sensation, a une grandeur intensive, c'est-à-dire un degré». A166-177/B208-219, pp. 906-914.

qu'il est clair qu'un concept ne peut jamais être complètement déterminé et que cette détermination complète n'est pas possible pour nous et constitue une idée (l'Idéal de la raison pure, dans l'idée d'un tout de la réalité).

Il se pose donc pour Kant un problème d'écriture difficile : à partir du moment où une «nature en général» est donnée a priori dans le rapport de l'intuition en général à la pensée en général et par le même mouvement apriorique qui constitue l'entendement dans sa propre discursivité, il ne reste pas, au niveau de l'écriture, de possibilité rhétorique de traiter cette nature «donnée» par les catégories, comme se donnant d'elle-même. Ce double langage, témoignant de la double perspective, épistémologique et phénoménologique, dictée par la nature discursive de notre entendement, va considérablement obscurcir la démonstration et alimenter les interprétations pour lesquelles l'unité de l'être est garante de la cohérence métaphysique entre l'être et sa représentation dans une connaissance (ce qui, naturellement, définit l'illusion transcendantale).

Ainsi, l'exposition des Anticipations de la perception souffre de devoir se mouvoir dans une perspective d'écriture doublement écrasée : une première fois, parce qu'il n'y a plus cette possibilité, nous venons de le voir, de traiter la réalité comme quelque chose de principiellement extérieur au domaine décrit par la catégorie (*i.e.* une nature en général), ce qui correspond à la problématique «globale» de la diversité ; une seconde fois, parce que nous nous trouvons au lieu même de la tangence entre le réel extérieur et le système de l'entendement, dans ce lieu où l'immédiateté de l'intuition est posée comme absolue, ce qui correspond à la problématique «locale» de la diversité, que nous pouvons exprimer par cette question : qu'est-ce qui apparaît, de soi, en soi, dans le phénomène ?

Parce que cette perspective nécessaire à la possibilité même de l'écriture est écrasée, il est courant que l'on lise ce passage de l'Analytique des Principes, comme s'adressant directement à la problématique «locale» de la diversité, c'est-à-dire à la problématique de l'être en soi se révélant dans la transparence du phénomène. Comme on atteint à l'essentiel, dans ce passage, de ce qui est, dans le phénomène, révélé dans son irréductible altérité, on est tenté de juger rapidement que c'est l'unique thème de ce passage. Quant à la problématique de la diversité globale (le cadre a priori des catégories dans la perspective éspitémologique) et de la réalité sous-jacente, le lecteur se sent ordinairement un peu perdu à moins de prétendre que Kant tranche dogmatiquement la question ontologique, comme s'il en avait une révélation supranaturelle, une sorte de connaissance a priori intuitivo-intellectuelle, ou à moins de formuler, comme nous le faisons ici, l'hypothèse que la question ontologique (la distinction entre noumènes et phénomènes), qui est l'une des pierres d'achoppement majeures de sa Critique, ne peut être traitée séparément de tout le reste de l'entreprise critique.

Disons-le d'emblée et très clairement, Kant répugne, dans ces textes des «Anticipations de la Perception», à parler du réel en-soi et veut concentrer tous ses efforts sur la notion de *continuité*. S'il parle du réel, c'est avec beaucoup de réticence et de précautions, en minimisant les risques :

> «Les phénomènes, comme objets de la perception, ne sont pas des intuitions pures (simplement formelles), comme l'espace et le temps (car ils ne peuvent pas du tout être perçus en eux-mêmes). Ils contiennent donc, outre l'intuition, les matériaux pour quelque objet en général (par quoi est représenté quelque chose d'existant dans l'espace ou le temps), c'est-à-dire *le réel de la sensation, une représentation simplement subjective, par conséquent*, dont on ne peut avoir conscience qu'autant que le sujet est affecté, et que l'on rapporte à un objet en général, en soi.» A166/B208 p. 906 (nos italiques)

Le réel, ici, n'est pas séparable de la sensation par laquelle il se manifeste, et l'on ne sait pas où commence l'un, où finit l'autre. D'autre part, la sensation est toujours dédoublée, et ce point est absolument capital : elle doit être entendue dans sa conjonction avec la conscience. Non seulement on sent quelque chose, mais l'on sent que l'on sent. Il s'agit dans les deux cas d'une sensation, l'une étant dite «externe», l'autre «interne». Il est facile, à première vue, de contester les descriptions kantiennes, car, en effet, rien n'atteste que le sens interne soit véritablement un «sens», ce que Kant réclame pour extirper la possibilité métaphysique d'une intuition intellectuelle. Nous pourrions en effet prétendre qu'il n'y a de sensation qu'unie et qu'elle inclut automatiquement la conscience. Or, d'un point de vue phénoménologique, cela est certainement vrai : il n'est point besoin de dédoubler la sensibilité, puisqu'aussi bien ni le temps, ni l'espace n'étant perceptibles en eux-mêmes, rien ne contraint à distinguer dans la sensibilité ce qui revient à l'un, de ce qui revient à l'autre.

Par contre, tout, dans l'architectonique, exige que soient distingués l'interne de l'externe. Sans cette paroi topologique que traverse la synthèse de l'imagination sur le donné externe pour s'auto-«percevoir» et se corriger, côté formel, vers l'unité de l'aperception (pour le temps atemporel) et vers les catégories, côté matériel (pour l'espace et le temps en général), sans cette «paroi», dis-je, l'imagination tournerait en elle-même, brassant ses représentations sans jamais pouvoir conférer de la nécessité à ses règles associatives qui resteraient non seulement subjectives, mais encore contingentes (puisque la catégorie est la subjectivité portée à la transcendance, c'est-à-dire désubjectivisée) : l'imagination ne peut distinguer a priori entre représentations objectives et subjectives. Kant évoque dans les deux versions de la déduction des catégories, le tohu-bohu, l'enchaînement rhapsodique et les représentations bigarrées auxquels l'imagination serait livrée si elle n'était pas réglée par l'entendement. L'imagination conjugue son activité synthétique avec l'écho de celle-ci dans le sens interne, c'est-à-dire suivant des rapports uniquement de temps. Le résultat de cette conjugaison est lui-même articulé à son tour avec l'effet de celui-ci sur le même sens interne. Cette structure définit l'imagination autant qu'elle définit la sensibilité comme «externe» et comme «interne». Mieux encore, par cette structure architectonique, sont définis l'espace et le temps, et dissociés l'un de l'autre au départ d'une intuition pure qui est pure continuité.

On le voit, au sein l'activité synthétique de l'imagination, nous n'avons aucun droit, méthodologiquement parlant, de dissocier la sensation d'un côté et la conscience de cette sensation de l'autre. Mieux encore, nous ne pouvons pas non plus parler de la sensation, sans parler du réel. Enfin, si ceci constituait une perspective phénoménologique, l'ensemble des résultats possibles de l'activité synthétique de l'imagination (dans l'appréhension) devrait enfin, dans une perspective plus proprement épistémologique, se séparer entre «intuitions» et «concepts», ces deux entités ayant le même rang architectonique au sein du système complet de la philosophie transcendantale, à savoir delui de l'idée. Comme nous ne pouvons pas parler de ce que sont la sensation et le réel comme s'il était possible de faire l'économie du travail appréhensif de l'imagination, c'est bien à travers la taxinomie de la connaissance (sa division entre intuitions et concepts) que nous devons déchiffrer ce qu'il en est de sa génèse. La source de confusion est ici l'illusion extrêmement tenace que le témoignage de l'expérience pourrait nous valoir un savoir plus objectif que la connaissance constituée sous le cadre a priori des catégories et des formes de la sensibilité.

1.2 La Continuité

Rappelons avant toute chose la définition que Kant donne de la continuité : «La propriété des grandeurs, d'après laquelle aucune partie n'est en elle la plus petite possible (aucune partie n'est simple) s'appelle leur *continuité*» A169/B211, p. 909 (Kant souligne).

L'assise ultime sur laquelle sont empilés tous les étagements architectoniques du système kantien consiste en un passage insensible et absolument continu entre la réalité empirique (*i.e.* la sensation) et l'idéalité transcendantale, à savoir la condition formelle qui transparaît dans l'absence de la sensation. Ceci doit nous appeler à changer totalement notre façon de concevoir les choses (et en particulier la pensée kantienne) : les choses de la réalité ne se présentent pas comme des quantités déjà discrètes par elles-mêmes et en elles-mêmes. Cela va si loin que l'on ne peut pas conclure de l'absence de sensation à l'absence de réalité (A172/B214, p. 911), puisque l'absence de sensation correspond à une limitation subjective du sens par rapport à la possibilité propre au réel de l'«affecter».

La continuité est donc une donnée essentielle du rapport du réel à l'idéel. Aussi Kant multiplie-t-il les explications. La continuité sert notamment à définir la sensation, laquelle — trait essentiel — est traitée de concert avec la conscience empirique qui l'accompagne.

> «...un changement graduel de la conscience empirique en conscience pure est possible, quand le réel de la première disparaît complètement, et qu'il ne reste qu'une conscience purement formelle (*a priori*) du divers dans l'espace et le temps ; par conséquent, est possible aussi une synthèse de la production de la grandeur d'une sensation, de son commencement, l'intuition pure = 0, jusqu'à une grandeur quelconque de cette sensation.» A166/B208, p. 906 (Kant souligne).

C'est par le truchement d'une sorte de phénoménologie de la conscience perceptive que la sensation est définie. Lorsque cette conscience cesse d'être empirique, il ne reste d'elle que son cadre a priori par lequel est possible un divers dans l'espace et le temps. Cela ne veut certainement pas dire que la conscience formelle est une conscience des formes spatio-temporelles ; au contraire, cela veut dire qu'il n'y a plus de conscience au sens phénoménologique du terme, et qu'il ne reste que ces déterminations transcendantales du temps par lesquelles il y a schématisme, et par ce biais, possibilité de déterminer un objet dans une expérience simplement possible. Le trait absolument essentiel de ce passage (et qui détermine tout le Kantisme) est qu'à la structure schématique de la conscience (structure a priori du *discret*) s'articule celle de la simple intuition (non encore soumise à la synthèse de l'entendement qui la détermine comme espace ou comme temps), manifestant une structure a priori du *continu*. L'essentiel ici est donc cette continuité fondatrice de la phénoménalité du phénomène (au travers de la sensation) entre la simple condition formelle de l'expérience (le schématisme porté par la conscience «purement formelle» et les simples formes de la sensibilité) et sa «matière», autrement dit le réel de la sensation[2]. La suite du texte est tout aussi passionnante :

> «Or, *comme la sensation n'est pas du tout en elle-même une représentation objective* et qu'en elle ne se trouve ni l'intuition de l'espace, ni celle du temps, il ne lui reviendra pas sans doute de grandeur extensive, mais bien une grandeur (au moyen de son appréhension, où la conscience peut croître en un certain temps depuis rien = 0, jusqu'à sa mesure donnée), donc une grandeur intensive.» A166/B208, pp. 906-907.

Tant que nous en étions à l'affirmation inaugurale de la continuité absolue entre la réalité dans le phénomène, attestée par la sensation, et la négation, aucune conclusion ne pouvait encore être aventurée, puisque la sensation, le phénomène et

---

2. Conclusion que Kant exprimera très simplement une page plus loin en écrivant: «...il y a donc entre la réalité dans le phénomène et la négation un enchaînement continu de nombreuses sensations intermédiaires possibles, entre lesquelles la différence est toujours plus petite que la différence entre la sensation donnée et le zéro, ou l'entière négation.» A168/B210, p. 908.

la réalité restaient des entités tout à fait indéterminées, dont il était dit de surcroît qu'on ne pouvait pas les dissocier a priori comme hétérogènes. Il faut noter ici que Kant va extrême-ment vite : en effet, à partir du moment où non seulement il dit de la sensation qu'elle «n'est pas du tout une représenta-tion objective», c'est-à-dire qu'elle ne contient rien qui d'une manière *discrète* désigne matériellement un objet de par une sorte de schématisation sui generis, mais encore qu'elle ne contient pas d'intuition, autrement dit de représentation for-melle du *continu,* la sensation devient, pour une théorie de la connaissance (dans une perspective épistémologique) comme un couteau sans manche auquel il manque la lame. Kant a donc quitté le terrain des cadres a priori indéterminés de la phénoménologie (réalité, perception, phénomène) pour constater, sous ceux de la connaissance objective (catégories et formes a priori de la sensibilité), qu'à la sensation ne cor-respond rien d'objectif.

Il ne faut pas se cacher la difficulté de ce texte, mais celle-ci est à la mesure du caractère central et capital de ses significa-tions. Que dit Kant? Que la sensation (en tant que détermi-née comme couleur, chaleur, etc.) a proprement *dis-parue* dans le langage du discret comme dans celui du continu. Cependant, en introduisant la notion de «grandeur intensive», Kant fait bien état d'une appréhension de la sensation et de son effet sur la conscience, à qui il est donné d'enfler continûment. Pour comprendre comment l'appréhension de la sensation peut aller jusqu'à un certain point dans la chaîne synthétique pour finale-ment dis-paraître comme telle tout en affectant la conscience, il nous faut maintenant relever toutes les indications qui touchent à l'activité synthétique de l'imagination.

1.3 Les rythmes de l'appréhension

De par sa place dans la *Critique de la raison pure*, les «Antici-pations de la Perception» présupposent la lecture de la Déduc-tion transcendantale des catégories, qui décrit le travail de l'imagination dans son rapport avec l'unité de l'aperception et a ainsi défini l'appréhension en son principe. Toutefois, loin de lui être redondante, cette section éclaire en retour toute la description qui y est faite de l'activité de l'imagination dans son rapport avec l'entendement (et l'unité de l'aperception).

Cette nouvelle lumière concerne l'inscription, dans le temps, de l'enchaînement synthétique des représentations dans l'imagination.

A ce titre, ces textes sont particulièrement riches d'enseignements. En effet, Kant semble distinguer entre une appréhension instantanée, concernant simplement la sensation, et une appréhension temporelle (successive) au moyen de laquelle il est alors possible de déterminer un objet empirique, c'est-à-dire l'organisation d'intuitions (d'après l'espace et le temps) sous des règles (d'après les catégories).

> «L'appréhension, au moyen de la seule sensation, ne remplit qu'un instant (pourvu que je ne considère pas la succession de plusieurs sensations). En tant qu'elle est dans le phénomène quelque chose dont l'appréhension n'est pas une synthèse successive, qui procède des parties à la représentation totale, elle n'a pas de grandeur extensive.» A167/B209 pp. 907-908.

Cette question de la détermination temporelle subjective de l'appréhension est délicate, d'où cette parenthèse qui souligne que par «seule sensation», il faut entendre quelque chose qui n'est pas déterminée dans le temps. Ce point est d'ailleurs aussi délicat, encore une fois, qu'essentiel : il s'agit de comprendre cette appréhension instantanée non pas comme déterminée temporellement (par la partie «simple» du temps, alors que le temps n'a pas de partition a priori), mais justement, comme indéterminée au point de vue du temps. Ainsi l'intuition déterminée, qu'elle soit temporelle ou spatiale, apparaît bien ici comme le résultat d'une synthèse (en ce qui concerne sa détermination) et non comme son point de départ. Le point de départ est toujours-déjà la sensation, qui n'est «lisible» qu'en termes d'intuition (pour ce qui est de sa forme matérielle) et qu'en termes schématiques (la détermination, sa forme formelle, étant en effet réglée par les catégories, celles-ci n'étant pas envisagées dans l'autonomie logique de l'entendement, mais en tant qu'elles sont affines aux phénomènes, donc, par l'intermédiaire de leurs schèmes).

Fort bien. Comment peut-on concevoir alors une appréhension qui ne serait pas successive? Est-elle encore une appréhension ?

L'appréhension considérée *elle-même* comme indéterminée du point de vue temporel ne doit pas être confondue avec celle dont le *résultat* serait indéterminé du point de vue temporel, comme c'est le cas avec l'espace. En effet, il n'importe pas, dans l'appréhension d'un objet spatial (et en tant qu'il n'est considéré que sous cet angle), de commencer la prospection visuelle comme dans le célèbre exemple de la maison, par le faîte ou par les fondations. Dans ce sens, il y a une indétermination temporelle de la représentation finale de la maison ; mais l'appréhension est de fait temporelle puisqu'elle commence et elle finit.

Ce que demande ici Kant est de considérer l'appréhension indépendamment du travail de «recognition dans le concept» (pour reprendre le langage de la première Déduction) ou mieux encore «avant» qu'il ne s'achève. La synthèse de l'appréhension dont parle ici Kant ressemble plus à celle de l'intuition (et non à l'intuition elle-même) en laquelle l'imagination commence à peine son travail. Or, il y a là une difficulté. Le travail de l'imagination devient objectivant dès que le sens interne est affecté par celui-ci et que la diversité proprement temporelle que constitue dans le sens interne cette affection est ré-appréhendée dans l'imagination. Le texte des Anticipations souligne bien, par l'ajout de la seconde édition, qu'on ne doit pas séparer sensation première et sensation de la sensation (dans la conscience empirique). Ceci constitue une rectification assez importante par rapport à la première édition qui radicalise par trop la distinction entre synthèse de l'intuition et synthèse de l'imagination, qui sont pourtant «indissolublement liées»[3].

Ceci explique que l'appréhension de la «seule sensation» en un «seul instant» soit et ne soit pas, au paragraphe suivant, une véritable appréhension :

> «Le réel dans le phénomène a toujours une grandeur, mais qui ne se trouve pas dans l'appréhension, puisque celle-ci se produit au moyen de la simple sensation en un instant, et non par la synthèse successive de plusieurs sensations, et qu'ainsi elle ne va pas des parties au tout ; le réel a donc bien une grandeur, mais elle n'est pas extensive.» A168/B210 p. 908.

L'on devine, sous l'apparente incohérence, que la perception «première» ou «primitive», comme on voudra l'appeler,

---

3.   «La synthèse de l'appréhension est...*liée inséparablement* à la synthèse de la reproduction.» A102, p. 1409.

concerne de prime abord la sensation. L'imagination d'une certaine manière «perçoit» la succession dans sa propre appréhension, en ce sens que cette succession n'est réputée telle qu'à partir du moment où l'effet du travail synthétique de l'imagination sur le sens interne la révèle, comme détermination temporelle. Ainsi, la détermination temporelle (succession et simultanéité) entre-t-elle comme résultat de cette appréhension, et elle y entre au même titre et en même temps que la détermination temporelle qui en est une variante (simultanéité). D'un point de vue phénoménologique, la sensation est l'intuition indéterminée, et elle ne peut être dite indéterminée que si l'on se place «avant» le travail synthétique de l'imagination (sans que cet «avant» signifie quoique ce soit de temporel); par contre d'un point de vue épistémologique, la sensation n'existe pas comme telle : la «grandeur du réel ne se trouve pas dans l'appréhension» (entendue comme l'«après» du travail synthétique de l'imagination) et doit être ramenée à un fondement a priori qui n'est autre que le type du continu dans toutes les représentations, à savoir l'espace et le temps, tout comme le type du discret dans toutes celles-ci est donné par les catégories.

Le réel est pensé métaphysiquement comme se présentant, dans l'existence, comme complètement déterminé. Cette détermination complète peut être pensée soit sur le mode de l'intuition, comme indifférenciation première (et donc vide de déterminations), soit sur le mode de l'Idéal, c'est-à-dire l'idée de la détermination complète, et donc comme une infinité de déterminations discrètes. Ainsi, d'une manière paradoxale, mais qui témoigne au plus haut degré du génie kantien, le réel est ce qui cesse d'apparaître dans l'intuition, car l'intuition pure est justement ce qui est (idéalement) substitué à lui pour en reproduire analogiquement la continuité absolue, l'extériorité amorphe au contenu indifférencié dont parle J. Moreau et l'intuition empirique en est l'appauvrissement, le réel disparaissant sous quelques déterminations qui sont le rapport des sensations entre elles.

Ainsi, la définition de l'intuition empirique (ou plus exactement du phénomène) montre Kant à la croisée des chemins. Il ne peut pas abandonner, au profit de la sensation, l'intuition puisqu'en elle réside la condition métaphysique et a priori (et donc inconnaissable immédiatement, comme il en est des Idées) de la possibilité de la connaissance ; et il ne peut pas abandonner au profit de l'intuition, la sensation puisqu'en elle s'abouche la possibilité transcendantale qu'il y ait, phénoménalement (c'est-à-dire phénoménologiquement), connaissance. En d'autres mots, en formulant l'hypothèse a priori de la possibilité de la connaissance, la sensation devient un corollaire autant incompréhensible qu'inutile, parce que la connaissance abolit constitutivement sa propre genèse. D'un autre côté, tout ce que la sensation contient de subjectif, et Kant insiste énormément là-dessus interdit tout développement généalogique qui rattacherait la sensation primitive à la production de l'intuition et de là, finalement, au concept.

Il ne faut pas se précipiter vers une conclusion qui situerait chez Kant l'origine d'un tel problème. Au contraire, on ne voit pas comment la situation pourrait être autre.

En effet, tout, dans l'intuition en général, est approprié à la constitution d'une connaissance. Autrement dit, il n'y a pas de perte. L'intuition en général, l'exposition transcendantale l'a suffisamment montré, est à ce point compatible et prédisposée à la connaissance qu'elle ressemble à une connaissance absolue réalisée, en ce qu'elle contient «en elle», ce que le concept contient «sous lui» : une multitude infinie de représentations. L'Esthétique, il faut le rappeler, n'est pas une phénoménologie, mais déjà une science, dont le statut est certes très particulier puisque ce qu'elle ne doit pas à la connaissance absolue, et qui en fait l'autonomie rationnelle-scientifique, elle le tient de l'entendement. Autrement dit, l'Esthétique n'est pensable comme science que dans la perspective de l'intuition originaire et de la connaissance absolue qui l'accompagne. Elle cesse d'être une science, parce qu'elle cesse d'être autonome dès que l'on réalise qu'elle ne peut «exister», c'est-à-dire effectivement se phénoménaliser, que par le truchement de la synthèse de l'entendement, à ce point effacée de l'Esthétique, qu'il faudra cette fameuse note dans l'Analytique (B160-161, p. 873[4]) pour rendre à l'entendement la synthèse dont il est seul capable.

---

4. Pour mémoire, rappelons que Kant précise dans cette note (*loc. cit.*) la distinction qu'il n'avait pas faite dans l'Esthétique transcendantale, entre «forme de l'intuition» et «intuition formelle». Cf. note 25, p. 54.

Disons-le sans ambage : l'Esthétique, métaphysiquement autonome et transcendantalement hétéronome, si elle contient toute la phénoménologie de l'expérience (c'est-à-dire si la sensation peut se ramener analytiquement à une variété simplement contingente d'intuition), devrait soit absorber tout l'entendement, soit se laisser absorber par lui. L'entendement s'effondrerait donc dans la sensibilité, et, comme le rappelle sans cesse Kant dans grand nombre de ses démonstrations, nous aurions là une intuition intellectuelle, ce qui n'est pas le type humain d'intuition sensible. Toute la problématique de l'appréhension de la sensation, comme fondamentalement différente de l'intuition, sert à contenir l'Analytique hors de l'Esthétique, si l'on peut exprimer les choses ainsi. C'est parce que la sensation est irréductible à l'intuition tout en participant de sa nature, que la multiplicité des lois empiriques, réglées a priori par les catégories, s'évase et s'élargit lorsqu'on descend du général au particulier jusqu'à acquérir une dimension nouvelle, que les catégories ne peuvent plus réabsorber, de manière «réfléchissante» alors que ces lois empiriques en proviennent de manière «déterminante». Cette dimension nouvelle est celle de la complexité.

La complexité doit être ici comprise comme cette détermination discrète dont la discrétion est à ce point enchevêtrée qu'elle doit être traitée «comme» du continu, alors qu'elle peut également être traitée «comme» du discret. Le traitement dont il s'agit ici n'est autre que ce que Kant appelle «appréhension», non sans en laisser varier la signification, suivant le contexte.

On s'apercevra sans difficulté de cette situation particulière en comparant l'appréhension en «un seul instant» de la sensation avec l'appréhension dont la temporalité propre est indéterminée et qui donne les grandeurs fluentes.

1.4 Grandeurs fluentes, synthèses continue et discontinue

La sensation, c'est de la réalité dans de l'intuition. «Or, ce qui correspond à la sensation dans l'intuition empirique est la réalité (*realitas phaenomenon*) ; ce qui correspond à l'absence de sensation est la négation = 0» (A168/B209, p. 908), et cette négation, c'est «l'intuition pure = 0» (B208, p. 906). Le rapport entre l'intuition pure et l'intuition empirique semble bien être homologue à celui établi entre l'intuition et la sensation, mais ils ne sont pas identiques, l'un est formel, l'autre, matériel, et ils sont dans une relation de symétrie chirale l'un par rapport à l'autre. L'intuition pure par elle-même est définie comme *quantum continuum* et les limites qui peuvent la déterminer sont le produit d'une synthèse (selon les lois d'une expérience possible):

> «L'espace et le temps sont des quanta continua, parce qu'aucune partie n'en peut être donnée, sans être enfermée entre des limites (points ou instants) [...] ; or, ces places présupposent toujours ces intuitions qu'elles doivent délimiter ou déterminer, [...] On peut encore appeler ces sortes de grandeurs des grandeurs fluentes, parce que la synthèse (de l'imagination productive) dans leur production est une progression dans le temps, dont on a coutûme de désigner particulièrement la continuité par l'expression de fluxion (ce qui s'écoule)» A170/B211, p. 909.

La progression dans le temps qui caractérise la production de *quanta continua* (en lesquelles reconnaître l'espace et le temps) est une détermination temporelle de la synthèse de l'imagination. Kant ne s'étend pas outre mesure là dessus. Mais en rapprochant ce texte d'un autre (à l'intérieur de la même section) où il est question de «synthèse interrompue» pour distinguer les grandeurs coalisées d'un côté des grandeurs agrégatives de l'autre, on commence à concevoir comment Kant pense l'inscription dans le temps du travail de l'imagination (et donc son rapport avec son propre écho dans le sens interne):

> «Tous les phénomènes en général sont donc des grandeurs continues, aussi bien selon leur *intuition,* comme grandeurs extensives, que selon leur simple perception (*sensation* et par suite réalité), comme grandeurs intensives. Quand la synthèse du divers du phénomène est *interrompue,* ce divers est un agrégat de plusieurs phénomènes, et non proprement un phénomène, comme quantum, agrégat produit non par la simple continuation de la synthèse productive d'une certaine espèce, mais par la répétition d'une synthèse qui cesse toujours» A170/B212 p. 909 (nos italiques).

Nous avons ici une description complète et presque exhaustive (puisque le rapport au sens interne est sous-entendu) du travail de l'imagination dans la détermination de l'objet dans les phénomènes. La double dimension, épistémologique et phénoménologique, de la synthèse est représentée par le

tandem intuition/sensation, l'intuition portant le poids de la
connaissance effectuée, la sensation celle de la «réalité».
L'interruption de la synthèse, qui qualifie la synthèse de
l'imagination dans le registre de ses déterminations temporelles, contribue à répartir les phénomènes en une perspective
déjà schématisante où, à partir de la succession subjective des
perceptions, ceux-ci s'ordonnent objectivement les uns par
rapport aux autres, suivant les règles a priori d'un tel ordonnancement, à savoir la détermination spatiale, l'enchaînement
causal, etc. Nous pourrions déjà nous diriger vers la problématique du schématisme et celle des Analogies de l'Expérience, dont nous traitons plus loin, mais il importe de ne pas
perdre de vue l'enseignement que ce texte peut nous valoir
pour la caractérisation de l'intuition comme spatiale ou
comme temporelle, au sortir du travail synthétique de l'imagination.

La progression ininterrompue de la synthèse est l'indice
temporel de son homogénéité. A l'homogénéité dans la synthèse correspond la continuité dans l'intuition, espace ou temps.
Ce sont, pour cela, des grandeurs «fluentes». Cette progression
est différemment rythmée lorsque la matière des phénomènes
est synthétisée de telle manière que l'écho de cette synthèse
dans le sens interne, fait état d'une scansion spécifique (par
exemple d'un agrégat de phénomènes). Or, il faut avoir égard à
ceci : la réalité est ce qui «contient» toutes les déterminations
qui, au terme de la synthèse de l'imagination, vont apparaître
comme celles des intuitions, espace et temps, qui vont s'en
trouver limitées. Ces limites sont par ailleurs réglées a priori
par l'entendement. Soulignons encore une fois, que si l'on peut
dire, par facilité, que la réalité «contient» ces déterminations,
une intuition intellectuelle, qui ferait l'économie d'un passage
dans les synthèses diversement scandées de l'imagination, n'en
verrait aucune, parce qu'elles les verraient toutes à la fois, *tota
simul*. Or la réalité, nous l'avons montré, par la détermination
complète de son existence, est à ce titre comme l'objet indéterminé (à cause de l'infinité complète de sa détermination) d'une
intuition intellectuelle.

Pour illustrer ce point, penchons-nous sur le texte que Kant
avait initialement prévu comme quatrième moment de l'exposition métaphysique de l'espace. Il y exprime clairement les limites subjectivement imposées par la temporalité propre de

l'appréhension (mais non à l'appréhension de la temporalité) à la production de l'espace :

> «L'espace est représenté donné comme une grandeur infinie. Un concept général de l'espace (qui est commun au pied aussi bien qu'à l'aune) ne peut rien déterminer par rapport à la grandeur. S'il n'y avait pas une illimitation dans le progrès de l'intuition, nul concept de rapports ne contiendrait en soi un principe d'infinité.» A25 p. 786.

On comprend, en lisant ces lignes, que Kant ait veillé, dans la seconde édition, à remplacer cette rédaction par un texte plus clair où l'infinité «dans» l'intuition est opposée à celle qu'il faut penser «sous» le concept. La représentation de l'espace comme grandeur infinie n'est pas en elle-même infinie. Elle est un schème pour une production indéfiniment réitérable, par la synthèse de l'homogène, d'une intuition. Le progrès de celle-ci est en soi illimité, ce qui est un bien. Mais ce bien serait une calamité si nous n'avions pas la possibilité de schématiser réflexivement l'infini en un concept. Pour prendre un exemple facilement accessible, nous dirions que l'ensemble des nombres entiers naturels est infini, comme chacun sait. Nous aurions cependant bien du mal à en tirer parti si nous n'avions pas en outre l'équivalent d'un schème avec le chiffre comme procédé de numération de base 10, et pour les nombres plus grands, la possibilité d'utiliser des exposants et autres formules. Ainsi le concept contient «en soi», c'est-à-dire, comme le corrige la seconde édition (pour éviter toute connotation avec l'intuition intellectuelle des choses en soi), «sous lui» cette infinité que nous ne devons pas, dès lors, tenter d'épuiser pour essayer d'obtenir une représentation (infinie) de l'espace.

Ainsi la représentation de l'espace comme grandeur infinie constitue-t-elle une limite idéale de la synthèse de l'homogène définissant en retour les grandeurs extensives comme ses parties. A l'autre opposé, nous pouvons considérer la grandeur intensive également comme un cas-limite. Autant, en effet, avec le concept de l'espace (qui, par lui-même, ne détermine rien de la grandeur), nous avons la pensée d'un temps infiniment disponible au progrès illimité de l'intuition (intuition à comprendre dans le sens d'un travail synthétique de l'imagination sur l'homogène), autant avons-nous ici l'autre infini dans le temps, qui est le point, c'est-à-dire «l'instant» sans durée. La définition que Kant donne génériquement de la grandeur intensive ne laisse, à ce propos, aucune place à l'ambiguïté :

> «...j'appelle cette grandeur, *qui n'est appréhendée que comme unité*, et dans laquelle la pluralité ne peut être représentée que par l'approche de la négation = 0, une grandeur intensive» A168/B210 pp. 908.

Il convient de noter cependant qu'autant dans la première rédaction, Kant organise l'appréhension de la sensation, à partir de sa dimension temporelle et comme sa limite, l'«instant», l'ajout de la seconde édition (qui vient se placer avant le texte initial), parle d'une «synthèse de la production de la grandeur d'une sensation» et de la possibilité, pour la conscience, de «croître en un *certain temps* depuis rien = 0 jusqu'à sa mesure donnée», c'est-à-dire réintroduit l'inscription de l'appréhension dans le temps.

> «...un changement graduel de la conscience empirique en conscience pure est possible, quand le réel de la première disparaît complètement, et qu'il ne reste qu'une conscience purement formelle (*a priori*) du divers dans l'espace et le temps ; par conséquent, est possible aussi une synthèse de la production de la grandeur d'une sensation, de son commencement, l'intuition pure = 0, jusqu'à une grandeur quelconque de cette sensation.» A166/B208, p. 906 (Kant souligne).

Il ne s'agit pas ici d'un phénomène qui se déterminerait dans le temps comme disparition ou apparition progressive dans l'intuition. On peut même se demander si, dans l'expérience, une conscience purement formelle de l'espace et du temps est chose possible car on se rapprocherait ainsi de l'intuition intellectuelle. En effet, toute représentation de l'espace n'est possible qu'en ce qu'elle est «actualisée» par le travail producteur de l'imagination. Par cette tournure de phrase, «...est possible aussi...», Kant passe insensiblement[5] de l'observation phénoménologique à la conjecture hypothétique pour

---

5. Il passe d'autant plus insensiblement de l'un à l'autre que la construction du texte allemand est clairement analogique dans le parallèle entre la possibilité d'un changement graduel de la conscience et la synthèse de la production de la sensation. En effet, il n'y a simplement pas de verbe dans la seconde partie de la phrase. *«Nun ist vom empirischen Bewusstsein zum reinen eine stufenartige Veränderung möglich, ... [...]: also auch eine Synthesis der Grössenerzeugung einer Empfindung, von*

exprimer le fond de sa pensée, qui, loin de vouloir se traduire par des conclusions expérimentales, accepte en réalité de n'être formulée que sous la forme d'affirmations fondamentales d'ordre architectonique. Tout se passe comme si Kant n'osait aller droit au but, qui est d'opposer l'appréhension homogénéisante de la complexité discrète à la synthèse de l'homogène continu dans les grandeurs extensives ; il nous en parle à travers cette «possibilité» d'une synthèse productive de la sensation, étalée dans le temps. Le coup de force qu'il doit nous faire avaler est qu'une synthèse dans le temps n'indique ni la production d'une grandeur extensive (la synthèse de l'homogène, autrement dit l'intuition en général) ni la production d'agrégats. Or, la force de gravité de la simple logique est telle que les deux types de grandeurs (comme synthèses de l'homogène) se rejoignent lorsqu'on y réfléchit, et il arrive ordinairement qu'on ne les sépare que par égard à l'autorité de Kant et en les traitant comme des définitions inaugurales, une sorte de règle du jeu du commentaire kantien.

Les «Anticipations de la Perception» témoignent d'un effort de penser «à côté» ou «en marge» de l'hégémonie mathématique, modèle de la pensée métaphysique comme disposition naturelle. L'ornière métaphysique est, à l'instar de l'illusion transcendantale, «inévitable et naturelle» et comme si sa rédaction lui échappait, que son expression retombait inlassablement dans l'ornière des rapports simplement logiques-analytiques, Kant revient maintes fois dans ces quelques pages sur le thème du passage insensible d'une intuition matérielle à une intuition formelle et, corrélativement, sur le passage de la conscience pure à la conscience empirique[6]. A notre sens, tout ceci témoigne de la

---

ihrem Anfang, [...], *an, bis zu einer beliebigen Grösse derselben.»* Nous pourrions plus familièrement traduire dans ce style: «un changement graduel de la conscience, etc. , est possible, [...] ; *idem* une synthèse de la production de la grandeur de la sensation».

6. Une page plus loin, A168/B210, p. 908 : «...toute sensation est susceptible de diminution, si bien qu'elle peut décroître et ainsi disparaître peu à peu. Il y a donc entre la réalité dans le phénomène et la négation un enchaînement continu de nombreuses sensations intermédiaires possibles, entre lesquelles la différence est toujours plus petite que la différence entre la sensation donnée et le zéro, ou l'entière négation.»; une page plus loin encore, A169/B211, pp. 908-909 : «...toute sensation, par conséquent aussi toute réalité dans le phénomène, si petite qu'elle puisse être, a un degré, c'est-à-dire une grandeur intensive, qui

grande difficulté qu'a éprouvée Kant à exprimer l'«éclipse» fondatrice de la connaissance, c'est-à-dire le fait que toute sa genèse
(et l'historicité même de celle-ci) doit disparaître comme telle
(c'est-à-dire se «déhistoriciser», si l'on peut se permettre cette
expression barbare) dans la représentation achevée.

En effet, pour la connaissance scientifique, le fait que tous
les phénomènes soient également des grandeurs intensives et
que cela soit la seule chose que l'on puisse anticiper à ce sujet,
paraît fort mince et fort peu prometteur, comparé au fait que
ces mêmes phénomènes doivent tous être considérés comme
des grandeurs extensives, c'est-à-dire mesurables. A ce titre,
les «Anticipations de la perception» n'anticipent rien de matériel (et donc de connaissable) et l'*anticipation* doit ici être
comprise comme la détemporalisation du temps comme flux :
ce n'est pas une manière de voir dans l'avenir, ce n'est que la
dissolution de la frontière entre le passé et l'avenir, dissolution
consommée par la perte du temps comme *présent,* qui est la
perte de la subjectivité en tant qu'elle s'exprime dans le *hic et
nunc* de l'expérience empirique effective.

Par conséquent, si l'on demeure à l'intérieur des conditions
de possibilité de la connaissance, la qualité du phénomène
(d'être une grandeur intensive) disparaît dans sa quantité où
elle n'est que l'expression de la simple continuité, *ce à quoi se
réduit le concept métaphysique d'une matière en général en
tant que perçue, vis-à-vis du cadre catégoriel de l'entendement*
(les «Anticipations», rappelons-le, font partie des Principes de
l'entendement dans la *constitution* de la possibilité d'une expérience en général ; ils sont *constitutifs* et donc mathématiques).

Dès lors, Kant louvoie énormément entre deux positions :
celle qui lui ferait dire que la sensation est instantanément ap-

---

peut toujours être diminuée et, entre la réalité et la négation, il y a un
enchaînement continu de réalités possibles et de perceptions possibles
plus petites.»
Kant y revient encore A176/B217 au sujet de la perception hypothétique de l'absence absolue de réalité et redonne une fois encore, dans
la conclusion, la formulation de la continuité entre la conscience matérielle et la conscience formelle: «dans le sens interne, en effet, la
conscience empirique peut s'élever de 0 jusqu'à tout degré supérieur,
de telle sorte que la même grandeur extensive de l'intuition (par
exemple une surface éclairée) peut exciter une sensation aussi grande
que la réunion de plusieurs autres (surfaces moins éclairées).» Ce qui
fait que Kant l'expose cinq fois en sept pages.

préhendée et que l'appréhension n'est donc pas synthétique, et celle qui lui ferait poser que la sensation n'a «de pluralité que dans le voisinage de zéro» (*loc. cit.*), et qu'elle est cette quantité du continu qui s'oppose (dialectiquement) à la quantification du discret. Dans le premier cas, la sensation est rapprochée de l'intuition par le biais de l'immédiateté du rapport au réel (donc avant toute synthèse de l'imagination et en dehors de celle-ci) ; dans le second cas, la sensation est rapprochée de l'intuition par le biais de cette synthèse elle-même, au moyen de la continuité qui en est le principe.

Ce louvoiement, voire même ce double langage (dont le mouvement dialectique est alimenté par l'articulation réciproque de l'intuition et de la sensation suivant les deux perspectives concurrentes, phénoménologique et épistémologique), est l'expression chez Kant, non d'un défaut de pensée, mais bien au contraire d'un effort de la pensée visant à dépasser le langage de la représentation, langage par essence métaphysique (au sens de la disposition naturelle) et qu'elle doit nécessairement emprunter bien qu'il risque toujours de la capter et de se l'asservir.

En effet, en revenant sans cesse sur la continuité de la synthèse (de l'homogène) des grandeurs intensives, Kant risque toujours de retomber dans la problématique de la simple intuition sensible et donc, dans celle de l'exposition transcendantale de l'espace. Or, si l'on suit Kant sur ce terrain, nous devons à sa suite aller jusqu'au bout et admettre d'une part que la sensation, pour la connaissance (dans un sens proprement épistémologique), n'est rien d'autre que de l'intuition, et inversément, que l'intuition, pour l'expérience (dans un sens plus clairement phénoménologique), n'est rien d'autre que de la sensation. La grande difficulté revient à trouver un terrain commun dans ces deux perspectives qui non seulement s'opposent l'une à l'autre, mais s'excluent réciproquement. Ainsi, dans le rapport de l'intuition et de la sensation, pouvons-nous parler de la même chose, dans la mesure où nous entrons de plain pied dans la problématique du schématisme en général, qui est cette structure qui phénoménalise le concept et conceptualise le phénomène.

Le schématisme est, proprement, ce qui doit distinguer l'intuition empirique déterminée de la sensation. En effet, et Kant est là-dessus on ne peut plus clair, l'intuition devrait être caractérisée comme intuition originaire, absolument égale à elle-même, à prendre dans son infinité immanente ou à laisser, si elle n'était pas appréhendée au travers de sa détermination, c'est-à-dire de la partition qui n'est possible qu'à la faveur de l'intervention synthétique de l'entendement, autrement dit d'un schématisme, qui est ce par quoi l'intuition «est» quelque chose pour la connaissance. Relisons en effet le dernier moment de l'exposition métaphysique du temps (qui correspond à la catégorie de la modalité, c'est-à-dire à celle de la pensée pour elle-même:

> «...là où les parties mêmes et tout grandeur d'un objet ne peuvent être représentées de façon déterminée qu'au moyen d'une limitation, la représentation entière ne doit pas être donnée par des concepts (car ceux-ci ne contiennent que des représentations partielles), mais il faut qu'une intuition immédiate leur serve de fondement.» A32/B48, p. 793.

Or la sensation ne peut pas en tant que telle faire l'objet d'un schématisme, c'est-à-dire recevoir une détermination discrète, ou plus exactement une partition. Toutes les démonstrations données par Kant — et nous avons noté combien le nombre de leur répétition pouvait exprimer de frustration de la part de Kant —, visent à établir qu'il n'y a pas de partie dans la grandeur intensive: elle est limitée du dehors, par un degré qu'elle atteint continûment en passant par une infinité concrète de degrés plus petits. Le tour de pensée est manifestement topologique. L'intuition (ou plutôt les données successives de l'intuition) projette un champ ordonné et quantifié de limitations en se détemporalisant, c'est-à-dire en rendant caduque l'inscription dans le temps de la synthèse qui l'a donnée: voilà le sens de cette synthèse continue des grandeurs fluentes où l'«interruption» signifie l'agrégat des phénomènes plutôt que l'individu-phénomène. Par contre, la sensation a un degré: tout le reste est perdu. Mise en séquence la sensation résiste: son degré fluctue, sa grandeur est fluctuante, c'est-à-dire «fluente». La caractériser en un langage des quantités discrètes, revient à la perdre comme sensation et à la retrouver comme intuition.

2. Intuition et sensation

Dans la perspective phénoménologique, la distinction entre intuition et sensation tend à disparaître, tandis que dans la perspective épistémologique qui s'appuie sur une telle distinction, c'est l'articulation réciproque qui s'estompe. Le passage d'une perspective à l'autre est toujours très rapide chez Kant, ce qui en rend très difficile le repérage. De plus, les indications précises et conjuguées à propos de l'intuition et de la sensation sont extrêmement rares et laconiques. Relisons-les :

> «L'effet d'un objet sur la capacité de représentation, en tant que nous sommes affectés par lui, est la sensation. On nomme empirique cette intuition qui se rapporte à l'objet par le moyen de la sensation. L'objet indéterminé d'une intuition empirique s'appelle phénomène.» A20/B34 p. 782.

La sensation et l'intuition appartiennent clairement à deux registres différents. Dans la définition de la sensation, on a affaire à une relation causale (l'affection) dont les instruments sont un «objet» agent et une «capacité de représentation» patiente : la sensation désigne l'effet, comme le son résulte du coup de baguette sur la peau tendue d'un tambour. A l'opposé de cette relation causale où la sensation, décrite en un concept transcendantal, est un événement nommé dans un continuum entre l'effectivité de la matière appliquée aux sens et la réceptivité des sens à cette même matière, l'intuition en revanche est directement saisie par son concept métaphysique, qui en fait le terme d'un rapport logique dont l'autre terme est ce même «objet», «par le moyen de la sensation».

Or, la sensation est ce qui se perd essentiellement (comme telle, c'est-à-dire comme «sensation») dans l'émergence de la représentation proprement dite, et à proportion directe du degré d'objectivité que celle-ci renferme. Tout le mystère va se concentrer sur le rapport entre une forme déterminable, l'intuition (où la sensibilité se suffit métaphysiquement à elle-même), et la détermination objective de celle-ci, l'objet (ce qui nécessite, transcendantalement, l'intervention synthétique de l'entendement). De plus, cette distinction se recroise sur elle-même : l'intuition est empirique quand l'objet est constitué dans l'expérience même ; elle est alors déterminée. L'intuition est pure lorsqu'elle ne contient que la détermination pure a priori, hors sensation, hors expérience, de son objet. Elle est forme pure de la sensibilité[7].

Il est intéressant, à ce propos, de voir comment Kant complète la perspective ainsi ébauchée dans le passage cité plus haut, en montrant la progression de sa démarche :

> «Dans l'esthétique transcendantale, nous isolons d'abord la sensibilité [...] de sorte qu'il ne reste rien que l'intuition empirique. En second lieu, nous en écarterons en ce qui appartient à la sensation, de sorte qu'il ne reste plus que *l'intuition pure et la simple forme des phénomènes, seule chose que la sensibilité puisse nous fournir a priori.* <...damit nichts als reine Anschauung und die blosse Form der Erscheinungen übrig bleibe, welches das einzige ist, dass die Sinnlichkeit a priori liefern kann>» A22/B36 p. 783 (nos italiques).

Kant distingue donc, au niveau des mots, entre l'intuition pure et la simple forme des phénomènes. Non seulement toute l'exposition transcendantale est contenue dans ce dédoublement, mais encore le double caractère de l'intuition pure, d'être à la fois idéalité transcendantale et réalité empirique. L'intuition pure a priori, dans ses déterminations transcendantales, est à même de «fournir» la simple forme des phénomènes ; de plus, l'intuition pure ne se réduit pas à cette forme de la phénoménalité, qu'elle pourrait par exemple n'être rien, puisqu'elle n'est pas perçue pour elle-même. Or la phrase suivante tombe comme un morceau de plafond ; quelque chose d'aussi essentiel que la distinction entre espace et temps est assenée le plus naturellement du monde :

> «Il résultera de cette recherche qu'il y a deux formes pures de l'intuition sensible, *comme principes de la connaissance a priori*, savoir l'espace et le temps.» *Ibid.* (nos italiques).

Si nous lisons bien, l'espace et le temps ne se distinguent l'un de l'autre, au départ de l'intuition sensible, que dès que l'on veut entrer dans la problématique de la connaissance a priori, domaine où l'on pénètre dès que l'on s'interroge sur la nature de l'intuition pure a priori comme nature commune à l'espace et au temps. Le coup de force est le même que celui que Kant imposera pour introduire les catégories, dont nous parlerons plus loin. Il anticipe sur les résultats d'une recherche

---

7. «la forme pure de la sensibilité s'appelle encore intuition pure.» A20/B35, p. 782.

tout⁰ entière assise sur cette anticipation : c'est là un effet de cette «rétrojection» richirienne[8] à laquelle nous avons déjà fait allusion. Pour l'instant, il nous faut porter ailleurs nos investigations.

Or, justement, si la simple forme des phénomènes est ce que la sensibilité peut nous fournir a priori, il convient alors de relire attentivement la définition donnée par Kant du phénomène :

> «L'objet indéterminé d'une intuition empirique s'appelle phénomène.» *loc. cit.*, A20/B34 p. 782.

Insistons à nouveau sur cette double caractérisation de l'objet, qui sert à la fois d'agent pour la sensation et de terme élémentaire pour le rapport logique qui définit l'intuition comme empirique. Nous ne cherchons pas à montrer qu'il

---

8.   Cette notion de «rétrojection» entre l'a priori et l'a posteriori a été développée par Marc Richir :

> «...que l'on se reporte à la problématique kantienne; Kant nous paraissant être le véritable fondateur de la philosophie transcendantale en tant que telle ou husserlienne, il s'agit toujours, dans la dimension transcendantale, [...], d'une réflexion a posteriori dans laquelle se constitue l'a priori comme a priori qui n'apparaît jamais comme tel qu'a posteriori; par cette réflexion, s'engendre l'illusion nécessaire qu'il y a un a priori, et que l'a posteriori coïncide avec l'a priori; par là même, cette illusion est aussi l'illusion d'une réflexivité réciproque de l'a priori et de l'a posteriori, c'est-à-dire, en fait, l'illusion d'une subjectivité transcendantale en laquelle s'établirait la coïncidence, l'adéquation ou la transparence de l'un à l'autre cela même que Husserl baptise évidence. [...] La transparence ou l'adéquation de l'a priori et de l'a posteriori (l'évidence), n'est jamais qu'une illusion nécessaire de transparence (ou d'évidence), l'illusion qu'il y a un a priori dont l'a posteriori ne serait que l'image ou la répétition, alors même que l'image et la répétition sont elles-mêmes premières ou originaires dans leur aposteriorité même.» *Recherches phénoménologiques (I, II, III)*, Ed. Ousia, 1981, p. 44.

La question soulevée ici est capitale et la lecture que nous proposons de Kant retentit nécessairement, dès lors, sur toute position que nous devons prendre par rapport à celle-ci et qui se situe dans son prolongement. C'est une manière de dire que s'il est indispensable d'en passer par l'analyse qu'en donne Marc Richir, il est également indispensable de la dépasser, comme il l'a lui-même fait (il s'agit bien de «recherches»): l'illusion qu'il y a de l'a priori n'est adéquate à cette illusion qui produirait cet a priori comme «visible» que dans la situation décrite par Kant comme «illusion transcendantale», propre à la métaphysique. La philosophie transcendantale kantienne distingue soigneusement (au sein d'une même logique transcendantale) l'apparence de visibilité analytique de l'a priori (la tentation proprement métaphysique qu'a l'oiseau de s'essayer au vide) et la vérité de la visibilité de l'a posteriori.

faut que l'objet soit déterminé pour que la définition de la sensation et celle de l'intuition soient convenables. Au contraire, peu importe que l'objet soit ou non déterminé, car ce n'est pas la «détermination» (formelle) de l'objet qui agit sur les sens mais ce qui est, par rapport à l'objet lui-même, originairement indéterminé : ce que Kant appelle la «matière» des sensations. La signification profonde de ceci est que l'objet peut ne pas être considéré sous le rapport de sa détermination, mais bien plutôt qu'il doit cependant l'être comme «objet» d'un processus d'objectivation, pour que la sensation et l'intuition soient définies de manière satisfaisante. Si la théorie kantienne de l'objectivité devait, pour une raison inédite, s'effondrer, elle emporterait dans sa chute le statut de l'intuition et celui de la sensation car celles-ci ne peuvent pas être définies indépendamment de l'objet comme construction par l'entendement, sur le donné empirique de l'expérience, d'une représentation objective.

Cela va plus loin encore : ce n'est pas en tant qu'elle est intuition, mais en tant qu'elle est empirique, que l'intuition empirique est définie par rapport à l'objet. En effet, si nous considérons l'intuition pure a priori, en amont de sa dissociation entre temps et espace, laquelle est concomitante de la production a priori de la «simple forme des phénomènes», qui requiert in fine un objet transcendantal = X, nous devrons reconnaître que son indifférenciation caractéristique (en tant qu'elle est donnée *tota simul*) est pensée par Kant sur le modèle de l'intuition originaire. L'intuition pure a priori comme souche dont l'espace et le temps seraient comme deux branches, a un statut architectoniquement idéal. L'intuition est ce par quoi nous pouvons connaître qu'il y a sensation, mais sans savoir ce qu'est, métaphysiquement parlant, une sensation (tout comme il est impossible d'«expliquer» à un aveugle de naissance, ce qu'est la vue). De même, la caractérisation de l'intuition elle-même tombe tout de suite dans la description (négative) de l'espace et du temps, comme représentations a priori et fondatrices. Or, entre ces deux vides métaphysiques que sont les natures respectives de l'intuition et de la sensation, apparaît une construction qui sert à relever une syntaxe de ces sensations, syntaxe qui perdurera lorsque les sensations seront elles-mêmes perdues :

«Comme ce en quoi seulement les sensations peuvent s'ordonner et être mises en une certaine forme ne peut pas être lui-même encore sensation, il suit que, si la matière de tout phénomène nous est donnée seulement a posteriori, sa forme doit se trouver prête a priori dans l'esprit pour les sensations prises dans leur ensemble, et que, par conséquent on doit pouvoir la considérer indépendamment de toute sensation.» A20/B34 p. 782.

Cela saute aux yeux : il y a entre la sensation et l'intuition, le même rapport qu'il y a entre l'intuition et le concept, le concept (de l'entendement) et le principe (de la raison théorique) : un *passage à la limite*. Il nous faut cesser de parler de «la» sensation, ce qui est illégitimement *métaphysique,* et parler plutôt «des» sensations, au pluriel, parce que leur pluralité, fragmentée, parcellaire, ne tombe pas immédiatement — là réside le caractère illégitimement métaphysique d'une telle approche — dans la totalité que constitue l'intuition. Il faut, dès la sensation, le travail de l'imagination transcendantale pour «compléter» l'agrégat des sensations et en faire un flux, une totalité unie, bref une *intuition*.

L'articulation réciproque entre l'intuition et la sensation apparaît maintenant dans une nouvelle lumière. Si nous considérons la sensation pour ce qu'elle est, ce qui constitue, selon la terminologie kantienne, une approche métaphysique, et sans chercher à en tirer des connaissances, ce qui en serait l'approche transcendantale, elle est ce qui donne la «matière» du phénomène[9]. Par conséquent, il n'y a pas d'autre statut à la sensation que le statut métaphysique. En termes plus modernes, nous dirions que nous sommes limités à une démarche phénoménologique, limitée à la simple description de la phénoménalité véhiculée par ce thème de la «sensation». Mis à part les considérations dont elle fait l'objet dans les «Anticipations de la perception», la sensation n'a pas droit de cité dans la Critique. Par contre, dès qu'il s'agit de parler de sa forme, ou de la forme dans laquelle les sensations doivent s'ordonner, Kant passe immédiatement à l'intuition. Toutefois, l'on peut se demander comment il justifie cette intuition, dans la différenciation qu'il propose de la sensation. En effet, dès que la sensation est ordonnée, elle est aussitôt abolie comme sensation et n'est

9.   «Ce qui, dans le phénomène, correspond à la sensation, je l'appelle matière...» A20/B34, p. 782. Nous verrons plus loin que le dédoublement de l'intuition en général, en intuition et sensation correspond au «dualisme» inhérent à l'idéalisme transcendantal, entre idéalité transcendantale (l'intuition) et la réalité empirique (sensation).

plus considérée que comme ordonnancement, c'est-à-dire intuition, et l'on en passe aussitôt à la condition formelle de cet
ordonnancement, à savoir le temps et l'espace.

Chapitre II

La représentation
de la représentation
(Perspective épistémologique)

1. Introduction

En vérifiant maintenant que Kant emploie, dans l'Esthétique transcendantale, une configuration architectonique *presque* identique pour l'espace et le temps, nous découvrirons tout d'abord un exemple particulièrement frappant de ces *signes* que le commentaire traditionnel délaisse ordinairement. Cependant, il ne faut jamais sauter aux conclusions puisqu'aussi bien nous nous sommes mis en quête d'une perspective qui n'est pas hégémoniquement logique : en d'autres mots, que Kant utilise exactement le même canevas pour *exposer* les concepts de l'espace et du temps ne signifie pas directement que l'espace et le temps sont exactement la même chose. Aussi, dès que nous aurons mis en évidence ce que l'espace et le temps ont en commun, nous faudra-t-il immédiatement déterminer ce par quoi ils diffèrent architectoniquement. C'est ce à quoi nous nous employons dans la première section.

La même configuration où l'exacte symétrie laisse peu à peu apparaître des divergences significatives (et nous parlons ici le langage de la description architectonique, *i.e.* du *système* de la raison pure, et non celui de la simple thématique que tout le monde croit posséder «naturellement») se laissera découvrir lorsque nous en viendrons aux rapports entre l'esthétique et la logique, dans leurs prétentions respectives à être une science, c'est-à-dire une connaissance pure. La perspective ainsi parcourue dans ces deux investigations est ainsi proprement «épistémologique» puisqu'elle concerne l'essence propre d'une science qui constitue à la fois son propre objet et sa propre méthode : il en va ainsi aussi bien de la mathématique pure que de la logique. Si, pourtant, une telle science pouvait se donner et son objet et sa méthode, sans que rien, *in fine* ne puisse distinguer l'un de l'autre, nous aurions affaire non seulement à une science véritablement pure, sans la parenthèse phénoménologique qui la rend possible in concreto, mais encore cette science ne serait-elle rien d'autre que la connaissance pure a priori pour un entendement intuitif.

C'est ainsi que nous pourrons montrer que ce qui maintient l'espace *hors* du temps, et vice-versa, et que ce qui maintient la logique *hors* de l'esthétique (autrement dit qui empêche l'entendement de s'effondrer dans la sensibilité) n'est autre que l'*effectivité* qui produit chacune de ces représentations et qui s'en évapore aussitôt, ce à quoi nous faisions allusion plus haut en en parlant comme d'une «parenthèse phénoménologique». Ce sera l'objet de la troisième section «*Temporalité de la représentation spatiale et spatialité de la représentation temporelle*», à laquelle le présent texte sert également d'introduction.

2. SYMÉTRIE ET DISSYMÉTRIE DES DEUX FORMES DE LA SENSIBILITÉ.

Dans l'Esthétique Transcendantale de la *Critique de la raison pure*, le concept du temps comme celui de l'espace est, comme on le sait, exposé suivant deux niveaux : métaphysique et transcendantal. Cette exposition métaphysique est, à quelques différences près (qui n'en sont que plus significatives), répartie suivant un schéma qui s'apparente, plus visiblement dans la seconde édition, à celui des catégories.

En effet, dans la première édition, l'exposition métaphysique de ces deux concepts est construite en cinq moments ; le parallélisme de la construction va jusqu'à la rédaction qui en est similaire dans les deux expositions. En combinant en une présentation unique les passages principaux de ces deux expositions, moment par moment, nous pouvons rendre ce parallélisme très frappant :

1. «L'espace n'est pas un concept empirique»
    «Le temps n'est pas un concept empirique»

2. «l'espace... est une représentation a priori qui sert de fondement à toutes les intuitions externes ;

«le temps... est une représentation nécessaire qui sert de fondement à toutes les intuitions.»

3. «Sur cette nécessité a priori se fonde la certitude apodictique de tous les principes géométriques, et la possibilité de leurs constructions a priori.»

«Sur cette nécessité a priori se fonde aussi la possibilité de principes apodictiques concernant les rapports de temps, ou d'axiomes du temps en général.»

4. «L'espace n'est donc pas un concept discursif, ou, comme on dit, un concept universel de rapports des choses en général, mais une intuition pure...»

«Le temps n'est pas un concept discursif, ou comme on dit, universel, mais une forme pure de l'intuition sensible.»

5. L'espace est illimité parce qu'«il faut sans doute penser tout concept comme une représentation contenue elle-même dans une multitude infinie de représentations diverses possibles (comme leur caractère commun) et qui les contient donc sous lui ; mais aucun concept ne peut comme tel être pensé comme s'il contenait en lui une multitude infinie de représentations.»

«L'infinité du temps ne signifie rien de plus, sinon que toute grandeur déterminée du temps n'est possible que par des limitations d'un temps unique qui lui sert de fondement. Il faut donc que la représentation originaire du temps soit donnée comme illimitée...» A23-25/B38-40 A30-32/B45-47 pp. 784 & seq.

Avant de tirer toute conclusion, attirons l'attention plus particulièrement sur le troisième moment original de la première édition : en effet, dans la seconde édition, il disparaît de l'exposition métaphysique de l'espace (entraînant une renumérotation des deux derniers paragraphes) alors qu'il demeure dans celle du temps ; Kant ajoute une exposition transcendantale pour ces deux concepts, espace et temps, et dans celle du temps, écrit ceci : «Je puis sur ce point me reporter au n° 3, où, pour plus de brieveté, j'ai placé sous le titre d'exposition métaphysique ce qui proprement transcendantal.» (B48, p. 793).

De là, quelques remarques s'imposent. Dans la première édition, Kant se souciait moins de distinguer exposition métaphysique et exposition transcendantale, que de conserver une très grande symétrie dans la construction et la rédaction des deux expositions métaphysiques. Mais cette belle symétrie résultait en une construction en cinq parties, ce qui, du point de vue de l'architectonique, ne signifie rien. Le moment qui va disparaître de cette construction lors de l'établissement de la seconde édition se trouve exactement au milieu ; lorsqu'il disparaît, la construction redevient quadripartite et peut être lue avec fruit selon le schéma des catégories, ce que nous ferons plus loin. D'autre part, la place de ce troisième moment est à la charnière entre les deux premières catégories, dites mathématiques (l'objet est dans le phénomène) et les deux dernières, dites dynamiques (l'objet est dans le rapport au phénomène)[1]. L'homologie entre l'exposition transcendantale de l'espace et les catégories semble avoir posé moins de problèmes à Kant que dans le cas du temps : maintenir une construction en cinq moments pour ensuite écrire que le troisième moment n'y appartient pas, est pour le moins curieux.

Par delà l'explicitation détaillée de ces petits mystères, il nous importe plutôt de savoir ce que peut contenir l'exposition transcendantale du temps, comparée à celle de l'espace. Ce qui ressort en effet est que Kant a voulu d'abord montrer ce que le temps et l'espace ont en commun, pour ensuite vouloir accentuer au contraire ce qui les différencie sur un fonds commun.

Rappelons, pour fixer les idées, comment Kant définit l'exposition transcendantale (B40, p. 787) :

> «J'entends par exposition transcendantale l'explication d'un concept comme d'un principe à partir duquel peut être saisie la possibilité d'autres connaissances synthétiques a priori. Or cela suppose deux choses : 1. que des connaissances de cette nature découlent réellement du concept donné ; 2. que ces connaissances ne sont possibles que sous la supposition d'un mode d'explication donné (et tiré) de ce concept».

Les deux choses supposées sont claires : la matière de cette connaissance synthétique doit provenir du concept directeur ; la forme de cette même connaissance doit également en provenir, et nous ajouterions, car Kant est par trop laconique, qu'elle doit en provenir analytiquement, par des inférences de l'entendement, autrement dit «sans sortir du concept» pour reprendre la terminologie proprement kantienne. Comme nous allons le

---

1.   Cf. par exemple, Déduction métaphysique, Analytique des Concepts, Paragraphe 11, B110, p. 837, Add. de la seconde édition.

voir, cette question de «sortie», de même que l'appropriation à l'entendement de ce type d'inférences (plutôt qu'à la raison) vont jouer un rôle crucial dans la compréhension de ce qui va suivre.

Notons tout d'abord qu'une connaissance synthétique a priori construite à partir des déterminations du temps, est possible, même si, par exemple, elle est vide. Naturellement, c'est un cas-limite, et nous avons déjà là un embryon d'explication à ce double-emploi de l'exposition transcendantale du temps.

Oublions tout d'abord la familiarité empirique que nous avons ou croyons avoir avec le temps et l'espace. Nous devons tout d'abord recueillir les indices qui différencient l'espace et le temps dans cette grande similarité qui réunit leur exposition métaphysique respective. Cette grande similarité, nous l'avons dit, n'est pas là une commodité d'écriture de la part de Kant; elle est délibérée. Elle souligne par contraste ce qui diffère entre le temps et l'espace. Ces différences sont nombreuses, nous ne les citerons pas toutes. Il en est une cependant qui va requérir toute notre attention.

Dans le deuxième moment respectif de leur exposition métaphysique, on lit en effet ceci:

> «l'espace... est une représentation a priori qui sert de fondement à toutes les intuitions *externes*»;
>
> «le temps... est une représentation nécessaire qui sert de fondement à *toutes* les intuitions».

D'un côté, les intuitions externes, de l'autre: toutes les intuitions, et non pas les intuitions «internes», ce qui mécaniquement aurait été de soi. Faisons cette remarque évidente: ici l'espace est distingué du temps par un caractère somme toute déjà spatial: l'extériorité. On pourrait sauter le pas et trouver toutes sortes d'excuses à cela; point n'est besoin.

Ce caractère d'extériorité n'a de signification qu'une fois donné le concept de l'espace. Aussi devons-nous éviter d'essayer de le comprendre pour ce qu'il est et nous intéresser plutôt à ce qu'il est par rapport au trait correspondant de la caractérisation du temps: externe, d'un côté, tous, de l'autre. Il est clair que le corollaire du second moment de l'exposition métaphysique des deux concepts, est qu'il y a des intuitions «non-externes», pour ainsi dire, des phénomènes au fondement desquels se trouve le temps seul et non l'espace. Le fait que les phénomènes régis et par le temps et par l'espace s'appuient sur des intuitions «externes» (la traduction Barni & Archambault donne «phénomènes extérieurs» pour «intuitions externes») ne devrait pas émouvoir : à ce stade préliminaire, «externe» ne veut rien dire.

Supposons qu'il n'y ait aucun phénomène qui échappe à l'espace comme fondement. Ainsi il ne reste rien en dehors de cette totalité. Sans préjuger du contenu d'une telle connaissance, nous remarquons cependant, par l'application des lois transcendantales de la spécification des formes logiques[2], notamment en ce qui concerne la continuité, qu'une connaissance synthétique dérivée d'un concept aussi total de l'espace serait parfaitement homogène ; construite a priori et in concreto dans l'intuition, comme la mathématique, cette homogénéité se communiquerait tant aux principes constitutifs de l'objet qu'aux principes régulateurs, principes entre lesquels il n'y aurait plus de différence architectonique. Cette homogénéité absolument générale, puisqu'il ne reste rien en dehors de l'espace tel que nous en formons ici l'hypothèse, serait telle que l'entendement qui mettrait en œuvre une connaissance serait absolument immédiat, c'est-à-dire intuitif, c'est-à-dire divin. Ce n'est donc pas notre entendement.

Alors que l'homogénéité de la mathématique, tant dans ses objets que dans ses méthodes, est contenue dans une dimension, qui est celle des objets d'une intuition que nous continuons d'appeler «externe» (sans pour l'instant prétendre connaître le sens exact de cette expression), dimension où cette homogénéité reproduit l'opérationnalité d'un entendement quasi divin, c'est-à-dire qu'elle donne l'illusion transcendantale à l'entendement discursif d'être simplement intuitif, il n'en demeure pas moins que cette connaissance mathématique n'est possible pour nous que pour autant qu'il existe un type de phénomènes qui ne soit absolument pas fondé par l'espace en tant que forme de sensibilité.

---

2.   A658/B686, p. 1258. L'unité systématique invoquée n'est pas autre chose qu'une exigence architectonique et heuristique de la raison et ne «dit» rien au sujet du réel comme contenu d'une expérience empirique.

Il faut noter cette évidence : ce fantasme de l'entendement intuitif, ou divin, doit venir de quelque part. Une lecture anecdotique contournera ce mystère en faisant un rapprochement avec Dieu. Cependant, Kant parle de l'entendement intuitif (autrement dit de l'intuition intellectuelle) comme d'une impossibilité (pour nous), comme étant cet entendement que nous n'avons pas, que nous ne pouvons pas imaginer, mais seulement penser. De deux choses l'une, ou cette pensée est possible et il faut la situer par rapport «à nous», à notre entendement, ou bien c'est bien une impossibilité en dehors de nous, et il faut alors s'expliquer que Kant soit intarissable à ce sujet. Ce thème est en effet omniprésent dans l'œuvre de Kant et ne peut pas être réduit au rôle de simple contre-exemple. Notons déjà que dans le cadre de la mathématique, en tant que connaissance a priori synthétique, il est l'équivalent d'un entendement absolument délocalisé qui regarderait de partout à la fois un objet qui ne serait autre que son regard.

Cela dit, si nous sommes partis de l'examen approfondi de cette notion d'extériorité pour l'espace, les textes ne nous laissent pas ignorer que le temps est souvent appelé la forme a priori du sens interne. Maintenant, nous devons nous demander ce que doit recouvrir une exposition transcendantale du concept du temps, c'est-à-dire en clair quelles seraient les connaissances synthétiques tirées de ce concept. Celles-ci se réduisent à bien peu de choses, que nous citons :

> «Sur cette nécessité a priori se fonde aussi la possibilité de principes apodictiques concernant les rapports du temps, ou d'axiomes du temps en général. Le temps n'a qu'une dimension ; des temps différents ne sont pas simultanés, mais successifs (de même que des espaces différents ne sont pas successifs, mais simultanés)» A31/B47 p. 792.[3]

Quel serait le statut général d'une telle connaissance, en tant qu'elle est pure a priori ? Procédons, pour répondre à cette question, de la même manière que nous l'avons fait pour le même type de connaissance construite à partir de la forme spatiale de la sensibilité.

---

3. Cela correspond point par point à l'intitulé des Analogies de l'Expérience (cf. Analytique des Principes) – Cf. le commentaire de ces principes, commentaire dans lequel nous revenons longuement sur cet aspect de l'exposition transcendantale.

Du fait que la connaissance synthétique tirée du temps couvre absolument tous les phénomènes, nous avons affaire à une totalité. Souvenons-nous que pas plus que pour l'espace, nous ne pouvons prétendre posséder un savoir préalable de ce qu'est le temps; il est non seulement inutile à la bonne compréhension de l'Esthétique, mais pire encore dangereux, de se laisser subrepticement tomber dans l'orbite d'un savoir naïf de ce qu'est le temps. Ici, nous devons seulement nous demander quel serait le rapport des principes régulateurs de cette connaissance à ses principes constitutifs.

En effet, deux séries possibles de conséquences peuvent être envisagées:

a) Soit ses principes constitutifs sont analytiquement dérivables de principes régulateurs, et vice versa, et de proche en proche toute *médiation* sera abolie puisqu'il y aura, pour ainsi dire, totale homogénéité entre intuition formelle et diversité a priori, matière et forme, catégorie et phénomène. Dans ce cas, l'entendement capable d'une telle connaissance synthétique sera nécessairement un entendement immédiat et intuitif, autrement dit: divin.

b) Soit nous posons, pour sauvegarder la nécessité d'une médiation, condition d'un entendement discursif, une distinction analytiquement incontournable (ou contournable au prix de jugements synthétiques en appelant à un troisième terme que nous excluons d'emblée puisque cette connaissance synthétique tirée du temps est donnée comme absolument totale). De par l'effectuation synthétique produisant cette connaissance, cette distinction va irrésistiblement s'ouvrir jusqu'à séparer abyssalement et absolument les principes constitutifs de ceux qui sont régulateurs. Cela voudrait dire qu'il n'y aurait aucune règle de conversion entre principes régulateurs et constitutifs, et donc finalement aucune possibilité de formuler le principe suprême des jugements synthétiques, parce que cette règle, en leur étant surordonnée, se produirait comme règle de règles, donc comme constitutive. Une telle connaissance serait donc impossible parce qu'elle n'aurait ni règle ni objet.

Autrement dit, soit nous avons une masse entièrement homogène qui est en entier constitutive et régulatrice d'elle-même ; soit nous n'avons ni règle, ni objet. Ce sont là les conséquences de l'application du tiers exclu, autrement dit du principe suprême des jugements analytiques, qui sont seuls compétents dans un système de connaissance sans transcendance (autrement dit totalement fermé sur lui-même) et qui sont expréssément stipulés par Kant dans sa définition de l'exposition transcendantale.

Il convient de rappeler qu'il s'agit ici des deux versions possibles que prendrait une connaissance pure a priori dérivée d'une forme a priori de la sensibilité ; parce que la condition totalisante (exprimée dans l'expression : le temps, fondement de *toutes* les intuitions) ne laisse, pour ainsi dire, aucune place au tiers pour y être exclu, l'entendement qui concevrait une telle connaissance ne pourrait être discursif, mais seulement intuitif. Nous avons donc affaire à la connaissance intellectuelle qu'aurait Dieu : cette connaissance, que nous évoquions plus haut, en première hypothèse, que sa propre homogénéité rendrait absolument compacte et donnerait totalement et entièrement d'un coup, serait pour Dieu l'espace (comme *sensorium Dei* à la manière de Berkeley), mais en même temps, cela ne lui serait rien car ce serait un espace exhaustivement rempli et, pour ainsi dire, encombré de son regard que sa propre effectivité aveuglerait.

De même, cette impossibilité en laquelle se traduit cette connaissance sans règle ni objet, à laquelle nous sommes arrivés dans notre seconde hypothèse, serait l'absence de connaissance que Dieu aurait du temps, car le temps est exactement ce que Dieu ignore : c'est l'ombre que sa pure lumière se fait à elle-même. Le temps est donc également pour Dieu un rien, avec cette détermination supplémentaire que, pour ainsi dire, c'est un rien vide, impensable, alors que le rien spatial serait un vide plein (parce qu'instantanément rempli du regard), un vide pensable.

Par conséquent, une connaissance pure a priori (dérivée suivant la méthodologie par laquelle Kant a défini l'exposition transcendantale en général) développée à partir du fondement de «toutes» les intuitions, ne peut être que celle d'un entendement intuitif ; et dans ce cas, cette connaissance, examinée suivant les critères de la discursivité, en distinguant entre principes constitutifs et principes régulateurs, c'est-à-dire matière et forme, présente par elle-même les deux cas-limite de la connaissance discursive, de la même manière que l'entendement intuitif comme cas-limite de l'entendement retrouve l'intuition intellectuelle comme cas-limite de l'intuition. En effet, cette connaissance absolue ou bien est une connaissance dont la nature homogène la fait participer à la nature même de celui qui la conçoit, ou bien est une connaissance totalement impensable. Du point de vue d'un entendement intuitif, nous retrouvons, grâce à cette division, et l'espace, et le temps. Ce temps est le même (comparé à ce que peut connaître un entendement intuitif) pour nous, c'est-à-dire impossible à connaître. Cet espace est différent pour nous, en tant qu'il ne fonde pas «toutes» les intuitions, mais seulement un certain type d'entre elles, appelées par une commodité d'écriture, «intuitions externes», laissant de côté ces intuitions dont nous ne savons pour l'instant rien, si ce n'est qu'on les appelle «internes», expression qui, à ce stade de notre progression, n'a également aucune signification.

Entre ces deux impossibilités (pour nous, dont l'entendement est discursif) à laquelle nous conduit l'exposition transcendantale du temps, il reste une troisième voie, qui accepte qu'il y ait non pas tous, ni aucun, mais au moins un principe qui soit à la fois constitutif et régulateur de toute connaissance. Autrement dit, *localement,* le tiers n'est plus exclu.

Par la simple application des lois transcendantales de la spécification des formes logiques, s'il est possible qu'un principe soit à la fois constitutif et régulateur, alors il ne peut qu'être unique et se présenter comme un cas d'auto-référence : il est facile d'apercevoir qu'il ne peut être qu'unique, car s'il y en avait deux, l'un serait nécessairement surordonné à l'autre en termes de puissance principielle et il viendrait que le moindre des deux est analytiquement dérivable de l'autre, donc réductible à l'autre ; que ce soit un cas d'auto-référence n'est qu'une autre appelation pour le fait d'être à la fois règle et objet de cette règle. Constituant la règle tout en en réglant la constitution, il serait ce point par lequel le système de la connaissance qui le contient s'extasie ou débouche en dehors de lui-même.

Nous avons ici une explication de cette singularité que nous avons relevé dans l'exposition métaphysique du concept du temps. En effet, au niveau de son exposition, c'est ici que l'aspect métaphysique rejoint l'aspect transcendantal (comme dans la première édition), tout en devant en être nettement séparé (comme dans la seconde). Dans le cas d'une connaissance synthétique tirée du temps en tant que fondement de toutes les intuitions, le point en lequel règle et constitution de l'objet coïncident et au voisinage duquel il n'y a donc pas de (contenu de) connaissance au sens où la mathématique en offre, ce point, dis-je, est celui qui nous désigne comme «moi».

Ce «moi» est bien l'unique détermination (dont toutes les autres dérivent) que puisse offrir cette hypothétique connaissance synthétique dérivable transcendantalement du temps. Il doit donc avoir ce double caractère, sensible et intellectuel, phénoménal et catégoriel; de par le caractère tout à fait ouvert de cette connaissance tirée du temps, le moi, le je pense doit être à la fois objet vide de connaissance (d'où ces paralogismes de la raison pure et son fameux «Je pense, voila donc l'unique texte de la psychologie rationnelle, celui d'où elle doit tirer toute sa science») et foyer de convergence de toute synthèse cognitive : «simple représentation, vide par elle-même de tout contenu, moi, dont on ne peut même pas dire qu'elle soit un concept, mais qui est une simple conscience accompagnant tous les concepts» A346/B404, p. 1050. Le moi comme représentation correspond bien à cette auto-référence que constituerait un principe à la fois constitutif et régulateur d'une connaissance :

> «nous tournons donc, en ce qui le concerne < : le moi> dans un cercle perpétuel puisque nous sommes obligés de nous servir d'abord de sa représentation pour porter un jugement quelconque à son sujet : inconvénient qui en est inséparable, car la conscience en elle-même n'est pas tant une représentation qui distingue un objet particulier qu'une forme de la représentation en général en tant qu'elle doit être nommée connaissance.» A346/B404, p. 1050

Ce double caractère est donc une exigence architectonique et une condition de possibilité de toute connaissance discursive. Il y a scission entre espace et temps : a) parce qu'il doit y avoir d'un côté la possibilité matérielle d'une connaissance d'origine intuitive, pure et a priori, et dont l'homogénéité[4] sera

---

4. L'homogénéité dont il est question ici doit être comprise dans le sens de la spécification transcendantale des formes logiques, où son sens

l'ectype ou le symbole de l'entendement intuitif parce qu'il
se donne, du même coup, la matière et la forme (autrement
dit, en termes strictement kantiens : la forme pure de l'intuition, qui en fournit la diversité et l'intuition formelle qui
donne l'unité de la représentation) de ses objets mathématiques ; et b) parce qu'il doit y avoir, d'un autre côté, la possibilité formelle (donc matériellement vide) d'un même type
de connaissance d'origine intuitive, pure et a priori, mais
dont l'hétérogénéité constitutive (cristallisée par le caractère
auto-référentiel de son principe directeur dans lequel nous
avons reconnu le moi) agit comme une force extatique ou ex-
tériorisante qui vient gauchir et incurver l'homogénéité isotrope du pseudo-entendement intuitif pour le rendre discursif. Parce que ce gauchissement sera toujours comme un
échaffaudage que l'on retire une fois la construction termi-
née et dont on peut nier après coup (c'est cette possibilité
qu'exploite l'erreur «inévitable et naturelle» de la raison)
qu'il ait jamais existé, parce que ce gauchissement sera toujours évacué des représentations données dans une connaissance, l'illusion persistera toujours que cette connaissance
peut se libérer des limites de l'expérience sensible. C'est ici
que l'on aperçoit toute l'importance du thème de l'entendement intuitif, encore qu'il n'apparaisse que comme l'horizon
de cette illusion (transcendantale) et donc comme l'horizon
d'un horizon, mais plus encore, l'importance de penser l'architectonique comme clef de voûte de la philosophie critique :
car les deux premières sciences pures a priori, à savoir la
mathématique pure et la morale pure s'ignorant superbe-
ment, il y faut la troisième, à savoir la philosophie transcendantale pour en penser l'unité[5] ; et nous ajouterons que se

_____

   est très voisin de la continuité. C'est d'ailleurs par le truchement de
   la continuité que l'homogénéité caractérise également la synthèse
   dite «homogène», qui est cette «synthèse d'éléments divers, où il
   n'y a pas d'appartenance mutuelle nécessaire», dans une note de
   l'Analytique («représentation systématique de tous les principes
   synthétiques de l'entendement pur», A162/B201), qui, donnant un
   exemple géométrique, poursuit: «il en est de même pour la synthèse
   de l'homogène, en tout ce qui peut être examiné mathématiquement».

5.   «En dehors de la philosophie transcendantale, il y a encore deux
     sciences rationnelles pures, dont l'une n'a qu'un contenu spéculatif,

pose, en abîme, la question de la technique de la pensée, question déjà rendue implicite par notre utilisation du terme «échaffaudage».

Malgré sa position centrale, ce double caractère du moi va donc toujours *apparaître* problématique, et cette «apparence» aporétique, qui constitue l'objet des paralogismes de la psychologie rationnelle, n'est telle que lorsque l'on veut réduire cette «double signification» (Préface à la seconde édition, BXXVII, p. 746) à une «même signification», ce qu'exige la logique générale analytique (et par son truchement, la métaphysique ancienne manière), logique qui ne peut fonctionner qu'en faisant dis-paraître disparaître l'être-*subjectif* du moi, en le rendant inapparent. Ce double caractère du moi va donc toujours être dialectique, parce qu'aussi bien dans la connaissance synthétique mathématique que dans la logique analytique, qui en partage beaucoup d'aspects, le tiers exclu règne comme principe suprême des jugements analytiques ; c'est ce qui en fonde l'homogénéité.

> «Mais comment le je, le je pense, est-il distinct du je qui s'intuitionne lui-même (du moment que je peux me représenter encore un autre mode d'intuition, du moins comme possible), et pourtant une seule chose avec ce dernier, puisque c'est le même sujet ; comment puis-je donc dire que moi, comme intelligence et comme sujet pensant, je me connais moi-même comme objet pensé, en tant que je suis en outre donné à moi-même dans l'intuition seulement, comme les autres phénomènes, non comme je suis devant l'entendement, mais comme je m'apparais?» B155, p. 869

Au regard de cette règle, le caractère double du moi est préservé parce que d'une part, ce principe constitutif qui serait en même temps régulateur n'est pas saisissable : c'est une représentation vide. Dès lors, tout principe que l'on puisse produire est soit régulateur, soit constitutif, parce qu'il devient l'un ou (disjonctif) bien l'autre, l'un et l'autre à tour de rôle si l'on veut, tout dépend de la représentation, mais jamais les deux à la fois. Ainsi la nécessité de toujours distinguer critiquement entre catégoriel et phénoménal a pour résultat lorsqu'on en ob-

---

l'autre qu'un contenu pratique: je veux parler de la mathématique pure et de la morale pure» A480/B508, p. 1130, *loc. cit.*

serve l'application à la représentation du «moi», de la faire dis-
paraître : c'est une représentation vide, qui n'occupe pas de
place ; le champ de la logique analytique, tout comme celui de
la mathématique, tout comme celui de l'expérience ne connaît
aucun accroc dans son homogénéité, dans son épaisseur : c'est
l'illusion transcendantale non pas que le monde a ou n'a pas de
limites, mais que nous sommes un entendement intuitif, sans
porte de sortie et sans indécidable.

Cette dis-parition du moi hors de l'épaisseur de l'expérience est parfaitement achevée dans le cas où l'objet se trouve totalement dans le phénomène, expression que Kant utilise pour
qualifier de «mathématique» ce type de situation. Ainsi, dans
les antinomies mathématiques, la dis-parition du moi, représentation vide mais centrale, entraîne la disparition de la possibilité de toute représentation des limites, représentation elle-même
limite tout comme l'est celle du moi, ainsi que nous l'avons vu
plus haut. Dans les deux cas, ces représentations limites sont
par conséquent fausses dans la thèse et dans l'antithèse, de par
l'exclusion du tiers.

Les choses sont différentes dans les antinomies dites «dynamiques» (l'objet contient le rapport lui-même de la faculté de
connaître au phénomène), où le double caractère du moi nouménal et phénoménal doit être assumé comme à la fois constitutif
(en tant que noumène) et régulateur (en tant que phénomène),
donc vrai dans les deux cas de figure, de par l'inclusion du tiers.

On le voit, les textes de l'Esthétique contiennent donc non
seulement l'objet pour la pensée mais également la manière de
le penser. C'est ainsi qu'au départ des seules similarités (en ce
qu'elles se rapprochent de l'identité pure et simple sans pouvoir cependant l'atteindre) qui peuvent être relevées entre les
expositions du temps et de l'espace, nous avons pu retrouver le
mode de spécification, au départ d'une intuition en général, du
temps et de l'espace et que nous avons pu rendre clair le fonctionnement des antinomies mathématiques. Nous devons poursuivre sur cette lancée et examiner comment cette configuration architectonique se déploie à un niveau supérieur qui est
celui qui *situe* l'Esthétique par rapport à la Logique.

3. SYMÉTRIE ET DISSYMÉTRIE DES DEUX FORMES DE LA CONNAISSANCE

3.1 L'homologie entre la Logique et l'Esthétique

On s'en serait douté, la Logique et l'Esthétique ne sont pas simplement juxtaposées. Leur connivence architectonique est tellement déterminante dans l'économie de tout le système qu'à défaut de l'exposer tout de go, Kant n'a d'autre ressource que d'en parler métaphoriquement. En relevant tous les traits communs à ces deux sciences, nous pourrons avoir une vue plus nette de l'institution kantienne de la Logique qui nous aurait peut-être échappée si nous nous étions uniquement concentrés sur la Logique en délaissant l'Esthétique.

Kant «oppose» l'Esthétique à la Logique, dans une opposition qui ne doit rien à la contradiction analytique et tout à l'architectonique. Cela apparaît dans les définitions inaugurales de l'Esthétique :

> «Une science de tous les principes de la sensibilité a priori, je l'appelle esthétique transcendantale. *Il faut donc qu'il y ait une telle science,* qui constitue la première partie de la théorie transcendantale des éléments, par *opposition* à celle qui contient les principes de la pensée pure et qui se nommera logique transcendantale.» A21/B35 p. 783 (nos italiques).

«Il faut donc qu'il y ait une telle science», écrit Kant sans en dire davantage et en préciser la nécessité, et il faut, au sein de la théorie transcendantale des éléments, qu'elle soit située «en opposition» à la Logique transcendantale. Cette opposition n'est pas analytique, on l'a dit, car si elle n'est pas l'opposition immédiatement associée à la contradiction (dans un jugement catégorique), elle ne peut non plus se rapporter à la division d'un tout en parties (dans un jugement disjonctif) : en effet, à elles deux, l'Esthétique et la Logique ne pourraient matériellement épuiser tout le domaine de l'expérience, même si elles en rassemblent toutes les conditions formelles de possibilité[6].

---

6. Voilà bien le mystère qui est toujours déjà escamoté par la fiction métaphysique: comment, alors que l'on possède les principes a priori de toute l'expérience, on ne peut a priori la déterminer toute entière; pourquoi ne peut-on déduire leur *réalité empirique* (par exemple des concepts du temps et de l'espace) de leur *idéalité transcendantale*?

Enfin, cette opposition n'a rien à voir avec les jugements hypothétiques, car l'une n'est pas l'a posteriori de l'autre. Rien ne permet d'en penser la relation, dans la catégorie du même nom. La Logique et l'Esthétique se complètent certes, mais *métaphysiquement*, en ce sens que la conjonction de la connaissance pure a priori qu'elles représentent toutes deux projette illusoirement l'apparence d'un entendement intuitif. Par contre, elles ne peuvent se rejoindre *transcendantalement*[7] et les conditions (de possibilité) qu'elles offrent chacune en complément de l'autre pour une connaissance possible ne contiennent rien de la vie fluctuante de l'imagination, qui est ce qu'elles perdent entre elles deux lorsque l'une et l'autre font abstraction l'une de l'autre et font abstraction de ce dont elles sont respectivement le cadre pur a priori (la sensation, à savoir l'appréhension de l'imagination dans la synthèse figurée ; et le jugement, à savoir la réflexion de la faculté de juger dans la synthèse intellectuelle).

La réponse automatique est qu'il manque l'intuition sensible : l'horizon «apparent» de l'indéterminable a priori, c'est-à-dire la matière des sensations recule indéfiniment, parce que celle-ci est toute entière perdue dans sa *Wirklichkeit* et retrouvée dans sa *Realität*. La dimensionnalité moindre de la Logique générale analytique (et donc de l'ensemble des connaissances de l'entendement) possède une complétude absolue, mais elle ne la possède pas originairement, ce qui ne se pourrait que pour un entendement intuitif. Cette complétude lui est reconstituée tout comme le plan de l'inflexion nulle, qui résulte de la double anamorphose équilibrée pour s'annuler, a d'abord nécessité, pour son *effectivité*, une dimensionnalité plus grande, l'espace, pour revenir, comme *représentation*, à la dimensionnalité moindre du plan. L'illusion transcendantale consiste à prendre le plan pour la dimensionnalité maximale, au-delà de laquelle il n'y en a plus d'autres et cette illusion est alimentée par le fait que tout ce qui est représentable, quel que soit son origine, ne peut l'être que dans le plan de la représentabilité, le plan de la logique. Tout le reste est inapparent, a dis-paru. Aussi doit-on comprendre que si l'Esthétique et la Logique, considérées comme sciences, c'est-à-dire comme ensembles systématiques de connaissances (même vides), même si elles contiennent les principes a priori de toutes choses, ne peuvent (légitimement, en tout cas) transformer ces principes transcendantaux en concepts métaphysiques et déterminer a priori ce que les principes conceptuels contiennent «sous eux», comme si ceux-ci les contenaient «en eux», comme si, par conséquent la pensée était une intuition, et notre entendement, intuitif.

7. La Logique et l'Esthétique se rejoignent dans l'infini, ce qui est la même chose que d'affirmer qu'elles ne se rejoignent jamais, puisque l'infini est la limite au-delà de laquelle il est enfin possible de penser l'effectivité dis-parue de la synthèse qui, pourtant, est ce qui les rend possibles.

L'Esthétique et la Logique s'«opposent» comme deux serre-livres, dans une symétrie qui laisse *représentationnellement vide* la place de l'axe. Tout comme l'Esthétique «isole» tout d'abord son objet, de tout ce qui concerne l'entendement pour ensuite le «séparer» de tout élément empirique, la Logique est définie négativement par l'abstraction qui y est fondamentalement faite d'une part de l'empirie propre à l'entendement (l'influence des sens, l'imagination, la mémoire, etc. cf. A53/B77 p. 814) et d'autre part du contenu matériel de ses représentations. L'Esthétique et la Logique ont donc ceci en commun qu'en elles abstraction est faite du divers d'une intuition empirique. Dans un sens particulier, l'on pourrait remarquer que ces deux sciences ne sont architectoniquement possibles que dans la mesure où elles font abstraction de leur signification, laquelle ne peut leur venir que du réel en tant qu'il est reçu dans une représentation empirique (ce qui englobe aussi bien le concept de la Logique que l'intuition de l'Esthétique, en tant qu'ils peuvent être tout deux empiriques), et qu'elles n'ont pas par elles-mêmes de signification (sens). En effet, leur signification éventuelle serait ou bien celle de leur nécessité intrinsèque (et métaphysique) en tant que science (ce en quoi elles se différencieraient de simples fictions philosophiques) ou bien celle de la possibilité de leur rapport au réel (leur signification transcendantale), en tant que conditions formelles soit respectivement de l'intuition, et du concept ; étant l'une pour l'autre ce que chacune d'elle éclipse matériellement pour son propre compte, l'articulation de l'intuition de l'Esthétique au concept de la Logique réside dans l'«objet» d'une représentation empirique.

Dès lors, puisque l'intuition pure a priori et le concept pur a priori ne sont pensables, d'entrée de jeu, que comme limites démarquées négativement («abstraction faite» d'un contenu empirique) et ne peuvent pas être produites dans une expérience originaire (que seul un entendement intuitif serait de nature à avoir) pour le témoignage des sens, toutes les «expositions» et «déductions» requises pour établir les sciences esthétique et logique vont devoir s'articuler hors signification expérimentale, c'est-à-dire hors sens, d'où leur caractère *apparemment* arbitraire. La nécessité intrinsèque, autrement dit la signification architectonique de ces sciences va devoir supporter tout le poids de la démonstration et l'entreprise ne sera validement menée que dans la

mesure où elle s'éloigne de tout ce que, de nos jours, nous appe-
lerions phénoménologique, pour s'organiser architectoniquement, c'est-à-dire comme système qui a cette particularité,
unique à notre connaissance, d'être composé de faisceaux de
rapports sans qu'il y ait quoique ce soit qui soit mis en rapport,
puisque le «quoique ce soit», c'est-à-dire une opacité phénoménologique, une épaisseur qui a trait à la vie de la pensée et au témoignage des sens est justement ce qui est perdu.

Voyons maintenant le détail de l'homologie entre l'Esthétique et la Logique, en particulier comment le canevas de l'exposition transcendantale de l'Esthétique sert à mettre en place
la Logique comme science :

> «En elle <la science de la logique>, les logiciens doivent donc
> toujours garder deux règles sous les yeux :
>
> 1. Comme logique générale, elle fait abstraction de tout le contenu
> de la connaissance de l'entendement, et de la diversité de ses
> objets, et elle ne s'occupe que de la forme de la pensée ;
>
> 2. Comme logique pure, elle n'a point de principes empiriques [...]
> Elle est une doctrine démontrée, et tout doit y être pleinement
> certain a priori» A54/B78 p. 814.

Comparons donc ces deux règles avec celles qui sont for-
mulées dans la définition de l'exposition transcendantale :

> «J'entends par exposition transcendantale l'explication d'un
> concept comme d'un principe, à partir duquel peut être saisie la
> possibilité d'autres connaissances synthétiques a priori. Or cela
> suppose deux choses :
>
> 1. que des connaissances de cette nature découlent réellement du
> concept donné ;
>
> 2. que ces connaissances ne sont possibles que sous la supposition
> d'un mode d'explication donné de ce concept» B41 p. 787, ad-
> dition B.

Ce canevas logique est celui qui, dans la seconde édition,
va organiser l'exposition transcendantale de l'espace. Il est
clair qu'il s'agit du même canevas car a) toutes les connaissances dérivent formellement des catégories et b) le «mode
d'explication» demandé est, par excellence, celui de la logique.
Il faut noter d'ailleurs, à propos de l'exposition transcendantale
de l'espace, que seul l'espace donne la forme pure matérielle et
représentationnelle de la connaissance ; le temps en donnant la
forme pure formelle et effective par le schématisme et la sensation, la matière sensible.

A côté de cette sorte de correspondance entre l'exposition transcendantale de l'espace et les règles de constitution de la logique comme science, il serait intéressant de poursuivre la démarche et de se demander quelle pourrait bien être l'analogue, dans la logique, de l'exposition métaphysique. Dans celle-ci, on ne pourra trouver guère plus que la simple présentation des éléments de la logique, autrement dit son architectonique propre. Rappelons en effet que la déduction métaphysique des concepts de l'entendement consiste simplement à «mettre en évidence» «l'origine a priori des catégories» et cela revient à montrer que celles-ci sont en «plein accord avec les fonctions logiques universelles de la pensée» (B159, p. 872), si l'on s'en tient à cette définition.

Or – et il est bien possible que ce soit là l'une des raisons principales des difficultés qu'a rencontrées Kant en délimitant et en rédigeant l'Analytique des Concepts – il se pourrait bien que la déduction métaphysique s'appuie en réalité, c'est-à-dire hors apparence, sur la déduction transcendantale comme sur un fondement phénoménologique, alors que la déduction transcendantale suppose apparemment un fondement logique toujours déjà à l'œuvre, ce à quoi nous avions fait allusion en parlant de l'éclipse réciproque entre l'imagination et les sciences esthétique et logique et en appelant cette configuration architectonique, une *rétrojection*.

Dès lors, plusieurs étapes s'imposent d'elles-mêmes à notre démarche. D'une part, nous devons examiner jusqu'où nous mène le parallèlisme que nous discernons entre l'architecture de l'Esthétique et celle de la Logique, et d'autre part, bien sûr, quelle peut bien en être la signification architectonique. Autant l'exposition métaphysique des concepts du temps et de l'espace était ouvertement décalquée sur le modèle de la table des catégories, autant devrions-nous retrouver, inspirée du même schéma quadripartite, quelque chose qui y corresponde dans la Logique Transcendantale. Un premier mouvement nous ferait la reconnaître dans la présentation même des types de jugements logiques. Ce serait là quitter imprudemment le domaine de la méthodologie qui nous avait fourni le fil conducteur de notre première approche. Un examen plus attentif nous ferait en effet retrouver cette même disposition caractéristique et même le vocabulaire de l'exposition métaphysique, contenus dans le programme de la déduction métaphysique, dans le court texte qui ouvre l'Analytique même :

«Cette analytique est la décomposition de toute notre connaissance a priori dans les éléments de la connaissance pure de l'entendement. En cela, les points suivants sont d'importance :

1. Que les concepts soient des concepts purs et non empiriques.

2. Qu'ils n'appartiennent pas à l'intuition et à la sensibilité, mais
   à la pensée et à l'entendement.

3. Que ce soient des concepts élémentaires, et qu'ils soient bien
   distingués de ceux qui en dérivent ou en sont composés.

4. Que la table en soit complète et qu'ils couvrent pleinement le
   champ entier de l'entendement pur.» A64/B89 p. 822.

Cette similitude, de prime abord vague, doit être creusée. En
effet, c'est à ce prix que nous pourrons déterminer l'interprétation correcte qu'il convient de réserver à ce passage, par rapport
à l'énoncé même des jugements logiques, qui, si nous gardons à
l'esprit les indices que nous avons recueillis plus haut, ne nous
apprendront rien, par saturation de l'effet d'évidence logique.

Mais c'est avec la plus grande prudence que nous devons
tenter le rapprochement entre le programme de l'Analytique
(sa déduction métaphysique) et l'exposition métaphysique de
l'Esthétique, et ce, pour la raison suivante : cette exposition se
limitait à n'être que la «représentation claire (quoique non détaillée)» (A23/B38, p. 785) du contenu d'un «concept», mais
cette représentation n'est pas à proprement parler un concept et
c'est pour cette raison que Kant précise dans la parenthèse,
qu'elle n'est pas «détaillée». En effet, le problème, commun à
l'Esthétique et à la Logique transcendantale, est qu'on n'y traite pas analytiquement, à proprement parler, de concepts analytiques et ce n'est donc pas à la simple logique qu'il faut se référer, mais à l'architectonique, laquelle n'est pas véritablement
thématisée dans la *Critique de la raison pure*. En effet, dans la
logique transcendantale, l'entendement est organisé (et donc
décrit) du point de vue de l'usage logique de la raison et
d'après ses concepts (qui sont idéaux), tandis que dans l'esthétique, les concepts dont on parle sont ceux d'une intuition originaire qui parcourt l'infini, étant elle-même infinie. Les
concepts de l'esthétique sont peut-être des concepts en eux-
mêmes, mais pas «pour nous»[8].

---

8. «...aucun concept ne peut comme tel être pensé, comme s'il contenait
    en lui une multitude infinie de représentations. C'est pourtant ainsi que
    l'espace est pensé (car toutes les parties de l'espace coexistent à l'infi-
    ni). La représentation originaire de l'espace est donc une intuition a
    priori, et non pas un concept.» B40, p. 786.

Cela dit, procédons maintenant au rapprochement proposé. Pour plus de facilité de lecture, nous avons regroupé entre eux chaque moment respectif des tables considérées. Les deux premiers moments ne posent pas vraiment de problèmes :

1. «L'espace (le temps) n'est pas un concept empirique» ; <il faut> «que les concepts soient purs et non empiriques».

2. «l'espace (le temps)... est une représentation a priori qui sert de fondement à toutes les intuitions externes» (sans distinction, pour le temps) ; <il faut> «qu'ils n'appartiennent pas à l'intuition et à la sensibilité, mais à la pensée et à l'entendement» (*loc. cit.*).

Dans le premier moment, l'on demande, aussi bien pour l'espace et le temps que pour les concepts de l'entendement, qu'ils soient purs, c'est-à-dire que ce soient là des représentations originaires, qu'elles soient posées comme fondement. Notons d'ailleurs que dans l'exposition métaphysique respective de l'espace et du temps, ce premier moment défini négativement débouche directement sur l'indication positive que l'espace doit être posé comme «fondement» à l'expérience externe, décrite sur le mode de la simultanéité, tout comme le temps, comme «fondement a priori» de la simultanéité et de la succession des perceptions. Le mouvement négatif du premier moment signifie que le concept pur, soit esthétique, soit logique, est au «fondement» de l'expérience. Ce que semble reprendre *expressis verbis,* le second moment.

En effet, dans l'Esthétique, une lecture attentive discernerait une certaine redondance entre le premier et le second moment de cette exposition métaphysique. Comparons en effet, l'indication positive du premier moment pour l'espace :

«...la représentation de l'espace ne peut pas être empruntée aux rapports des phénomènes externes par expérience, mais cette expérience externe est elle-même possible qu'au moyen de cette représentation.» A23/B38 p. 785.

à celle du second moment, toujours pour l'espace :

«<L'espace> est donc considéré comme la condition de possibilité des phénomènes, et non pas comme une détermination qui en dépende, et il est une représentation a priori, servant nécessairement de fondement aux phénomènes externes.» A24/B39 p. 785.

Poursuivons cette comparaison, à propos du temps, entre le premier moment de son exposition métaphysique :

> «...la simultanéité ou la succession ne tomberaient pas elles-mêmes sous la perception, si la représentation ne servait pas a priori de fondement. Ce n'est que sous cette supposition que l'on peut se représenter que quelque chose existe...» A30/B46 p. 792.

et enfin, le second :

> «le temps est donc donné a priori. En lui seulement toute réalité des phénomènes est possible...» A31/B46 p. 792.

Il y a cependant une différence entre le premier et le second moment : en toute rigueur, dans le cas de l'espace comme dans celui du temps, le premier moment esquisse la possibilité trans-cendantale d'une connaissance pure a priori (respectivement, la représentation des «choses comme en dehors et à côté les unes des autres» et celle de la simultanéité et de la succession) tan-dis que le second indique la possibilité transcendantale de la phénoménalité. Ainsi le premier moment serait celui de l'«idéalité transcendantale», respectivement, de l'espace et du temps, tandis que le second serait celui de leur «réalité empi-rique». De plus, à ce moment de l'«idéalité transcendantale» correspondront dans l'Analytique des Principes, les Axiomes de l'Intuition, tandis qu'à celui de la «réalité empirique», les Anticipations de la Perception, ce dont il est facile de se convaincre par soi-même.

Lorsqu'on compare, parallèlement, les premier et second moments du programme de l'Analytique, on reconnaît que la pureté du concept demandée dans le premier ne rejoint pas tout à fait l'exigence, somme toute plus large, qu'il appartienne «à la pensée ou à l'entendement». Ce choix répond, dans l'Esthé-tique, au couple idéalité transcendantale/réalité empirique et du coup, sa signification apparaît très clairement. Que le concept soit pur (premier moment), exprimerait l'idéalité transcendan-tale de la logique, qui ne signifie rien par elle-même (*ens ratio-nis*) tout comme le concept de l'espace ne signifie rien par lui-même (*ens imaginarium*). Qu'il appartienne à la pensée ou à l'entendement signifie donc qu'il peut être simplement formel (concept de la logique générale analytique) ou accueillir la réa-lité empirique (concept d'un objet X). Nous retrouvons la dif-férence entre le concept tel qu'il est (épistémologie) et le concept tel qu'il est constitué (phénoménologie), qui résulte en cette «grande différence» dans la manière de penser les concepts, que doit déterminer la réflexion transcendantale.

Poursuivons maintenant notre comparaison entre l'exposition métaphysique de l'Esthétique et le programme de la déduction métaphysique de la Logique par la lecture du troisième moment:

>3. «L'espace (le temps) n'est donc pas un concept discursif, ou, comme on dit, un concept universel de rapports des choses en général, mais une intuition pure (une forme pure de l'intuition sensible)»;
>
>   <il faut> «que ce soient des concepts élémentaires, et qu'ils soient bien distingués de ceux qui en dérivent ou en sont composés» (*loc. cit.*).

Dans ce troisième moment, l'exposition de l'Esthétique insiste beaucoup sur l'unité fondamentale de l'espace, unité antérieure à toutes les parties qui peuvent y être décrites. Certes, Kant ne s'appesantit pas sur l'origine des «limitations» et n'en traite que pour les dégager de la spécificité de l'espace comme «intuition a priori (non empirique) <qui> sert de fondement à tous les concepts que nous en formons» (A25/B39, p. 786). De même, et en tenant compte du caractère plus fondamental encore du temps, Kant précise que «la représentation qui ne peut être donnée que par un seul objet est une intuition» (A32/B47, p. 792). Pour comprendre cette indication, il faut se rappeler que «l'objet est ce dont le concept réunit le divers d'une intuition donnée» (B137, p. 856). Si l'objet est dit «unique», alors cela exprime que le concept est sans diversité synthétique (il est donc homogène) et que la représentation est simplement singulière tout en contenant une diversité qui appartient à l'intuition même.

Ce troisième moment pose donc la question de l'essence de la diversité, ce qui présente des difficultés à partir du moment où n'apparaît pas clairement la différenciation qu'entend établir Kant entre la diversité du continu, rencontrée dans l'intuition (pure), et celle du discret du concept, dont les concepts

---

9. «Die Vorstellung, die nur durch *einen einzigen* Gegenstand gegeben werden kann, ist aber Anschauung». Le français ne peut rendre aussi bien l'accent mis sur le caractère unique/unifié de l'objet, traduit en désespoir de cause par l'expression «seul», comme s'il était possible qu'il y ait plusieurs objets pour une représentation!

doivent être élémentaires. Pour une Analytique, il devient dès
lors essentiel de recenser les concepts-maîtres de la diversité
du discret parce qu'ils définissent une diversité a priori, ce que
ne possède pas la diversité élusive de la continuité. Aussi com-
prend-on également la peine que prend Kant à souligner combien la diversité inhérente à l'espace et au temps ne se traduit
pas en «limitations» ou «parties» à partir desquelles on pourrait
penser un concept de l'espace et du temps. Ce concept n'est
pas, à proprement parler, un concept puisqu'il ne contient aucune diversité fixée et dès lors l'objet dont il réunit le divers,
est comme le dit curieusement Kant : *einen einzigen Gegenstand.*

Le parallèlisme entre les expositions de l'Esthétique et le
programme de l'Analytique se confirme donc, nonobstant la
nécessaire différenciation entre les types de diversité, du continu pour l'Esthétique, du discret pour la Logique.

Terminons cet examen en en détaillant le quatrième moment :

> 4.   «L'espace est représenté comme une grandeur infinie don-
>   née... la représentation originaire du temps est donnée comme
>   illimitée...»
>   <il faut> «que la table en soit complète et qu'ils couvrent
>   pleinement le champ entier de l'entendement pur» A64/B89
>   p. 822 (*loc. cit.*).

Kant, à l'occasion du quatrième moment de l'exposition
de l'espace, utilise une approche topologique du concept particulièrement éclairante ; nous l'avions déjà souligné, le
concept contient «sous» lui-même une «multitude infinie de
représentations», alors que l'espace les contient «en» lui. Parallèlement, le quatrième moment de l'exposition du temps
retraduit la notion d'infinité en illimitation. La difficulté est
alors contournée :

> «là où les parties mêmes et toute grandeur d'un objet ne peuvent
> être représentées de façon déterminée qu'au moyen d'une limita-
> tion, la représentation entière ne doit pas être donnée par des
> concepts (car ceux-ci ne contiennent que des représentations par-
> tielles), mais il faut qu'une intuition immédiate leur serve de fon-
> dement» A31/B48 p. 793.

En effet, il y a difficulté, car le temps ne présente pas de diversité propre dont on puisse se faire un concept d'où dériver

analytiquement des connaissances. Nous avons en effet déterminé précédemment que nous pouvions parler *métaphysiquement* d'une intuition en général, unique, à partir de laquelle nous pourrions distinguer *transcendantalement,* suivant la diversité continue et synthétisable en représentations non triviales, l'espace, du temps. On ne peut en effet définir un objet à partir de limitations s'appuyant elles-mêmes sur des limitations (comme les «parties» s'appuieraient sur des «parties») et il faut bien qu'il y ait quelque chose à répartir, et que ce quelque chose soit immédiat, c'est-à-dire soit là avant même qu'il y ait possibilité d'une synthèse de l'entendement, autrement dit d'une «médiation». La manière dont s'illimite le temps va prendre toute sa signification dans la solution de la seconde antinomie cosmologique («totalité de la division d'un tout donné *dans l'intuition*»).

Le nœud du problème se trouve en effet au niveau de l'espace dans son vis-à-vis avec les concepts de l'entendement pur. Le génie architectonique de Kant l'autorise à des aperçus vertigineux : l'intuition «est» une multitude infinie de représentations. Elle est déjà matériellement, en acte, ce à quoi une pensée intuitive aurait immédiatement accès. Elle est définie comme infini. Le concept pur contient «sous lui» cette même multitude et son infini est indéfini. A l'intuition correspond le continu (*quantum continuum*), au concept, le discret (*quantum discretum*) :

> «La division infinie ne désigne le phénomène que comme un quantum continuum et elle est inséparable du remplissement de l'espace, puisque c'est dans ce remplissement que réside le fondement de la divisibilité infinie. Mais, dès que quelque chose est considéré comme un quantum discretum, alors la multitude des unités y est *déterminée* ; elle est donc toujours égale à un nombre.» A527/B555 p. 1164[10].

___

10. Ce texte, extrait de la Dialectique transcendantale («Solution de l'idée cosmologique qui porte sur la totalité de la division d'un tout donné dans l'intuition») montre que la seconde antinomie provient de ce que l'on confond *intuition et concept,* c'est-à-dire la sensibilité et l'entendement, faute d'une réflexion transcendantale. A l'intuition revient la divisibilité infinie du déterminable; au concept, la divisibilité indéfinie de la détermination car «ce qui détermine l'espace en forme de cercle, en figure de cône et de sphère, c'est l'entendement...» *Prolégomènes*, T. 2, IV, 321, p. 99. De même, la première antinomie provenait de ce que l'on confondait concept empirique de l'entendement et concept pur de la raison, c'est-à-dire *concept* et *Idée.*

Si l'intuition en général ne se «diversifiait» pas en espace et en temps, et s'il n'y avait pas l'illimitation du temps qui est ce dans quoi «toutes» les intuitions (matérielles) sont reçues, alors le fait que l'intuition soit un *quantum continuum* nous ferait accéder directement à la possession d'un infini en acte, à la manière d'une intuition intellectuelle (d'un entendement intuitif). Or ce n'est bien sûr pas le cas et la solution de la seconde Antinomie, après avoir installé une distinction entre la régression *in infinitum* et la régression *in indefinitum*, correspondant respectivement à l'intuition et au concept, se poursuit en effet par cette restriction qui éclaire rétrospectivement la signification qu'il convient d'attacher au quatrième moment de l'exposition métaphysique du temps :

> «...il est nullement permis de dire d'un tel tout, qui est divisible à l'infini, qu'il se compose d'un nombre infini de parties. En effet, bien que toutes les parties soient contenues dans l'intuition du tout, cependant n'y est pas contenue toute la division, laquelle ne consiste que dans la décomposition continuée, ou dans la régression même, qui rend *effectivement réelle* la série. Or, comme cette régression est infinie, tous les membres (les parties) auxquels elle arrive sont, il est vrai contenus, comme agrégats dans le tout donné, mais non pas la série entière de la division, laquelle est successivement infinie et n'est jamais entière, et par conséquent ne peut présenter une multitude infinie et une synthèse de cette multitude en un tout.» A524/B552, pp. 1161-1162 (nos italiques).

Or, n'ayons pas peur de le rappeler, «des pensées sans contenu sont vides, des intuitions sans concepts sont aveugles» (A51/B75 p. 812). L'intuition contient «en elle», aveuglément, un infini qu'elle ne peut voir qu'avec une opération synthétique de l'entendement, qui n'est pas une intuition, et qui est donc successivement infinie. Cette succession détermine que l'objet dont question n'est pas «unique» (autrement dit «simple») mais composé et son inscription dans le temps ne s'appuie pas sur une limite qui serait «dans» le temps. Il faut toujours trouver, dit Kant[11].

_____

11. Cf. la solution critique de la seconde antinomie (A514/B542, p. 1154) : «Si le tout est donné empiriquement», c'est-à-dire si l'objet d'«une» intuition empirique forme architectoniquement un tout, «il est possible de *remonter à l'infini* dans la série de ses conditions internes. Mais s'il n'est pas donné, si plus exactement il doit l'être tout d'abord par la régression empirique», autrement dit si l'objet n'est pas celui d'une intuition empirique, mais plutôt, médiatement par la synthèse de l'imagina-

La leçon à tirer de ce passage de la dialectique corrobore ce que nous avions déjà mis au jour, à savoir que l'intuition en général ne se suffit pas à elle-même pour constituer une science, et qu'elle ne peut se matérialiser, pour être objet de connaissance, qu'en se rescindant entre temps et espace, scission qui est le signe, au niveau de l'intuition même et en vue de son rapport avec l'entendement, de la discursivité de l'entendement humain. Ainsi, devons-nous comprendre qu'«en» elle-même, l'intuition en général est fondamentalement cette intuition qui est «aveuglément» intellectuelle. Nous voulons dire par là qu'elle est matériellement cette connaissance absolue qu'en obtiendrait un entendement intuitif : précisons tout de suite qu'à ce titre, elle (n')est absolument «rien». Le contenu matériel intuitionné par une intuition intellectuelle est la pure continuité qui consacre non seulement l'homogénéité à elle-même

---

tion, celui d'un concept empirique, comme «reconstitué», alors, nous dit Kant, «je peux seulement dire qu'il est *possible à l'infini* de s'élever à des conditions encore plus élevées de la série.» Kant résume à la page suivante (*ibid.*, p. 1155) que «dans le premier cas, il était nécessaire de *trouver* toujours un plus grand nombre de membres de la série; dans le second, ...d'en *demander* toujours un plus grand nombre». On pourrait dire que dans le premier cas l'infini se trouve objectivement dans l'intuition, c'est-à-dire dans l'objet de l'intuition, et dans le second cas (l'indéfini) subjectivement dans celle-ci, puisque l'objet n'«apparaît» qu'au détour de la synthèse réglée de l'imagination. Distinguer entre ces deux cas relève du travail de la réflexion transcendantale, autrement dit de la faculté de juger réfléchissante (théorique).

Mais il convient de remarquer que la situation change du tout au tout selon qu'il s'agit d'intuitions empiriques ou d'intuitions pures. L'apparente parenté entre ces deux types d'intuitions est la source d'un grand nombre de malentendus à propos du kantisme. En effet, il n'y a antinomie que pour autant que l'entendement, par l'usage transcendant de ses catégories, va au-delà de l'expérience empirique tout en s'imaginant qu'il n'y a pas d'«au-delà» possible. Or, dans le cas de l'intuition pure, nous sommes en-deçà et il ne peut y avoir d'antinomie. L'intuition pure est, «en» elle-même, infinie et il faut, pour que surgisse l'antinomie, qu'elle soit empirique. Construite a priori in concreto, dans les mathématiques, l'intuition pure ne connaît qu'un *seul type d'infini*, qui est le sien et en même temps celui d'une intuition (presque) originaire:

«On peut dire avec raison d'une ligne droite qu'elle peut être prolongée à l'infini, et ici la distinction de l'infini et du progrès qui se poursuit sur une distance interminable (*progressus in indefinitum*) serait une vaine subtilité. [...] L'expression d'infini est tout à fait exacte...» A511/B539, p. 1152.

de la connaissance absolue, mais également l'homogénéité absolue de la pensée (intuitive) à l'intuition (intellectuelle). L'intuition en général conserve cette caractéristique d'être continue ; de cela il suit que l'infini est «en» elle.

Le concept, dans son rapport à l'intuition, apparaît comme élément d'une régression qui est, en dehors de lui, infinie et qui est dans le temps. Ainsi, pouvons-nous comprendre que la scission entre temps et espace, au départ d'une intuition en général (accessoirement la nôtre sensible), possède en germe la possibilité du concept (sans en avoir, naturellement, l'aboutissement). L'intuition en général s'ouvre de manière à accueillir suivant le temps infini, une synthèse temporalisante de cet infini (qui devient pour lui-même indéfini) que possède, en bloc, en une fois et hors temps, l'espace. Cette synthèse, nous l'avons souligné dans notre citation, devient ainsi «réelle». Aussi ne faut-il pas se borner à penser l'intuition comme ce qui accueille la réalité de la *substantia phaenomenon* ; elle est également cela qui accueille la possibilité d'accueillir cette réalité.

Si le quatrième moment de l'exposition métaphysique contient les rudiments d'une pensée phénoménologique de la réalité empirique, il faut bien reconnaître que le dernier moment du programme de l'Analytique en diverge considérablement. Pour mémoire, ce dernier moment demandait «que la table en soit complète et qu'ils couvrent pleinement le champ entier de l'entendement pur» A64/B89 p. 822 *(loc. cit.)*. Il est clair que ce qui est contenu dans ce quatrième moment ne peut d'aucune façon s'appliquer à l'intuition en général. Contrairement aux éléments discrets de la pensée (logique), il n'y a en effet aucun risque de dispersion ou de perte entre les éléments de l'intuition : l'intuition est d'emblée complète, étant continûment homogène et infinie, et dès lors épuise tout le champ de la sensibilité pure, contenu «en elle».

En revanche, à partir du moment où l'on a une collection d'éléments distincts, qui sont comme les parties simples d'un tout, il devient nécessaire de s'assurer d'un principe qui garantisse que la «table en soit complète», et, en supposant que cela soit fait, que cette cohérence ait une signification architectonique et donc nécessaire, plutôt que «technique» et donc contingente. Or ce principe, nous dit Kant à la suite de ce quatrième moment est une «idée» de la raison. Remarquons tout de suite que là où l'intuition se suffisait à elle-même, étant infiniment «en» elle-même, l'architectonique conceptuelle n'en finit pas de s'étendre aussi bien en-dessous d'elle qu'au-dessus :

> «<l'entendement> est donc une unité consistante par elle-même, se suffisant à elle-même et qui n'a pas à être augmentée d'additions extérieures. Aussi l'ensemble de sa connaissance constitue-t-il un système à saisir et à déterminer sous une *idée* et dont le caractère complet et l'articulation peuvent fournir en même temps une pierre de touche de l'exactitude et de l'authenticité de tous les éléments de la connaissance qui y entrent.» A65/B90 p. 823 (nos italiques)

Autrement dit, le système des catégories, c'est-à-dire la diversité pure a priori qui est celle de la logique générale (et en même temps qui est la matrice du discret), ne peut s'expliquer par elle-même comme ce serait le cas pour l'intuition pure en général ; le système doit être rapporté à quelque chose de «plus haut», hors de l'entendement, dans la raison. Dans ce même texte, Kant précise en effet que la logique comme science n'est possible qu'«au moyen d'une *idée du tout* de la connaissance *a priori* de l'entendement, et par la division ainsi déterminée des concepts qui la constituent, donc par leur *cohésion en un système.*» (*ibid.* - Kant souligne). Il est facile de reconnaître là le langage de la «Théorie transcendantale de la Méthode» (notamment son Chapitre III, l'Architectonique, A832/B860, p. 1384, et en même temps, celui de la troisième Critique) dont les expressions-clé sont bien «idée d'un tout», «système», etc.

Pour terminer cette analyse du quatrième moment, une conclusion s'impose d'elle-même : le programme de l'Analytique, calqué étroitement sur celui de l'exposition métaphysique de l'intuition en général, montre la situation du concept dans sa génèse et non tel qu'il est, selon le contenu représenté par lui dans l'autonomie de la logique. La comparaison à laquelle nous avons procédé montre en outre ceci : l'intuition pure en général, c'est-à-dire la forme a priori de la sensibilité, possède en elle-même son fondement, d'une manière qu'il faut bien appeler «immanente», et quoiqu'elle contienne son propre infini, elle n'est rien par elle-même, sans l'activité synthétique de l'entendement, qui est ce par quoi il y a intuition empirique «déterminée». En revanche, la pensée en général, c'est-à-dire l'entendement comme faculté de connaître, a besoin d'un fondement qu'elle ne contient pas, et son fondement dès lors est transcendantal ; son infini est toujours devant elle comme une possibilité de devenir «réelle» dans le temps, c'est-à-dire de se phénoménaliser. Mais la pensée en général ne serait pas autre chose qu'une imagination entièrement livrée au contingent et au subjectif si elle n'était capable d'autonomie, même si cette autonomie devait être construite, c'est-à-dire «schématisée» et si cette autonomie ne pouvait que *ressembler* à l'immanence de l'intuition pure en général. En fait, l'immanence de l'intuition pure en général est ce que la pensée en général conjecture comme forme pure a priori des intuitions qu'elle ne peut connaître que comme discrètes, fragmentées, contingentes, subjectives, etc. Or la caractéristique de l'intuition empirique, ce par quoi et en quoi elle peut avoir un «contenu» réel n'est autre que le discret dont la pensée possède le type, par les catégories. Ainsi *l'intuition pure apparaît comme la limite idéale où le discret redevient continu pour la pensée, et, symétriquement, la pensée doit être la possibilité pour le discret d'apparaître continu*, cela n'étant possible que par la subsumption du discret de l'entendement (*i.e.* la table des catégories) sous l'«Idée d'un tout», qui réalise l'homogénéité par laquelle la pensée retrouve l'apparence d'une intuition (intellectuelle), mais au-delà d'elle-même.

✳

S'il est maintenant tout à fait manifeste que l'Esthétique et la Logique transcendantales sont exposées et déduites sur le même canevas, il nous incombe maintenant d'en pénétrer la signification, car il nous apparaît impossible qu'une telle similitude dans l'architecture respective de l'Esthétique et de la Logique n'ait pas été délibérée et ne trace, dès lors, un chemin qui nous fera pénétrer au cœur de l'entreprise critique.

Ainsi, l'espace et le temps se différencient nécessairement au départ d'une intuition pure en général commune, dans le mouvement même par lequel il y a phénomène et par lequel il y a connaissance. Tout comme Kant reconstruit l'articulation de l'objet au concept, via le schématisme, en produisant à partir de la différence-dans-l'unité de l'intuition en général une structure où la spatio-temporalité du phénomène donné retrouve son unité (et s'en distingue tout à la fois) dans la (seule)

temporalité de la synthèse par laquelle le phénomène est justement donné, il est possible de convertir la perspective et de
comprendre, dans l'espace et dans le temps, l'articulation de
leur idéalité transcendantale à leur réalité empirique, en s'appuyant maintenant sur les structures constitutives d'un entendement discursif et en déduisant cette articulation de celle, tout
aussi mystérieuse de prime abord, que Kant a aménagée entre
le concept pur de l'entendement (logique) et le concept d'un
objet. Cette apparence de mystère (dans l'articulation) naît de
l'apparence d'évidence des termes mêmes de l'articulation
(concept, intuition) qui sont à la fois ce qui la rend possible a
priori (les termes définissent le rapport) et ce qui en est le résultat (le rapport définit les termes), dans un effet de «rétrojection».

3.2 Articulation entre la Logique et l'Esthétique

La voie que nous indiquent de simples symétries techniques
(indices d'une cohérence architectonique) nous fait maintenant
suspecter que le rapport, dans l'Esthétique, que l'espace entretient architectoniquement au temps, est homologue à celui
qu'entretient dans la théorie des éléments, l'Esthétique à la Logique. Ces deux sciences sont chaque fois définies abstraction
faite l'une de l'autre (et abstraction faite de toute empirie) ;
nous allons montrer maintenant qu'au point où elles cessent de
se ressembler pour prendre chacune leur spécificité, elles se
complètent dans une symétrie chirale pour former le cadre architectonique (et thématiquement instable, puisque ce cadre
commun tombe [thématiquement] soit dans l'esthétique, soit
dans le logique) qui permet de passer du concept d'un objet
(empirique) au concept pur et vice-versa[12].

12. L'instabilité thématique dont nous parlons ici n'est autre que le résultat
de ce que l'architectonique est principiellement une Idée à laquelle
aucune représentation ne peut convenir. Cependant, le cas n'est pas
comparable à celui de l'idée d'un triangle, qu'illustrent improprement
divers triangles (rectangle, isocèle, équilatéral, etc.). Les représentations dans lesquelles l'Idée est susceptible de se schématiser sont elles-
mêmes dans un rapport paralogistique, antinomique ou simplement
idéal. S'il s'agit de représenter une Idée (psychologique ou théologique) dont la constitution de la représentation en général fait constitutivement l'économie, alors celle-ci peut être hypostasiée dans n'importe quelle représentation arbitraire qui n'aura que le tort d'être déterminée, peu ou prou, tandis que l'Idée même de la constitution de la

Commençons tout d'abord par approfondir l'analogie déjà exposée entre d'une part, le programme de l'analytique (A64/B89, p. 822, en quatre points) et l'exposition métaphysique de l'Esthétique, et d'autre part, ces deux règles propres à constituer la Logique en une «science courte et aride» (A54/B78, p. 814) et l'exposition transcendantale :

— Dans l'analogue de l'exposition transcendantale, la logique générale fait «abstraction» de tout contenu et ne s'intéresse qu'à la «simple forme de la pensée» ; tous ses *principes* sont purs et sa certitude est apodictique («elle est une doctrine démontrée») ;

— Dans l'analogue de l'exposition métaphysique, les *concepts* sont purs et appartiennent à «la pensée et à l'entendement» ; on y demande en outre que les concepts y soient «élémentaires» et complets.

Ce qui saute aux yeux, est que le couple transcendantal/métaphysique est repris en écho par le couple principe/concept. En effet, comme le métaphysique concerne les éléments d'une science considérés en eux-mêmes par opposition au transcendantal qui met en lumière la possibilité d'en dériver des connaissances, il est tout à fait logique qu'il concerne plus particulièrement les concepts et la manière dont ceux-ci s'organisent entre eux et qu'en revanche, le transcendantal caractérise mieux le principe en tant que celui-ci, par définition, organise formellement une connaissance. Quelque chose d'une signification plus profonde encore apparaît dans la distinction, sur laquelle Kant insiste souvent, entre principes constitutifs et régulateurs.

Ce caractère double se retrouve également dans la signification de cette expression de «transcendantal» dont Kant précise ceci, dans l'Introduction à la Logique Transcendantale :

> «Toute connaissance a priori ne doit pas être nommée transcendantale (ce qui a trait à la possibilité de la connaissance ou à son usage a priori) mais seulement celle par laquelle nous connaissons

_____

connaissance empirique (l'Idée cosmologique) va osciller entre sa version *formaliter* (première antinomie) et sa version *materialiter* (seconde antinomie), et à l'intérieur de chacune d'entre elles, entre son effectivité schématique (l'objet comme *acte* de l'entendement) et le produit de sa schématisation (l'objet comme *représentation* de l'entendement).

que et comment certaines représentations (intuitions ou concepts) sont appliquées ou sont possibles uniquement a priori.» A56/B80 p. 816 [13].

Le transcendantal, tel que Kant en développe le concept dans la Logique, y est aussi bien la possibilité intrinsèque (métaphysique) d'une connaissance que la possibilité extrinsèque d'un usage a priori (transcendantal au sens de l'esthétique). En effet, cette possibilité intrinsèque d'une connaissance n'est connue comme telle qu'en dehors de celle-ci, tout comme l'entendement n'a d'extériorité que pour la raison (dans son usage logique) et, en lui-même, s'imagine ne pas avoir d'extériorité du tout ; de même l'intuition pure en général est métaphysiquement infinie et ce, en elle-même. Toutefois, nous n'avons pas ce pouvoir infini d'intuitionner infiniment (qui est proprement intellectuel) et la synthèse de l'entendement qui lui est nécessaire constitue une transcendantalisation de l'intuition c'est-à-dire une extériorisation ou une extase [14].

On le voit, le transcendantal est défini comme la «réflexion transcendantale» de la faculté de juger par rapport à sa réflexion logique (qui n'institue pas la clôture métaphysique, mais qui l'exploite) ; en même temps, le transcendantal est défini par cette même réflexion transcendantale ; aussi tout lui

---

13. Le texte allemand dit plus simplement: «*transzendental (d. i. die Möglichkeit der Erkenntnis oder der Gebrauch derselben a priori)*», ce qui en français, traduit littéralement, serait très lourd. Le traducteur a pallié la difficulté en ajoutant l'expression «avoir trait», malheureusement plus indirect que le «c'est-à-dire» allemand. On peut en effet considérer qu'il s'agit là d'une définition du transcendantal.

14. Ceci est valable aussi bien dans les mathématiques où les conditions de pureté a priori sont respectées, quoique la construction qui les rend possibles revienne à constituer une véritable phénoménalisation, dont le support phénoménal, c'est-à-dire le temps, est ce qui s'évapore, comme le solvant pour la peinture. L'effectuation est donc phénoménologiquement discursive, mais tant les prémisses que les conclusions sont métaphysiquement intuitives, d'où l'insistance de Kant à appeler «synthétiques» les propositions mathématiques, malgré leur apparence analytique confortée par l'identité auto-référente du schème et du produit de schème. Si Kant consentait à les appeler analytiques parce que le schème est directement son propre produit, comme dans une intuition intellectuelle, alors l'effectivité phénoménologique qui est leur condition de possibilité existentielle (et non représentationnelle) serait reperdue définitivement et l'on devrait, en tout rigueur conclure à l'intuition intellectuelle *in concreto*.

est-il transcendantal, puisque c'est par la réflexion transcendantale qu'il est possible de circonscrire les concepts a priori spécifiques d'une science envisagée (d'après l'idée qui la fonde) et donc qu'il est possible de procéder à une déduction ou à une exposition métaphysique de ces concepts. De même, c'est par la réflexion transcendantale qu'est déterminée l'appropriation de concepts ou de rapports de concepts (*i.e.* de jugements) à la réflexion simplement logique. Or la réflexion transcendantale détermine le «lieu transcendantal» (A268/B324 p. 994) d'un concept, et Kant dit de la «topique transcendantale» qui en découle, qu'elle «nous préserverait radicalement de ce par quoi l'entendement pur peut se laisser surprendre et des illusions qui en résultent» (*ibid.*). Naturellement, à la suite de cela, Kant définit aussitôt un «lieu logique»[15] ; ce qui fait que l'on peut ramener la question de la détermination du lieu logique à un problème de topologie, qui serait celui de déterminer un lieu de façon à ce que de l'intérieur, il apparaisse sans limite, mais que de l'extérieur, il soit inclus dans quelque chose de «plus grand» qui le comprend mais sans s'en séparer, comme la réflexion transcendantale inclut la réflexion logique comme étant ce type de réflexion réglée par les deux premiers concepts de la topique transcendantale (A269/B325, p. 995).

La «réflexion transcendantale» nous semble un mystère parce que nous œuvrons toujours à partir du rivage illusoirement tangible de la réflexion simplement logique et il peut arriver qu'à tout colorer en transcendantal, nous manquions de termes pour nuancer le propos. Mais la vérité est autre : le grand mystère est bien la possibilité du métaphysique, c'est-à-dire la possibilité de la clôture de la logique en elle-même, clôture toujours soulignée par Kant sous le rappel incessant de l'abstraction qui est faite, en logique, du contenu des concepts et de la faculté de connaître qui les a donnés.

---

15. «On peut appeler tout concept, tout titre, sous lequel rentrent plusieurs connaissances lieu logique» A268/B324, p. 994; Kant, une page plus loin, développe un peu plus son idée: «On peut comparer logiquement les concepts, sans s'inquiéter de savoir à quoi se rattachent leurs objets, si c'est à l'entendement comme noumènes ou à la sensibilité comme phénomènes» *ibid.*, p. 995. Malheureusement, la théorie de la topique transcendantale si bien lancée tourne court et laisse trop tôt la place à une réfutation en règle du «système intellectuel du monde» de Leibniz.

La connivence entre l'institution du métaphysique et celle du logique est manifeste dans le fait que l'analogue de l'exposition transcendantale pour la logique est totalement négative : la logique fait abstraction et de l'empirique (et par là de l'objet) et de l'intuition. En ce sens, cette «exposition transcendantale» de la Logique est très peu transcendantale. Son essence métaphysique énonce le souci d'établir une syntaxe complète et fermée du discret. En effet, cette clôture, proprement métaphysique, est invisible du point de vue transcendantal, pour lequel tout est finalement transcendantal. A l'intérieur de la circonscription métaphysique, comme par exemple à l'intérieur de l'entendement pur, les limites signifiées par cette même clôture sont également invisibles. Il appartient, de manière «naturelle et inévitable», à l'entendement de franchir des limites dont il n'a aucun concept (puisque ces limites sont des concepts de la raison) et d'étendre l'usage de ses catégories au-delà de ce qu'il est permis. Qu'il y ait apparence transcendantale, veut dire qu'il y a apparence de continuité par-delà les limites de l'expérience empirique et donc inapparence de ces limites pour l'entendement.

Ainsi, il est absolument essentiel de porter toute son attention à cette caractéristique de l'institution kantienne de la logique : *par le même mouvement qui institue la logique, le mode même de son institution s'évanouit.* Nous ne pouvions nous satisfaire ici de simplement constater ce coup de force en essayant soit de le récuser par son caractère apparemment arbitraire, soit de le noyer sous sa propre évidence et de le banaliser en le doublant par un commentaire qui n'ajouterait rien. C'est parce que la logique est constitutivement productrice d'évidence, et, simultanément, parce que l'entendement est constitutivement producteur d'un effet de vérité (à la manière d'un entendement intuitif), qu'il nous fallait procéder de biais, et relever, dans ce que Kant a patiemment mis en place, des canevas d'exposition et de déduction architectoniquement symptômatiques, pour ne pas succomber à notre tour à l'effet hypnotique de la logique générale analytique.

Cette confrontation des textes de l'Esthétique avec ceux de la Logique qui leur correspondent, nous a permis de toucher du doigt l'articulation réciproque de ces deux «sciences» : l'intuition en général est tout d'abord rien ; elle est l'équivalent d'une intuition originaire qui a tout créé à la fois, en même temps qu'elle n'a encore rien fait puisqu'elle n'est pas temporelle (la temporalisation ne s'effectue que par et dans le travail de l'imagination transcendantale, ce en quoi Heidegger a parfaitement raison). Pour une connaissance absolue, *tout* est identique à *rien*. Elle ne peut même pas se ressasser, puisqu'elle ne connaît d'elle-même que son connaître et que le ressassement est déjà temporel. Elle ne peut qu'être, sans même l'effectivité de l'être : simplement une Idée pour un entendement différent d'elle.

L'intuition originaire est donc originairement rien ; puis elle devient quelque chose (de (formellement) matériel) et passe du métaphysique au transcendantal en se scindant. Cette scission n'est possible qu'à partir de la possibilité même du concept. Otez le concept et il ne reste qu'une intuition en général indifférenciée (ni temporelle, ni spatiale) qui ne présente a priori que de la continuité, c'est-à-dire rien. Cette intuition en général indifférenciée est alors ce que paraît à lui-même l'entendement : la matière transcendantale d'une connaissance absolue. Notre commentaire du principe de la permanence (Analogies de l'expérience) le montrera : le temps, dit «*en général*», est cette intuition en général indifférenciée, il est en effet la «permanence» dans laquelle, suivant le critère de la nécessité, s'organisent les objets entre eux. La possibilité même du concept, d'après laquelle se différencient le temps et l'espace (et devrions-nous ajouter, le temps en général, du temps réel — réalisé — de la synthèse dans l'imagination) apparaît indépendante de l'intuition en général. Cette possibilité du concept semble en effet entièrement s'exprimer en termes de logique du discret (du numérable), dans l'autonomie la plus autarcique, comme si l'intuition en général n'existait pas. Cette possibilité du concept peut être pensée comme simple formalisme vide. Du coup, la question du rapport du concept à l'objet et à l'intuition se posera indépendamment, et de même, la nécessité d'une déduction. Mais dans l'esprit de Kant (le nombre de pages l'indique), l'exposition de la question du schématisme n'est qu'une simple formalité. Tout y tend, tout y vient. La théorie du schématisme, comme première section de l'Analytique des Principes, résume l'essentiel de ce qui a précédé. Le concept «apparaît» aussi bien comme coupé de son fondement transcendantal, nécessairement en dehors de lui (alors que celui de l'intuition est en elle, et cela suffit même à définir l'intuition comme intuition - puisqu'il suffit que l'objet soit «unique» ou «simple»). Mais cette apparence de «coupure», exprimée par l'«abstraction» constitutive de la logique, cache la fondation phénoménologique du concept comme issu du mouvement effectif qui extériorise l'espace, hors du temps. Comprendre comment cette extériorisation peut se produire, c'est comprendre le schématisme, à savoir comment l'espace, comme *quantum continuum*, peut devenir mesurable, quantifiable, c'est-à-dire un *quantum discretum*.

L'effectivité de la représentation

Temporalité de la représentation spatiale et spatialité de la représentation temporelle

La disparition du temps dans l'étoffe de la connaissance et de la logique générale analytique constitue le rouage essentiel de la déduction transcendantale des catégories. A proprement parler, plutôt que d'affirmer que le temps disparaît, il vaudrait mieux insister sur le fait qu'il cesse d'apparaître à la conscience, ce en quoi, véritablement, il dis-paraît. Dans cette éclipse, dis-paraît également la subjectivité transcendantale (et naturellement empirique, contenue dans le hic et nunc de l'expérience) du sujet et l'objectivité de la connaissance devient ainsi possible, non pas comme perduration de la vérité de l'être qui se transporte du réel à l'idéel, avec armes et bagages, mais comme réapparition dans l'horizon libéré par la dis-parition du sujet transcendantal et donc comme phénomène de sens.

Nous voudrions ici traiter du lien entre cette problématique et la représentation du temps au moyen d'une ligne, thème auquel Kant attache une importance toute spéciale, si l'on doit en juger par ses occurrences répétées. On le voit, nous demeurons encore dans la perspective de l'exposition transcendantale du temps, pour laquelle nous proposions un rapprochement avec celle de l'espace.

«Les rapports de temps, écrit Kant dans le paragraphe 25 de la déduction transcendantale, ...sont tout à fait en dehors des concepts propres de l'entendement.» (B159, p. 872). La conscience n'est donc pas une connaissance et l'idéalisme dogmatique est ainsi réfuté. L'inverse est également vrai : la connaissance n'est pas immédiatement (sauf pour une intuition intellectuelle) une conscience. La ligne, production mathématique, doit être effectuée dans le temps, et cette effectuation mieux appelée synthèse s'inscrit dans le temps d'une manière telle qu'elle peut, par le truchement de leur homogénéité synthétique commune, symboliser le passage du temps.

Dans ces pages, fait remarquable, Kant, lorsqu'il veut «représenter» le temps, tire une ligne :

> «Nous ne pouvons penser une ligne, sans la tirer dans la pensée, un cercle sans le décrire, nous représenter les trois dimensions de l'espace sans poser, à partir du même point, trois lignes perpendiculaires entre elles, nous ne pouvons nous représenter le temps lui-même sans porter attention, en tirant une ligne droite (qui doit être la représentation figurée extérieurement du temps), seulement à l'acte de la synthèse du divers, par lequel nous déterminons successivement le sens interne, et par là à la succession de cette détermination qui a lieu en lui.» B154 p. 869.

Ce faisant, Kant donne une lumière nouvelle sur ce qu'est la «représentation extérieure et figurée» du temps, en ce sens qu'une représentation «intérieure» et intellectuelle du temps est clairement impossible. Par ce biais, la conscience de soi-même dans le cas de l'expérience empirique, n'est pleine que des échos du travail synthétique de l'imagination, échos qui sont l'apparaître-à-soi-même du sujet, et l'on aperçoit par là le nerf de la réfutation de l'idéalisme. Dans le cas de la «synthèse transcendantale du divers des représentations *en général*», autrement dit dans la perspective de la simple logique, cette conscience est simplement celle de l'existence et aucune connaissance ne peut en être tirée, ce en quoi la subjectivité du sujet a dis-paru. La réfutation de la preuve ontologique s'articule à cette dis-parition.

Représenter le temps par une ligne droite suppose que l'on fasse l'expérience de son tracé. Kant, dans cette même page, insiste sur le «mouvement comme *acte* du sujet» et ouvre une parenthèse pour préciser que c'est bien l'acte qui signifie le temps et fonde dans le tracé d'une ligne la possibilité de la symboliser, cet acte, disons-nous et non ce mouvement «comme détermination d'un objet» (*ibid.*). Toute la phoronomie et la mécanique, autrement dit l'amorce des *Premiers Principes métaphysiques d'une science de la nature*, surgissent alors à l'horizon, et Kant ressent le besoin, dans une note (B155, p. 869) de situer le mouvement non pas comme détermination objective et intrinsèque du temps (ce qui est contradictoire, puisque le temps est la forme de notre sensibilité, donc de notre subjectivité), ni comme détermination simplement subjective de notre acte, mais bien plutôt dans le cadre d'une science de la nature qui suppose tout d'abord l'expérience et donc l'*articulation synthétique pure* de l'espace avec le temps.

Mais Kant, dans ces pages, ne parle pas de la science de la nature et de l'objectivité du mouvement (rectiligne uniforme d'un mobile dans l'espace). Très simplement, si le temps pouvait être représenté immédiatement, alors il devrait se confondre avec l'espace, tout comme notre conscience serait immédiatement connaissance, et notre intuition, intellectuelle. Il convient donc de montrer plus clairement comment la possibilité de symboliser le temps reste entière sans jamais se convertir en une possibilité de connaître le temps en lui-même, car ainsi que nous l'avons montré précédemment, une connaissance a priori tirée synthétiquement du temps est soit parfaitement vide, soit absolument et infiniment pleine, ce qui correspond aux deux façons de désigner l'intuition intellectuelle (ou entendement intuitif) et ce qui revient d'ailleurs au même.

La difficulté éprouvée par Kant à mettre en relief cette caractéristique du temps le pousse à multiplier les expositions. Déjà, lorsqu'il s'agissait de montrer la prééminence de l'unité de l'aperception dans la constitution de la connaissance sur la matière de cette connaissance, Kant exposait, dans une description très phénoménologique d'allure, la genèse de la représentation. L'intuition empirique (autrement dit ici, une masse de sensations) n'est pas par elle-même une connaissance :

> «...pour connaître quelque chose dans l'espace, par exemple une ligne, il faut que je la tire, et qu'ainsi j'opère synthétiquement une liaison déterminée du divers donné, de telle sorte que l'unité de cet acte soit en même temps l'unité de la conscience (dans le concept d'une ligne) et que par là un objet (un espace déterminé) soit d'abord connu.» B138 p. 857

Même s'il ne le thématise que dans la section du même nom, Kant ne cesse de faire appel à sa théorie du schématisme. Ce qui relie le concept (d'une ligne) à un objet (cette ligne) est l'unité conjointe de l'acte et de la conscience de cet acte. L'acte de l'imagination (productrice) et la conscience de cet acte (conscience qui est ce divers produit par la production même dans l'imagination en tant qu'il est à son tour réintroduit dans le travail de l'imagination) forment les deux pôles idéaux d'une sorte d'homéostasis dont l'équilibre final (téléologiquement parlant) et en même temps idéal est ce qui est visé par Kant sous le nom d'unité transcendantale de l'aperception. Il est intéressant de voir dans l'exemple dont se sert Kant pour introduire justement cette notion d'unité originaire de l'aperception, que la même ligne est, côté objet, un espace déterminé, et côté schème du concept, un temps déterminé. Si nous nous reportons aux textes du Schématisme et que nous relisons quelques lignes déjà citées où est exposée l'articulation du temps et de l'espace, la lumière ne manquera pas de se faire :

> «L'image pure de toutes les grandeurs (quantorum) pour le sens extérieur est l'espace, et celle de tous les objets des sens en général est le temps.» B182 p. 888.

En effet, il est clair que toutes les grandeurs pour le sens extérieur sont déjà, sui generis, des «objets des sens en général». L'espace renvoie donc à l'expérience au moins possible, sinon actuelle et empirique ; le temps ne renvoie pas à l'expérience mais à la pensée pure, fonctionnant dans l'enceinte de la logique générale analytique, qui fait originairement abstraction non seulement du contenu des représentations qu'elle manipule mais également de l'origine de celles-ci, par rapport aux diverses facultés de connaissance (sensibilité et entendement).

L'articulation de l'espace au temps exprime donc architectoniquement le rapport du phénomène au concept et celui de l'intuition à la pensée. Elle n'est autre que le schématisme lui-même. Cette articulation présente un trait caractéristique de toute l'architectonique kantienne : elle oppose l'espace au temps suivant une perspective (celle du sens extérieur et de la connaissance) alors qu'elle les montre comme identiques suivant une autre perspective (celle du sens interne et de la logique générale analytique). De la même manière, dans le rapport entre le schème et l'image, rapport dont nous disons qu'il est le schématisme lui-même, le schème et l'image apparaissent comme la même chose dans une certaine lumière et doivent être «distingués soigneusement» dans une autre.

En effet, lorsque Kant écrit que l'espace et le temps sont les images pures de ce dont ils sont le fondement phénoménal a priori, l'entité architectonique «image» n'est autre que le terme abstrait d'une progression réfléchissante qui considère le phé-

nomène en général en dehors des déterminations qu'y décèle
l'entendement. Du coup, cette image pure se définit comme intuition en général. Elle est image pure, donc image vide, c'est-
à-dire condition matérielle de possibilité de toutes images. En
tant qu'image vide, *ens imaginarium* (A292/B348, p. 1011), le
temps et l'espace sont la même chose parce que la réflexion logique (sur les représentations en général) y rejoint la réflexion
transcendantale (qui détermine l'existence et donc l'extériorité
dans certaines représentations).

Dès que l'on pense quelque chose en plus dans ces formes
pures de l'intuition, le schématisme de l'entendement par voie
de conséquence est nécessairement supposé. L'image (pure)
apparaît ici comme la limite idéale de la schématisation et donc
en même temps sa condition matérielle de possibilité : l'image
est ce sur quoi s'applique le schème, que cette image soit celle
des sens externes (espace) ou internes (temps). Inversément,
nous allons le voir, le schème va apparaître à son tour comme
la limite idéale de l'image, c'est-à-dire du pouvoir de faire des
images, autrement dit de l'imagination. Par cette expression de
«limite idéale» pour l'imagination, nous voulons exprimer
quelque chose qui apparaîtra plus clairement par la suite, à savoir que les règles subjectives de l'imagination dans son travail
synthétique d'appréhension subissent dès qu'elles apparaissent
en tant que règle ce travail d'homéostasis évoqué plus haut.
Dans une perspective purement phénoménologique, où est
considéré le seul travail de l'imagination dans son rapport avec
le sens interne, l'axe de stabilisation entre l'acte (de produire
ou d'appréhender) et la conscience de cet acte, est une limite
idéale, l'unité transcendantale de l'aperception, vers laquelle
tend l'activité synthétique de l'imagination à partir du moment
où l'unité de la conscience de l'acte rejoint l'unité de cet acte
lui-même d'après son concept (l'exemple précédent était celui
du tracé d'une ligne). Par contre, dans une perspective épistémologique, ce même travail dissocie l'espace (l'image) du
temps (le schème) en même temps que le concept émerge
comme la limite transcendantale à partir de laquelle la règle
subjective du travail de l'imagination cesse d'être contingente
et devient nécessaire. Ce passage à la limite de la règle de
l'imagination vers le concept de l'entendement est achevé
lorsque le temps de la synthèse a dis-paru dans la matérialité
même du concept (son contenu déterminé). Tout comme l'in-

tuition contient «en elle» l'infinité, tandis que le concept la
contient «sous lui» (*loc. cit.*, A25/B40 p. 786), l'image est,
d'une manière aveugle, ce que le schématisme rend visible et
ce sans quoi il est simplement vide. Ainsi, les purs concepts de
l'entendement sont-ils, tous ensemble *en tant que principes*, le
déploiement du schématisme, c'est-à-dire le déploiement de
toutes les manières d'être un objet pour une représentation en
général, c'est-à-dire encore — puisque l'image pure de ces représentations considérées en général est le temps —, le déploiement de toutes les déterminations transcendantales du temps[1].
L'espace est donc au temps ce que l'image est au schème.

Mais il ne faut pas perdre de vue comment, par la structure
d'éclipse réciproque qui est au fondement de toute l'architectonique de la *Critique de la raison pure*, le concept pur de l'entendement doit être distingué de ce même concept, en tant que
principe. Or, dans ce Chapitre premier (du Livre II: Analytique
des Principes) «du schématisme des concepts purs de l'entendement», Kant vient de l'Analytique des Concepts, où l'entendement est considéré non dans son rapport à l'expérience, mais
dans son autonomie (dans celle par laquelle la logique générale
analytique se rend possible en faisant abstraction de tout contenu) ; il aurait pu aussi bien traiter des conditions de possibilité
de l'expérience avant d'en arriver à celle de la pensée logique
tant il est vrai que la déduction transcendantale souffre de devoir s'appuyer sur une phénoménologie qui, dans la mesure où
elle exprime la subjectivité du sujet, est appelée à disparaître
dans le résultat de cette déduction. Ainsi la déduction a cette
apparence d'être privée de fondement. Kant ne commence pas
par les conditions de possibilité de l'expérience car il doit
d'abord poser (sinon exposer) la possibilité pour l'entendement
de s'enfermer à l'intérieur de sa logique, c'est-à-dire de son
formalisme vide, en une autonomie, puisqu'après tout c'est
bien de la pensée logique dont il se sert pour penser et écrire.
Cette possibilité fondatrice de la simple logique (générale analytique), possibilité à son tour fondée à l'intérieur du cadre plus
grand et pour ainsi dire idéal de la logique transcendantale,

---

1.   «Les schèmes ne sont donc autre chose que des déterminations du
       temps a priori, d'après des règles; et ces déterminations, suivant
       l'ordre des catégories, concernent la série du temps, le contenu du
       temps, l'ordre du temps, enfin l'ensemble du temps par rapport à tous
       les objets possibles.» A145/B184, p. 890.

s'oppose à l'impossibilité qui est celle de notre intuition de s'enfermer sur elle-même et de se suffire à soi-même. La fermeture de l'entendement sur lui-même, exprimée par l'expression «concept», opposée à celle de «principes», est ce par quoi la pensée est possible, par quoi elle peut échapper critiquement au pouvoir hypnotique des images. Mais il semble qu'elle n'échappe à un mirage que pour mieux retomber dans un autre, et si la pensée se retire de l'expérience pour mieux pouvoir connaître, elle risque en effet de confondre son propre pouvoir de connaître avec une connaissance de plein droit.

Aussi le concept pur est-il la catégorie en tant qu'elle est considérée dans l'autonomie de l'entendement, dans la logique générale analytique, abstraction faite, dès lors, de tout contenu empirique. Parallèlement, le principe est cette même catégorie en tant que source de connaissance dans son application à l'expérience. Le concept appartient au monde intellectuel (les représentations en général, dont le temps est l'image pure), le principe, au monde sensible (les représentations des sens externes, dont l'espace est l'image pure). Le temps n'est pas sollicité comme «image pure», et la question de l'image du temps (autrement dit du statut de la ligne droite, comme symbole du temps) retrouve toute son acuité. Le temps a dis-paru de l'image pure parce qu'il est tout entier dans le schématisme. Aussi faut-il séparer, entre principes et concepts, dans la réflexion transcendantale, ce qu'il est inutile de distinguer dans la réflexion simplement logique, où principes et concepts sont comme genres et espèces.

La symétrie entre la spatialité de la représentation du temps (dans l'expérience du tracé de la ligne droite) et la temporalité de la représentation de l'espace (dans la nécessité transitoire de tracer la ligne pour la penser) va maintenant non seulement apparaître très clairement mais va également se révéler comme la clef de voûte de la pensée kantienne dans l'Esthétique et non comme une symétrie épiphénoménale et contingente. On peut d'ailleurs noter que le cercle de l'horloge symbolise bien mieux le temps qu'une simple ligne droite (si l'on passe sous silence toute la problématique physique du mouvement rectiligne uniforme dans la phoronomie et la mécanique kantiennes), et également qu'il n'est pas nécessaire de tracer par la pensée une ligne pour se la donner, comme le fait justement remarquer R. Verneaux (*Critique de la Critique de la raison*

pure, Aubier-Montaigne, 1972, p. 121). En effet, si l'on schématise le schématisme, c'est-à-dire si l'on se pose la question de
l'auto-référence du schématisme, on s'aperçoit que l'on passe du
temps à l'espace et que la schématisation du divers a priori du
temps (autrement dit de ses déterminations transcendantales) fait
bien disparaître le temps dans son évanescence et laisse apparaître une possibilité pure de quantifier le temps, sans laquelle
une physique serait transcendantalement impossible[2].

S'il n'y avait entre l'espace et le temps qu'une correspondance simplement symbolique, il faudrait encore en donner le
fondement transcendantal. Au contraire, la symbolique est possible parce que phénoménologiquement, il y a une continuité
qui disparaît épistémologiquement : *en schématisant le schématisme, on tombe hors du temps, dans l'espace, tout comme
en imageant (imaginant) l'image, on passe de l'espace dans le
temps (du concept d'un espace déterminé à la conscience de
l'acte synthétique de l'imagination productrice).* Or, on ne
schématise qu'en vue de l'image et l'on imagine que pour un
schème (c'est la recognition dans le concept, thématisée dans
la première version de la déduction). C'est ce que nous voulons
maintenant montrer.

Dans les «Axiomes de l'Intuition», Kant se sert à nouveau
de l'exemple de la ligne et traite directement du temps comme
s'il s'agissait d'un espace déterminé. Puisqu'il s'agit de montrer que toutes les intuitions sont des grandeurs extensives, il
apparaît qu'ici Kant a brûlé les étapes et a simplement affirmé
que l'intuition temporelle est également extensive.

> «Je ne puis pas me représenter une ligne, si petite soit-elle, sans la
> tirer par la pensée, c'est-à-dire sans en produire successivement
> toutes les parties, à partir d'un point, et tracer d'abord cette intui-

---

2. Ne serait-ce que dans la mesure du mouvement, de sa vitesse et de
    l'accélération, par le calcul infinitésimal, qui joue donc un rôle essen-
    tiel pour des raisons maintenant évidentes, puisque l'accélération est la
    dérivée seconde, nulle dans le mouvement rectiligne uniforme, auquel
    est associé le temps. C'est ainsi que le temps n'a qu'une dimension,
    parce que suivant Newton, *«tempus aequaliter fluit»* (cité par J. Mo-
    reau, «le temps, la succession et le sens interne», *La problématique
    kantienne*, Vrin-reprise, 1984, p. 25). Dire que le temps n'a qu'une di-
    mension, n'est pas, sous la plume de Kant une manière de rapporter le
    temps à la géométrie euclidienne. Le temps n'a qu'une dimension
    parce qu'il est idéalement dans une situation d'immanence, absolu-
    ment homogène dans sa synthèse, et donc sans «accélération».

tion. Il en est ainsi de tout temps, même le plus petit. Je pense en lui seulement la progression successive d'un moment à l'autre, processus dans lequel, au moyen de toutes les parties du temps et de leur addition, une grandeur déterminée de temps est finalement produite.» A163/B203, p. 903.

Autant le dire nettement, les Axiomes de l'intuition sont la partie de la Critique où transparaissent le plus clairement les difficultés éprouvées par Kant à donner un exposé complet des conditions de possibilité de la pensée. Il termine en effet cet exposé déjà si lapidaire par un mouvement d'impatience très inhabituel de sa part :

> «toutes les objections à l'encontre ne sont que des chicanes d'une raison mal éclairée, qui pense de façon erronée affranchir les objets des sens de la condition formelle de notre sensibilité...» A166/B206, p. 905.

Il serait facile de montrer qu'en se donnant ces parties du temps, «les moments», et la possibilité de les additionner (ce qui suppose des quantités discrètes), Kant se donne en même temps et la grandeur (déterminée), c'est-à-dire la grandeur extensive. Le problème est encore aggravé de ce que la progression successive qui détermine ici le temps comme quantité, est apparemment la même qui synthétise le degré de la sensation dans les Anticipations de la perception. Or les degrés s'additionnent comme les gouttes d'eau qui se rejoignent pour faire une goutte d'eau plus grosse.

Pourtant le véritable point de départ n'est pas la partition du temps en valeurs discrètes additionnables, mais bien au contraire cette «progression successive» qui ne progresse sur rien d'autre qu'elle-même. Le temps n'est pas devenu mesurable avec l'apparition des montres suisses, c'est parce qu'il a été reconnu en lui-même comme mesurable qu'il a été mesuré. Autrement dit, la notion fondamentale de la quantifiabilité du temps n'est pas la mesure déterminée, mais bien plutôt le *rythme*. Et il serait impossible de rendre adéquat à une mesure (spatiale) orthonormée ce rythme, (si l'on entend par là une succession de battements scandés à intervalles plus ou moins réguliers), si inversément la production de l'image, c'est-à-dire l'imagination (*Einbildungskraft*) n'était pas ce qui produisait le temps, c'est-à-dire le déterminait.

La progression est tout d'abord une synthèse de l'imagination ; le concept d'après lequel celle-ci se règle n'est autre qu'elle-même et l'on pourrait dire que la mesure du temps est une progression autoréférente ; il devient donc nécessaire ici de la considérer d'un peu plus près et d'une manière plus nettement phénoménologique. L'imagination est toujours progressive ; cette progression, qui est son inscription temporelle, retentit dans le sens interne qu'il détermine, produisant une diversité temporelle, qui n'est autre que la progression elle-même. C'est ce que Kant appelle l'effet de l'entendement sur le sens interne, en ce sens qu'il ne trouve pas une diversité dans celui-ci, mais c'est bien plutôt lui qui l'y produit. Le texte, dont nous avions cité le début, à propos de l'appréhension du mouvement, continue ainsi dans la Déduction transcendantale :

> «Le mouvement, comme acte du sujet (non comme détermination d'un objet), par conséquent la synthèse du divers dans l'espace, *si nous faisons abstraction de celui-ci et portons attention simplement à l'acte par lequel nous déterminons le sens interne conformément à la forme, c'est ce qui produit d'abord même le concept de succession.* L'entendement ne trouve donc pas déjà en quelque sorte dans le sens interne une pareille liaison du divers, mais il la produit en affectant ce sens.» B155, p. 869 (nos italiques).

Le trait essentiel ici n'est pas seulement l'auto-affection de l'entendement par lui-même (via l'imagination et le sens interne), relevée par un grand nombre de commentateurs importants, mais bien le fait qu'on doive faire abstraction de l'espace pour ne considérer que la synthèse du divers, en tant qu'elle détermine le sens interne «conformément à la forme». L'imagination progresse, déterminant ainsi le sens interne en une progression. Mais Kant parle de la production du *concept de succession* ; par conséquent il faut examiner comment ce qui n'est au fond qu'une détermination contingente et subjective du travail de l'imagination (quel que soit son effet sur le sens interne) acquiert la dignité de concept.

On apercevra sans peine, en poursuivant la description phénoménologique du travail de l'imagination, que celui-ci s'affecte lui-même en retour par le truchement de cette diversité qu'il a lui-même produite dans le sens interne. Aussi il y a-t-il mouvement de va et vient entre la synthèse primitivement ou matériellement progressive et la synthèse formellement progressive que l'imagination doit opérer sur la diversité indirectement produite (comme en un écho) par son travail sur le sens interne. Il est facile de voir que la détermination du sens interne sous forme d'une diversité temporelle, étant à son tour ré-appréhendée par l'imagination et conjuguée à la synthèse déjà en progrès, a pour effet de déterminer en retour le travail de l'imagination, le «rectifiant» pour ainsi dire, c'est-à-dire exer-çant une altération sur celui-ci, dans la mesure où l'écho de l'imagination dans le sens interne est déformé de manière co-hérente (puisque le sens interne est strictement temporel). Cette déformation cohérente est ce que nous voulons appeler une *anamorphose,* dont le concept méthodologique est plus com-plètement explicité dans le chapitre suivant.

Ici, dans le passage B155 p. 869, que nous avons cité plus haut, Kant attire l'attention sur l'*abstraction* qui est faite du support spatial, dans l'exemple de la succession, pour atteindre le concept. La progression empiriquement déterminée (laquelle prend son départ dans le support spatial, une succession quel-conque et contingente) s'auto-affectant en vue de la progres-sion en général, atteint la nécessité du concept par le même moyen que celui par lequel le concept logique s'abstrait de tout contenu empirique. En s'auto-affectant, la progression se cris-tallise pour ainsi dire et sa déformation cohérente, appliquée à elle-même comme en un miroir, se rectifie et disparaît, ne lais-sant que de la cohérence. Ainsi apparaît la nécessité, c'est-à-dire le concept. Ainsi dis-paraît le temps.

La très grande difficulté de ce passage réside dans la place qu'il faut réserver à l'abstraction demandée pour l'espace. Car elle peut être entendue de diverses façons. Tout d'abord, la syn-thèse progressive de l'imagination doit s'appliquer sur quelque chose d'empirique pour s'élever de là jusqu'au concept dans sa nécessité. Cet empirique est toujours phénoménal, c'est-à-dire toujours externe et donc «spatial». Ce n'est donc pas en tant qu'essentiellement spatial que l'espace doit être abstrait, c'est-à-dire soustrait à la synthèse qui culmine, en passant à la limite, dans la nécessité du concept, qui «dit» la vérité de la synthèse, à savoir sa pure progression (ou progressivité), mais bien plutôt en tant que phénoménal. La confusion peut dès lors s'installer dès que l'on réalise que le résultat, à savoir le concept de la pro-gression, loin d'être l'expression pure de la temporalité du temps, est retombé dans le pur spatial.

Ainsi, la même ligne peut-elle servir à déterminer un espace ou à représenter symboliquement le temps. Cette même ligne, dès qu'elle est nombrée, c'est-à-dire munie d'une possibilité

synthétique de délimiter et de quantifier ses parties, non seulement symbolise le temps pur, mais le symbolise en tant qu'il
s'est perdu à lui-même, comme schématisme du schématisme,
dans l'émergence de la nécessité portée par le concept même
de la succession. Kant parle souvent de cette ligne, et un passage le montre plus prudent lorsqu'il s'agit de repérer l'articulation entre le temps en général et sa représentation au moyen
d'une ligne (le contexte est celui du paradoxe du sens interne) :

> «Mais qu'il doive pourtant en être réellement ainsi <je me connais
> tel que je m'apparais et non tel que je suis en moi-même>, on peut
> clairement le montrer, quand on tient l'espace pour une simple
> forme des phénomènes des sens externes, du fait que *nous ne pou-*
> *vons nous représenter le temps, qui n'est cependant pas un objet*
> *de l'intuition externe, autrement que sous l'image d'une ligne, en*
> *tant que nous la tirons*, et que sans cette sorte de présentation,
> nous ne pourrions pas du tout connaître qu'il n'a qu'une dimen-
> sion... [...] nous devons ordonner les déterminations du sens inter-
> ne, comme phénomènes dans le temps, *exactement de la même*
> *manière* que nous ordonnons celles du sens externe dans l'espa-
> ce...» B156 p. 870 (nos italiques).

Le temps et l'espace ne sont pas la même chose, dit la première partie de la phrase ; l'un renvoie au sens interne, l'autre
aux sens externes. Par contre, l'un et l'autre doivent être ordon-
nés de la même manière. Loin d'être une juxtaposition des différences comme le voudrait Hegel, cette articulation réciproque
de l'espace et du temps se fonde dans et par le schématisme,
c'est-à-dire la dynamique synthétique de l'imagination entre
sens interne et sens externe, au point où l'on doit définir au départ du schématisme ce qu'il convient d'entendre par interne et
externe, et, par voie de conséquence, par temps et espace.

Ainsi en revient-on toujours au schématisme et par voie de
conséquence au travail de l'imagination. En effet, un schème
est un produit de l'imagination (A140/B179 p. 886) ; en ce
sens, qu'il s'applique au concept en général ou au concept pur
(sensible ou intellectuel, c'est-à-dire respectivement mathématique ou logique-analytique, A140/B180 p. 886), il est toujours
la «synthèse pure, conformément à une règle de l'unité...»
(A142/B181, p. 887). Tout comme dans le schématisme, il faut
donc considérer dans le travail de l'imagination, essentiellement synthétique, les limites qu'y trace la nécessité. A la nécessité reviennent l'universalité de la représentation logique et
l'objectivité de la représentation empirique.

La nécessité régionalise la synthèse dans l'imagination et permet de distinguer celle-ci de la sensibilité d'une part et d'autre part de l'entendement. Mieux encore toute la question de la possibilité de produire des représentations objectives au départ de perceptions subjectives est liée à celle de la nécessité (comme on peut l'observer à propos des Analogies de l'expérience). Encore une fois, il ne s'agit pas de convertir toute une problématique apparemment obscure (comme l'objectivité) en termes premiers supposés clairs (la nécessité) et il n'y a pas de hiérarchie sémantique chez Kant, où un concept fondamental permettrait d'expliquer analytiquement tout ce que l'on ferait dépendre de lui. Ainsi, la nécessité est-elle définie en retour par la constitution de l'autonomie de l'entendement sous la forme de la logique générale analytique, autonomie qui a pour résultat d'instaurer une isotropie de la nécessité, de telle manière que le simple respect des critères formels de la logique lui garantit une nécessité contraignante dans tous ses jugements (son universalité hors temps et hors espace). La contingence apparaît avec la multitude infinie des représentations empiriques possibles et avec la gradation qu'y impose le concept (qui la contient «sous lui», *loc.cit.*) alors que l'intuition, contenant cette infinité, n'y distingue pas de contingence ou de nécessité, empreinte de la discursivité de l'entendement.

Que l'on garde à l'esprit ce critère de la nécessité pour tenter de mieux comprendre comment, dans la synthèse de l'imagination s'appliquant à la représentation d'une ligne, le temps peut être distingué de l'espace et comment tous les deux, par ce moyen, peuvent être définis. Dans la seconde édition, Kant a ajouté dans la rédaction de la «Représentation systématique de tous les principes synthétiques de l'entendement pur» une note relativement célèbre qui fait le point sur les différentes manières d'entendre la liaison (B201, p. 901). La nécessité y joue un très grand rôle :

«Toute liaison (conjunctio) est ou une composition (compositio) ou une connexion (nexus). La première est la synthèse du divers, où *il n'y a pas d'appartenance mutuelle nécessaire* comme par exemple : deux triangles, dans lesquels se décompose un carré coupé par la diagonale, n'appartiennent pas de soi nécessairement l'un à l'autre et il en est de même pour la synthèse de l'homogène en tout ce qui peut être examiné mathématiquement (cette synthèse peut être à nouveau divisée en celle de l'agrégation, et celle de la coalition, la première se rapportant aux grandeurs extensives, la secondes aux grandeurs intensives)...» B201, p. 901 (nos italiques).

L'indifférence mutuelle des parties caractérise ainsi la synthèse de l'homogène, dite mathématique. Dans la représentation de la ligne, cela n'apparaît pas nettement car la nécessité réapparaît sous la forme d'une relation d'ordre qui impose aux parties de la ligne un «sens» irréversible. Par contre, cette indifférence mutuelle est plus manifeste dans l'exemple du plan. La relation d'ordre (hiérarchie) de la succession des parties (dans l'imagination) y est généralement subjective et n'est pas une détermination de la grandeur finalement construite. Dire que les parties ne s'appartiennent pas nécessairement exprime l'absence de causalité entre les différentes parties de la synthèse qui les produit. Que l'on songe par exemple à la succession subjective des perceptions dans la description d'une maison[3].

Il faut donc repérer où cette nécessité vient s'inscrire. Si le temps ne fait qu'accueillir la synthèse de l'homogène, elle s'en évapore et sa détermination, qui est celle de l'inscription de cette synthèse dans le temps, est simplement contingente (la ligne, donnée *tota simul*). Si par contre, le temps est l'objet même de la production synthétique, l'imagination doit emprunter un support qui servira de matière contingente à une forme nécessaire (le passage du temps dans la ligne orientée).

Autrement dit, nous arrivons à ce résultat intéressant : *dans une représentation du temps, l'espace fournit la matière contingente à un formalisme déterminant* (l'ordre objectif de la progression successive), lequel «exprime» le temps ; par contre, *dans une représentation spatiale, le temps fournit la matière contingente* (l'ordre subjectif de la production successive) *à la nécessité d'un formalisme* (qui «détermine» l'espace et le limite). Il y a là une symétrie chirale dont le principe directeur est la nécessité.

La même ligne est a priori susceptible de déterminer l'espace et d'exprimer le temps, suivant que la nécessité s'applique ou non au temps formellement ou matériellement déterminé dans la représentation. Lorsque nous revenons à l'exposition métaphysique du temps, pour confirmer que tout s'y joue en terme de nécessité, sous la forme de la simultanéité et de la

---

3   Cet exemple apparaît une première fois dans l'Analytique des Concepts, (Déduction transcendantale n° 26, B162, p. 874) et ressert dans la seconde Analogie de l'expérience (la causalité) A193/B238 pour introduire la distinction critiquement nécessaire entre la succession objective et la succession subjective des phénomènes.

succession, nous devons tout de suite remarquer que le concept du temps ainsi produit est déjà une représentation du temps, dont l'unidimensionnalité est comme le signe «métaphysique», c'est-à-dire que le temps est considéré comme une connaissance et non comme le principe d'une connaissance.

> «Le temps n'a qu'une dimension ; des temps différents ne sont pas simultanés, mais successifs (de même que des espaces différents ne sont pas successifs, mais simultanés).» A31/B47 p. 792 (*loc. cit.*)

En même temps, nous l'avons signalé, ce passage de l'exposition métaphysique (troisième titre) doit également servir d'exposition transcendantale (A32/B48, p. 793). Ceci n'est pas fortuit. Autant l'espace n'est rien s'il n'est pas déjà produit synthétiquement, puisqu'il ne peut pas être perçu par lui-même, et cela trace une frontière infranchissable entre son exposition métaphysique et son exposition transcendantale, autant, en ce qui concerne le temps, cette frontière est levée, car le temps est irreprésentable temporellement (il ne l'est que spatialement). Le temps n'est thématiquement rien au départ et devient thématiquement rien dans une représentation. Il n'y a pas d'image adéquate du temps, car le temps est celui du schème.

Aussi devient-il très intéressant de comparer cette pseudo exposition métaphysico-transcendantale du temps avec des passages de l'Analytique des Principes où l'articulation du simultané et du successif est située dans le temps. Justement, la première rédaction contient également un texte qui disparaît de l'édition définitive, probablement parce que Kant jugeait que sa notation sur les déterminations du temps (*Zeitreihe ou Zeitumfang*) était trop laconique, dans un début de section, pour ne pas obscurcir inutilement le propos :

> «Tous les phénomènes sont dans le temps. Celui-ci peut déterminer de deux manières le rapport que présente leur existence en tant qu'ils sont ou successifs ou simultanés. Sous le premier point de vue, le temps est considéré comme une série du temps <*Zeitreihe*>, sous le second comme extension du temps <*Zeitumfang*>»[4] A182 p. 919.

---

4. Barni & Archambault traduisent «*Zeitreihe*» par ligne et «*Zeitumfang*» par cercle, p. 221 (Edition Garnier-Flammarion), ce qui peut nourrir un malentendu puisque Kant, dans ce passage que nous avons cité,

La perspective ici n'est plus celle de l'exposition métaphysique où la représentation concernait le temps lui-même et non ce qu'il peut contenir, mais bien celle d'une exposition transcendantale. La succession et la simultanéité sont, pour le phénomène, les deux seules manières d'être dans le temps. Ainsi, le temps n'est-il pas par lui-même simultané ou successif : il n'est pas perçu en lui-même (*ibid.*). Mieux encore, nous l'avons montré, il ne peut pas être représenté pour lui-même.

Fort bien. Mais dès que Kant a montré qu'il ne parle pas du temps d'une manière métaphysique mais bien d'une manière transcendantale, le problème inverse mérite d'être posé : puisqu'on ne peut ni percevoir, ni représenter directement le temps, comment nous assurer que nous sommes bien «dans» le temps? En effet, toute la démonstration sur le principe de la permanence de la substance tourne autour de ce que le temps «contient» le phénomène sans être contenu à son tour (A183/B226, p. 920). Ce que vise Kant, dans le principe de la permanence, est quelque chose comme la pure possibilité de la détermination constituant le phénomène comme phénomène. Nous en reparlerons longuement plus loin, en l'approchant par le côté «phénomène», puisqu'ici nous tentons de comprendre le statut du temps. L'essentiel en effet est de bien voir que le temps, métaphysiquement parlant, supporte l'essence de la permanence, sans rien en «montrer». C'est le couteau sans manche auquel il manque la lame. Tout d'abord, le temps n'a pas ces déterminations (simultanéité, succession) d'une manière originaire, mais seulement en tant qu'il est la limite abstraite d'une dimension de la synthèse de l'imagination à l'occasion de l'appréhension des phénomènes, synthèse qui les exprime en termes de simul-

---

lorsqu'il écrit: «Nous ne pouvons penser une ligne, sans la tirer dans la pensée, un cercle sans le décrire...» (B154, p. 869, *loc. cit.*), n'utilise pas ces mêmes termes: «Wir können uns keine *Linie* denken, ohne sie in Gedanken zu ziehen, keinen *Zirkel* denken, ohne ihn zu beschreiben...».

Ainsi, devons-nous comprendre ce passage des Analogies, non pas dans une transposition mathématique (ligne, cercle) mais dans la perspective des déterminations possibles du phénomène, où il faut distinguer entre l'enchaînement nécessaire et objectif dans le temps (de plusieurs phénomènes), ou *Zeitreihe*, et la progression contingente et subjective, *Zeitumfang*, dans le temps de quelque chose qui, objectivement, est synthétiquement reproduit comme une grandeur intensive ou extensive.

tanéité et de succession. Tout comme l'espace, le temps ne peut être pensé pour lui-même mais doit tout d'abord supposer cette synthèse de l'imagination sur les données extérieures (nervus probandi de la réfutation de l'idéalisme).

> «La permanence exprime en général le temps, comme le corrélat constant de toute existence des phénomènes, de tout changement et de tout accompagnement. En effet, le changement ne concerne pas le temps lui-même, mais seulement les phénomènes dans le temps (*de même que la simultanéité n'est pas un mode du temps lui-même, puisqu'il n'y a pas dans le temps de parties simultanées, mais que toutes sont successives*)». A183/B226 p. 920 (nos italiques)

La brèche est donc ouverte. Le temps dont parle Kant n'est pas ce temps familier que nous croyons bien connaître. Tout comme le temps, dans une définition métaphysique, peut être reconnu comme «lieu» non-successif de la succession, l'espace peut, en termes de temporalité, être redéfini comme du temps simultané, *temps détemporalisé*.

Il est facile de voir que la caractérisation métaphysique du temps dont Kant doit se servir comme d'un échaffaudage qu'il faut faire disparaître une fois que l'édifice est érigé, se réduit à n'être d'un côté, qu'un *paradoxe* (le temps simultané) et de l'autre, une *tautologie* (le temps successif). D'un côté, le paradoxe est d'unir deux contraires (du point de vue de l'évidence du sens commun ou naïf): le temps étant par définition ce qui passe, il ne peut y avoir simultanéité dans le temps en tant que tel; cette simultanéité ne peut être que celle de ses contenus, en tant qu'ils sont divers. De l'autre côté, la tautologie est celle qui consiste à décrire le temps comme succession, ce qui est en réitérer la formulation naïve.

Le paradoxe et la tautologie sont les deux faces de la même médaille: la désubjectivisation induite par toute réflexion simplement logique. En effet, Kant ne se lasse pas d'insister sur l'instauration de la logique générale analytique comme détemporalisation des représentations, en tant que la temporalité contient et exprime la subjectivité transcendantale du sujet: abstraction est faite du contenu des représentations et de leur origine dans notre faculté de connaître. Si l'Esthétique et la Logique comme sciences sont de structure architectonique symétrique, la raison en est que l'espace comme représentation aussi bien que la logique font abstraction de leur genèse et s'apparaissent comme connaissance absolue.

Ainsi, la logique (tout comme la mathématique pure a priori) tombe-t-elle toujours sous le coup de l'illusion transcendantale dont le principe fondamental est d'effacer la transcendance dans le domaine de l'expérience : l'objet empirique est confondu avec l'objet intellectuel. La possibilité d'une telle confusion, d'une telle illusion, «inévitable et naturelle» comme on le sait, vient de ce que la logique, n'est possible qu'en perdant la subjectivité du sujet (le *hic et nunc* de l'expérience sensible). Sa propre condition de possibilité lui interdit de parler localement ; elle est comme une connaissance absolue pour un entendement divin. Il n'y a pas, pour elle, de sujet possible. Lorsqu'elle parle d'elle-même, dans les affirmations auto-référentes, elle réintroduit dans son immanence (ce qui la rend possible comme logique) de la transcendance, c'est-à-dire qu'elle inflige à l'isotropie de sa représentabilité, une anamorphose. S'il affirme une négation, l'énoncé est alors un indécidable, c'est-à-dire un paradoxe (comme le temps simultané) ; par contre, si son affirmation est positive, il est alors simplement tautologique. Comme dans le paradoxe du Crétois menteur, si celui-ci prétend dire la vérité, alors que nous savons qu'il ne ment jamais, non seulement nous pouvons le croire, mais nous pouvons d'autant mieux le croire, qu'il n'a encore rien dit.

Relevons, pour finir, quelques indications touchant au rapport architectonique du temps phénoménologique à l'atemporalité épistémologique. Ainsi, dans la section de l'Analytique, consacrée au principe suprême des jugements analytiques, Kant consacre quelques lignes à dissiper le malentendu provenant de l'application du principe formel de la logique analytique (la non-contradiction) aux rapports de temps :

> «une chose = A, qui est quelque chose = B, ne peut pas être en même temps non B ; mais elle peut fort bien être l'un et l'autre (B aussi bien que non B) successivement. [...] *Or le principe de contradiction, comme principe purement logique, ne doit pas restreindre ses assertions aux rapports de temps*» A152/B192, pp. 894-895 (nos italiques).

Kant dissipe le «malentendu» en soulignant que la contradiction intervient non dans la chose même mais dans ses prédicats en tant qu'ils s'appliquent à cette chose «en même temps» et non dans des temps différents. Il n'a pas été plus loin dans cette question car, s'il est évident que la contradiction s'installe dès que le prédicat et le sujet évoluent dans des temps différents, différence que la simple logique ne reconnaît pas pour elle-même, on peut cependant montrer que c'est dans son application à l'expérience, que des différences temporelles s'immiscent dans le tissu homogène de la logique. La question est donc de savoir si la logique générale analytique peut avoir un objet propre, pur et a priori. Il semble que non, si l'on remarque que Kant ne fait pas figurer la logique au rang des sciences pures a priori (mathématique, morale et philosophie transcendantale). Tout signale que la logique générale analytique (s')apparaît comme un horizon transcendantal dont l'illusion serait justement d'être immanence, c'est-à-dire illusion qu'il n'y a pas de transcendance, donc d'horizon.

Le temps simultané de la représentation spatiale et de la représentation logique (simultanéité du temps pour le prédicat comme pour le sujet) est, pour la logique, le temps détemporalisé et en même temps, l'impossibilité contenue dans la représentation du temps en tant que temps. Par ailleurs, la simultanéité est ce qui décrit l'espace en tant qu'espace (au sein du temps), et par là, au sein d'une «intuition en général» totalisante, elle est ce qui décrit la possibilité de la connaissance parce que l'intuition matérielle qui la fonde est réduite à une dimension moindre par rapport à l'intuition en général. Il vient de cela que la simultanéité est le temps qui dis-paraît dans l'effectuation de la synthèse qui produit de la simultanéité.

La succession en tant qu'enchaînement nécessaire est la modalité que prend un certain type de phénoménalité. Rapportée au temps, elle disparaît dans la notion même du temps, comme étant sa réitération tautologique. Il n'est rien dit du temps lorsqu'on l'a dit «successif». Bien qu'elle apparaisse comme une notion première, la succession n'est pensée comme telle qu'en tant qu'elle est succession de simultanéités discrètes entre elles, sinon nous tombons dans l'appréhension de la grandeur comme fluente, et la succession n'y trouve pas de quoi s'y rythmer comme succession. La succession est donc toujours succession de quelque chose. Elle ne dit rien du temps de la succession.

CHAPITRE IV

L'effectivité de l'effectivité
Le mouvement phénoménologique
de l'Esthétique

1. INTRODUCTION - LES «REMARQUES GÉNÉRALES SUR L'ESTHÉTIQUE»

La manière dont l'intuition est sensible n'est pas pensée chez Kant au départ d'une connaissance de ce que serait, en soi, la sensibilité. Bien au contraire, l'intuition sensible est pensée au départ de l'intuition originaire qui, méthodologiquement parlant, fait bien moins problème. En effet, nous venons de le voir, le temps et l'espace ne doivent pas être considérés comme des formes premières de la sensibilité, en ce sens qu'ils ne peuvent pas être pensés comme absolument irréductibles l'un à l'autre (c'est-à-dire irréductibles à un fondement plus profond). Bien plus, l'intuition en général n'apparaît que médiatement sous la forme familière que nous lui connaissons, à savoir comme temps et comme espace. Ainsi, pouvons-nous mieux comprendre que l'intuition sensible, dont le type est donné d'une manière croisée par le temps et l'espace, soit tout d'abord une intuition *dérivée* (B72, p. 810). Il n'y a pas d'intuition sensible et empirique possible sans le monde de l'expérience, c'est-à-dire plus essentiellement, sans le travail synthétique de l'imagination. Cependant, cette connaissance que nous réclamons sur la nature de l'intuition sensible ne peut pas être autre chose que celle qui dérive de cette même nature. En d'autres termes, le concept dont l'objet est l'intuition (en général) ne peut pas être différent du concept dont l'objet lui est, en général, fourni par l'intuition. Dès que l'on exige de la nécessité et de l'universalité, dès lors qu'on abandonne le contingent et l'empirique, la connaissance à laquelle on peut prétendre au sujet de l'intuition n'est autre que l'Esthétique. Tout comme le concept (de la simple logique) nie sa propre genèse, le concept de l'intuition nie tout ce qui dans l'intuition en est la genèse. Il ne peut donc être formé à partir de l'illusion que nous pourrions connaître, d'une manière divine et immédiate, ce qu'«est» l'intuition sensible, puisque cette illusion serait de pouvoir connaître l'en-soi de ce qui se présente à nous comme phénomène.

Kant n'a pas été insensible à cette caractéristique de la problématique de l'intuition, comme le montre l'opposition que l'on devra nécessairement soutenir entre sensations et intuitions. L'influence des travaux de Tetens se fera sentir dans la rédaction initiale de la Déduction transcendantale (notamment en ce qui concerne la triple synthèse); cependant, même si ces distinctions lui sont commodes, il ne peut s'y tenir et dissocier clairement la primitivité de l'intuition comme révélateur de l'étant rencontré, d'avec le travail de l'imagination auquel elle est «indissolublement liée» (*loc. cit.*). Des problèmes architectoniques se font jour aussitôt, qui mettent à l'épreuve sa maîtrise philosophique et qui sont à l'origine, pensons-nous, des importants remaniements auxquels il a procédé dans la seconde édition. Ainsi, dans celle-ci, les «Remarques générales sur l'esthétique transcendantale» sont au nombre de quatre (au lieu d'une remarque isolée [la première], dans la première version, ce qui reste cohérent, architectoniquement parlant[1]). Elles culminent dans l'opposition entre intuition originaire et intuition

1. Si la première classe des catégories a un rapport privilégié avec l'Esthétique, comme science de l'intuition, comme en témoigne la table des principes où le premier moment est celui des *Axiomes de l'intuition*, il est par conséquent légitime, de la part de Kant, de se limiter à une seule remarque générale unique concernant justement cette même Esthétique. Si, à la faveur de la seconde version, il faut élargir le propos, l'architectonique dicte qu'il y en ait non pas une ou deux de plus, mais bien trois remarques à ajouter, ce qui complète effectivement la portée de l'Esthétique et la porte à son maximum. Qu'il y ait d'une édition à l'autre, d'abord une remarque, puis ensuite quatre remarques, ne relève pas d'une sorte de monomanie architectonique, mais au contraire, cela exprime bien que la signification de l'intuition en général ne peut être qu'architectonique, bref, qu'elle est vide par elle-même. Ainsi, une remarque isolée ré-exposant simplement l'*Idéalisme* transcendantal ne peut faire guère mieux que d'affirmer à nouveau l'*idéalité* des formes de la sensibilité et il faut alors réaliser que cette idéalité est parfaitement *vide* sans le déploiement de la transcendance qui seule peut lui donner une signification. On le voit, la première remarque

dérivée, dans le quatrième moment qui, si l'on se rapporte à la table des catégories, est toujours le moment le plus général et le plus méthodologique (les *Postulats de la pensée empirique*, par exemple, pour les principes). Il est intéressant de suivre la progression constituée par l'enchaînement de ces quatres remarques et de les lire dans le rapprochement qui s'impose de lui-même avec la table des catégories.

La première remarque (A42/B59, p. 801) s'ouvre sur une ré-exposition rapide des positions fondamentales de l'idéalisme transcendantal, qui méritent d'être rappelées :

> «Nous ne connaissons rien de ces objets que la manière dont nous les percevons, manière qui nous est propre et peut fort bien n'être pas nécessaire pour tous les êtres, bien qu'elle le soit pour tout homme. Nous n'avons affaire qu'à elle. L'espace et le temps en sont les formes pures, la sensation en général en est la matière.» A42/B60, p. 801.

Si nous voulons en outre connaître notre manière de connaître, nous devrons alors nous contenter de ces formes pures, qui sont a priori et délaisser la sensation, qui n'est qu'a posteriori : «ces formes sont inhérentes à notre sensibilité de façon *absolument nécessaire*, de quelque sorte que puissent être nos sensations» (*ibid.*, nos italiques). Mieux, cette connaissance «de» ces formes pures ne peut que déboucher sur une connaissance «par» celles-ci, c'est-à-dire sortir de la subjectivité transcendantale qu'elles contiennent et ne contiennent pas tout à la fois, comme cela apparaîtra mieux par la suite.

Kant est en tout cas très clair : l'objectivité passe par «la manière» dont l'objet nous affecte, et cette manière nous «est propre» : elle exprime notre subjectivité. Mais cette subjectivité telle qu'elle se présente à nous, se laisse déjà décomposer en une matière de sensations et des formes pures. Nous devrions plutôt dire, en nous basant sur le critère différentiel de la néces-

------

donne la signification métaphysique (systématique) de l'Esthétique, à savoir son être-imaginaire, son n'être-rien. La signification *transcendantale*, qui est son mode d'être quelque chose, est l'objet des ajouts de la seconde édition, ajouts qui ne peuvent qu'exprimer la transcendantalité de l'Idéalisme *transcendantal*, laquelle ne peut être exposée que selon l'ordre des catégories (les trois remarques complétant l'ensemble et en en faisant un *tout*), parce que cette transcendantalité n'est rien d'autre que cet *ordre-là*.

sité et de la contingence, que ce qui émerge, comme nécessité absolue, que ce qui dit absolument notre subjectivité, s'appelle espace et temps, ou *formes* pures, tandis que ce qui est perdu comme contingence, comme multiplicité infinie de représentations que rien (d'humain) ne peut épuiser, est la *matière,* ou sensation.

Tout se règle en termes de nécessité, et par là en termes d'objectivité, tandis que la contingence peut toujours déjà être lue en termes de nécessité inférieure, contingence qui loin de se départager de la nécessité par un saut quantique ou un vide (ce qu'interdisent les lois transcendantales de la spécification logique) s'y évanouit asymptotiquement.

Aussi l'objectivité n'a-t-elle rien à voir avec la clarté : «La différence entre une représentation confuse et une représentation distincte est purement logique et ne porte pas sur le contenu» (A43/B61 p. 802). Une représentation peut être confuse sans cesser d'être objective. C'est à la simple logique qu'incombe la tâche d'«éclaircir» par le jugement analytique le contenu des représentations. Aussi contre Leibniz et Wolff, Kant n'hésite pas à affirmer avec force que dès lors que...

> «...nous faisons *abstraction* de notre constitution subjective, l'objet représenté, avec les propriétés que lui attribuait l'intuition sensible, ne se trouve plus, ni ne peut plus se trouver nulle part, puisque *c'est justement cette constitution subjective qui détermine la forme de cet objet comme phénomène.»* A44/B62 p. 803 (nos italiques).

Le problème est posé avec toute la netteté désirable : la «constitution subjective» du sujet a dis-paru. Il n'y a rien à espérer de l'objectivité de nos représentations en dehors de la «constitution subjective» qui est la nôtre, et il faudra fonder la première sur la seconde ou renoncer à la fonder jamais. La forme de l'objet, autrement dit sa constitution, doit être fondée de ce même mouvement qui donne la «constitution du sujet». C'est ici que la notation sur le plus ou moins grand détail des représentations prend tout son sens : dire que leur finesse relative «ne porte pas sur le contenu» de la représentation, revient à dire qu'elle est contingente. Mais cette contingence n'intervient pas dans la genèse de l'objectivité (dans une perspective phénoménologique), mais simplement dans sa possibilité de représentation (qui appartient à la simple logique, autrement dit à une perspective épistémologique). Or la finesse du grain, dans les représentations, pour parler métaphoriquement, en exprime la matière (le contenu) ou, pour dire mieux, en exprime l'image. L'objectivité de l'objet sort de cette constitution subjective d'une manière purement et absolument architectonique et ne peut se comprendre qu'en termes de forme et non de matière, et cela ne se peut à son tour que sous la forme d'un formalisme, c'est-à-dire, pour parler comme Kant, d'une législation. L'espace et le temps, formes pures a priori, sont donc les seules choses dont peut parler une science de la sensibilité, *i.e.* une esthétique transcendantale. Il n'y a rien à en espérer «matériellement», c'est-à-dire métaphysiquement. La connaissance fondée sur l'espace comme image pure et le temps comme schème pur, autrement dit la mathématique pure a priori, est absolument vide et ne peut prendre de signification que d'une manière transcendantale, c'est-à-dire dans son rapport réciproquement fondateur avec la réalité. Nous disons «réciproquement fondateur», car épistémologiquement, la matière de la réalité est déterminée a priori par l'espace et le temps, formes et fondement de tous les phénomènes, et phénoménologiquement, l'expérience de la réalité, par le biais du travail synthétique de l'imagination, se laisse décomposer en une matière de sensations indéfiniment redécomposable et en deux formes qui «finissent» cette synthèse de l'imagination en en désignant la limite idéale. D'où ce double caractère abyssalement dissocié qu'ont les formes pures de la sensibilité d'être idéalité transcendantale et réalité empirique.

Cette première remarque, qui correspond au moment catégoriel de la quantité, doit donc se scinder en deux perspectives. La première, qui évolue sous un horizon nettement phénoménologique comme on vient de le voir, ne peut qu'en marquer les limites. De la constitution subjective et transcendantalement contingente doit sortir la constitution de l'objet et par là de l'objectivité, métaphysiquement nécessaire.

La seconde perspective, l'on s'y attendait, prendra une allure plus nettement épistémologique :

> «Le second point important pour notre esthétique transcendantale, est qu'elle ne gagne pas quelque faveur seulement à titre d'hypothèse plausible, mais qu'elle soit aussi certaine et aussi indubitable qu'on peut l'exiger d'une théorie qui doit servir d'organon.»
> A46/B64, p. 804

Pourtant la certitude et l'indubitabilité requises pour cet organon ne sont pas assises sur des démonstrations directes et offrant toutes les garanties de rigueur désirable et finalement, quoiqu'en dise Kant, il ne nous reste justement rien d'autre à nous mettre sous la dent qu'une «hypothèse plausible»[2]. En effet toute la fin de cette première remarque est un festival d'effets rhétoriques et de raisonnements apagogiques qui rappellent l'allure polémique de certains passages de la Dialectique. Que fait Kant, en substance? Il suppose donnée la position contraire de la sienne, position suivant laquelle l'espace et le temps seraient «objectifs en soi» et la démolit méthodiquement en la menant jusqu'à ses dernières conséquences. On peut ou non se déclarer convaincu, la question n'est pas là. Remarquons simplement que Kant ne peut satisfaire à ses propres exigences épistémologiques puisqu'il n'a pas de preuve directe et qu'ainsi la théorie développée dans l'esthétique (l'idéalisme transcendantal) n'a pour seul mérite que d'être cohérente et absolument opératoire.

Kant est contraint de repasser continuellement de l'une à l'autre des deux perspectives, parce qu'il ne peut se résoudre, quand bien même toute son œuvre le proclame, à théoriser la perte du fondement comme constitutive de la connaissance dans son objectivité. Ironiquement, il serait malaisé de déclarer que cette théorie n'est bien fondée que parce qu'elle prouve que toute fondation participe à l'illusion transcendantale, puisqu'elle met sur le même plan analytique le conditionné et sa condition, à savoir l'inconditionné. Ainsi, Heidegger a eu du nez, si l'on peut se permettre une telle expression: Kant a bel et bien reculé. On en sent la commotion dans toute l'œuvre, et à travers les deux éditions. Mais le recul repéré par Heidegger dans sa très grande sensibilité philosophique n'a rien à voir avec les «prestiges» de la raison ou l'inquiétante vérité de l'imagination.

De cette première remarque, nous pouvons conclure que si la constitution de l'objectivité passe par celle de la subjectivité,

---

2.   Voilà une expression intéressante: «...hypothèse plausible». En effet, un souci souterrain affleure dans cette expression, souci dont on trouve une expression plus manifeste dans la Préface: en effet, Kant veut s'en tenir aux limites de la connaissance et s'interdit de remonter jusqu'à la question de la possibilité de penser (1re édition, AXVII, p. 730); cette question «contient [...] quelque chose de semblable à une *hypothèse* (bien...qu'il n'en aille pas en fait ainsi).»

elle ne se laisse ni réduire à une perspective phénoménologique ni à une perspective épistémologique. Ce qui reste entre les deux, quoiqu'en ait Kant, n'est autre que cette «hypothèse plausible» que nous conjecturerons plus loin comme étant celle de l'anamorphose.

Avant d'en arriver là, il est intéressant de parcourir les autres remarques. La seconde remarque, à laquelle nous pourrions associer le moment de la qualité (réalité, négation, limitation) reprend d'une manière synthétique (le rapport de l'objet au sujet) ce que la première remarque exposait de manière analytique (le monde phénoménologique du sujet tout d'abord, suivi du monde épistémologique de l'objet):

> «...tout ce qui dans notre connaissance appartient à l'intuition [...] ne contient que de simples rapports... [...] ...Or, de simples rapports ne font cependant point connaître une chose en soi ; donc... comme le sens externe ne nous donne rien d'autre que de simples représentations de rapports, il ne peut contenir dans sa représentation que le rapport *d'un objet au sujet,* et non l'intérieur de l'objet, ce qu'il est en soi.» B67 pp. 806-807 (nos italiques)

On notera que cela est vrai de l'intérieur du sujet, puisque tout le reste de la seconde remarque est consacré à exposer de manière ramassée la problématique du sens interne et de l'auto-affection de l'imagination par laquelle le sens interne présente une diversité. Ainsi peut-on remarquer une communauté entre les significations respectives des première et seconde remarques. La première d'entre elles, en effet, argumentait pour l'idéalisme transcendantal au moyen d'une thématisation épistémologique de l'espace et du temps, sous-entendus comme formes parallèles de la sensibilité ; la seconde remarque défend également l'idéalisme transcendantal, mais en thématisant l'articulation de l'objet au sujet dans une perspective plus clairement phénoménologique puisque, non seulement l'objet ne doit pas être pris «en soi», mais encore le sujet doit également (s')apparaître comme phénoménal, et tout se passe comme si l'on devait, à partir de la fondation même de la phénoménalité du phénomène, «dériver» en un même processus, l'objet et le sujet en même temps, tout comme, nous l'avons montré, l'espace et le temps doivent être considérés comme concurremment dérivés d'une intuition en général plus fondamentale encore (et l'espace et le temps ne sont plus considérés comme «parallèles», comme c'était le cas dans la première Remarque).

A la troisième remarque devraient «logiquement» correspondre les catégories de la relation (permanence, causalité et action réciproque). Or que dit Kant, par cette troisième remarque? Il prévient l'objection que l'on pourrait lui faire que la phénoménalité du phénomène n'est qu'une simple apparence.

> «...je ne dis pas que les corps *paraissent* simplement exister en dehors de moi ou que mon âme *paraît* seulement être donnée dans la conscience de moi-même, lorsque j'affirme que la qualité de l'espace et du temps, qui est la condition de l'existence de l'un et de l'autre, et conformément à laquelle je les pose, réside dans mon mode d'intuition et non dans ces objets en eux-mêmes.» B69, p. 808 (Kant souligne).

A nouveau, ce que Kant affirme est finalement très simple : mon mode d'intuition, non les choses en elles-mêmes, est la condition de l'existence des choses existantes (en dehors de moi). Cela apparaît très paradoxal ; le lien semble être rompu entre l'être et l'existence pour une même chose. Elle est pour elle-même ; elle existe pour moi. On évite le paradoxe dans le sujet pour le mettre dans l'objet, semble-t-il. Pourtant, rien de tout cela n'a échappé à Kant ; ainsi, dans la phrase suivante, il insiste : *le phénomène n'est pas une simple apparence.* Comment cela se peut-il? Simplement en «attribuant à ces formes de représentation <espace, temps> une réalité objective» (B70, p. 809). Le reste de la remarque, ironiquement, décrit le paradoxe contenu dans la thèse adverse qui ferait de l'espace et du temps «deux choses infinies, qui ne sont ni des *substances,* ni quelque chose de réellement *inhérent aux substances*, mais qui doivent être pourtant quelque chose d'existant et même la condition nécessaire de l'existence de toutes choses, etc.» (*ibid.*[3]). Là se trouve le véritable paradoxe en effet, car l'espace et le temps étant la forme pure de la sensibilité (et il faut souligner qu'il n'est pas possible d'en dériver *analytiquement* la diversité que seule l'expérience peut fournir), ce que Kant réfute dans les thèses adverses les concernant, vaut également pour toutes sensations (dont il faut noter parallèlement qu'elles sont

---

3.   La perspective est bien celle des Analogies de l'expérience (qui correspond à la catégorie de la relation), si l'on se limite à son premier principe, la permanence (*substantia et accidens*), qui concerne plus spécialement l'esthétique. Par ailleurs, dans ce même texte, Kant mentionne Berkeley, en tronquant quelque peu les théories du philosophe anglais.

irréductibles à autre chose a priori qu'un degré le phénomène est une grandeur intensive —, ce qu'il est facile de voir en réalisant qu'il n'y a pas de couleur pure a priori ou de forme pure a priori de la couleur). Ainsi, le paradoxe entre l'être et l'existence dans la même chose qui semblait surgir dans la thèse de Kant, en fait, n'est tel que dans la perspective défectueuse qui règle les thèses qu'il a réfutées. Peut-on croire qu'il n'a fait que reformuler au niveau de l'être et de l'existence de la chose ce paradoxe qu'il critique avec tant de force et qui est si manifeste dans cette nature ni substantielle ni inhérente de l'espace et du temps ?

Il faut donc relire la thèse centrale de l'idéalisme transcendantal, autrement dit la problématique de la constitution de l'objet, dans une autre perspective que celle, simpliste, des thèses qu'il prête à Berkeley. Il est vrai que Kant polémique un peu dans le vide et que la «simple» affirmation de la réalité objective est un soutien bien faible et bien peu clair pour une position si intenable, en apparence du moins. Pourtant, une petite indication de plus est glissée dans la note de la même page (B69, p. 809), sous la forme d'une définition très puissante de l'objet :

> «Ce qui ne peut pas se rencontrer dans l'objet lui-même, mais toujours dans son rapport au sujet, et n'est pas séparable de la représentation de ce sujet, est phénomène.»

Tout est là, d'une effrayante concision. Passons tout d'abord sur le premier membre de la phrase, puisqu'il est provisoirement obscur, à moins de posséder une intuition intellectuelle (comment «rencontrer» quoique ce soit dans l'objet lui-même?). La signification centrale et affirmative de cette phrase est clairement : «ce qui se rencontre toujours dans le rapport de l'objet au sujet est phénomène»[4]. Par contre, l'incise, «n'est pas séparable <*unzertrennlich*> de la représentation de ce sujet» risque de passer totalement inaperçue et ce serait dommage car tout tourne autour de cette séparabilité. En effet, il ne s'agit pas d'éléments discrets, d'aspects qui pourraient être «séparés» tout en restant d'une certaine manière subjectifs, de par leur provenance ; il s'agit du rapport (au sujet) en tant que

---

4.   La seconde remarque ne disait pas autre chose: le sens externe «ne nous donne rien d'autre que de simples représentations de rapports, il ne peut contenir dans sa représentation que le rapport d'un objet au sujet, et non l'intérieur de l'objet, ce qu'il est en soi.» B67, pp. 806-807, *loc. cit.*

tel. En effet, s'il est possible de «séparer», ou plus exactement d'«arracher» («*zertrennen*» est en effet plus fort que «*trennen*») le rapport-au-sujet hors du sujet, alors l'objet est considéré non plus dans un quelconque rapport au sujet, mais en rapport à lui-même, c'est-à-dire en lui-même. L'objet en lui-même apparaît alors comme l'objet logique, c'est-à-dire comme la possibilité idéale-logique de l'objet ; ce qui rend maintenant le début de ce passage parfaitement clair.

La quatrième et dernière remarque, si l'on s'en tient à notre lecture comparative (la table des principes), devrait couronner le tout et correspondre au moment de la modalité (les Postulats de la pensée empirique). Mais Kant s'en tient toujours à la défense et l'illustration de l'idéalisme transcendantal. L'espace et le temps, s'ils sont des formes des choses en soi, le sont également de l'existence divine (B71, p. 810). Cet argument a plus frappé les lecteurs contemporains de Kant que ceux d'aujourd'hui, pour lesquels on peut librement discuter de l'inexistence de Dieu, si besoin est. Aussi cette nouvelle réfutation nous intéresse-t-elle moins de nos jours. La signification essentielle de cette remarque résidera pour nous dans tout ce qui appartient plus proprement à la *manière de penser l'essence même de l'intuition* (ce qui correspond à la quatrième classe des catégories : la modalité des jugements), en remontant au-delà de la dissociation entre espace et temps. Nous trouverons ici la culmination, comme conjecturé, de ces quatre remarques et en même temps la conclusion la plus purement phénoménologique de notre étude sur l'Esthétique.

Kant donne une définition de l'intuition originaire par deux fois dans la même page (B72, p. 810), ce qui est, à notre sens, l'expression symptômatique d'un certain embarras, sur lequel nous reviendrons. Tout d'abord, l'intuition *originaire* est donnée comme le contraire de *sensible* ; le mode originaire est...

> «...tel que l'existence même de l'objet de l'intuition soit donnée par lui (mode qui, autant que nous pouvons en juger, ne peut convenir qu'à l'Etre suprême)...» B72, p. 810.

Ce qui nous caractérise, par rapport à un tel mode, est que nous devons être «affectés» par (l'existence de) l'objet. Et voilà que Kant, probablement, se relit et aperçoit, peut-être bien, que l'on pourrait comprendre l'affection de cette «capacité représentative» du sujet, non pas dans la perspective de l'intuition (dont il y a deux formes pures), mais plutôt dans celle de la sensation (dont il n'y a pas de forme pure spécifique, mais simplement la connaissance a priori que l'affection des sens est une grandeur intensive). Kant revient donc sur le sujet : «*Il n'est pas non plus nécessaire de limiter à la sensibilité de l'homme ce mode d'intuition dans l'espace et dans le temps...*» Toute la subjectivité transcendantale repose sur l'espace et le temps, c'est-à-dire la possibilité de dire «objectivement» cette subjectivité. Il faut donc maintenir au-dessus de toute atteinte ce qui articule la sensibilité à la subjectivité objective en général (ce que Kant traduit par «tout être pensant fini» <*alles endliche denkende Wesen*>, et non, notons-le, par «tout être intuitionnant»). Kant va-t-il aller plus loin? Va-t-il dire enfin comment on passe de la représentation objective de la subjectivité (autrement dit de la possibilité de penser, clairement présente dans ces «êtres pensants finis», mais dont Kant refuse de parler, de son propre aveu, dès la Préface de la première édition, AXVII, p. 730) à la représentation objective tout court, c'est-à-dire à l'objectivité ? Non, Kant coupe court et lâche toutefois :

> «malgré cette universalité, ce mode d'intuition ne cesse pas d'appartenir à la sensibilité, parce qu'il est dérivé <*abgeleitet*> (intuitus derivatus) et non originaire <*ursprünglich*> (intuitus originarius), et que par conséquent il n'est pas intuition intellectuelle...» B72, p. 810.

L'indication est à la limite de l'ésotérique. Kant se tire d'affaire en rééditant, presque mot pour mot, la définition de l'intuition intellectuelle et fait l'aveu de son envie de reculer (pour reprendre et détourner l'une des conclusions de l'interprétation heideggerienne), avec cette phrase révélatrice qui clôt l'ensemble des «remarques générales» sur l'esthétique transcendantale :

> «Cette dernière remarque, cependant, est à prendre comme éclaircissement et non comme preuve de notre théorie esthétique.» (*Ibid.*)

Cela prend des allures de lapsus et lorsqu'on repense aux progrès accomplis par ces remarques rajoutées à l'Esthétique, l'on aperçoit Kant aux prises avec les malentendus possibles que l'idéalisme transcendantal peut et va susciter, se défendant tant bien que mal par des réfutations ébauchées à grands traits, en laissant passer çà et là des indications incompréhensibles sans une vision non seulement synthétique mais encore architectonique de la *Critique de la raison pure*.

Le drame de Kant est qu'il parle «transcendantal» et que l'on continue à l'entendre «logique» ; ainsi, la lecture de ces quatre «remarques générales» semble n'apporter aucun enseignement supplémentaire. Pourtant, tout est là, écrit en termes tellement évidents qu'on ne les voit plus, surtout avec nos lunettes «logiques», celles qui nous rendent l'illusion transcendantale, naturelle et inévitable[5].

Rien n'est moins évident que la logique et en même temps, la force de son évidence, dont l'illusion transcendantale tire sa propre puissance, est telle que tout ce qui est universel dans l'ordre du communicable intersubjectif ne peut l'être qu'en elle. Nous devrons donc «sortir» de la logique pour pouvoir en parler, tout comme nous devrons «sortir» de l'entendement (et aller dans la «raison») dans un but similaire.

On trouvera plus loin la description des modalités de cette «sortie hors du concept», si essentielle dans la pensée de Kant. Mais ici, nous devons encore reprendre les fils conducteurs épars de ces «remarques générales» et, en réservant l'instauration de la logique, affronter thématiquement la problématique de la phénoménalité du phénomène dont la solution doit en passer par une schéma interprétatif spatial, la double anamorphose, qui peut aider à penser la *dis-parition* de la subjectivité hic et nunc du phénomène dans le concept.

---

5.   Rappelons-le, l'illusion transcendantale provient de ce que la perspective de chacune des thèses et des antithèses reste contre vents et marée simplement logique. L'hégémonie de la logique y fonctionne comme condition absolue, rendant l'idée de limite particulièrement malaisée à faire passer directement. Aussi n'est-ce pas directement que le caractère antinomique des thèses et antithèses est montré; en effet, toutes les démonstrations y sont apagogiques, sauf pour la quatrième antinomie, qui par son caractère général, démontre des caractéristiques particulières: «le même argument, dont on tirait dans la thèse la conclusion de l'existence d'un être originaire, on en tire dans l'antithèse, la conclusion de sa non-existence, et cela avec la même rigueur» (A459/B487, p. 1113). La solution du conflit réside dans la distinction qu'il faut faire entre les «points de vue»; or, c'est ce dont la logique fait constitutivement abstraction. Elle est dans ce sens isotrope, puisqu'elle est sous le regard d'un point de vue qui n'est pas un point, ou qui est partout et donc nulle part. Elle apparaît comme étant l'intuition intellectuelle d'un entendement intuitif. Là réside l'apparence transcendantale, et par contrecoup la signification heuristique du concept problématique d'une intuition originaire et intellectuelle.

2. LA THÉORIE DE LA DOUBLE ANAMORPHOSE COMME CONSTITUTION DE L'OBJECTIVITÉ

D'une manière générale, l'anamorphose est «une représentation (peinte, dessinée, etc.) volontairement déformée d'un objet, dont l'apparence réelle ne peut être distinguée et reconnue qu'en regardant l'image sous un angle particulier ou au moyen d'un miroir courbe[6].» En d'autres mots, le dessin de l'image de départ est en lui-même déformé et méconnaissable et l'image ne redevient parfaitement proportionnée et pour tout dire «normale» dans ce qu'elle représente qu'au moyen d'une autre déformation de même cohérence mais de courbure inverse (un cylindre poli ou un miroir courbe) qui a pour résultat d'annuler la déformation originelle et de reconstituer l'image dans son «apparence» réelle. Ces curiosités étaient fort prisées au XVIIIe siècle et les peintres et dessinateurs qui les confectionnaient appliquaient empiriquement les résultats de la science optique (notamment des sections coniques) qui venait de connaître des progrès significatifs.

Il n'est pas question de prétendre que Kant ait pu observer ces dessins anamorphiques ou que quelque chose d'approchant ait pu l'inspirer directement ou indirectement. Ce n'est d'ailleurs pas nécessaire, puisque la pensée kantienne ne tire pas sa nécessité ailleurs que d'elle-même. Outre que cette question, pour autant qu'elle se pose ici, appartient aux historiens, nous ne faisons appel à cette partie de l'Optique que dans la mesure où, à titre de métaphore, elle peut nous servir à aider à comprendre l'architectonique de la théorie kantienne de l'objectivité. Ainsi, quelles que soient les signes déjà recensés chez Kant d'une capacité à penser d'une manière étonnamment abstraite et dont seule la topologie moderne peut rendre compte, elles ne peuvent cependant nous servir qu'à corroborer la légitimité de notre schéma interprétatif (la double anamorphose) et non à établir que Kant raisonnait exactement dans ces termes et se servait de cette figure topologique plutôt que d'une autre. Il importe ici de donner l'orientation méthodologique générale, qui se fonde sur l'unité architectonique de la méthode critique (constatée jusque dans ses moindres détails dans le texte) et y trouve la vérité même du Kantisme.

---

6. Cf. *Dictionnaire Larousse*, (1988), p. 66, qui donne en illustration un dessin daté de 1740, d'un peintre allemand nommé Elbaers.

Dans une description sommaire, nous dirions qu'il faut non pas une mais deux anamorphoses pour rendre compte de l'accession à l'objectivité des représentations subjectives : supposons en effet ce qu'il ne faut pas *réellement* supposer, mais seulement *représentationnellement,* à savoir la dichotomie sujet/objet. Dans cet esprit, la première anamorphose serait celle du travail de l'imagination empirique sur le donné des intuitions et la seconde, celle de l'effet de ce travail sur le sens interne. Cette seconde anamorphose suppose donc que le sens interne participe de la même espèce de sensibilité que celle des sens dits extérieurs et l'on commence à comprendre pourquoi Kant insiste tant là-dessus, montrant toujours qu'à défaut de considérer le sens interne comme un sens authentique l'on menace toujours de tomber dans l'intuition intellectuelle. On le voit facilement, la seconde anamorphose dépend de la première anamorphose à laquelle elle s'articule et cette double anamorphose tend à se neutraliser mutuellement au fur et à mesure du travail synthétique de l'entendement : la récognition dans le concept consomme cette annulation et en même temps, la dis-parition de la subjectivité hic et nunc du donné de l'intuition. Nous aurons maintes fois l'occasion de revenir sur ce schéma interprétatif et de le détailler autant que nécessaire car il importe ici de n'en donner que les grandes lignes.

Cette exposition très sommaire de ce schéma interprétatif pose d'emblée deux problèmes d'interprétation qu'il convient de résoudre dès maintenant. Il est remarquable que puisque la double anamorphose, en tant que métaphore, doit symboliser la structure architectonique du système kantien dans ses deux orientations irréductibles l'une à l'autre, que nous avons appelées épistémologique et phénoménologique, ce problème d'interprétation (plus exactement de «lecture» au travers de ce schéma interprétatif) se dédouble comme pour témoigner qu'il n'y a pas de point de vue *unique* possible de l'architectonique kantienne, sauf, naturellement, pour une intuition intellectuelle. Cette question, celle de la possibilité de représenter l'unité de la métaphysique systématique, véhicule la difficulté fondamentale à laquelle Kant s'est heurté dans la rédaction de son œuvre critique, et, selon nous, il ne faut pas chercher ailleurs la raison pour laquelle la «quatrième question capitale» des *Prolégomènes,* celle de la métaphysique systématique ne reçoit aucune réponse positive.

Examinons donc tout d'abord comment le schéma de la double anamorphose maintient son unité sous les feux croisés de la perspective phénoménologique et de la perspective épistémologique.

2.1 La théorie de la double anamorphose dans la perspective épistémologique

Prenons tout d'abord la perspective épistémologique et le problème de l'objectivité. La particularité de cette perspective est de laisser tout à fait en suspens la question de savoir quel est le rapport entre la chose en soi et le phénomène, c'est-à-dire la question du rapport à l'être. Cela revient à «neutraliser le problème de la chose en soi», comme l'a montré Bernard Rousset dans sa monumentale *Doctrine kantienne de l'objectivité* :

> «Cette *neutralisation du problème de la chose en soi* permet à Kant d'admettre le point de vue de la conscience naïve sur la réalité, l'objectivité, l'existence extérieure et antérieure des choses qu'elle se représentent ; c'est ainsi qu'il peut dire, notamment à propos du phénomène de phénomène qu'est la matière première, que ce qui est phénomène pour le métaphysicien est chose (*Sache*) en soi pour le physicien.» p. 335, Vrin, 1967.

Une telle conclusion, parfaitement fondée sur les textes kantiens, sert simplement chez Rousset à disculper Kant de l'accusation tenace d'idéalisme, accusation nourrie de ces textes où Kant peut parler en idéaliste dogmatique parce qu'il n'est pas besoin de toujours se référer à la question de l'objectivité, lorsque celle-ci n'influence pas l'objet de son propos.

De ce fait, la question est indifférente de savoir d'où vient l'image travaillée par l'anamorphose. Le point essentiel est en effet celui-ci : l'affection de la réceptivité sensible du sujet (l'intuition) est anamorphique par rapport à l'ordre du réel qui affecte, ordre qui est celui de la chose en soi. Elle est (dé)formation spatio-temporelle, selon un hic et nunc caractéristiques de la subjectivité propre du sujet. Parler d'«ordre de la chose en soi» est pourtant déjà un abus de langage, car ce n'est ni la chose en soi elle-même, ni l'«ordre» qu'elle ne pourrait présenter que pour un entendement divin, qui sont déformés d'une manière cohérente dans cette anamorphose par laquelle nous voulons rendre compte de l'appréhension réceptive. L'ordre isotrope qu'il nous faut postuler pour pouvoir introduire la notion de déformation cohérente ou d'anamorphose est produit par rétrojection aussi bien comme la courbure originairement et *analytiquement* nulle (l'illusion ontologique d'un ordre originaire de l'en soi) que comme la courbure *synthétiquement* annulée, c'est-à-dire l'inflexion nulle produite par l'application d'une anamorphose à son symétrique inverse (même courbure, sens opposé comme les mains sont en image-miroir l'une de l'autre). Du concept métaphysique d'un ordre originaire, l'on dérive en effet, d'une manière analytique (c'est-à-dire sans *sortir* de ce concept) le degré nul de sa courbure, c'est-à-dire son être pour soi, hors phénoménalisation. Par contre, pris dans un sens transcendantal, il faut sortir de ce concept d'un ordre originaire à courbure annulée, pour en penser l'annulation par la double anamorphose, c'est-à-dire pour le penser comme résultat d'une phénoménalisation qui s'est, dans l'Idéal de la raison pure, totalement et complètement neutralisée. Il est important de noter ici que ce concept d'un ordre originaire sert de principe à la fois objectif (mais indéterminé) et de principe subjectif (puisqu'il est atteint par l'auto-neutralisation de la discursivité de l'entendement), ce qui le rapproche tout à fait de ces Postulats de la pensée empirique qui ont cette même caractéristique (soulignée par Kant) et que nous commentons plus loin.

La métaphysique chimérique opterait volontiers pour un ordre originaire de l'en-soi à partir duquel elle s'efforcerait de penser l'objectivité de la connaissance scientifique. Or il est clair que le criticisme kantien tourne le dos à cet idéalisme dogmatique. En suivant ce schéma de l'anamorphose, il est facile de retrouver à quoi doit correspondre la contre-anamorphose qui, appliquée à la première, résulte en une inflexion nulle, analogue à l'ordre de l'en soi, sans même qu'il y ait nécessairement un tel «ordre» de l'en soi. Tout tourne en effet autour de la notion même d'«ordre», notion qui reste aporétique quand bien même nous aurions une théorie de l'objectivité parfaitement au point.

Parlons donc de cette contre-anamorphose : puisque toute perception est accompagnée de conscience, il y a affection du sens interne par la diversité produite dans la synthèse primitive de l'imagination et par conséquent, contre-anamorphose dont le résultat, dans la mesure où l'on considère la synthèse de l'imagination comme idéalement aboutie, n'est autre que la disparition de l'anamorphose première, neutralisée par l'anamorphose seconde. L'on voit facilement que la composition des deux anamorphoses ne donne pas toujours nécessairement une résultante à inflexion nulle (bien que c'en soit la *finalité*) ; au fur et à mesure que la synthèse de l'imagination intègre son propre écho produit par elle-même dans le sens interne et se corrige à proportion, le résultat de la double anamorphose *tend vers* l'inflexion nulle comme vers sa *limite,* c'est-à-dire la disparition pure et simple de l'effet anamorphique. Avec la disparition de l'effet anamorphique (qui de courbe, devient plan, c'est-à-dire non-anamorphique), la subjectivité dis-paraît idéalement dans l'objectivité. Cette objectivité reproduit l'ordre original de la chose en soi, comme pure possibilité et elle le reproduit dans la mesure où le phénomène, essentiellement anamorphique, a disparu comme tel dans le concept. *Cette «éclipse» du phénomène au sein du concept rend nécessaire, en retour, la formulation du schématisme pour rétablir le lien au réel qui se brise dans la constitution même du concept comme nécessité logique.* Cette «éclipse» n'est autre que l'abstraction que fait la logique générale analytique de tous ses contenus empiriques.

2.2 La théorie de la double anamorphose dans la perspective phénoménologique : «le phénomène n'est pas une simple apparence»

A la perspective phénoménologique, il appartient d'expliquer la provenance originaire de l'image qui transite à travers les déformations cohérentes et composées de la double-anamorphose. En effet, dans des conditions de réalisation optimales, la perception subjective correspond à l'effet anamorphique, (qui est toujours double, puisqu'il s'agit de sensations accompagnées de conscience) et la connaissance objective, à la disparition de cet effet, lorsque les deux anamorphoses, matérielle et formelle, s'équilibrent et s'annulent. D'où vient le contenu de la connaissance, même nettoyé des déformations subjectives ? Kant est très peu disert là-dessus et son excès de prudence a laissé le terrain libre à toutes les récupérations idéalistes, celles-là même qu'il lui faudra combattre jusqu'à la mort. En effet, dans la perspective épistémologique, tout apparaît comme un constructivisme reposant sur du sable, et donc comme de l'idéalisme absolu. La perspective phénomé-

nologique, qui s'intéresse moins au contenu et plus à la genèse de la connaissance, en est réduite à se contenter de tout ce
qui, dans la Critique en tout cas, concerne cette genèse et qui,
il faut bien le dire, en concentre toutes les obscurités (les
deux Déductions, le Schématisme, les Anticipations de la
Perception, etc.). Il n'est pas sûr que Kant ait jamais été satisfait de ses propres solutions et qu'il ne s'en soit simplement
tenu à quelque chose d'équivalent à la version épistémologique de la double anamorphose, comme fondation de l'objectivité.

Plusieurs explications peuvent rapidement être suggérées : premièrement, si la constitution subjective dont sort l'objet, comme l'affirme explicitement la première remarque générale[7], disparaît, alors toute la problématique qui en dépend disparaît également, et à partir du moment où Kant s'intéresse moins à la question du rapport à l'être, c'est-à-dire à l'approche phénoménologique, qu'à la question de la possibilité d'une connaissance scientifique (mathématique, physique, métaphysique) et à la problématique de la législation morale, il n'est pas nécessaire de s'intéresser à une question tout autant difficile qu'inopportune[8].

La question de la caractérisation de la subjectivité empirique (et non transcendantale, qui ne pose pas problème) est le talon d'Achille de la pensée kantienne. Kant, convaincu de ce que cette faiblesse ne peut pas contaminer le reste du système, se laissera tout d'abord séduire par les analyses de Tetens contenues dans son ouvrage intitulé *Essais philosophiques sur la nature de l'homme et son évolution* (1776-

7. Cf. A44/B62, p. 803, *loc. cit.*: «...si nous faisons *abstraction* de notre
   constitution subjective, l'objet représenté, avec les propriétés que lui
   attribuait l'intuition sensible, ne se trouve plus, ni ne peut plus se trouver nulle part, puisque c'est *justement cette constitution subjective qui
   détermine la forme de cet objet comme phénomène.*»
8. On s'expliquera ainsi l'étonnante dissociation déjà citée qu'opère Kant
   entre la déduction dite subjective et la déduction objective, dans la
   Préface de la première édition (AXVII, p. 731). Kant déclare en effet
   que sa question n'est pas celle de la possibilité du pouvoir de penser,
   pour laquelle il possède un système qu'il ne donnera pas ici mais que
   le lecteur peut à son gré considérer comme une «hypothèse», (tout en
   soulignant que ce n'en est pas une, sans exiger pour autant qu'on le
   croie sur parole). C'est le fonctionnement de ce système que nous voulons décrire à l'aide de cette métaphore de la double anamorphose.

1777) et y puisera la description de la «genèse de l'objet à travers le jeu successif de l'intuition, de l'imagination et de la conception»[9]. Cependant, Kant s'apercevra bien vite, semble-t-il, que la cohérence relative d'un tel système, déjà distendue dans la première rédaction, ne peut que voler en éclats lorsqu'elle est soumise aux jeux de force des nécessités architectoniques, ce qui motivera la rédaction d'une seconde version de la Déduction. Ainsi, peut-on interpréter l'abandon des positions «psychologisantes» exposées dans la première rédaction, comme étant le résultat de l'inutilité d'une détermination complète de notre type de sensibilité au regard de toute la théorie dans son unité architectonique. Celle-ci suppose que nous ayons une intuition sensible et laisse indifférente la question de savoir quel type de sensibilité nous avons en définitive.

Cependant la question reste posée : s'il n'y a *rien* qui se transporte de la sensation jusqu'au concept, rien d'autre que ce que nous y mettons nous-mêmes, de prime abord, l'accusation d'idéalisme tient et apparaît même irréfutable. En revanche, si quelque chose du phénomène perdure jusque dans le concept, alors toute la construction critique s'écroulera à la suite de la distinction alors sans objet entre phénomènes et noumènes. Or, la théorie de la double-anamorphose suppose elle-même un support qui n'appartienne pas au sujet. Ainsi, si l'on se pénètre du sens des remarques générales de l'esthétique, compte tenu que tout le système critique repose sur la double nature de l'intuition, réalité empirique et idéalité transcendantale, on ne manquera pas de voir que Kant ne nous laisse pas le choix : d'une part, (épistémologiquement) l'objet sort de la constitu-

9. Cf. A. Philonenko, *L'Œuvre de Kant*, T. 1, p. 154 & seq. Cet éminent commentateur, dont l'immense érudition n'alourdit jamais le trait, note lumineusement que «le but fondamental de la déduction subjective est donc le passage définitif de l'a priori métaphysique à l'a priori transcendantal, par le dévoilement du principe méthodique qui rend possible comme dérivée et non originaire la dualité du sujet et de l'objet. *C'est pourquoi l'on peut dire que la déduction subjective est l'«Aufhebung», le dépassement de la subjectivité*. Il est donc intéressant et utile de relever tous les aspects de la Déduction transcendantale subjective qui nous montrent Kant s'attachant à l'œuvre de Tetens, *à condition de bien saisir que la psychologie n'est mise en œuvre que pour être dépassée*» p. 155 (nos italiques). Dans une note, A. Philonenko ajoute, avec un sens très anglais de l'«understatement» que «ceci n'est pas vu par de nombreux interprètes...».

tion subjective du sujet et (phénoménologiquement) nous
avons affaire non aux choses en soi, mais aux phénomènes, ce
qui alimente une interprétation idéaliste du Kantisme; d'autre
part, le phénomène n'est pas une simple apparence, ce qui est
une position réaliste-empirique, enfin et dernièrement, tout le
système doit être pensé d'après sa condition de possibilité architectonique et qui est en même temps condition elle-même
inconditionnée: l'intuition originaire. Kant, cela est manifeste,
non seulement voit très clairement le dilemme mais encore
l'expose méthodiquement, suivant la table des catégories!

Vérifions dans le détail que les quatre caractérisations de
l'idéalisme transcendantal contenues dans les «remarques générales de l'esthétique» sont respectées par le schéma de la
double anamorphose:

A) L'interprétation épistémologique de la double anamorphose doit correspondre à la première classe des catégories,
la quantité, c'est-à-dire l'intuition et doit s'étendre, à la faveur de la seconde édition, aux deux premières classes de catégories dites «mathématiques», où l'objet est contenu
«dans» le phénomène. D'après cette interprétation, si la
courbure anamorphique rend compte de la subjectivité du
sujet comme d'une déformation hic et nunc du réel, alors
l'inflexion nulle résultant de la composition de deux anamorphoses de courbure identique et de sens opposé, en rendant
compte de l'objectivité, fait dépendre exclusivement la
constitution de l'objet et de l'objectivité de celle du sujet
(A66/B62 p. 803, *loc. cit.*). Ainsi se fonde l'*idéalité transcendantale* de l'intuition;

B) La seconde remarque correspond à la seconde classe
des catégories, la qualité, c'est-à-dire (d'après l'analyse que
l'on trouvera plus loin) à l'Etre. Or l'Etre (le noumène) est ce
qui disparaît dans la représentation phénoménale, considérée
dans la perspective épistémologique propre aux deux catégories «mathématiques». L'intuition perd l'Etre dont la sensation donne le témoignage. «...tout ce qui dans notre connaissance appartient à l'intuition [...] ne contient que de simples
rapports [...]. Or, de simples rapports ne font cependant point
connaître une chose en soi...» (B67, p. 806, *loc. cit.*). Tous
ces rapports décrivent une syntaxe pour laquelle il n'y a pas

de référence point par point avec l'Etre, entendu ici comme
non-objet d'une intuition non-sensible, mais avec laquelle il y
a comme une «sympathie» avec l'Etre, qui est comme la trace
que laisse la sensation lorsqu'elle se perd dans l'intuition en
général. La seconde remarque semble donc ré-éditer la première, puisqu'elle parle du rapport à l'Etre d'une manière négative et de la sensation en tant qu'elle est nécessairement
perdue pour une interprétation épistémologique qui l'ignore
d'emblée;

   C)[11] La troisième remarque nous fait accéder à une interprétation phénoménologique puisqu'on va y traiter du rap-

11. Selon l'interprétation proposée plus loin, les deux dernières classes de
     catégories, dites «dynamiques» dans la représentation systématique
     des principes, correspondent respectivement au Temps (la relation) et à
     la Pensée en général (la modalité). Il faut préciser ici que les catégo-
     ries mathématiques reconstituent l'être phénoménal en lui substituant
     un monde de représentations objectives qui correspond à l'inflexion
     nulle de la double anamorphose engendrée par l'homéostasis de l'ima-
     gination dans son rapport avec l'unité de l'aperception (le sens inter-
     ne). La sensation donne la vérité de l'être en mille morceaux; l'intui-
     tion donne l'unité reconstituée de l'être, au départ des mille morceaux,
     sans en redonner la vérité vécue, parce qu'elle a «perdu» le morcelage
     contingent pour retrouver l'unité.
        Pour compléter cette description qui correspond au statut de l'intui-
     tion dans les catégories «mathématiques», ajoutons que dans cette
     double anamorphose qui reconstitue l'unité de l'Etre en perdant cet
     Etre en tant qu'Etre, la subjectivité du sujet, manifeste dans le morce-
     lage *hic et nunc* dans lequel l'Etre se manifeste à lui, est également
     perdue, mais que le sujet trouve dans cette perte sa vérité. Dans la
     sensation, c'est l'Etre qui capture le sujet, que l'on pourrait décrire
     comme étant sous l'emprise de l'Etre; le sujet s'en libère en transfor-
     mant la sensation en intuition, par l'intervention de la diversité de la
     conscience dans le processus synthétique de l'imagination (la double
     anamorphose). Le sujet se libère de l'Etre par la conscience qu'il en
     a; il se perd comme sujet et la conscience qu'il a d'être sujet n'est pas
     une connaissance. Cela signifie que le Sujet a capturé l'Etre, et qu'il a
     troqué sa vérité contre celle de l'Etre. Le sujet devient Temps, c'est-à-
     dire rien, pour accueillir l'unité de l'Etre, dans une connaissance, c'est-
     à-dire tout. Les catégories dynamiques donnent la vie du sujet, qui est sa
     vérité, en lui donnant la connaissance, qui est la perte de l'Etre en
     même temps que la sienne pour une connaissance. Pour que le sujet
     puisse détenir l'Etre dans son unité, il faut qu'il n'y ait, ontologique-
     ment dans cette connaissance-unité, ni Etre, ni sujet. Cette connais-
     sance, dans son unité, apparaît alors comme connaissance absolue,
     comme intuition intellectuelle d'un entendement intuitif, c'est-à-dire
     comme intuition sans objet possible (puisqu'elle les a tous en même

port de l'intuition au phénomène (catégories dynamiques). Elle doit donc s'appuyer sur la description donnée par Kant de la sensation, au lieu de l'intuition qui est d'emblée non seulement une production synthétique de l'imagination, mais encore, par le biais des «limites» de celle-ci, une condition de possibilité idéale a priori (espace et temps) qui n'est aperçue qu'a posteriori. Ainsi, le phénomène, dans la perspective épistémologique des deux catégories mathématiques, ne peut apparaître que comme simple apparence, tout d'abord parce que l'objet étant dans le phénomène (par définition des catégories «mathématiques»), le phénomène comme apparence est «dans» ce dont il est apparence (autrement dit, l'intuition pure en général ne fait pas la différence) ; ensuite, le phénomène, disions-nous, ne pouvait y être autre chose qu'une simple apparence, parce que ce qui est la vérité de cette apparence (et donc la condition objective qui fait qu'il ne s'agit pas véritablement, dans le langage de Kant, d'une apparence, c'est-à-dire d'une illusion) est constitutivement aboli dans le passage de la sensation à l'intuition (dans la perspective épistémologique).

Dans la perspective phénoménologique, la sensation est définie comme l'influence de la réalité sur les sens et suppose la réalité corporelle et organique du sujet, sans jamais faire intervenir la possibilité de sa pensée et par là son enracinement dans le nouménal. Le sens, à la différence de l'intuition, est synoptique, mais la diversité propre à la manière fragmentée et parcellaire avec laquelle le sens nous rend présent le réel, n'a pas de forme pure a priori autre que l'intuition, dont la diversité n'est pas déterminée à la différence de celle de la sensation (l'œil voit, l'oreille entend, etc.). Cette diversité propre à la sensation dis-paraît. Ainsi le phénomène apparaît comme n'étant qu'une simple apparence, c'est-à-dire que ce qu'il révèle a disparu de l'apparence qu'il «est». Le lien a disparu, et il reste quelque chose qui apparaît en lieu et place de quelque chose qui est, et qu'il faut conjecturer comme étant «derrière» ce qui apparaît. Ainsi se fonde la «*réalité empirique*» de l'intuition (B67-68, pp. 807-808) ;

---

temps) d'un entendement d'aucun sujet (puisqu'il est «tous» les sujets à la fois).

D) La dernière remarque correspond dans notre schéma, au moment dynamique de la modalité et pour laquelle on peut reprendre la remarque que Kant fait à son propos (A219/B266 pp. 948-949):

> «Les catégories de la modalité comportent ceci de particulier qu'elles n'augmentent nullement, comme détermination de l'objet, le concept auquel elles sont jointes comme prédicats, mais qu'elles expriment seulement le rapport à la faculté de connaître.»

L'intuition originaire dont il est question dans cette dernière remarque ne décrit pas la double-anamorphose qui caractérise l'intuition en tant qu'elle est sensible. Par contre, dès que celle-ci s'équilibre et que la courbure de l'anamorphose s'annule, elle disparaît: l'intuition à laquelle cette disparition correspond est justement l'intuition originaire, c'est-à-dire une intuition que nous n'avons pas. Or, Kant n'a pas assez de mots pour le dire, les intuitions sans concepts ne vont pas plus loin que des concepts sans les intuitions. Lorsque la double anamorphose s'équilibre et s'annule, lorsqu'il n'y a donc plus d'effet anamorphique et donc lorsque l'intuition empirique disparaît, que reste-t-il? Le concept empirique. Mais ce concept est toujours une représentation déterminée; elle a un contenu particulier. En quoi le concept peut-il se rapprocher de l'intuition originaire, de cette intuition que nous n'avons pas, puisque l'intuition originaire n'a pas de contenu «particulier», «déterminé», puisqu'elle a, elle est, le déterminable?

Justement, comme nous le verrons dans le reste de notre ouvrage, le mouvement de la double anamorphose ne s'arrête pas là. Le concept, dans cette représentation métaphorique de la double anamorphose, n'a de l'intuition originaire que l'inflexion nulle, mais il n'en a pas le contenu indifférencié, infini. Son inflexion nulle a restitué l'isotropie idéale, absolue et originaire contre laquelle l'anamorphose s'applique, autrement dit celle de la réalité. Ainsi, le concept a-t-il récupéré, en tant que concept de quelque chose, une valeur objective, mais sa manière d'être déterminé (la quantité discrète, notamment), porte toujours la marque de la subjectivité transcendantale.

Parce que l'ensemble des représentations (des concepts) de l'entendement, selon l'expression de Kant, est comme une «plaine» (A762/B790, p. 1334, *«eine unbestimmbarweit ausgebreitete Ebene»*), la double anamorphose peut à nouveau s'appliquer sur celle-ci, double anamorphose dont le résultat sera de faire disparaître la détermination du contenu empirique. Le concept sera alors à l'image de l'intuition originaire, in-fini. Il sera une «Idée». Son origine conceptuelle lui laissera la possibilité de se reschématiser, d'où l'importance du schème de l'Idée et du Concept. Cette Idée qui apparaît au terme du mouvement anamorphique du travail de l'imagination sur les représentations (qu'elles soient, comme dit Kant dans son étude sur la réflexion transcendantale[12], celles de la sensibilité (perceptions) ou celles de l'entendement (concepts)), cette Idée du tout de la réalité dans laquelle culmine le concept, est l'idée originaire. Nous avons une fois de plus l'illustration de la *rétrojection* richirienne suivant laquelle apparaît a priori ce qui n'est possible en soi qu'au terme idéal («a posteriori») de l'ensemble du travail synthétique de l'imagination. L'intuition originaire n'est autre que l'expression a priori de l'Idée d'un tout de la réalité (*omnitudo realitatis*)[13].

L'intuition originaire (ou intellectuelle, suivant le point de vue a priori utilisé) sert donc dans la représentation spatiale de cette double anamorphose, d'espace de référence indépendant de ce qu'il contient (idéalité transcendantale) et en même temps, elle est le résultat de cette même double anamorphose en tant qu'elle est considée non plus mathématiquement mais dynamiquement. En un premier temps, l'imagination dans son travail synthétique accède par sa double anamorphose à l'objectivité des représentations déterminées; on change donc de perspective et l'on passe de la synthèse figurée à la synthèse intellectuelle; en un second temps, ce même travail de l'imagination par cette même double anamorphose, appliqué cette fois non plus aux représentations de la sensibilité mais à celle de l'entendement, accède à l'indétermination totale du concept dans l'Idée et retrouve l'objectivité absolue de la connaissance absolue: c'est-à-dire par

12. Appendice à la Dialectique transcendantale, «De l'amphibologie des concepts de la réflexion...» A260/B316 & seq., pp. 989 & seq.

13. «Si donc la détermination complète a pour fondement, dans notre raison, un substratum transcendantal qui contient en quelque sorte toute la provision de matière possible d'où peuvent être tirés tous les prédicats possibles des choses, ce substratum n'est autre chose que l'idée d'un tout de la réalité (*omnitudo realitatis*)». A575/B603, p. 1198.
La problématique de l'Idéal étant étudiée plus loin, nous proposons d'y renvoyer le lecteur afin de nous concentrer ici sur la mise en place de la théorie de la double anamorphose.

la disparition absolue de la subjectivité transcendantale du sujet, rien pour nous (ou quelque chose pour personne, selon que l'on considère l'intuition intellectuelle ou l'entendement intuitif). Mais ce rien-pour-nous est l'intuition originaire, c'est-à-dire l'«espace» idéal dans lequel s'effectue la double anamorphose.

3. LE «NIHIL ULTERIUS» DE LA PHILOSOPHIE KANTIENNE : LA PHÉNOMÉNALITÉ DU PHÉNOMÈNE

3.1 Introduction

Par le biais de ces quatre «remarques générales sur l'esthétique transcendantale», nous avons pu exposer la structure métaphorique qui sous-tend notre interprétation, à savoir la double anamorphose. Cependant, avant même de mettre à l'épreuve la puissance explicative d'un tel schéma interprétatif, nous devons revenir sur la grande difficulté du Kantisme et dont le problème est, pour ainsi dire, posé comme résolu ou comme ne se posant pas dans la théorie de la double anamorphose : il s'agit de la question de savoir comment nous devons entendre que le phénomène n'est pas une «simple apparence».

La difficulté cette théorie de la double anamorphose ne peut résoudre puisqu'elle la dépasse, est celle du «point de départ». Tout se passe en effet comme si la double anamorphose présupposait l'inflexion nulle qu'elle atteint, comme «passage à la limite» ; tout se passe comme si l'a priori, atteint a posteriori, devait être «rétrojeté» et s'affirmait comme toujours-déjà là, antérieur à cet a posteriori où il se révèle, et divinement indifférent à une telle révélation, de par son absoluité. Tout se passe comme si seule la condition de possibilité formelle de l'explication en général donnait un sens à un «point de départ», parce qu'elle, justement, est *linéaire*.

L'architectonique, métaphoriquement exprimée par cette théorie de la double anamorphose, manifeste à nouveau ici ce caractère qu'elle partage avec la simple logique, d'effacer son fondement aussitôt qu'elle devient effective, c'est-à-dire «réelle». Dès qu'elle «part», elle perd son point de «départ». Elle apparaît donc comme éternelle et intemporelle.

3.2 Le faux-pas classique de la phénoménalité du phénomène

La grande difficulté de la phénoménalité du phénomène se concentre dans l'être-apparaissant du phénomène. Le phénomène, considéré dans l'intuition est subjectif ; considéré comme vis-à-vis de l'intuition, est objectif (mais d'une manière indéterminée). Comment appeler ce qui, dans une doctrine de l'objectivité (à laquelle la *Critique de la raison pure* est bien souvent réduite), est objectif et subjectif, et ni l'un ni l'autre, en même temps ? L'on balancera donc entre l'être si jaloux de sa propre intégrité absolue qu'il ne peut se résoudre à sa déperdition dans de l'étant, et qui dès lors n'«apparaît» pas, et une apparence, sans qu'il y ait quelque chose qui apparaisse, pour reprendre l'expression si mal comprise de Kant[14].

---

14. Cette situation épineuse a été très vivement ressentie par Gérard Granel dans son ouvrage, *L'équivoque ontologique de la pensée kantienne*, où il présente les choses ainsi:

> «C'est bien «la même chose» qui est et l'être et l'apparence, mais alors de telle sorte que cependant l'être n'entre pas dans sa propre entrée en apparition: à l'instant où il entre en apparition, il n'est déjà plus lui-même en effet d'aucune façon assignable, il n'y entre que comme le pur non-être». p. 83.

En fait, ce n'est pas l'être qui entre de lui-même en apparition, c'est l'intuition qui le fait apparaître, qui le révèle (comme le réactif chimique dans le développement des photographies). Malheureusement, mais d'une manière exemplaire, l'interprétation de Gérard Granel s'épuise très vite et érige son propre épuisement en vérité du Kantisme: son équivoque. Ainsi, la voie royale sur laquelle il s'engageait devient-elle rapidement une impasse:

> «...entre la sensation informe et l'objet déterminé, se place le moment d'une sorte de mise-en-forme cependant «indéterminée», monstre philosophique à quoi l'Esthétique donne l'existence: *l'apparence prise en elle-même absolument*.» p. 88 (nos italiques).

Or, en relisant, de manière littérale, les mots que nous avons soulignés, on découvre la solution de l'énigme: l'apparence en effet est toujours pour autrui et elle est donc toujours relative. Une apparence prise pour elle-même et de surcroît, absolument, est l'apparence pour Dieu, autrement dit la même chose que l'être même de ce qui apparaît, pour une intuition originaire. L'intuition originaire se caractérise par son inflexion nulle (puisque l'apparition est absolue, c'est-à-dire relative à un sujet absolu qui est en même temps tout objet et tout rapport à tout objet); elle se caractérise aussi par son grain infini (sa déterminabilité en parties «objectivement» simples), c'est-à-dire qu'elle ne procède pas à une synopsis comme l'intuition sensible. L'inflexion nulle comme composée des deux anamorphoses est en même temps absence d'anamorphose (et donc de subjectivité empirique) tandis que le «grain» infini est en même temps l'absence de

Mais reprenons le problème à sa source : le phénomène, considéré dans l'intuition est subjectif, et ce, d'une manière déterminée ; mais considéré comme en dehors de l'intuition, il est objectif d'une manière indéterminée.

Dans les deux cas, il faut le noter, la manière de parler du phénomène en fait un en-soi puisqu'elle le délivre de son rapport au sujet et dissémine l'illusion transcendantale qu'il n'est pas différent, en lui-même, suivant qu'on l'oppose à l'intuition (comme étant cela même qu'elle intuitionne — le phénomène et l'intuition étant deux choses différentes) ou suivant qu'on l'intègre à l'intuition, comme étant la même chose qu'elle. La difficulté méthodologique par laquelle il faut cependant en passer, est qu'*il n'y a pas*, à proprement parler, *de phénomène en général* : il faut en effet choisir entre ce phénomène hic et nunc que décrit la phénoménologie et qu'elle ne peut dépasser et le concept-schème qui représente le phénomène en le perdant dans sa véritable phénoménalité. L'hypothèse de fond, à savoir celle suivant laquelle on peut simplement poser le phénomène «en général» est elle-même une illusion transcendantale qui fonctionne parfaitement pour les effets de sens dont a besoin la science pour parler des phénomènes sans s'inquiéter de leur essence, mais qui révèle sa nature illusoire dès qu'émerge la prétention aporétique de produire un discours objectif sur la subjectivité empirique.

Voilà l'illusion méthodologique ou si l'on veut, le *faux-pas* philosophique par lequel commence trop souvent l'investigation métaphysique sur la phénoménalité du phénomène et qui aboutit à discréditer l'intention métaphysique elle-même ; ce faux-pas n'est autre que celui qui consiste à négliger la double

---

grain, et l'intuition originaire est également nulle intuition et la condition de possibilité métaphysique de toute intuition. La rétrojection de l'a priori et de l'a posteriori se traduit donc en termes de virginité : la double anamorphose reconstitue une virginité après coup (l'inflexion nulle de l'objectivité-vérité de l'être), qu'elle crée en même temps qu'elle administre la preuve de son antériorité. Kant avait bien vu cela, qui distinguait entre a priori pur et a priori non pur (distinction que l'on vérifiera plus facilement dans les *Premiers principes métaphysiques*, puisque par exemple dans la science physique, le mobile présuppose l'expérience): tout cela est finalement très simple. Il suffit de distinguer entre absence *originaire* de tout «a posteriori» (a priori pur) et disparition *dérivée* ce tout «a posteriori» (a priori non pur).

nature de l'intuition, à savoir son idéalité transcendantale et sa réalité empirique, et à vouloir ensuite déduire la seconde (la réalité) de la première (l'idéalité). Ce faux-pas, il faut cependant le reconnaître, est inévitable car l'intuition ne détient pas originairement sa réalité empirique et son idéalité transcendantale : lorsqu'on la considère sous le premier angle, son statut d'intuition, opposé à celui de la sensation, dément sa réalité empirique car elle ne peut être intuition, c'est-à-dire dans une perspective métaphysique, continuité infinie de soi à soi ; et lorsqu'on la considère comme idéalité transcendantale, elle se dément toujours par la nécessité d'en passer à une « réalité » dont elle ne doit tout d'abord se distinguer que pour mieux s'y rapporter et la réalité, dès lors, y fait figure de regret métaphysique.

Ainsi, peut-on remarquer que la plupart des commentaires traditionnels sur le Kantisme se débattent entre l'attraction gravifique invincible de l'idéalisme sur tout le système critique (qui le fait apparaître finalement comme un idéalisme absolu) et la résistance à cette attraction, organisée au sein des textes par Kant lui-même, et qui veut, par le biais de la chose en soi, ancrer cet idéalisme à un sol qu'il ne doit pourtant pas « toucher ».

3.3 Le paralogisme de l'idéalité des phénomènes extérieurs

Les difficultés apparues précédemment dans la tentative de traiter de manière *unie* la phénoménalité du phénomène nous amènent tout naturellement à nous référer à l'enseignement de Kant concernant l'apparence transcendantale en général, la Dialectique. Celle-ci contient tout d'abord une étude des paralogismes de la psychologie rationnelle, qui, d'une version à l'autre de la *Critique de la raison pure*, a été réduite de moitié. Ici, nous nous attacherons seulement à l'étude de la problématique de la phénoménalité du phénomène, telle qu'elle est exposée longuement dans la première version du quatrième paralogisme.

Kant ne se cache aucune des difficultés de l'idéalisme et les expose dans cette première version avec une étonnante candeur : tout d'abord, en toute logique, l'idéalisme transcendantal ne résout pas directement la difficulté de la phénoménalité du phénomène :

«...il est clair en effet que, comme l'extérieur n'est pas en moi, je ne puis le trouver dans mon aperception ni par conséquent dans aucune perception, la perception n'étant proprement que la détermination de l'aperception. Je ne puis donc pas proprement percevoir les choses extérieures mais seulement conclure de ma perception interne à leur existence, en regardant cette perception comme l'effet dont quelque chose d'extérieur est la cause la plus prochaine. Or, l'inférence, qui d'un effet donné, conclut à une cause déterminée est toujours incertaine : car l'effet peut résulter de plus d'une cause. *Dans le rapport de la perception à sa cause reste donc toujours douteuse la question de savoir si cette cause est intérieure ou extérieure*, si par conséquent toutes les prétendues perceptions extérieures ne sont pas un simple jeu de notre sens interne, ou si elles se rapportent à des objets extérieurs effectivement réels comme à leur cause. ...» A368 p. 1443 (nos italiques)

L'immédiateté du rapport de l'intuition à la réalité est clairement reconnu comme métaphysique (ou dans notre langage : épistémologique), c'est-à-dire comme une conclusion rendue possible seulement dans le contexte d'une connaissance. Ici, nous ne sommes pas «dans» la connaissance, c'est-à-dire dans une perspective métaphysique, mais en dehors d'elle, autrement dit dans une perspective transcendantale, où il s'agit de déterminer si la limite (intérieur/extérieur, dont il faut noter qu'il s'agit justement d'un concept de la réflexion transcendantale) est à l'intérieur ou non de ce qu'elle limite. Le problème est donc dialectique.

La manière dont Kant va tirer son épingle du jeu est proprement extraordinaire, parce qu'ayant posé la vraie question, avec toute la netteté requise, il donne une réponse qui engage tout son système, en tant qu'idéalisme transcendantal. Que dit-il en substance ? Que l'on ne peut être qu'idéaliste-transcendantal ou réaliste-transcendantal, et que si, par exemple on est réaliste transcendantal, il vient obligatoirement la nécessité d'être «idéaliste empirique» ; et, parallèlement, si l'on est idéaliste transcendantal, on ne peut être que réaliste empirique. On ne pourrait trouver de démonstration plus architectonique : étudions-la de plus près. Redonnons tout d'abord les définitions. En premier lieu, l'idéalisme transcendantal n'est autre que...

«la doctrine selon laquelle nous les <scil. les phénomènes> regardons tous dans leur ensemble comme de simples représentations, et non comme des choses en soi, et d'après laquelle l'espace et le temps ne sont que des formes sensibles de notre intuition, et non pas des déterminations données par soi, ou des conditions des objets considérés comme choses en soi.» A369-370, pp. 1443-1444.

La différence entre l'idéalisme transcendantal et le réalisme transcendantal se concentre, dans l'esprit de Kant, dans l'institution de l'esthétique. Ainsi, le réalisme transcendantal se caractérisera-t-il par le fait qu'il...

> «...regarde l'espace et le temps comme quelque chose de donné en soi (indépendamment de notre sensibilité).» *Ibid.*

Pour Kant, il n'y a pas de doute : le réalisme transcendantal est tout d'abord une métaphysique, dans le sens pré-critique du terme, c'est-à-dire une immanence. L'espace et le temps étant «donnés en soi», il en est de même pour tous les objets qu'ils contiennent et, métaphysiquement, il ne devrait pas y avoir de perte entre le donné et le reçu. Mais ce réalisme métaphysique doit redevenir transcendantal à cause du témoignage des sens, et, du coup, le réaliste transcendantal doit «jouer l'idéaliste empirique» :

> «Après avoir faussement supposé que, pour être des objets extérieurs, les objets des sens devraient avoir aussi leur existence en eux-mêmes et indépendamment des sens, il trouve, à ce point de vue toutes les représentations de nos sens insuffisantes à en rendre certaine la réalité.» A369, p. 1444.

Toute la stratégie est donc d'essence architectonique. Le réaliste transcendantal suppose une extériorité sans sujet (c'est le sens à accorder à l'existence des objets «en eux-mêmes» et «indépendamment des sens»), c'est-à-dire qu'il doit accorder une isotropie de l'objectivité telle qu'elle est immédiatement adéquate à la connaissance objective. L'inflexion nulle de l'extériorité est alors d'abord parallèle à l'inflexion nulle de la connaissance objective : il vient ensuite qu'elle lui est parfaitement homogène. De là, l'on doit conclure à l'intuition immédiatement intellectuelle, et notre type d'intuition apparaît dès lors très «insuffisant» par rapport à la certitude accordée d'une part à la réalité en soi, d'autre part, à la connaissance que nous devrions sans peine en avoir.

Il ne faut pas se laisser induire en erreur par la symétrie croisée entre les termes idéaliste, réaliste, transcendantal et empirique. Il n'y pas de parallèlisme. Comparé au réaliste transcendantal, l'idéaliste transcendantal est tout d'abord un *dualis-*

te (*Ibid.*, A370 p. 1444). La profession de foi de l'idéaliste transcendantal, contenue dans ces pages, affronte les difficultés d'une telle position avec la même conviction que celle que nous avons rencontrée dans les «remarques générales sur l'esthétique transcendantale»:

> «L'idéaliste transcendantal... peut être un réaliste empirique, et par conséquent, comme on l'appelle, un dualiste, c'est-à-dire accorder l'existence de la matière, sans sortir de la simple conscience de soi-même ni accorder quelque chose de plus que la certitude des représentations en moi, par conséquent que le cogito ergo sum.»
> *Ibid.*

A nouveau, Kant affirme l'existence de la matière, c'est-à-dire de quelque chose «en dehors» de nous, tout en prétendant ne pas «sortir de la simple conscience de soi-même». On sait comment la réfutation de l'idéalisme, dans l'édition définitive (B274-279, pp. 955 & seq.), organise cette démonstration: notre propre existence est attestée via le sens interne, lequel n'a pas de diversité originaire; cette dernière, dès lors, ne peut être produite que par le jeu de l'imagination, laquelle ne peut être émue que par l'existence des choses extérieures. Cette réfutation doit surtout être considérée comme polémique: tout y tient sur le passage de l'existence à la conscience, et vice-versa, et tout peut être remis en jeu si l'on montre, pour le plaisir de l'argutie, que la différence entre le sens interne (vide) et le sens externe (plein) n'entraîne en rien celle entre l'existence du Moi et celle des choses extérieures, mais qu'elle devrait plutôt être fondée en même temps qu'elle. Cela devient alors très dangereux: si ma propre existence, en tant que m'appartenant en propre («intérieurement», si l'on peut dire) ne m'affecte pas, c'est qu'il y a quelque chose qui sépare la conscience d'un côté et l'existence de l'autre. Ou bien, j'existe de la même manière que les choses qui me sont extérieures, et la réfutation s'effondre puisque le lien causal entre les objets (en-eux-mêmes) extérieurs et ma conscience est transcendant; ou bien, j'ai conscience d'une manière différente de moi-même et des choses extérieures, et alors la réfutation de l'idéalisme n'en passe plus par la transcendance aporétique du lien causal (des objets extérieurs sur ma conscience) mais elle revient à prouver que je n'existe pas.

Kant a pressenti que cette réfutation très courte était finalement trop courte, et priait dans sa seconde préface que l'on insère une longue correction (BXXXIX-XLI) où il prévenait cette objection : «...il reste toujours incertain, s'il y a ou non hors de moi quelque chose qui... corresponde» à ma représentation des choses extérieures. Résumons sa réponse. Il ne faut pas considérer cette conscience comme étant elle-même cette représentation des choses extérieures. Au fond, l'erreur à ne pas faire est de confondre *l'existence représentée* et *la représentation de l'existence*, autrement dit ce que nous avons appelé la genèse du concept (perspective phénoménologique) et le contenu du concept (perspective épistémologique). Il n'y a représentation, de quelque origine qu'elle soit, que par le biais du travail de l'imagination. C'est ce travail qui affecte le sens interne et celui-ci ne peut alimenter originairement ce travail. Nous avons à peu près la même situation ici que celle que nous avons décrite au tout début de cette section : *le point de départ a disparu dès qu'il y a eu départ*. Ainsi, la conscience est-elle pleine de ses propres représentations et pourtant aucune ne lui appartient en propre, car elle est incapable d'en donner une seule ex nihilo.

On le voit, tout dépend de la signification architectonique à accorder à la distinction entre sens intérieur et extérieur. La difficulté naît de ce que devant considérer qu'il s'agit dans le deux cas, d'un «sens», interne, externe (sinon nous aurions une intuition intellectuelle), nous faisons porter tout le poids de la réfutation sur la distinction intérieur/extérieur ; ou bien de ce que remarquant que cette dernière distinction doit être conclue plutôt que présupposée, nous devons en venir à considérer qu'il ne s'agit pas de la même sorte de sens dans les deux cas. La distinction proposée ici retraverse celle qu'exploite Kant, entre idéalisme et réalisme transcendantaux, dans la première version des Paralogismes : dans le premier cas, nous sommes dans une perspective épistémologique où nous supposons cette distinction pour la faire disparaître en même temps que nous montrons que le sujet est originairement vide. Dans le second cas, nous montrons que ce même sujet, originairement vide quant au contenu de ses représentations, en est l'unique instituant : la perspective est phénoménologique. La réalité ne s'impose pas à nous, comme de par la causalité des choses en soi, au contraire, nous la constituons.

La dualité revendiquée par l'idéalisme transcendantal se re-croise par celle des perspectives épistémologique et phénoménologique. C'est l'effectivité transparente du travail de l'imagination, dont la trace dis-paraît dans l'objectivité, qui rend présentes à la «conscience» (qui n'est pas un spectateur passif, mais bien au contraire, l'un des termes-acteurs de cette présentification) les choses extérieures. La réfutation de l'idéalisme non seulement exige le maintien d'une perspective transcendantale, c'est-à-dire la rupture de l'hégémonie métaphysique propre à la logique et la mathématique pure a priori, mais, à travers la distinction entre les sens «intérieur» et «extérieur», soutient avec force la thèse de l'articulation fondamentale entre l'unité de l'aperception, forme de temporalisation schématisante et la sensibilité en général, forme de détemporalisation, c'est-à-dire de production d'«images».

La réfutation de l'idéalisme, dans la seconde édition, est ce qu'il reste de la première version du quatrième paralogisme. La très longue addition contenue dans la seconde préface et touchant à cette réfutation montre, si besoin en était, combien Kant a tergiversé entre le trop et le trop peu, avec ce risque toujours présent à l'esprit d'être obscur à force de vouloir être clair[15]. Dans cet esprit, nous pouvons reprendre la lecture de ce quatrième paralogisme, dans sa très grande clarté originelle.

En effet, à la suite des textes que nous avons précédemment commentés, Kant définit la matière, et surtout, ce qu'il convient d'entendre par ce terme d'«extérieur»:

> «...comme il \<le cogito, ergo sum\> ne donne cette matière et même sa possibilité intrinsèque que pour un phénomène, qui sépa-ré de notre sensibilité, n'est rien, elle n'est chez lui qu'une espèce de représentations (l'intuition) qu'on appelle extérieures, *non parce qu'elles se rapportent à des objets extérieurs en soi,* mais au contraire *parce qu'elles rapportent les perceptions à l'espace dans lequel tout est l'un en dehors de l'autre, tandis que l'espace lui-même est en nous.*» A370 p. 1444 (nos italiques)

Dès la première version, la distinction intérieur/extérieur n'est pas épistémologique, mais bien phénoménologique. Les choses ne s'annoncent pas comme extérieures, mais c'est le

---

15. Préface à la 1ère édition, «beaucoup de livres auraient été rendus bien plus clairs, s'ils n'avaient pas dû être rendus si clairs. Car les clarifications aident dans les détails, mais dispersent dans l'ensemble...» AXIX, p. 732.

mode suivant lequel l'imagination (dans son rapport à l'unité de l'aperception) décante les perceptions et les organise, qui les identifient comme extérieures, ceci constituant la définition de l'extériorité. Nous ne sommes pas au niveau de l'intuition, ni même à celui de l'imagination empirique ; nous sommes déjà à celui de l'imagination transcendantale dans son rapport avec l'unité originaire de l'aperception, autrement dit : dans l'entendement (au sens large).

La phénoménalité du phénomène est donc une effectivité : d'abord celle de la réalité sur les sens ; ensuite celle de l'imagination sur la sensation, recombinée avec la «sensation» que produit l'effectivité de l'imagination sur cette sensation (cette recombinaison étant ce que nous appelons la double anamorphose, dont la résultante est soit elle-même anamorphique, soit nulle lorsque les deux anamorphoses-miroir s'équilibrent idéalement, en passant à la limite).

Si elle est une effectivité, elle n'est pas en elle-même une représentation. Voilà pourquoi l'idéalisme transcendantal est nécessairement un dualisme, et qu'il comporte toujours un réalisme empirique. L'effectivité phénoménale étant ce qui se perd dans le résultat dont la sphère générale est justement cet idéalisme, l'immanence métaphysique de la simple logique, ce dont nous parlons en termes d'inflexion nulle, doit toujours déjà se reconstituer en perdant la *réalité* en tant qu'«*empirique*», en perdant donc ce qui doit être maintenu, contre vents et marée, pour justifier l'appellation de *transcendantal* pour l'*idéalisme* (le réalisme transcendantal étant en réalité simplement transcendant, puisque métaphysique dans le sens pré-critique du terme). Sans réalisme empirique, l'idéalité transcendantale redevient transcendante, c'est-à-dire une chimère métaphysique.

Ainsi donc doit-on comprendre la dualité propre à l'idéalisme transcendantal dans exactement la même acception que celle qui qualifie l'intuition, comme idéalité transcendantale et réalité empirique. L'idéalisme transcendantal pour être «*idéalisme*» doit être métaphysique et nier son rapport à la réalité empirique ; en revanche, pour être «*transcendantal*», il doit la maintenir.

Kant a parfaitement aperçu le caractère «paradoxal» et «étrange» (Cf. Note, A374, p. 1448) de cette situation. Dans la première rédaction, alors qu'il pouvait encore concevoir quelque optimisme quant à se faire comprendre de ses lecteurs, Kant va méthodiquement étaler au grand jour toutes les diffi-

cultés de cette position, la solution, d'essence critique, résidant
en la nécessaire distinction à faire entre l'intuition comme représentation et la sensation comme effectivité. Il faut le suivre
sur ce chemin et considérer très attentivement les solutions
qu'il donne dès 1781.

Lisons en effet le passage où Kant cristallise le paradoxe
apparent (rappelons-nous que nous sommes dans le paralogisme de l'idéalité des phénomènes extérieurs) qui naît de la
confusion entre l'intuition et la perception (*i.e.* la sensation, et
Kant cite notamment la couleur, la chaleur, etc.) :

> «La perception est ce par quoi doit être d'abord donnée la matière
> pour penser des objets de l'intuition sensible. Cette perception re-
> présente donc [...] quelque chose d'effectivement réel dans l'espa-
> ce <*etwas Wirkliches im Raume*>. En effet, d'abord la perception
> est la représentation d'une effectivité <*die Vorstellung einer Wirk-
> lichkeit*>, de même que l'espace est la représentation d'une simple
> possibilité de la coexistence <*die Vorstellung einer blossen Mögli-
> chkeit des Beisammenseins*>. En second lieu, cette effectivité
> <*Wirklichkeit*> est représentée au sens extérieur, c'est-à-dire dans
> l'espace. En troisième lieu, l'espace n'est lui-même rien d'autre
> qu'une simple représentation, et par conséquent on ne peut tenir
> en lui pour effectivement réel <*wirklich*> que ce qui y est repré-
> senté[16] ; et réciproquement ce qui, en lui, est donné, c'est-à-dire
> représenté par la perception, est en lui aussi effectivement réel»
> A374-375, pp. 1447-1448[17].

16 C'est ici que s'insère une note de Kant, qui ne fait que répéter l'essen-
    tiel du passage, non sans admettre que cela puisse apparaître «para-
    doxal», quoiqu'exact, et de surcroît, «étrange», de dire «qu'une chose
    ne peut exister que dans sa représentation». Selon Kant, cela cesse de
    choquer dans le contexte de l'idéalisme transcendantal. Encore une
    fois, c'est l'effet d'évidence qu'ont en commun la logique générale
    analytique et l'illusion transcendantale (qui n'est autre que la première
    en tant qu'elle déborde des limites (invisibles pour elle) de l'expérien-
    ce possible) qui rend «inévidente» cette configuration architectonique,
    c'est-à-dire qui «éclipse» le dualisme indispensable à l'idéalisme
    transcendantal critique. La difficulté quant à *représenter* ce dualisme
    en forme d'éclipse réciproque est la même que celle du schématisme,
    passerelle jetée entre le phénomène et la catégorie, cette dernière ne
    pouvant s'instituer qu'en faisant dis-paraître le phénomène.

17. Kant, plus loin dans le paragraphe que nous citons, insiste sur le fait
    que le réel est donné en tant que *Wirklichkeit* dans l'intuition empi-
    rique, et après avoir utilisé tant et plus l'adjectif *wirklich*, mentionne le
    «réel de l'intuition» <*das Reale der Anschauungen*>, en tant qu'il ne
    peut être «inventé» ou «forgé a priori»; le passage, dans la terminolo-
    gie, de la *Wirklichkeit* à la *Realität*, signifie le passage de l'événement
    de la donation au contenu, dé-réalisé, de la représentation:

Répétons la leçon de ce texte capital : d'abord la perception est une effectivité, ce que l'espace n'est pas. Ensuite, la première est représentée dans le second. Enfin, l'espace est une représentation, ce que la perception n'est pas. Comment ne pas apercevoir cela ? Tout tourne autour de la distinction absolument capitale entre effectivité et représentation, autrement dit, dans notre langage, entre genèse (phénoménologie) et contenu (épistémologie) du concept. Le passage de la perception à l'intuition (en tant que représentation) est une détemporalisation dont le sens interne est alerté : voilà la réfutation de l'idéalisme, seconde manière. L'on passe d'une existence infiniment déterminée (la chose) à un schème. L'effectivité de la réalité sur le sens a d'abord laissé la place à l'effectivité de l'imagination sur elle-même (par le truchement du sens interne).

Nous l'avons dit, nous le répétons avec Kant : sans cette distinction absolument capitale entre l'effectivité de la réalité (le fait qu'elle «agit» sur le sens en général, aussi bien externe immédiatement, qu'interne, médiatement) et la représentation qui est «ineffective», qui est, comme le dit Kant dans le cas de l'espace, la représentation d'une simple possibilité, tout devient paradoxal et incompréhensible, ce que Kant reconnaît bien volontiers (Note A374, p. 1448).

L'éclipse réciproque entre l'effectif (à distinguer du réel <Realität>, qui est la représentation de l'effectivité <Wirklichkeit>) et la représentation est donc au cœur de la Critique de la raison pure. Il serait certes fastidieux de relever tous les passages où Kant applique sa méthode dans ce qu'elle a de proprement «critique», mais le passage archiconnu de la Critique de la raison pure, cité partout dès qu'il s'agit d'exprimer la phénoménalité du phénomène, peut maintenant être relu avec des yeux neufs :

> «L'effet d'un objet sur la capacité de représentation, en tant que nous sommes affectés par lui, est la sensation. On nomme empirique cette intuition qui se rapporte à l'objet par le moyen de la sensation. L'objet *indéterminé* d'une intuition empirique s'appelle *phénomène*.» A20/B34 p. 782.

«denn wäre es in ihm nicht *wirklich*, d.i. unmittelbar durch empirische Anschauung *gegeben*, so könnte es auch nicht erdichtet werden, weil man das *Reale der Anschauungen* gar nicht a priori *erdenken* kann.» A375, p. 1448.

En trois phrases, Kant consomme le passage de la perspective phénoménologique à la perspective épistémologique. Notons que ce passage, puisqu'il est changement de perspective, est alors proprement «transcendantal» ; si nous nous cantonnons dans l'une ou l'autre de ces deux perspectives, nous les utiliserions alors d'une manière «métaphysique». Il est donc important de ne pas surimposer la distinction phénoménologique/épistémologique que nous proposons à la distinction transcendantal/métaphysique à laquelle elle doit cependant être articulée. Dans la première phrase, il y a communauté et action réciproque (au sens de la troisième catégorie de la relation) ; Kant n'hésite pas à se répéter au risque de la lourdeur et à redoubler «l'effet d'un objet sur la capacité de représentation» par «en tant que nous sommes affectés par lui». Cela s'explique par le fait que la sensibilité n'est pas la seule à procurer des représentations à la réflexion transcendantale (par la synthèse figurée) : l'entendement (dans la synthèse dite «intellectuelle») en procure également. Si la sensation est le résultat d'un rapport immédiat à l'objet en tant qu'il affecte le sens, cela ne peut être dit de l'intuition qui se rapporte à l'objet «par le moyen de la sensation». L'intuition est de l'ordre de la connaissance (perspective épistémologique), tandis que la sensation appartient à une phénoménologie et dis-paraît dans sa spécificité lors du travail synthétique de l'imagination. Le résultat d'un tel travail doit donc être «rapporté» synthétiquement et non analytiquement à sa source, puisque le lien analytique a été «perdu» et qu'il ne peut être soutenu comme analytique qu'au prix d'une illusion transcendantale. La possibilité d'un tel rapport synthétique d'une représentation à la sensation (perdue comme telle) désigne l'intuition comme empirique, parce qu'elle peut aussi bien être pure. Rappelons encore une fois qu'il n'y a pas de sensation «pure» distincte de l'intuition qui en est la forme a priori. La troisième phrase de la citation consomme de manière accusée la perte de la sensation au sein de l'intuition. Cet objet qui affecte le sens appartient à l'expérience ; si nous voulons parler de cette affection du point de vue métaphysique, c'est-à-dire en n'en considérant que la condition pure a priori, nous devrons alors considérer cet objet comme «primitivement» indéterminé, parce que son indétermination a priori est le résultat a posteriori de la perte des déterminations portées et exprimées par les sensations. Nous avons

encore là un exemple de la «rétrojection» richirienne entre l'a
priori et l'a posteriori. Pour parler net, le phénomène est toujours déjà un X (indéterminé), du point de vue métaphysique.
Du point de vue transcendantal, alors que le traitement métaphysique a fait table rase avant lui de toutes les déterminations
empiriques, la condition a priori du phénomène, lui-même
donné comme objet «indéterminé», apparaît alors comme le X
du X, autrement dit une idée à laquelle aucun concept ne peut
être rendu adéquat. La phénoménalité (en général) du phénomène (en général) est donc un paralogisme qui exprime le X
fondamental qui n'est autre que le Je pense. La première version du quatrième *paralogisme,* comme nous le verrons plus
loin, exprime l'identité structurelle entre le X de l'objet transcendantal et le X du sujet transcendantal. En clair, il s'agit de
la même chose[18].

18. Que l'objet transcendantal = X, dont la nécessité architectonique ne
     s'impose, on l'a dit, qu'en dehors des limites de l'expérience, coïncide
     avec le sujet transcendantal = X, logé à la même enseigne de la
     dialectique, cela devrait apparaître très clairement. Par son corps, le
     sujet est en «prise directe» et, ajoutons, réciproque, sur le monde.
     Dans une perspective où la réalité est dynamiquement considérée
     comme une effectivité (dans le sens de la *Wirklichkeit*), on ne doit pas
     dissocier sujet et objet et ce n'est que par le détour de la conscience,
     qui réunit ce qu'elle a tout d'abord dissocié, que l'on peut distinguer la
     réceptivité sensible et l'effectivité réelle. Mes oreilles ne deviennent
     pas sourdes, du simple fait que je dors; simplement, je n'entends plus
     l'audible.
     Par là, tout le problème de la causalité de la chose en soi par rapport au
     phénomène fonctionne sur le modèle du quatrième paralogisme. Nous
     voyons clairement comment cette apparence de paradoxe peut mainte-
     nant être levée. Toute opacité de la part du sujet (de la représentation: Je
     pense) qui pourrait être analytiquement exploitée, qui nous ferait donc
     faire un pas en dehors du champ sensible, comme dirait Kant, déforme-
     rait ou «scotomiserait» la transparence isotrope de la *Realität*. Il faut
     donc penser l'unité ontologique de la *Wirklichkeit*, qu'il faut aussi soi-
     gneusement distinguer de la *Realität* (la représentation) qu'il faut distin-
     guer le phénomène, de la chose en soi. Par un effet de rétrojection richi-
     rienne, l'unité de la *Wirklichkeit* apparaît ontologique, c'est-à-dire
     originaire, alors qu'elle est une apparence transcendantale rétroactive,
     rétrojetée par l'isotropie de la logique (le fait que toutes ses représenta-
     tions doivent être homogènes entre elles). Il n'y a rien dans le sujet au
     départ (dans la *Wirklichkeit*) et il n'y a plus rien qui contienne subjecti-
     vement quoique ce soit, à l'arrivée. Il n'y a que des contenus «décon-
     tenancés», des représentations rendues homogènes les unes aux autres
     au sein de l'objectivité formelle de la logique générale analytique.

Le phénomène est donc bien loin d'être une apparence, et en même temps il n'y a pas de distance entre lui-même et la chose en soi. La chose en soi est simplement toujours dépossédée d'elle-même dans le phénomène et l'a toujours déjà reconquis. Cela vient de ce que la double anamorphose reconstitue l'inflexion nulle de l'en-soi (son isotropie, provisoirement troublée par le hic et nunc de l'intuition sensible) mais ce plan est «tramé» : il présente un divers dont la matière est signifiante et non signifiée (l'œil voit, l'oreille entend, etc.). Cette trame, ce grain en dit bientôt plus sur la réceptivité du sens que sur l'effectivité de la réalité, puisqu'il n'y a pas, au départ, de différence entre l'effectivité reçue de la réalité et la réceptivité affectée du sens. L'œil ne voit que ce qui est visible, c'est-à-dire étymologiquement approprié à la vue. La diversité qui en provient est matériellement subjective ; rien en elle n'est objectif, car rien d'elle ne se transporte matériellement intact à travers toute la synthèse de l'imagination qui culmine dans le concept et produit (ou plutôt reconstitue) l'objectivité dans les représentations.

L'objectivité est toujours celle d'un ordre, c'est-à-dire d'un réseau de relations, de «rapports» dont les termes se définissent eux-mêmes en termes de rapports, sans que l'on puisse jamais réellement atteindre de termes simples qui contiendraient l'être-objectif de l'objectivité et sans que l'on puisse de même tirer des conclusions dans un sens ou dans un autre de cette impossibilité concrète d'atteindre des termes simples : il nous est loisible de définir toujours provisoirement ces termes comme simples pour asseoir ces rapports comme objectifs. On voit clairement l'affinité de cette problématique avec celle de la seconde antinomie. *La connaissance est l'expression objective mais discrète de quelque chose qui n'est pas originairement discret en soi* et le discret est ce qu'il y a de contingent (au niveau formel) en marge de la nécessité exprimée (au niveau matériel) par l'objectivité de cette connaissance.

La sensation est parcellaire, fragmentée, pour tout dire «synoptique», comme l'écrit Kant dans la rédaction originale de la déduction transcendantale (A94, p. 850). Le travail de l'imagination est de compléter cette synopsis ; la sensation est ainsi totalisée comme intuition, d'où cette possibilité métaphysique de dire que l'intuition donne *tota simul*. C'est épistémologiquement vrai, phénoménologiquement faux : la chose en soi est

tota simul et l'intuition (comme représentation) est *tota simul*,
la sensation par laquelle il faut en passer pour aller de la chose
en soi cause du phénomène à l'intuition, représentation de ce
même phénomène, donne un petit peu, et un petit peu à la fois.
La manière d'être «peu» est caractéristique de la subjectivité ;
le fait qu'elle s'évanouisse dans la synthèse de l'imagination
(dans son rapport avec l'unité originaire de l'aperception, cela
va sans dire) permet de reconstituer l'objectivité, dont le discret est hétérogène à la chose en soi (d'où le problème du rapport de la catégorie au phénomène, dans le schématisme) et
dont l'inflexion nulle est synthétiquement reconstruite.

La perception contient tout et il n'y a rien au-delà d'elle.
Position radicale, et donc dangereuse dont Kant modèrera l'expression à la faveur de la seconde rédaction, sans vraiment
l'abandonner. Le «recul» est stratégique et Kant n'en pense pas
moins. La perception contient tout parce que tout ce qu'elle
contient est entièrement perdu matériellement et entièrement
retrouvé formellement. Un rond rouge et chaud reste un cercle
et il ne serait pas moins cercle d'être rose et froid, parce qu'il
n'y a pas de forme pure a priori du rose et du tiède. La perception n'est jamais considérée comme connaissance immédiate
(et Kant précise toujours que ce serait, sinon, une intuition intellectuelle) ; elle n'est «proprement que la détermination de
l'aperception» (A368, p. 1443). De là, on peut définir une
forme pure de la sensibilité : l'intuition, et comme la génèse
(le temps) et le contenu (l'espace) s'éclipsent réciproquement, cette éclipse réciproque décide de la distinction a priori
de «l'intuition en général» en «temps» et en «espace» et de
celle, tout aussi fondamentale, entre, respectivement, sens
«interne» et «externe». Ainsi, Kant est-il amené à distinguer
très soigneusement entre le «hors de nous» qui signifie
«quelque chose qui existe comme chose en soi, distincte de
nous» du «hors de nous» comme «quelque chose qui appartient simplement au phénomène extérieur» (A373, p. 1447).
La relativité de ces appelations (extérieur, intérieur, espace,
temps) est de surcroît tout à fait assumée par Kant lorsqu'il
écrit que l'objet empirique...

> «...s'appelle un objet *extérieur,* quand il est représenté *dans l'es-
> pace,* et un objet *intérieur,* quand il est simplement représenté
> *dans le rapport de temps* ; mais l'espace et le temps ne doivent
> être cherchés qu'*en nous.*» A373, p. 1446 (Kant souligne).

En d'autres mots, s'il s'agit de représentations, alors nous ne pouvons parler que de phénomènes et ne parler d'eux qu'en termes d'espace et de temps, au sortir de la synthèse de l'imagination. S'il s'agit par contre de la réalité de la chose en soi en tant qu'effective, il nous faut en passer par les sensations et poser une causalité indéterminable comme telle puisque l'on fait de cette catégorie un usage transcendant. Il y a donc un «*nihil ulterius*» pour la critique (ou un «horizon trompeur» pour le dogmatique) (A395, pp. 1462-1463), car à la question de la possibilité d'une intuition extérieure, ou plus explicitement «de ce qui la remplit, la figure et le mouvement»,...

> «...il n'est au pouvoir d'aucun homme de trouver une réponse et l'on ne peut jamais remplir cette lacune de notre savoir, mais seulement indiquer par là que l'on impute les phénomènes extérieurs à un objet transcendantal, qui est la *cause* de cette espèce de représentation, mais que nous ne connaissons pas du tout et dont nous ne saurions jamais avoir aucun concept» A393, p. 1461 (nos italiques)

Dans cette même page (et à la suite de ce passage), Kant souligne que «dans tous les problèmes qui peuvent se présenter dans le champ de l'expérience», sans en «sortir» par conséquent, ce problème ne se pose pas de distinguer entre choses en soi et phénomènes et l'on peut traiter des seconds comme s'il s'agissait des premières. Par contre, si l'on cesse de travailler à l'intérieur de ces limites invisibles, si l'on quitte la perspective naturellement métaphysique (puisque la métaphysique est tout d'abord une disposition naturelle) et que l'on s'interroge sur les conditions de possibilité de la connaissance, alors «le concept d'un objet transcendantal devient nécessaire», pour reconstituer ce que la genèse de la connaissance a constitutivement perdu, à savoir la causalité d'une réalité en tant qu'effectivité <*Wirklichkeit*>.

*

La dis-parition du sujet est ce par quoi advient la possibilité d'une connaissance objective. La subjectivité, d'abord hic et nunc c'est-à-dire empirique et ensuite pure, c'est-à-dire transcendantale, devient *indéterminée* par rapport à l'objectivité de la connaissance. Le sujet devenant un horizon d'indétermination, sa connaissance accède à l'universalité et cesse d'être la sienne propre pour devenir celle de tous, devenant par là communicable.

En même temps que devient indéterminée pour la connaissance, la modalité même de son origine (en tant qu'elle est liée à la subjectivité ainsi dis-parue), la question même de la phénoménalité du phénomène devient, par le même mouvement, dialectique. La connaissance objective, dans son essence idéale, est l'*analogue discret* de la connaissance originaire que constitue en soi, par soi, ce dont il y a phénomène. En effet, ce dont il y a phénomène est pensé comme isotropie absolument continue (l'intuition en général), à la fois tout et rien ; en tant qu'il y en a connaissance objective, pensée dans son idéalité, ce dont il y a phénomène est alors connu comme isotropie relativement discrète, et le «relativement» touche à la nature particulière de notre entendement, pensée comme contingence par rapport à l'absoluité de ce dont il y a phénomène. De cette contingence, la pluralité des catégories donne le type pur, qui est en même temps le type pur de notre subjectivité, en tant qu'elle est rendue indéterminée : c'est par là que se constitue l'autonomie de la logique générale analytique, qui est en même temps celle de l'entendement, ce que le chapitre suivant montrera en détail.

Que ce dont il y a phénomène, pensé comme «intuition en général» avant que celle-ci se dissocie entre espace et temps, soit isotropie absolument continue, et donc, du point de vue des déterminations, *tout* (toutes les déterminations possibles) et *rien* (aucune détermination), indique que l'idéalité ou la réalité des phénomènes extérieurs est un faux problème pour la raison, un paralogisme puisque son statut est intimement lié à la problématique de la dis-parition du sujet.

La solution critique de ce paralogisme touchant à l'être-phénoménal des phénomènes se constitue en une violence faite à la seule représentation (du domaine du *connaissable*) pour ne se laisser approcher que du bord du *pensable* : l'idéalisme transcendantal doit se penser en même temps que cela même qu'il éclipse en entrant dans sa représentation doctrinale, à savoir un réalisme empirique.

Troisième Partie

L' ENTENDEMENT

INTRODUCTION

La question intéresse tous les philosophes : qu'est-ce que la logique ? Bien sûr, la plus élémentaire prudence nous incite à nous interroger sur la possibilité même d'une telle question et sur sa légitimité. Le mouvement est enclenché, qui semble sans fin, d'autant plus qu'il paraît de surcroît auto-référent, car avec quoi, sinon avec la logique, allons-nous penser cette question ?

Si nous nous dégageons des fascinantes symétries qui traversent toute la *Critique* et que nous interrogeons directement ce texte, le vertige nous prend, car la logique y apparaît instituée de toute éternité. Or, en procédant ·moins vite et en déterminant, dans la logique transcendantale et par celle-ci (comme méthode) le «lieu transcendantal» occupé par l'ensemble des concepts relevant de l'entendement pur (la simple logique), nous nous apercevons que ce «lieu» recrée continûment sa clôture, de telle sorte que l'on ne puisse en vérité prétendre déterminer les limites d'un tel «lieu» mais bien plutôt celles d'une effectivité, qui dès qu'elle s'accomplit en l'une ou l'autre re-présentation, cesse d'en vérifier toute limite : la logique a pour essence d'effacer son fondement.

Il ne s'agit donc pas pour Kant, dans les premières pages de l'*Analytique des concepts*, de montrer la genèse continuellement reproduite de l'effectivité logique (c'est-à-dire de la faculté de juger), puisque celle-ci dis-paraît aussitôt que la logique devient «logique», c'est-à-dire que l'imagination transcendantale devient faculté de juger, en *passant à la limite*[1]. Il s'agit bien plutôt de

---

1. Une description d'un tel *passage à la limite* implique immédiatement l'élucidation de toute la Déduction des catégories dans ce qu'elle a d'essentiellement phénoménal; elle implique aussi que l'on explique pourquoi la belle architecture de la première version de la Déduction est abandonnée dans l'édition définitive et en quoi cet abandon se justifie architectoniquement. Par dessus toutes ces explications, il faut de surcroît rendre compte de l'interprétation de Martin Heidegger, que l'on ne peut pas plus recevoir telle quelle qu'on ne peut la congédier

montrer comment l'institution logique doit être articulée avec
ce qu'elle a inauguralement *éclipsé,* à savoir la phénoménalité
du phénomène, en laquelle elle ne peut pas se reconnaître.

La solution du Schématisme, qui «énonce» l'articulation intime entre la catégorie et le phénomène par-delà leur éclipse réciproque[2], est, en arrière-plan, ce qui va permettre à Kant, dans
ce texte introductif de l'Analytique des concepts, de présenter
l'idée d'une pensée empirique. En effet, Kant part de la logique
classique pour introduire l'«idée d'une logique transcendantale», ce qui, on le verra tout de suite, suppose de passer outre
l'abstraction que la logique fait du contenu de toutes ses représentations pour introduire l'hypothèse d'une «pensée empirique». Il ne s'agit pas, comme c'était le cas entre la *Critique* et
les *Prolégomènes* d'aller de la connaissance à ses conditions de
possibilité, et vice-versa, selon les axes de leur symétrie chirale, mais, dans le champ plus restreint des conditions de possibilité, de déterminer comment s'«isole» la Logique comme méta-

---

sans autre forme de procès. Tout cela, on le comprend, ne peut être
traité ici et doit former la matière d'un autre ouvrage dont l'essentiel a
été rédigé parallèlement à celui-ci et dont on peut espérer qu'il sera
publié très prochainement.

2.   Résumons pour mémoire ce qu'il en est: l'appréhension dans l'imagination des intuitions peut être décrite par cette métaphore spatiale de
l'*anamorphose* que nous avons précédemment introduite. En tant que
cette appréhension constitue un travail synthétique de l'imagination
qui s'accompagne *toujours et nécessairement* de son propre écho dans
le sens interne, et que cet écho s'insère et s'intègre continûment dans
la synthèse de l'imagination – ce qui constitue la conscience empirique, qui jointe à la sensation, donne la *perception* – une seconde anamorphose, de même courbure mais de sens *opposé* (chiralité) s'applique à la première anamorphose de manière dynamique. Par la
réflexion, cette dynamicité évolue jusqu'à culminer: les deux
courbures composées entre elles s'annulent et le plan résultant est
donc de courbure nulle: la double anamorphose s'est abolie en un plan
qui est à la fois la condition formelle de l'anamorphose en général, et
sa négation. Ici, ce plan symbolise métaphoriquement le domaine de la
logique. C'est ainsi que tous les concepts, issus des représentations
empiriques de la sensibilité, peuvent se combiner dans cette clôture dimensionnellement moins puissante et se «reconnaître» dans le concept
logique. La logique n'est possible qu'une fois *passée cette limite* entre
la règle de l'imagination et le concept de l'entendement: ce que Kant
veut dire lorsqu'il insiste sur l'abstraction faite en logique formelle de
tout contenu empirique et de la faculté de connaître particulière qui la
produit (entendement ou sensibilité).

physique systématique régionale, à l'intérieur d'une dimension moindre, au sein de la Logique transcendantale, comprise dans sa plus large extension, comme projet réalisé de métaphysique systématique et scientifique, selon des déterminations propres. Ce sera l'objet du chapitre consacré à la Logique.

La logique «apparaît» comme une métaphysique réalisée, ce en quoi elle ressemble à la mathématique pure a priori qui, elle, «est» vraiment une science pure a priori. Cette apparence, qui pour être constituée comme apparence, doit déjà s'organiser architectoniquement (ce en quoi elle est une «logique» comme connaissance pure et vide) est continuellement recréée par l'effectivité de la faculté de juger, qui, dans cette première Critique est indifféremment appelée «entendement». Comment elle fonctionne, et comment fonctionnant, elle décrit un domaine qui est celui de l'entendement, est l'objet du chapitre suivant.

Ce qui distingue la région qui dans la Logique apparaît circonscrite comme une métaphysique par son fonctionnement en immanence, de la mathématique qui, elle, l'est, *réellement,* c'est-à-dire comme dit Kant, *in concreto*, n'est autre que le déroulement de la Logique transcendantale en anneaux dimensionnels séparés par des passages à la limite. Elle n'est unie qu'en *apparence,* car il faut la raison pour l'unifier. Cette unification est tout d'abord décrite matériellement comme «institution de l'entendement du point de vue de la Dialectique» (chapitre 3) et ensuite formellement comme «raison architectonique et métaphysique systématique» (chapitre 4). Ce qui, *matière et forme, unité* (de l'intuition) *et diversité*, se trouvait uni de manière concentré dans la mathématique pure a priori, se défait différentiellement, décrivant de par les différences dans l'unification (unité intellectuelle, unité rationnelle) différentes régions dans la logique transcendantale et ne reconstitue son unité qu'au plus haut, dans l'*Idéal de la raison* pure, dont la chiralité est décrite dans le dernier chapitre de cette section.

A noter, avant d'entrer dans le détail de cette troisième partie consacrée à l'entendement, que l'on y trouvera le plan général et architectonique de la métaphysique systématique soustendant la *Critique de la raison pure* et que la «réalisation» d'une telle métaphysique équivaut à son éclipse totale, de sorte qu'il ne reste rien et que l'Idéal de la raison pure ressemble à un point aveugle, bientôt disparu dans l'aveuglante évidence

des phénomènes et des concepts logiques, autrement dit —
respectivement —, des apparences métaphysiques et transcendantales ; à noter de surcroît que la description que nous proposons de l'entendement (et à travers lui, de la métaphysique systématique) doit nécessairement se doubler d'une autre
description qui la retraverse, et que nous donnons dans la quatrième partie de cet ouvrage, des règles *élémentaires* (ou si l'on
veut des *éléments* de la règle pour la faculté de juger) de cette
même métaphysique systématique, règles thématiquement ac-
cessibles à travers les concepts de *matière et forme*, et d'*unité
et diversité*. C'est ainsi que notre description pourra s'achever
principiellement par ses propres conditions de possibilité.

CHAPITRE I

La Logique
comme système autonome

1. L'HYPOTHÈSE D'UNE PENSÉE EMPIRIQUE :
IDÉE DE LA LOGIQUE TRANSCENDANTALE

Le texte qui introduit l'idée d'une logique transcendantale témoigne de la particularité propre à l'institution de toute logique, à savoir que dès qu'elle se trouve instituée, c'est-à-dire fondée, elle «perd» son fondement. On passe ainsi de la possibilité de la fondation de la logique à son actualité comme en traversant un miroir : dans le texte même, la possibilité d'une «pensée empirique des objets» est annoncée non pas à partir de l'essence même de la pensée en général, mais sur base, à nouveau, d'un parallèle entre l'Esthétique et la Logique :

> «...comme il y a des intuitions pures aussi bien que des intuitions empiriques (ainsi que le fait voir l'esthétique transcendantale), il pourrait bien se trouver aussi une différence entre la pensée pure et la pensée empirique des objets.» A56/B79 p. 815.

Le texte continue au conditionnel :

> «Dans ce cas, il y aurait une logique dans laquelle on ne ferait pas abstraction de tout contenu de la connaissance ; car celle <la logique générale analytique> qui contiendrait simplement les règles de la pensée pure d'un objet exclurait toutes ces connaissances dont le contenu serait empirique. Cette logique <la transcendantale> rechercherait aussi l'origine de nos connaissances des objets, en tant qu'elle ne peut être attribuée aux objets ; la logique générale, au contraire, n'a rien à faire avec cette origine de la connaissance...» A57/B80 pp. 815-816.

La logique transcendantale est donc annoncée comme un revirement par rapport à la définition donnée de la logique générale comme autonomie et caractère propre de l'entendement.

Le conditionnel masque ce coup de force qu'il y a à dépasser l'impossibilité logique constituée par une logique qui ne ferait pas «abstraction» de l'origine des connaissances et qui se proposerait comme logique en dehors de la logique, fonctionnant à la fois comme pensée hors de l'empirique et de l'intuition pure et comme pensée pour l'empirique, à la manière de l'intuition empirique et également en vue de celle-ci. Ce coup de force, qui prend l'aspect d'un *deus ex machina*, est dû au fait que la constitution de la logique générale analytique a fait dis-paraître son lien à la logique transcendantale, qui s'en retrouve «éclipsée».

Après une remarque (déjà commentée) concernant la distinction entre «transcendant» et «transcendantal», Kant revient à cette hypothèse inaugurale et termine la boucle : il se pourrait qu'il y ait une pensée empirique, puisqu'il y a une intuition empirique ; sur cette possibilité, nous nous faisons «à l'avance» «l'idée d'une science de l'entendement pur» :

> «...présumant qu'il peut bien y avoir des concepts capables de se rapporter a priori à des objets, non comme intuitions pures ou sensibles, mais seulement comme actes de la pensée pure, et qui par conséquent sont bien des concepts, mais des concepts dont l'origine n'est ni empirique ni esthétique, nous nous faisons d'avance l'idée d'une science de l'entendement pur et de la connaissance rationnelle par laquelle nous pensons des objets tout à fait a priori. Une telle science (...) devrait porter le nom de logique transcendantale ; car elle a affaire seulement aux lois de l'entendement et de la raison, mais uniquement en tant qu'elle se rapporte à des objets a priori, et non, comme la logique générale, indifféremment aux connaissances empiriques aussi bien que pures.» A57/B81-82 pp. 816-817.

Si «nous nous faisons d'avance l'idée d'une science» avant même l'établissement de cette logique transcendantale, ou bien nous avons et l'idée et la réalisation (la schématisation architectonique, dirait Kant), ou bien nous n'en avons ni l'idée, ni la réalisation. Cette logique transcendantale, dans son institution, partage ce trait caractéristique avec la logique générale (analytique) d'être sans porte ni fenêtre. Ou bien l'on est toujours déjà à l'intérieur, ou bien nous ne pourrons jamais en atteindre l'existence tout comme une pensée phénoménologique conséquente (et non pas subrepticement logiciste) ne parviendra jamais à retrouver le chemin qui va du phénoménologique au logique, car ce chemin va indéfiniment vers un horizon qui recule au fur et à mesure que l'on avance vers lui.

Le coup de force est patent : la pensée «empirique» ne s'occupe pas de la réalité, comme elle pourrait le faire si par exemple elle étudiait, à la manière d'une psychologie empirique, l'activité synthétique de l'imagination empirique. Cette pensée «empirique» ne s'occupe que de «l'origine de nos connaissances *en tant qu'elle ne peut être attribuée aux objets*» (*loc. cit.*) et elle se distingue de la pensée pure en ce sens qu'elle s'intéresse à la subjectivité transcendantale du sujet, c'est-à-dire à la division des facultés, «aux lois de l'entendement et de la raison», et Kant ajoute «*mais uniquement en tant qu'elle se rapporte à des objets a priori*» (*loc. cit.*). Or cela veut dire expressément que la logique transcendantale, loin de s'intéresser à la réalité (des objets empiriques), ne considère que les noumènes, en tant qu'objets de la raison. Cela ressort clairement des textes de la «Remarque sur l'Amphibologie des concepts de la réflexion» où il est dit notamment que les concepts peuvent se rattacher soit à l'entendement comme noumènes, soit à la sensibilité comme phénomènes (A269/325, p. 995, *loc. cit.*). Est-ce que cela veut dire que la logique transcendantale discourt sur les noumènes tandis que la simple logique ne s'intéresse qu'aux phénomènes ? Rien n'est plus éloigné de la pensée kantienne[3].

---

3. En effet, il y a là une subtilité contenue dans le passage cité de l'Amphibologie qu'il convient d'expliciter d'ores et déjà. L'entendement ne sait pas ce qu'est un noumène, car pour lui tout est indifféremment phénomène et chose en soi et il faut sortir des limites de l'expérience pour penser l'objet transcendantal d'un côté et le noumène de l'autre. En sortant de ces limites, on entre dans le domaine de la raison, qui a pour tâche de systématiser l'entendement. Ainsi le noumène est un concept qui est matériellement rationnel et donc matériellement vide. Mais la raison n'est pas une faculté de connaissance, même si, en systématisant l'entendement et ses connaissances, elle retentit indirectement sur elles. Si l'on doit considérer métaphysiquement ce qu'il y a en-dessous du phénomène, on doit sortir de l'entendement pour se «donner» un tel concept; par contre si l'on veut considérer transcendantalement le concept ainsi obtenu, il faut revenir dans l'entendement, pour le connaître. En effet, l'entendement est le domaine de l'objectivité, le plan à inflexion nulle de la double anamorphose où est reconstitué l'ordre initial et inapparent de la «réalité effective». Ainsi le noumène doit-il être considéré dans ce plan à inflexion nulle, mais il y est pour ainsi dire «caché» par le phénomène. Dès lors, l'entendement est formellement (comme autonomie de la logique) le domaine des noumènes en tant qu'ils sont les phénomènes subjectifs rendus à leur inflexion nulle originaire et objective, et la sensibilité est clairement le domaine des phénomènes subjectifs. La raison est maté-

La simple logique fait abstraction aussi bien du contenu matériel des concepts et que de la faculté à laquelle ils se rattachent ; cela veut dire, plus clairement, qu'elle est insensible à tout ce qu'il y a de subjectif et d'empirique aussi bien dans le contenu matériel que dans la forme du concept, en tant que cette forme porte la trace subjective et empirique de son appartenance à telle ou telle faculté de l'esprit (*i.e.* l'entendement ou la sensibilité). La simple logique fait donc une double abstraction : en tant que logique en général, elle fait abstraction de la phénoménalité du phénomène (en tant qu'objet donné) ; en tant que logique générale analytique, elle fait, de surcroît abstraction de la phénoménalité inhérente à l'acte synthétique qui rend telle ou telle représentation possible. Dans le premier cas, elle abstrait l'objet ; dans le second, elle abstrait le sujet.

La logique transcendantale considère en revanche ce sujet dans sa subjectivité transcendantale, indépendamment de la détermination phénoménale de l'objet, dont il ne reste que l'être indéterminé, c'est-à-dire l'objet a priori, (l'objet transcendantal = X, qui n'est donc pas un objet, à proprement parler), c'est-à-dire encore le noumène, expression qui apparaît très rarement dans ce contexte, et l'on peut facilement comprendre la prudence de Kant à ce sujet puisqu'il ne s'agit pas de traiter spécifiquement de l'objet infra-phénoménal à l'occasion duquel s'exercent les facultés de l'esprit, mais bien plutôt de ces dernières.

La logique transcendantale donne les lois de l'entendement et de la raison, et, pour cette raison, se place d'emblée sur le terrain de la raison, où elle est auto-référente et dialectique au

---

riellement le domaine des noumènes; ainsi l'entendement peut les connaître mais ne peut se les donner et la raison peut se les donner mais ne peut pas les connaître. Nous avons un nouvel exemple de l'homologie du rapport entendement/raison au rapport sensibilité/entendement (que l'on ne perçoit pas tout de suite, parce que l'entendement y apparaît sous deux sens différents avec la même étiquette): les intuitions sans concept sont aveugles, les pensées sans intuitions sont vides, les premières donnent sans comprendre (comme la raison) et les secondes comprennent sans pouvoir donner (comme l'entendement, justement). L'entendement est donc le lieu où par la double abstraction (qui fait dis-paraître *et* l'objet *et* le sujet) constitutive de la logique générale analytique, est reconstituée la connaissance absolue d'un entendement intuitif; mais celui-ci ne peut rien faire de plus qu'affirmer l'isotropie (l'homogénéité) de toutes ses représentations pour le simple pouvoir de penser.

sujet de la raison (si l'on hypostasie les Idées) et où elle donne la condition d'éclipse de l'*auto-* dans le *-référent* pour l'entendement. Lorsqu'on lit dans la Dialectique, que l'entendement est proprement l'objet de la raison, on comprend que la logique transcendantale ne fait rien d'autre que de donner ces lois dont le fonctionnement décrit un «lieu transcendantal» qui s'appelle entendement (pur) ; en même temps, comme le montre la topique transcendantale, l'autre lieu transcendantal (qui épuise alors tout le champ de la connaissance en général) serait celui de la sensibilité. L'on reconnaît sans peine qu'il s'agit respectivement de l'*entendement pur,* comme faculté de penser, c'est-à-dire de l'institution de la logique et de l'*entendement empirique,* comme faculté de connaître. On le voit, le problème de la définition de l'entendement (comme étant ce double pouvoir) et celui de la définition de la logique générale analytique sont indissolublement liés. En même temps, comme le montrera la Dialectique, la logique transcendantale doit donner l'architectonique de la raison, puisqu'elle formule les lois «de» l'entendement, c'est-à-dire ces lois qui, d'une manière métaphysique, définissent l'entendement en lui-même et qui, d'une manière transcendantale, le définissent dans son rapport avec l'expérience possible.

2. LA PLACE ARCHITECTONIQUE DE LA LOGIQUE AU SEIN DE LA MÉTAPHYSIQUE SYSTÉMATIQUE

Pas plus que l'Esthétique, la Logique transcendantale n'est une science pure a priori, dans le sens où Kant reconnaît cette qualité à la mathématique, à la morale ou à la philosophie transcendantale. L'Esthétique comme science se recroqueville en une seule de ses parties : la mathématique pure a priori, dont le temps a originairement dis-paru. Il en va de même pour la Logique transcendantale, dont il ne reste de scientifique que la simple logique, «science courte et aride», laquelle n'est même pas une connaissance. L'homologie s'arrête donc là, car à la mathématique pure a priori ne correspond pas la Logique, pour pure et a priori qu'elle soit.

Cela est dû au fait que, tout comme chaque opposition doit être lue dans la lumière du troisième terme toujours éclipsé au-delà d'un horizon de complétude illusoirement réalisé, de facto, avec les deux termes de l'opposition, la mathématique est seule à faire coïncider connaissance et méthode, produit schématique et schème producteur. La logique générale analytique est une méthode systématique mais n'est pas une connaissance. L'expérience empirique est une connaissance, mais elle n'est pas par soi-même un système. La scission opérée dès l'Esthétique entre espace et temps (qui s'articule en une symétrie chirale) se propage et prend une ampleur immense, déployant ses effets d'éclipse entre représentation et effectivité jusqu'à constituer l'*Aufhebung* entre savoir et foi et à prendre des colorations d'abysse infranchissable.

La mathématique pure a priori offre l'analogue d'une connaissance absolue, en ce sens qu'elle est à la fois sa méthode et l'objet de sa méthode : elle est à elle-même son propre objet et elle est ce qui consomme le plus intensément la disparition du sujet. En tant que doctrine, elle n'est rien, en tant que *praxis,* elle cesse peu à peu d'être elle-même, ce en quoi elle rejoint son *autre,* sa sœur cachée, qui est la morale pure a priori, qui en tant que doctrine est tout aussi vide et qui ne peut émerger dans toute sa pureté voulue qu'en consommant la disparition de tout objet.

La science pure a priori, métaphysique anéantie en son *rien,* à force de concentration, qu'elle soit mathématique a priori, science auto-référente de l'objet, ou bien morale a priori, science auto-référente du sujet, apparaît donc comme le pôle détaché d'un plus grand édifice, *aufgehoben* de lui, dirions-nous pour en exprimer l'*Aufhebung.* En ce plus grand édifice, nous serions tentés de reconnaître ipso facto la philosophie transcendantale, mais l'architectonique ne s'y prête pas. En effet, la philosophie, seule science pure a priori à être dite *transcendantale,* exprime l'architectonique de l'éclosion de ces métaphysiques insulaires que sont la mathématique et la morale pures a priori sur autre chose qu'elles-mêmes et qui leur est le mystère insondable commun : la réalité. Mais nous l'avons vu, ce n'est pas tant la clarté *apparente* de ces sciences qui nous rendent cette *Wirklichkeit* obscure, mais bien plutôt l'aveuglante évidence de cette dernière qui s'est retressée en clartés plus faibles dont le corps tissé en idéal systématique nous semble alors archétypal. Cette inversion de perspective est une illusion, mais celle-ci n'est pas métaphysique (qui est l'apparaître même de la *Wirklichkeit* dans le phénomène), et elle n'est pas transcendantale (qui est le paraître de la *Realität* comme représentation qui représente effectivement *quelque chose* là où il n'y a plus que la représentation elle-même) : elle est architectonique et c'est une *rétrojection*.

La philosophie transcendantale n'est pas, à proprement parler, l'enveloppe englobant la mathématique et la morale pure a priori ; elle est bien plutôt la science exprimant le rapport de ces sciences, en tant que doctrines, à leur objet possible en tant qu'il est autre qu'elles-mêmes, ce en quoi elle est proprement *transcendantale.* La philosophie est la science dont l'objet est *la transcendance,* et à ce titre elle est une auto-référence négative, là où aussi bien la mathématique pure a priori que la morale sont des auto-références positives, et donc des métaphysiques insulaires. En exprimant cela de manière plus claire, nous dirions que la science, ce qu'est *formellement* la philosophie transcendantale, suppose une clôture que dément l'objet même de cette science, ce qu'elle est *matériellement,* à savoir la *transcendance.* Il faut donc quelque construction supplémentaire, qui réalise *idéalement* cette clôture et qui affirme, ne serait-ce que sous la forme d'un horizon, la possibilité même de cette philosophie transcendantale, possibilité qui lui échappe comme étant l'au-delà de la clôture impossible, et en même temps cette clôture elle-même. Cette quatrième science constituerait donc *matériellement* la clôture dont se targuent les deux métaphysiques insulaires, bien que cette affirmation même constitue *formellement* une proposition infiniment transcendantale puisqu'elle recule l'horizon qu'elle situe par le mouvement même de sa situation. Cette affirmation mouvante, transcendance indéfiniment inquiète qui se nie dans le mouvement même de son affirmation, n'est autre que la métaphysique systématique, objet de la quatrième question capitale des *Prolégomènes.* Elle se situe à part des trois autres sciences qu'elle situe les unes par rapport aux autres, de la même façon que la quatrième classe des catégories, celle de la Modalité, ne dit rien matériellement, mais dit le dire des trois autres classes, comme nous avons eu l'occasion de le préciser.

Aussi pouvons-nous, sur le modèle archétypal de la table des catégories, situer les trois sciences a priori en rajoutant la quatrième science toujours-déjà auto-détruite, comme étant l'écho du *silence* proféré à propos de *rien* :

Mathématique pure
a priori

Morale pure   Philosophie
a priori   transcendantale

Métaphysique systématique

Toutes les remarques applicables à la table des catégories peuvent se transposer facilement à cette table-ci : ainsi, aux catégories dites mathématiques, dans l'Analytique des Principe — où l'objet est *dans* le phénomène —, correspondent les sciences *pures a priori,* qui sont à elles-mêmes leur propre objet, ce en quoi elles se rapprochent le plus (par l'immanence de leur effectivité) d'une métaphysique concrète. De même, aux catégories dites «dynamiques», où l'objet est dans le *rapport de la faculté de connaître au phénomène,* correspondent clairement la philosophie transcendantale, qui est le système projeté par ce rapport lui-même (de la faculté de connaître au phénomène *en général*) et la métaphysique systématique, qui n'ajoute rien *matériellement,* comme les catégories de la modalité, au contenu de la connaissance en général (*i.e.* de la science pure a priori en général) mais décrit la pensée elle-même dans son unité, ce en quoi elle s'auto-détruit car la pensée ne peut se *décrire* en une *unité,* puisqu'elle doit s'ouvrir en elle-même pour les besoins de la *représentation* en général, ce que fera mieux apparaître l'étude des concepts de la réflexion transcendantale dans la quatrième partie.

Qu'en est-il, dans cette description de la métaphysique en général (dont la métaphysique systématique est le moment culminant et idéal, c'est-à-dire à peine *pensable* pour nous), qu'en est-il, dis-je, de la place de la logique générale analytique ?

La logique générale analytique constitue le même type de simulacre d'une métaphysique donnée *in concreto,* que la mathématique pure a priori, comme en témoigne, en autres, le parallèle mené par Kant entre l'exposition de l'Esthétique et celle de la Logique comme sciences dérivées d'une Idée. On peut alors s'étonner de ce que la logique ne figure pas au rang des sciences. Mais, à cela, il faut répondre, que si la logique était, de la même façon, et de manière aussi absolue que la mathématique pure a priori, une science pure a priori, plus rien ne la distinguerait de la mathématique pure a priori. Rappelons en effet, d'une part, que la logique générale analytique, dans sa conjonction *illusoire* avec la mathématique pure a priori, produit l'*illusion* transcendantale ; rappelons d'autre part, que dans cette conjonction, c'est la mathématique pure a priori qui fournit la *matière de l'apparence transcendantale*, tandis que la logique en fournit la *forme*. Cette conjonction des deux sciences est une illusion, non seulement parce qu'elle se produit en dehors des limites de l'entendement et de l'expérience, tout en prétendant dissoudre ces mêmes limites, mais encore parce que la mathématique est à elle-même sa propre *matière* et sa propre *forme,* et dans cette conjonction, la logique a toujours-déjà cessé d'exister : elle *dis-paraît*.

La *dis-parition* de la logique générale analytique dans l'illusion transcendantale au profit de la *matérialité illusoirement apparente* de la mathématique pure a priori, est la manifestation de ce que la logique n'est jamais rien d'autre que le *type de toute effectivité*[4], celle de la faculté de juger, tandis que la mathématique pure a priori est le *type de toute représentation* ; ainsi, si déjà la logique consomme la dis-parition du sujet dont elle était, considérée en elle-même et seule, le reliquat désubjectivisé, lorsqu'elle est restituée à un contenu, par cette *conjonction illusoire qu'est l'apparence transcendantale* (contenu dont il faut rappeler qu'elle fait constitutivement abstraction), l'abstraction ce qu'elle a de subjectif et qui était suffisante dans la constitution de son autonomie[5], devient insuffi-

---

4. C'est parce que cette effectivité prend une diversité de figures différentes et donc parce qu'il y a plusieurs *types d'unités* intellectuelles (dont le principe unitaire n'est pas intellectuel mais rationnel, soit un cran au-dessus), que, par le truchement de cette diversité en tant que divers pur, il est possible de représenter cette effectivité qui serait, sans cette diversité, inexponible. Ce qui la représente n'est autre que la table des catégories. Aucune de ces catégories ne peut revendiquer de signification propre puisqu'elles dépendent toutes de l'Idée de leur tout, pour celle-ci.

5. Rappelons ce que nous avons déjà maintes fois souligné, à savoir que la logique fait abstraction du contenu de ses représentations et qu'elle fait de même abstraction de la faculté de connaître d'où celles-ci proviennent, la différence entre ces facultés de connaître ne pouvant être déterminée que par la réflexion transcendantale.

sante puisque surgit un *contenu,* celui de la mathématique pure a priori : par conséquent, la conjonction créatrice de cette pseudo-connaissance absolue qu'est l'apparence transcendantale a pour effet de faire dis-paraître l'effectivité pour qu'apparaisse la re-présentation, c'est-à-dire qu'apparaisse l'apparence, et donc de faire dis-paraître la logique générale analytique, pour que le schème puisse être son propre produit[6].

Aussi, bien qu'elle en fasse constitutivement abstraction, la logique générale analytique n'est autre que le lieu, décrit au sein de l'effectivité en général de l'esprit de l'être raisonnable, par l'effectivité même de l'entendement en tant qu'il est empi-rique. Caractérisée comme effectivité, alors qu'elle n'est effec-tive qu'en faisant dis-paraître cette caractérisation (puisqu'elle en fait «abstraction», comme le répète Kant dès qu'il en a l'oc-casion), la logique générale analytique n'est rien sans le domai-ne de l'expérience sensible et sans celui-ci, «quelque dur est pierre» a autant et aussi peu de signification que «quelque pier-re est dure».

De plus, pour se constituer en science, c'est-à-dire consom-mer la disposition naturelle à se clore sur elle-même et à réali-ser l'identité du schème et du produit schématique, la logique générale analytique doit de plus consommer la dis-parition de l'effectivité dont elle est le tracé, et ce faisant elle se condamne

6.   Il est à noter que l'on pourrait également montrer que c'est la mathé-matique pure a priori qui dis-paraît ainsi, puisque le problème de la conjonction en une illusion transcendantale, du type de toute effectivi-té et du type de toute représentation, réside justement en cette bipolari-sation rejettant le schème (l'effectivité) hors de son produit. Cette bi-polarisation est naturellement la marque de la connaissance objective, puisque ce qui maintient l'un hors de l'autre n'est autre que la *Wirklich-keit* dans l'expérience sensible; mais elle contredit l'essence de la mé-taphysique qui est d'être pure *unité.* Aussi, doit-on soutenir que l'illu-sion transcendantale n'est *ni* mathématique pure a priori, *ni* logique générale analytique, et à la fois l'un *et* l'autre. Or, nous le verrons, ceci caractérise très exactement *l'idéal de la raison pure,* qui se différencie de l'illusion transcendantale, en ce qu'il ne prétend avoir aucune signi-fication objective. Ainsi, l'Idéal de la raison pure est une *inapparence transcendantale* acceptable comme telle par la logique en tant qu'elle est *transcendantale*; dès lors qu'on s'obstine à penser suivant des pers-pectives pré-critiques, à savoir dans une réflexion *simplement logique,* cette inapparence, dans l'isotropie qu'exige la réflexion logique de par sa *disposition naturelle envers le métaphysique,* redevient une appa-rence.

à n'être que le couteau sans manche auquel il manque la lame. L'effectivité de l'entendement, qui détermine les figures spatiales au sein de l'intuition pure, l'effectivité de la réalité qui affecte la sensibilité, sont toutes deux perdues. En d'autres mots, dire que la logique générale analytique a toujours-déjà perdu son fondement signifie qu'elle ne pourra jamais être contenue dans le même plan représentationnel que son propre fondement.

Par conséquent, fonder la logique (générale analytique) revient à donner les lois de l'entendement (dans une «déduction subjective») à partir d'un lieu transcendantal situé «en dehors» de la logique, c'est-à-dire «en dehors» de l'entendement : dans la raison. Le problème de la fondation de la logique, comme forme pure de la nécessité, se trouve alors articulé au problème de la fondation de la logique transcendantale, comme forme de la nature particulière, et donc contingente, de notre entendement. Cette articulation de la nécessité logique à la détermination transcendantalement contingente de la nature de notre entendement constituerait par elle-même un problème si cette fondation de la logique transcendantale était possible à l'intérieur même de celle-ci. Or il n'en est rien, car si la logique générale analytique s'institue comme clôture et se fonde en rendant inapparente du même mouvement cette même clôture et la possibilité qu'il y ait quelque chose de différent au-delà de celle-ci, la logique transcendantale s'institue au contraire comme déclôture, c'est-à-dire comme ouverture et pensée de l'ouverture, puisque nous nous trouvons dans l'obligation, pour instituer la logique transcendantale de nous constituer dans une extériorité factice par rapport à elle, extériorité que nous disons factice parce que nous nous trouvons toujours à l'intérieur de la logique transcendantale : simplement, celle-ci s'ouvre par continuité à autre chose qu'elle sans que l'on puisse tracer de délimitation nette (même par le biais d'un usage particulier de l'entendement, comme c'était le cas avec la simple logique).

Lorsqu'on a ainsi élargi suffisamment la perspective pour y accueillir quelque chose d'aussi grand que la logique transcendantale et en même temps son fondement, on s'aperçoit qu'elle s'effrange et s'évanouit vers l'Idée (plus exactement vers l'«Idéal» de la raison pure), d'un côté, et de l'autre côté qu'elle perd son identité dans son articulation réciproque à l'esthétique.

Lorsqu'on a à nouveau élargi suffisamment la perspective pour y accueillir quelque chose d'aussi grand que l'articulation, dans la logique transcendantale, de la pensée à l'intuition — articulation qui se réalise dans la constitution de l'objet empirique —, on s'aperçoit alors qu'il manque encore et toujours ce fondement métaphysique et que l'on ne parvient pas à «enfermer» un tel fondement à l'«intérieur» de cette perspective, parce qu'on ne parvient pas à «fermer» celle-ci, alors qu'à nouveau tout fonctionne comme si ce fondement n'avait jamais manqué.

Alors — et l'élargissement aboutit très logiquement au dernier chapitre de l'Analytique des Principes, traitant de la distinction entre phénomènes et noumènes — on doit se rendre à cette évidence sur la nature de la logique transcendantale, que toute perspective qu'elle peut nous offrir est de nature ex-statique, ce qui veut dire qu'on ne peut pas la «fermer» (comme si elle relevait de la simple logique, laquelle est également «infermable» et n'a que l'apparence transcendantale d'être une *clôture* parfaite) et que l'on doit prendre acte de ce qu'elle s'ouvre infiniment et s'évanouit par continuité en une béance infinie. La logique transcendantale est à la fois sa méthode et son propre argument (le schème et son propre produit) et cela se traduit par le mode toujours double dans lequel il faut la penser : *comme s'il fallait toujours encore fonder la métaphysique (comme science) et comme si cela avait toujours été fait (comme disposition naturelle).* Le premier souci est satisfait par la notion de noumène au sens négatif, le second, par celle du noumène au sens positif.

> «Si par noumène, nous entendons une chose, en tant qu'elle n'est pas objet de notre intuition sensible, *en faisant abstraction de notre manière de l'intuitionner,* cette chose est alors un noumène au sens négatif. Mais si nous entendons par là un objet d'une intuition non sensible, nous admettons un mode particulier d'intuition, à savoir l'intuition intellectuelle, mais qui n'est point la nôtre et dont nous ne pouvons même pas saisir la possibilité ; et ce serait alors le noumène dans le sens positif. La doctrine de la sensibilité est donc en même temps la doctrine des noumènes dans le sens négatif.» B307, p. 982 (nos italiques).

Dans le sens positif du noumène, nous (en tant qu'entendement discursif) n'existons pas ; abstraction a été faite non seulement de notre manière d'intuitionner, mais encore de notre
manière (discursive) d'entendre. Tout comme dans l'institution
de la logique, ce n'est pas la matière transcendantale a priori
qui est perdue dans l'abstraction inaugurale, mais tout ce qui,
dans la manière de se la rendre présente, est subjectif et contingent. Si nous pensons la matière des impressions comme telle,
«en soi» c'est-à-dire indépendamment de l'affection qu'elle
opère sur le sens, alors nous pensons le noumène au sens positif. C'est dire qu'il appartient à la nature de la pensée (non à
celle du connaître) de se *désubjectiviser*, de s'apparaître à
l'image d'un entendement intuitif. Ce qui sépare le sens positif
du sens négatif du noumène, est ce qui sépare l'«entendement
intuitif» de l'«intuition intellectuelle». D'un côté, rien ne s'est
encore produit (ou ce qui revient au même, tout s'est toujours-
déjà produit) ; de l'autre côté, ce qui s'est produit a *dis-paru*, et
nous avons respectivement le noumène au sens positif et le
noumène au sens négatif. Cela devient parfaitement évident :
*«la doctrine de la sensibilité est donc en même temps la doc-
trine des noumènes dans le sens négatif»* (B307, p. 982, *loc.
cit.* vide supra), c'est-à-dire la théorie de la *dis-parition (étagée) de la sensibilité* dans l'institution de l'objectivité de la
connaissance.

L'institution de la logique générale analytique fonctionne
comme l'impensable idéel de la philosophie Kantienne, tout
comme le nouménal est son impensable réel ; la question non
pas thématique (ce à quoi aboutit toujours la question de l'essence métaphysique : qu'est-ce qu'est la logique ?), mais architectonique du rapport de la logique transcendantale à elle-
même demeure posée. Cette question demeure posée parce
qu'il n'est pas possible pour la logique transcendantale, comme
cela l'était pour la simple logique, de s'évacuer vers le haut,
vers un ordre qui serait alors trans-transcendantal, pour y reporter sa cohérence. La perspective, limitée de part et d'autre
par l'impossibilité que constituent l'Idée du côté logique, et le
Noumène du côté du réel, nous oblige à considérer que *l'essence de la discursivité en général réside dans ce même «lieu*

transcendantal» que *l'essence de la logique en général, alors
qu'au contraire, la logique en général, par son homogénéité,
«apparaît» être à l'antipode exact de la discursivité,* cette dernière s'exprimant comme réconciliation d'une hétérogénéité
(celle justement du réel et de l'idéel), et donc, a priori, comme
l'affirmation de cette hétérogénéité. La logique transcendantale
ne peut se condenser en une connaissance ailleurs que dans la
logique générale analytique, qui en est la négation. *Ce qui se
perd dans une telle condensation n'est autre que la subjectivité
même du sujet, transcendantale pour son effectivité, empirique
hic et nunc pour sa sensibilité.*

CHAPITRE II

L'entendement
comme pouvoir autonome
de connaître

1. INTRODUCTION

Nous avons toujours promu, dans nos analyses, une distinction d'ordre critique entre une perspective *épistémologique,* concernant la *connaissance en général,* c'est-à-dire le *contenu* d'une représentation en général et une perspective *phénoménologique* décrivant l'acte d'un *pouvoir de connaître,* c'est-à-dire la génèse de ces mêmes représentations. La simple logique est aveugle à cette distinction car si la réflexion transcendantale distingue entre les facultés de connaître et détermine à laquelle d'entre elles se rapporte une représentation donnée, la réflexion logique ne fait aucun cas de cette provenance, et à l'abstraction du contenu, elle ajoute celle de l'origine.

La question que nous nous posons maintenant est donc celle de savoir si nous pouvons, à propos de la faculté de connaître (l'entendement) dont la circonscription est en même temps celle de la logique générale analytique, distinguer entre le *pouvoir de connaître* et la *connaissance pure a priori,* dès lors que l'entendement n'est autonome (et dès lors qu'en tant que *pouvoir,* il possède des principes purs a priori qui lui sont spécifiques) que dans le même mouvement qui institue la logique générale analytique en la libérant de ses attaches matérielle (le contenu des représentations) et formelle (la faculté de connaître, que ce soit l'entendement pur ou la sensibilité).

Il est clair que la problématique de l'entendement ne peut être posée à l'intérieur même des limites de l'entendement, puisque non seulement ces limites lui sont «invisibles» (elles dis-paraissent matériellement et formellement), mais encore, dans cette enceinte, le pouvoir de connaître est *en même temps* une connaissance pure a priori (la table des fonctions logiques, entendue comme système architectonique régional).

Que la question dis-paraisse dans sa réponse, caractérise aussi bien la problématique de l'entendement comme pouvoir (qui est donc pouvoir de dis-paraître (de se désubjectiviser) dans ses représentations déposées en une connaissance dès lors objective) que celle de la logique comme connaissance (qui tient «en l'air», ayant rétrojectivement effacé son fondement). Nous devons donc sortir de cette problématique et examiner comment cette dis-parition s'opère et comment la question de déterminer en quoi l'entendement est, *à l'intérieur de la logique générale analytique, et donc en tant qu'autonomie*, en même temps une faculté de juger, selon les définitions inaugurales de l'Analytique des concepts déjà citées et commentées.

Or, bien avant la troisième Critique, bien avant la thématisation de la faculté de juger comme *héautonomie*, «l'entendement pris au sens large» était cette expression dont usait Kant pour décrire pêle-mêle la synthèse par rapport à l'intuition, dans la sensibilité, synthèse qui est l'œuvre de la spontanéité d'un entendement, la synthèse du concept par rapport à la raison, où l'entendement devenait faculté des règles comme s'il n'était que la culmination (le «passage à la limite») de l'imagination, etc. Il faut donc envisager l'entendement, considéré dans son extension la plus large possible comme un pouvoir de connaître, et donc finalement, comme une *faculté de juger,* dont l'effectivité contient en elle-même à travers sa propre unité, différents niveaux d'activité dont les limites sont celles de la *division des facultés*.

Ces limites sont en même temps les différents plans possibles d'évanouissement de la double anamorphose dont l'inflexion composée s'annule lorsqu'est atteint son point d'équilibre (le «passage à la limite»). C'est ainsi que par la description du pouvoir de dis-paraître (par lequel nous caractérisons l'entendement *autonome* et donc la logique générale analytique), nous obtenons en même temps le principe de la division des facultés, que désigne l'entendement au sens le plus large dans les diverses modalités de sa dis-parition *progressive*.

2. DESCRIPTION DE L'ENTENDEMENT AU SENS LARGE

L'entendement se présente comme la frontière dynamique séparant ce qui appartient à la sensibilité de ce qui appartient à la raison. Il n'y a pas de passage direct ou immédiat entre la raison et l'intuition (A306/B363, p. 1022). Dès lors, vu du côté de la raison, l'entendement apparaît comme le bord extrême de la sensibilité tout comme vu du côté de l'intuition, ce même entendement apparaîtra comme l'avant-poste de l'intelligible. Cette situation particulière de l'entendement transparaît souvent dans les expressions très diverses (faculté de connaître non sensible, faculté des règles, entendement au sens large) que Kant utilise pour en parler. Les choses se compliquent d'autant plus que l'entendement envisagé du point de vue de la raison, contient également l'imagination, c'est-à-dire tout ce qui s'implique dans la spontanéité d'une synthèse, quel qu'en soit le mode, ne laissant dans la signification de l'intuition que la simple réceptivité. Par contre, envisagé du point de vue de l'intuition, l'entendement contient tout ce qui sert à l'établissement de la connaissance objective, amalgamant la raison à cette partie de l'entendement qui «gère» la cohérence de cette connaissance, sans qu'il soit besoin de la distinguer plus avant.

Le fil conducteur pour bien discerner ce qui sert à séparer les facultés entre elles (et suivant le point de vue considéré, — ce qui dit bien qu'il n'est pas possible d'avoir un point de vue unique, à la manière de Dieu ou d'un entendement intuitif, et que nous sommes donc dans la logique transcendantale) est justement ce par quoi elles sont des facultés : *le rapport d'une diversité pour une réceptivité à son unité pour une spontanéité,* autrement dit la synthèse en général.

Chaque type de synthèse possible se distingue des autres par un type d'*immanence* propre et irréductible, c'est-à-dire par une clôture dont les limites sont dimensionnelles : la diversité matérielle fournie dans l'intuition en général (par la sensation) est synthétisée par (l'appréhension de) l'imagination empirique ; cette activité synthétique (qui est une diversité formelle) de l'imagination résonne dans le sens interne, produisant une nouvelle diversité matérielle, de nature strictement temporelle. L'interaction de ces deux sortes de diversité est elle-même une synthèse dont le motif directeur est bien l'unité de l'aperception. L'unité de l'aperception est l'axe neutre et immuable de cette synthèse qui s'autosynthétise jusqu'à s'accumuler et se saturer en une limite : le concept. De là résulte le rapport architectonique essentiel entre l'aperception et le concept ; de là également, il vient que l'aperception n'est pas elle-même un concept de l'entendement pur et que son unité, dès lors, n'est pas catégorielle.

L'interaction synthétique de l'imagination et du sens interne parcourt le monde des perceptions, c'est-à-dire des sensations (produites et reproduites par l'imagination) et de la conscience empirique les accompagnant (le sens interne) ; par rapport à l'entendement pur, ce monde des perceptions apparaîtra comme étant celui de la sensibilité. Par ailleurs, l'interaction synthétique, au départ d'une diversité empirique, entre l'imagination et le sens interne, se produit comme une séquence ordonnée qui se raffine vers un nombre fini d'unités qui sont irréductibles entre elles : les catégories. A ce titre, il est important de remarquer qu'il y a une diversité a priori représentée par «les» catégories, et qu'ainsi toute diversité empirique doit se ranger a priori sous cette diversité-là. L'unité que ces catégories expriment est la version matérielle de ce dont l'unité originaire de l'aperception est l'expression formelle.

Dans cette description sommaire, l'on ne voit pas tout de suite ce qui permet de distinguer a priori entre la règle et le concept. La règle apparaît en effet ici comme étant l'expression la plus pure et la plus achevée d'un processus interactif entre le sens interne et l'imagination. Cependant, elle reste d'une pureté relative et subjective et une interprétation qui se limiterait au rôle de l'imagination serait justiciable des mêmes reproches que ceux que Kant adresse à l'empirisme de David Hume. Sans un *passage à la limite*, constitué par l'accession au concept, la règle ne pourrait jamais prouver sa nécessité constitutive et resterait l'expression d'un événement temporellement marqué et donc subjectif. Le premier passage à la limite, par lequel la règle de l'imagination devient le concept, est ce par quoi le phénomène devient une représentation détemporalisée, matériellement prédisposée à s'intégrer dans une connaissance. Nous n'avons pas encore épuisé la description de cet entendement, puisqu'il nous manque la possibilité intrinsèque de cette connaissance.

Nous nommons tout ce qui s'effectue en deçà de ce premier passage à la limite, une *(double) anamorphose*. L'anamorphose exprime métaphoriquement comment le surgissement d'une diversité dans l'événement du paraître est tout entier subjectif, dans sa forme pure d'apparition, et comment à partir de cet ordre subjectif, se reconstitue formellement l'ordre de départ, celui, *analogique,* du réel. Lorsque les deux anamorphoses de sens inverse s'identifient l'une à l'autre, lorsque le schème devient équipotent à son produit, elles s'annulent parce que la somme de leur courbure est nulle : il n'y a plus d'anamorphose et il y a *passage à la limite.*

L'apparition du phénomène, nous l'avons vu précédemment, est en même temps un éblouissement. Nous ne voyons jamais l'effectivité, mais le résultat de l'effectivité dans le phénomène et nous arrivons donc toujours trop tard, la sensation ayant dis-paru sous l'intuition. L'«éblouissement», autrement dit l'éclipse, est ce qui nous fait prendre le phénomène pour ce dont il y a phénomène et, par conséquent, qui nous fait prendre le phénomène pour l'événement originaire du paraître, alors qu'il n'en est que le résultat. L'en-deçà de l'expérience (la *substantia phaenomenon*) est donc tout aussi obscur que l'au-delà (la *substantia noumenon*). L'effectivité est celle de la matière (de toutes les matières), elle est d'une autre manière celle de la forme (de toutes les formes) et les deux sont invisibles comme telles et ne sont pensables toutes deux que comme concepts problématiques, comme au-delà des limites de l'expérience. L'illusion transcendantale serait de ne considérer que le «dehors» de l'expérience alors que le «dedans» a aussi son propre «dedans» par rapport auquel il est un «dehors». C'est ainsi qu'il faut se garder de la fallacieuse commutativité de la relation spatiale dedans/dehors et toujours rechercher le troisième terme «ébloui» ou «éclipsé» par lequel la relation faussement binaire se révèle véritablement ternaire et hiérarchique.

Il y a donc au niveau de la phénoménologie de l'expérience comme ensemble des objets de la connaissance, la même structure d'éclipse réciproque qu'il y a entre la perspective phénoménologique qui se limite à l'entendement (dehors) et à la sensibilité (dedans) et la perspective épistémologique qui se limite à la raison (dehors) et l'entendement (dedans). L'anamorphose de la sensibilité et de l'entendement, par laquelle un phénomène en général est «donné» pose les mêmes problèmes d'apparence transcendantale que celle de l'entendement et de la raison, anamorphose par laquelle le concept en général est lui-même rendu également disponible.

De plus, si de tels problèmes d'apparence transcendantale se posent dans la tentative de mettre à plat l'effectivité de la double anamorphose au sein d'une représentation épistémologique de la faculté de connaître en général, il faut de même indiquer que la tentative symétrique inverse de tout déduire à partir d'une représentation phénoménologique de cette effectivité est tout autant vouée à l'échec parce qu'elle fait dis-paraître toutes ces limites (la division des facultés, notamment) qu'elle transcende. Il y a, dans la métaphore même de la double anamorphose, ce même phénomène d'éclipse ou d'éblouissement par lequel le mouvement effectif de la double anamorphose rend invisibles les limites qu'il trace réitérativement, tandis que la représentation de ces limites ne rend pas compte de la spécificité et de l'unité de ce mouvement effectif. Il faut donc soigneusement distinguer les deux points de vue.

2.1 La double anamorphose comme effectivité (phénoménologique)

Nous parlerons donc toujours de «double anamorphose» sans préciser où elle a lieu dans le compartimentage qu'elle opère au sein de l'architectonique, et elle en sera toujours indépendante car aucun point de vue global n'est possible (sauf pour un entendement intuitif) car tout point de vue possible n'est possible qu'en éclipsant une partie de l'architectonique et en l'écrasant en un «horizon»; ainsi dans les trois termes (raison, entendement et sensibilité), deux sont toujours «coagulés» ou «coalisés» pour n'en faire qu'un (raison + entendement/sensibilité ou raison/entendement + sensibilité) et ne déterminer qu'un seul horizon par leur conjonction. Cet horizon indique le passage à la limite dans lequel la double anamorphose disparaît en un plan à inflexion nulle (lui-même une «limite» dimensionnelle définissant une faculté et en même temps un type de connaissance). En deçà de cette limite, l'effet est toujours «doublement anamorphique», parce qu'il n'y a pas de phénomène sans la conscience de ce qu'il est donné et qu'il n'y a pas de concept présent à la conscience sans un début de schématisation qui le phénoménalise peu ou prou.

Dans le schéma de la double anamorphose, le mouvement de dis-paraître en un plan dont la courbure est nulle exprime le passage à la limite et en même temps la dis-parition de tout ce qui, dans les déformations cohérentes s'ajustant les unes aux autres, exprime l'effectivité propre à notre «spontanéité» subjective. Le mouvement de la double anamorphose exprime donc l'effectivité de la subjectivité sans l'expliquer dans ses multiples possibilités ; elle n'indique que le mode, toujours identique, du dis-paraître.

La nature de la double anamorphose apparaît déjà dans l'interaction entre l'imagination et le sens interne, où la diversité matérielle de l'appréhension de l'imagination est lue comme diversité formelle, c'est-à-dire comme événement, scansion dont seul le rythme est retenu comme détermination temporelle, dans le sens interne. Cette diversité formelle étant reçue dans la réceptivité du sens interne, il vient naturellement qu'elle est à nouveau synthétisée dans l'imagination où elle se trouve appréhendée non seulement pour elle-même, mais dans son rapport (sa consonance ou sa dissonance) avec la synthèse de départ. L'inversion du signe de l'anamorphose, présente dès qu'il y a réceptivité, peut être constatée dans la traduction de la diversité matérielle d'un contenu en diversité formelle de l'effectuation dans le temps de sa synthèse. Le signe ne cesse de s'inverser dans l'interaction entre l'imagination et le sens interne ; ce qui était forme devient matière d'une sensation pour le sens interne et redevient forme temporelle comme conséquence de sa réinjection dans la synthèse de l'imagination. Le mouvement est réitératif et produit deux séries de productions à partir de l'imagination : le contenu d'une représentation (schème et image) et l'effet de l'effectivité imaginative sur le sens interne, à savoir le sentiment du beau et du sublime, dont l'intensité peut d'ailleurs être nulle.

Comme le concept relève du domaine de l'entendement et de ses représentations (schème et image), la diversité a priori de la schématisation dans l'imagination, en tant qu'elle est considérée non comme productrice d'une connaissance, mais comme productrice d'une sensation caractéristique de l'objet de cette connaissance, est, en droit, une légalité mais sans concept, puisque tout concept retombe automatiquement dans l'entendement, comme connaissance. L'objet, de par le mouvement même qui le fait connaître, est en même temps dit beau ou sublime. Il faut noter, qu'il est *uniment* beau lorsque l'effectivité qui constitue la représentation est capable d'en constituer un concept objectif (ce que je vois de beau est en même temps quelque chose que je reconnais : un cheval par exemple) et par conséquent se cantonne dans les limites de l'entendement (et donc correspond à l'Analytique des Concepts) mais qu'il peut être sublime de *deux* façons différentes, mathématique et dynamique, lorsque l'effectivité ne peut constituer de concept objectif *uni,* et que la faculté de juger doit, par et en elle-même, constituer le *passage* entre les représentations inschématisables de la Raison et les représentations incompréhensibles de la Sensibilité ; cela correspond à la distinction opérée au sein de l'Analytique des Principes entre principes mathématiques et dynamiques, distinction que l'on retrouve dans la Dialectique transcendantale, plus précisément dans les antinomies, puisque les thèses et antithèses des antinomies mathématiques sont toutes fausses, et que celles des antinomies dynamiques sont toutes justes.

2.2 Les limites (épistémologiques) de la double anamorphose

Si maintenant nous considérons le plan à inflexion nulle comme résultat de cette effectivité, nous ne manquerons pas de considérer qu'il est en même temps, par un effet qui explique la rétrojection richirienne, la condition idéale de départ de toute anamorphose : celle-ci pour être une déformation cohérente doit déformer quelque chose dont la condition formelle et matérielle de possibilité n'est autre, ici, que le plan auquel elle revient en s'annulant dans son double-miroir. La double anamorphose décrit donc toujours deux limites : celle d'où elle vient et celle où elle va.

Ainsi la sensibilité vient de l'effectivité inapparente de la réalité comme *Wirklichkeit* sur les sens et l'imagination en retire des représentations dites subjectives : les phénomènes. La limite inférieure est donc la «réalité» en tant qu'effectivité représentée (et non simplement effective) comme «cause» de la connaissance tandis que la limite supérieure est l'ensemble de tous les objets de l'expérience, ensemble qui n'est autre que la «réalité» comme «objet» de la connaissance.

Une fois la sensibilité dépassée et la subjectivité empirique disparue, l'ensemble des objets de l'expérience, autrement dit l'entendement empirique est perdu comme empirique et recréé comme pur, comme le plan idéal à inflexion nulle, comme «nature» idéale dont les catégories tissent la trame. La double anamorphose reproduisant dans la réflexion transcendantale de la faculté de juger, le même travail que celui qu'effectue l'imagination pour la sensibilité, la limite inférieure est ce plan idéal dont nous parlions et la limite supérieure est l'«idéal de la raison pure», c'est-à-dire l'idée d'un tout de la réalité. Les modalités de la double anamorphose de la synthèse intellectuelle sont alors données par le système des Idées transcendantales en conjonction avec les catégories de l'entendement, alors que celles de la double anamorphose sensible (de la synthèse figurée) concernent ces mêmes catégories mais dans leur conjonction avec les formes pures de la sensibilité, espace et temps. L'architectonique doit décrire la possibilité de passer des formes pures de la sensibilité aux catégories, et des catégories aux idées transcendantales. Ce «passage» est appelé schématisme par Kant, qu'il concerne celui, archi-connu, entre le phénomène et la catégorie ou celui des concepts aux Idées.

Les limites inférieure et supérieure de l'architectonique sont elles-mêmes produites comme des limites de doubles anamorphoses menées jusqu'au point d'équilibre. Ainsi, le plan idéalement fondateur de la réalité effective pour les sensations est représenté comme le serait une *intuition originaire*, qui n'est pas une intuition à proprement parler, puisqu'elle est intellectuelle. De même, le plan idéalement fondateur de la subjectivité transcendantale, celui de la métaphysique systématique, est tout d'abord l'Idée d'un tout de la réalité, qui est en même temps «un» être suprême, c'est-à-dire ce plan à l'inflexion idéalement nulle d'un *entendement originaire*, qui n'est pas un entendement à proprement parler, puisqu'il est intuitif.

Aux deux extrémités de l'architectonique, est vérifiée l'identité retrouvée entre le schème et le produit du schème ; cette identité représente en même temps une symétrie chirale, qui, pour la logique transcendantale, n'est donc pas une simple tautologie (ce qu'elle serait pour la simple logique) : *l'intuition intellectuelle est toujours déjà l'entendement intuitif et l'identité se vérifie moyennant l'inversion des termes entre entendement/intellectuel et intuition/intuitif, inversion recroisée entre effectivité et représentation, d'où le sens de l'adjectif «originaire» auquel peut prétendre l'intuition intellectuelle : elle effectue ce qu'elle représente.* La chiralité (*i.e.* la symétrie inverse comme dans le cas des deux mains) disparaît dans l'identité puisque l'effectivité redevient simple représentation et vice-versa, et que l'entendement redevient simple intuition. Ainsi, les quatre termes de l'identité chirale (que distingue la réflexion transcendantale) s'effondrent en deux (maximum que la réflexion logique peut accepter, et l'un est soit égal à l'autre, dans la tautologie, soit différent de l'autre, dans la contradiction) et toute la problématique redevient celle de la simple logique, dont le plan est également à inflexion nulle. Il est intéressant de noter que la tautologie identifiant l'intuition intellectuelle à l'entendement intuitif, rend équivalentes deux contradictions : une intuition qui serait intellectuelle et un entendement qui serait intuitif. L'isotropie absolue représentée par un tel entendement archétype ne peut se laisser représenter dans l'isotropie relative (c'est-à-dire de puissance moindre) que sous la forme d'une identité entre contradictions, dont les termes sont superposables quoiqu'inversés. Cela souligne combien l'institution même de la logique générale analytique ne peut être représentée à l'intérieur d'elle-même.

2.3 La question de la fondation et des divisions de l'architectonique

Si l'on considère la faculté de connaître en général comme délimitée par ces trois plans-limites (deux horizons : le sensible et l'intelligible, et le plan médian de la logique et de l'objectivité), on doit alors distinguer (dans la terminologie de la première Critique) entre une sensibilité, un entendement et une raison. Ces facultés ne sont pas définies comme étant l'effectivité d'un pouvoir contenue entre deux limites, mais sont plutôt, chez Kant, rapportées à une limite. Ainsi, la sensibilité est rapportée à la limite inférieure, dont la représentation est la «réalité» (*Realität*) et dont le domaine est le monde sensible ; de même, la raison est rapportée à la limite supérieure, l'Idéal (d'un tout de la réalité) et son domaine est le monde intelligible. Les problèmes de terminologie apparaissent avec l'entendement parce qu'il est associé à la limite même séparant le monde sensible du monde intelligible dont les limites respectives ne sont que des horizons problématiques. Aussi l'entendement se dédouble-t-il entre autonomie (la logique générale analytique : le pouvoir de *penser*) et hétéronomie (le pouvoir de *connaître*)[7].

---

7.   Bien que les diverses problématiques de la troisième *Critique* n'entrent pas dans le propos de cet ouvrage, nous ne pouvons cependant manquer de remarquer que ce dédoublement dans l'entendement, entre un pouvoir de penser et un pouvoir de connaître, va se retrouver dans la division des *«pouvoirs supérieurs de connaître»* (éclipsant la sensi-

L'effet d'horizon des limites supérieure et inférieure représentant la réalité comme dédoublée entre intuition et entendement originaires, tient à ce qu'en elle est reconstituée la continuité à laquelle la logique générale analytique a substitué le «discret», comme possibilité d'*individuer* le phénomène, dans la structure de l'«objet».

Si l'on considère maintenant la faculté de connaître dans sa première division entre «supérieure» et «inférieure» (se rapportant respectivement aux mondes intelligible et sensible), l'on aura respectivement: la raison, la faculté de juger et l'entendement d'un côté, et de l'autre, l'entendement, l'imagination et l'intuition. Cette double perspective fait apparaître un terme

---

bilité qui est avalée par le pouvoir de connaître); le pouvoir de connaître restera Entendement, mais celui de penser, deviendra la Faculté de Juger, fidèle en cela à la leçon de l'Analytique des Concepts. Ainsi, la division des «pouvoirs supérieurs de connaître» s'énumère-t-elle ainsi dans l'«Introduction encyclopédique au système» (XX, 245-246, trad. cit. Guillermit, p. 77) de la *Première introduction à la critique de la faculté de juger*: «Entendement (pouvoir de connaître), faculté de juger, raison». Les pouvoirs supérieurs de l'esprit, en situant en leur sein le pouvoir de connaître, signalent combien l'entendement reste lui-même et combien les autres pouvoirs peuvent différer, selon qu'on se place dans la perspective des pouvoirs de l'esprit (le sujet) ou celle du pouvoir de connaître (le sujet dis-paru dans la connaissance): Ainsi, la faculté de juger, comme pouvoir de connaître, semble avoir très peu en commun avec un *sentiment de plaisir et de déplaisir*; a fortiori, la raison théorique, qui n'est autre que la «raison dans son usage logique», c'est-à-dire la raison architectonique comme pouvoir supérieur de connaître est fort éloignée de la faculté de désirer, et nous avons indiqué à maintes reprises que le vouloir-connaître était l'expression de la raison (faculté de désirer) comme *indéterminée*: c'est la raison désindividuée. Leur séparation n'est autre qu'une éclipse, une *Aufhebung*.

Dans les mêmes pages de cette *Première introduction*, l'on voit plus clairement la liaison synthétique des moments du schéma tripartite catégorial; en effet, dans l'Analytique des concepts, Kant signale dans une note assez ésotérique (A75/B100, p. 830) que les catégories de la modalité se présentent «comme si la pensée était dans le premier cas une fonction de l'entendement, dans le second du jugement, et dans le troisième de la raison». Or, à l'entendement correspond la *Légalité*, à la faculté de juger, la Finalité et à la raison, une *«Finalité qui est en même temps loi* (Obligation)» (XX, 245-246, trad. cit., p. 77). On ne pouvait illustrer plus clairement l'affirmation de l'Analytique, suivant laquelle «la troisième catégorie résulte toujours de la liaison de la seconde classe avec la première» (B110, p. 838, *loc. cit.*).

supplémentaire, respectivement la faculté de juger et l'imagi-nation, parce qu'elle a abandonné l'avantage d'une perspective unifiée dont le prix était la dis-parition de l'*effectivité* comme distincte des connaissances qu'elle produisait.

En réfléchissant sur la *réapparition* de la subjectivité trans-cendantale au travers de la faculté de juger et de l'imagination, l'on ne manquera pas d'aborder la problématique du beau et du sublime dans la mesure où cette expérience «court-circuite» l'entendement pour aller directement chercher dans des Idées (esthétiques) le principe directeur de son effectivité. L'effecti-vité n'est donc pas entièrement absorbée par l'effectuation des représentations : celles-ci présentent un contenu (l'objet) et provoquent distinctement un sentiment (de plaisir ou de peine); mais il y a des sentiments qui se produisent dans l'échec à pro-duire ou à déterminer un objet (le sublime) tout comme il y a des objets dont l'effectuation n'est pas vécue comme provo-quant un sentiment (constructions simplement mathématiques).

Lorsqu'on reprend de la hauteur et que l'on veut s'attacher à la fondation même de l'architectonique, l'on s'aperçoit qu'elle ne diffère pas, dans sa problématicité, de celle de la lo-gique générale analytique, si l'on peut conjecturer, d'après le modèle de la double anamorphose, que chacune tire sa nécessi-té, non pas, — comme l'apparence vraie du phénomène le laisserait faussement croire —, d'un don intégralement re-transmis de la réalité dont l'existence présenterait un type exemplaire de nécessité (l'existence n'a pas à se prouver lors-qu'elle est attestée par les sens : elle «est»), mais de l'annula-tion de la matérialité subjective dont il ne reste que l'organisa-tion formelle. Ainsi, tout comme la sensation a disparu en ne laissant que la «trame» de l'effectivité, retranscrite comme «déterminations empiriques» sur la feuille blanche de l'intui-tion, tout comme la règle subjective de l'imagination devient concept objectif de l'entendement en perdant son *hic et nunc*, et que ce dernier concept devient logique en perdant son at-tache au contenu empirique et à la faculté de connaître qui l'a vu naître, l'architectonique, comme *métaphysique systéma-tique,* doit perdre tous les différents aspects dialectiques qui ex-priment la nature humaine à travers ses différentes erreurs et n'en retenir que le système. En effet, toutes les erreurs dialec-tiques sont une par une (paralogismes, antinomies et idéal) des erreurs à un titre ou à un autre ; ensemble, dans un *tout systé-*

matique, elles deviennent la vérité de la raison la concernant elle-même.

L'architectonique, c'est-à-dire la métaphysique systématique, est sans fondement, tout comme la logique générale analytique et même l'esthétique, puisqu'au regard de la double anamorphose les produisant est absolument nul, *tout se passe comme s'il n'y en avait jamais eu d'anamorphose.* C'est donc à partir du cœur même de tout le système architectonique de la raison pure, en tant que toute fondation en a disparu, que peut se fonder en retour, au terme d'un immense détour de surcroît tombé en éclipse, le rapport à la réalité, d'où la rétrojection entre l'a priori et l'a posteriori.

Que veut dire, pour l'architectonique, «être sans fondement»? Cela veut dire que l'architectonique ne peut plus être pour une perspective épistémologique que la théorie de l'entendement intuitif et de son intuition intellectuelle et en même temps, dans une perspective phénoménologique, la théorie du schématisme qui mène à ces concepts problématiques et limites, lesquels ne sont pas métaphysiques car la dernière et la plus grande des doubles anamorphoses s'y étant abolie, il ne reste plus rien dans les concepts résiduels, «entendement intuitif» et «intuition intellectuelle», dont on puisse, analytiquement, faire dériver quelque connaissance. Ainsi, la perspective épistémologique est vide et la perspective phénoménologique, également, puisque l'architectonique reste toujours encore à faire, comme la musique reste toujours à «jouer». Ainsi, *c'est le destin de la métaphysique systématique de cesser d'être métaphysique au moment même où elle retrouve une légitimité. Elle ne peut plus être qu'une théorie de l'accomplissement événementiel de la transcendance et de son schématisme.* Ne présentant rien qui puisse se laisse représenter comme positivité, même pas une connaissance, une formule, que l'on pourrait produire à la demande, la métaphysique systématique ne pouvait que retomber, de l'architectonique, dont le principe est vrai et nécessaire, dans une «technique», nécessairement fausse et contingente (et métaphysique dans le sens honni par Kant) et de là encore, se dégrader en une «scolastique», quelque chose sans signification même contingente, l'effet de quelque manie.

Il est maintenant temps, alors que les perspectives architectoniques ont été dégagées dans toute leur ampleur et que la vue peut se porter jusqu'aux horizons les plus lointains, d'en montrer le détail. Le lecteur patient pourra ainsi vérifier que notre fidélité à la pensée kantienne n'est pas seulement textuelle mais également méthodologique, puisque, suivant la demande expresse de Kant, nous avons tenté de la penser par nous-mêmes.

CHAPITRE III

L'institution kantienne de l'entendement, du point de vue de la Dialectique

Si l'architectonique est certes très sollicitée dans la construction de la *Critique,* elle est cependant très peu thématisée pour elle-même. Ainsi, ce qui soutient la cohérence architectonique de l'entendement pur n'est véritablement étudié que dans les premières pages de la Dialectique et n'est qu'esquissé dans l'Analytique des Concepts, alors qu'à bon droit, on s'attendrait à y trouver l'exposé complet de son essence métaphysique. Cependant, l'on pourra faire remarquer que l'Analytique des Concepts, devant se tourner vers le sensible, devait dès lors se détourner de l'intelligible ; il est normal, par conséquent, que ce qui garantit la cohérence de l'entendement pur en un tout architectonique ne soit que mentionné :

> «<l'entendement> est... une unité consistante par elle-même, se suffisant à elle-même, et qui n'a pas à être augmentée d'additions extérieures. Aussi l'ensemble de sa connaissance constitue-t-il un système à saisir et à déterminer sous une idée, et dont le caractère complet et l'articulation peuvent fournir en même temps une pierre de touche de l'exactitude et de l'authenticité de tous les éléments de la connaissance qui y entrent.» A65/B89-90 p. 823.

Ce thème n'étant pas véritablement abordé avant la Dialectique, l'affirmation réitérée, mais jamais vraiment explicitée, de la systématicité de l'entendement, n'a pas l'impact souhaité sur la Déduction transcendantale et tout se passe comme si celle-ci pouvait se dérouler indépendamment de la question de savoir si l'entendement a ou n'a pas de cohérence systématique propre.

La contrepartie de ce détachement apparent vis-à-vis de ces questions, est que l'on ne voit pas en quoi la Dialectique devrait concerner l'entendement, d'autant plus que son rôle, proprement «critique», consiste tout d'abord à dissiper «le malentendu de la raison avec elle-même». Par ailleurs, le propos critique (l'illusion transcendantale) et le propos architectonique (la systématisation de l'entendement) sont entremêlés : la Dialectique s'annonce tout d'abord comme l'apparence transcendantale elle-même et par suite, comme le remède à celle-ci. La logique générale analytique sera le canon de l'entendement, alors qu'elle ne sera dialectique que d'en être l'organon. On en revient donc, en définitive, à la détermination de l'essence de l'entendement.

C'est là que se situe un passage à la limite presqu'imperceptible : la Dialectique, en tant que *système* de ces erreurs, n'est pas en elle-même une erreur et constitue au contraire une connaissance de plein droit, dont l'objet positivé n'est autre que l'entendement lui-même, moyennant la distinction critique entre les conditions objectives et les conditions subjectives d'une connaissance[8].

On ne saurait trop insister sur la similarité entre le sensible et l'intelligible, en ce qui concerne la question de la vérité propre. En effet, dans le domaine sensible, les représentations subjectives sont contingentes et ne peuvent prétendre à la vérité que dans la mesure où elles se laissent ramener à l'unité, c'est-à-dire à l'unité d'une connaissance systématique. Parallèlement, dans le domaine intelligible, toutes les représentations dont l'objet se situe au-delà de la sphère des objets de l'expérience, sont, par leur nature profonde et bien souvent méconnue, subjectives ; elles n'acquièrent de vérité que dans la mesure où elles sont toutes ensemble, elles aussi, assujetties à l'unité d'un système. Finalement, la situation est identique dans les deux cas : *c'est la systématicité* (transcendantale et non simplement logique, qui n'en donnerait que le critère formel et par là insuffisant) *qui garantit la vérité des représentations*. Le sens, hors système, le sens isolé, fragmentaire, est toujours-déjà la proie de la tentation métaphysique : on veut toujours se l'approprier en «séparation» comme disent les chimistes, comme si l'on pouvait en définir du dedans les conditions de lisibilité (le sens) et de vérité.

8.   Ainsi, dans l'Analytique, la Dialectique transcendantale aura simplement pour but «*la simple évaluation de l'entendement pur* et...la préservation de l'illusion sophistique». A64/B88, p. 822 (nos italiques).

Kant, trop préoccupé par les difficultés rencontrées à rendre apparent quelque chose qui par définition dis-paraît sous l'évidence du sens décelé localement (dans l'expérience sensible), ne pose pas la question qui doit déjà nous inquiéter et dont nous ne trouverons un élément de réponse que dans la troisième Critique : *comment le sens peut-il dialectiquement tenir lieu de vérité ?* Nous avancerions volontiers l'opinion que l'illusion transcendantale dont nous faisons l'épreuve est de la même eau que l'apparence simplement phénoménale, qui propage l'illusion qu'il y a «un» objet qui nous apparaît comme s'il était autre chose que le «jeu de nos représentations», comme si les catégories découpaient dans le noumène, quelque chose qu'elles individueraient in concreto[9].

---

9.   La conception kantienne de la vérité (autrement dit l'*adaequatio rei et mentis*, opposée à l'*alétheia* heideggerienne) est dictée par l'architectonique dont la coloration thématique est finalement très accessoire. Pourtant, on peut déceler comme une allusion voilée à cette problématique dans un passage du début de la Logique transcendantale servant à introduire la division entre logiques générales *analytique* et *dialectique*:

> «...comme la simple forme de la connaissance, aussi d'accord qu'elle puisse être avec les lois logiques, ne suffit nullement pour établir la vérité matérielle (objective) de la connaissance, personne ne peut se hasarder à juger des objets avec la simple logique, et à en affirmer quelque chose, *sans avoir auparavant entrepris une étude approfondie en dehors de la logique, pour ensuite essayer simplement de les utiliser et de les lier en un tout cohérent selon les lois logiques*, mieux encore, de les examiner simplement d'après elles.» A60/B85, p. 819 (nos italiques).

Le texte allemand marque bien que ces objets sont à la fois «utilisés» et liés dans ce tout cohérent, leur utilisation n'étant pas une démarche indépendante à leur liaison en un tout: «...*um hernach bloss die Benutzung und die Verknüpfung derselben in einem zusammenhängenden Ganzen nach logischen Gesetzen zu versuchen...*». La nécessité de la systématisation de l'entendement, où intervient la raison, se fait sentir jusque dans ces lieux où la raison n'a pas accès et dont elle est éclipsée: l'expérience sensible. Toutefois, ce qui est demandé ici n'est pas le travail de la raison, mais celui de la faculté de juger («personne ne peut se hasarder à juger des objets...») et la simple logique apparaît comme la conjonction entre la *connaissance simplement logique* (les représentations en général et donc un formalisme vide) et la *réflexion logique* (qui est un schématisme en même temps que le produit de celui-ci).

1. L'APPARENCE TRANSCENDANTALE

L'apparence transcendantale est donc construite comme un «phénomène» du monde intelligible, sur le modèle de celui du monde sensible. Il est essentiel d'examiner maintenant comment Kant explicite ce thème.

Dès les pages introductives de la Dialectique Transcendantale, le premier thème traité est celui de l'«apparence transcendantale», reléguant dans l'arrière-plan le fait que dans une expression telle que «logique de l'apparence», on doit avoir égard d'une part, à cette logique qui reste «logique» en dépit d'être celle de l'apparence, et d'autre part, à cette apparence même qui est tout sauf évidente:

> «Il ne s'agit ici que de cette apparence transcendantale, qui influe sur des principes... (...) ...qui nous entraîne tout à fait hors de l'usage empirique des catégories et nous abuse par l'illusion d'une extension de l'entendement pur.» A295/B352 p. 1014.

L'entendement pur «apparaît» donc plus étendu qu'il ne l'est, ce qui est une façon de dire qu'il peut être appréhendé suivant ce qu'il est et appréhendé suivant ce qu'il paraît, sans aboutir au même résultat: il «est» donc moins étendu qu'il n'y paraît. Mais, vérité ou apparence, il s'agit quand même du même entendement: il y a donc une continuité qu'il nous reste à déterminer entre la logique de la vérité et celle de l'apparence, continuité dont la nature est telle, vraisemblablement, qu'elle gêne la délimitation des facultés, tout comme si ce qui fondait uniment la continuité à elle-même de la logique, devait en même temps servir à la délimiter.

De plus, cette apparence est «en dur», si l'on peut dire, et elle ne cesse jamais d'apparaître:

> «...que cette apparence aussi se dissipe (comme le fait l'apparence logique) et qu'elle cesse d'être une apparence, c'est ce qu'elle <la dialectique transcendantale> ne pourra jamais obtenir. Car nous avons affaire à une illusion naturelle et inévitable, qui *repose elle-même sur des principes subjectifs et les donne pour des principes objectifs*.» A298/B354 p. 1015 (nos italiques).

L'illusion «naturelle et inévitable» consiste en ce que la subjectivité réapparaît comme de l'objectivité alors que (dans les limites de l'expérience sensible) elle dis-paraît éclipsée, de par le mouvement d'émergence de l'objectivité. C'est dire combien cette illusion n'est *possible* que quand «rien» n'est appelé à «émerger», c'est-à-dire qu'il n'y a pas de contenu empirique possible, ce qui va plus loin que la simple absence de contenu intuitionné. L'effet d'évidence de ces deux termes, subjectivité et objectivité, est tellement aveuglant qu'il faut nous en méfier et déterminer rigoureusement ce qu'ils contiennent. L'objectivité d'une connaissance n'est rien d'autre que l'accord de cette connaissance avec des objets situés «en dehors» d'elle. Cela veut dire qu'un désaccord reste possible. Autrement dit, la connaissance objectivement vraie est plus petite que la connaissance subjectivement possible. Dès lors, on doit définir l'objectivité comme étant cette subjectivité de la connaissance pour autant qu'elle s'«accorde» avec l'ordre de ses objets en tant qu'ils sont situés en dehors d'elle, dans ce qu'il convient d'appeler la réalité. Cette définition est naturellement très bancale et enfonce toute la difficulté dans la signification possible de cet «accord» ; nous nous en servons comme si nous savions du haut d'un entendement divin ce qu'est au juste la «réalité», ce qui est la démarche métaphysique nécessaire (par rétrojection) pour pouvoir envisager la notion même d'un accord.

Maintenant, dans le cas de l'apparence transcendantale, nous avons affaire à l'expression non pas d'une réalité différente de celle du support matériel de cette apparence, mais à l'expression même de la réalité matérielle de cette apparence, puisqu'il n'y a jamais apparence, sans qu'il y ait quelque chose qui apparaisse : ce qui apparaît dans l'apparence transcendantale n'est autre que la matérialité propre de l'entendement. Comment l'entendement peut-il apparaître pour lui-même ? Si Kant a pris le soin de réfuter soigneusement l'Idéalisme matériel[10], c'est justement pour prouver que s'il y a apparition (au sens

10. Ce qui n'était à l'origine qu'un développement étendu du quatrième paralogisme est devenu cette réfutation quand le danger inhérent à l'éclipse réciproque de la sensation (effectivité) et de l'intuition (représentation) est devenu virulent. Le quatrième paralogisme (ainsi que toute la première version des paralogismes) démontrait une virtuosité telle qu'elle risquait de se retourner contre Kant lui-même: la réalité empirique concomitante à l'Idéalisme critique est en réalité éclipsée par lui, ce dont Kant avait souci. Démontrer cette éclipse, c'est la reproduire: le risque est donc de la rendre effective, ce qui est le contraire de ce qui était critiquement recherché. Il ne s'agit pas en effet de raviver l'apparence transcendantale, dont on sait qu'elle ne disparaît pas: il s'agit de lui rendre non seulement sa vérité, mais encore sa significa-

d'une *Erscheinung*), elle ne peut être qu'«extérieure», parce que justement est défini comme intérieur ce qui n'apparaît jamais par soi, autrement dit l'entendement lui-même. La phénoménalité propre de l'entendement est temporelle ; elle n'«apparaît» donc pas. Nombreux sont les commentateurs qui succombent à l'éblouissement des métaphores de type optique et qui croient, sans jamais la soumettre à un simple examen, à la thèse que tout phénoménal est «apparaissant», et vice-versa.

Or l'entendement n'apparaît cependant qu'à partir et au-delà de ses «limites». Se peut-il que ces limites puissent du même mouvement définir un type inattendu d'apparaître pour l'entendement ? Car l'apparence transcendantale, qui est bien celle sous laquelle l'entendement se (pseudo-)phénoménalise, est tout d'abord une représentation, «inévitable» dans le fait ; la solution critique consistera donc à montrer qu'elle est une représentation qui ne représente rien... d'extérieur. Considérons donc cette «représentation qui ne représente rien d'extérieur». Deux cas peuvent alors se présenter : soit cette représentation de l'«intérieur» est entièrement contenue «dans» l'entendement, soit l'entendement est lui-même entièrement contenu dans cette représentation.

Dans le premier cas, où nous reconnaissons aisément les antinomies mathématiques (l'objet est «dans» le phénomène), la machine infernale est parfaitement en place : l'effectuation de la connaissance envisagée passe indéfiniment de la thèse à l'antithèse, parce que l'événement qui tente de les constituer en connaissance ne peut accéder à la définition comme discret et demeure dans la réitération indéfinie[11]. Le principe suprême

---

tion. Les Paralogismes, notamment dans le moment général de l'idéalité des rapports extérieurs, risquaient de se retourner et de servir de propagande idéaliste. Le texte sacrifié de moitié, la partie concernant l'idéalité des rapports extérieurs est devenue la «Réfutation de l'Idéalisme», machine de guerre polémique dont les conséquences n'ont pas été moins catastrophiques : on continue souvent à lire Kant dans une lumière pré-critique et l'on a du mal à au moins concevoir que l'Idéalisme critique ne se différencie des autres idéalismes qu'il combat que par une chose : qu'il n'est pas hégémonique et que le réalisme empirique qui l'accompagne est «effectivement» présent mais «représentationnellement» éclipsé. Comment parler de ce qui dis-paraît dans la parole ?

11. Le processus par lequel l'intuitionné est lié par l'entendement pour se constituer en une connaissance est celui-là même qui le «dé-subjectivise», c'est-à-dire le libère des formes de la sensibilité, temps et espace.

des jugements analytiques demeure transcendantal par rapport à la connaissance recherchée et fonctionne dans une réitération infinie : si pas l'un, alors l'autre. Si tout y est faux, c'est parce que le processus par lequel l'entendement s'objectivise a pour résultat de «suspendre» (un mot utilisé ici pour connoter l'*Auf-hebung* kantienne) son rapport à toute réalité «extérieure». Cette «représentation qui ne représente rien d'extérieur» se place en dehors de la vérité et en dehors du sens parce que l'entendement, en s'objectivant, loin de récréer hypothétiquement des conditions sensibles dans lesquelles il pourrait se phénoménaliser (dans le sens intime notamment), les suspend absolument toutes et disparaît lui-même : sa subjectivité transcendantale en s'objectivant a simplement cessé d'être.

Dans le second cas, l'entendement étant entièrement contenu «dans» la représentation, il en est de même de son analycité (son inflexion devenue nulle quand la double anamorphose passant à la limite cesse d'être anamorphique) et donc de son principe suprême des jugements analytiques, qui, de transcendantal, devient simplement métaphysique : l'objet *est* le rapport de la faculté de connaître au phénomène. La possibilité, qui était celle de l'entendement dans les antinomies mathématiques, d'isoler sa subjectivité en une objectivité (ce qui la faisait proprement disparaître, inconvénient majeur) s'est maintenant évanouie : la faculté de connaître considère *dans une même perspective* aussi bien l'objet de la faculté de connaître qu'elle-même dans son «rapport» à cet objet. Cela, très simplement, suppose deux choses : d'une part, qu'indépendamment de la question de savoir si cela est ou non permissible, l'entendement peut «sortir» de lui-même[12], et d'autre part, qu'il ne cesse jamais d'être «en» lui-

---

Etant une connaissance, il devient la possibilité indéfiniment réitérable (dans le temps «en général», ce qui est différent) d'un événement défini comme discret. «Indéfiniment» signifie bien que son inscription dans le temps phénoménal est indéterminée; «possibilité», que son essence est logique.

12. Que veut dire «sortir» de soi-même pour l'entendement? Ceci: dans les limites de l'expérience sensible, l'entendement et la faculté de juger coïncident («...l'entendement en général peut être représenté comme un pouvoir de juger» A69/BB94, p. 826); au-delà de ces limites, la faculté de juger se dissocie de l'entendement tout en conservant illusoirement l'apparence de leur coïncidence (d'où la possibilité même d'une amphibolie entre les usages de l'entendement).

même puisque les antinomies dynamiques, somme toute, ne font que mettre en jeu des représentations.

L'importance de ce résultat ne doit certainement pas être sous-estimée : cela confirme que la dimension de la représentation comme terme d'un processus (produit d'un schème) est autre que celle de cette même représentation comme processus lui-même (le schème lui-même) ; autrement dit que le *contenu* d'une représentation appartient à une «dimension» différente de celle de la *génèse* de cette représentation, que la perspective épistémologique et la perspective phénoménologique sont *invisibles l'une pour l'autre : elles s'éclipsent*. Par dessus tout, c'est l'unité fondamentale de ces deux perspectives, la «racine commune et cachée» chère à Heidegger, qui est profondément enfouie et invisible. Toute la démarche de la solution critique consistera donc à faire remarquer que les représentations des antinomies dynamiques montrent le rapport de l'objet en général à la faculté de connaître, alors qu'en même temps, elles «sont» ce rapport.

Plusieurs conséquences importantes découlent de cette observation : tout d'abord, l'antinomie dynamique montre — parce qu'elle est «antinomie» — un changement de légalité entre la sphère de l'objet représenté mathématiquement, c'est-à-dire en lui-même, et celle de la représentation du processus général de l'imagination (dans la troisième antinomie, pour déterminer la causalité) et de la faculté de juger (dans la quatrième antinomie, pour déterminer la nécessité comme existence), autrement dit du schématisme. D'une manière plus générale, l'antinomie dynamique (surtout celle qui traite des causalités) oppose la pensée représentationnelle (la science) à la pensée phénoménologique (qui pense le surgissement du phénomène) ; la solution les déclare vraies toutes les deux, et la troisième Critique développe la problématique de leur articulation.

Mais en quoi consiste l'apparaître de l'apparence transcendantale ? Kant donne une explication :

> «La cause <de ce que cette apparence ne cesse pas> en est qu'il y a dans notre raison (considérée subjectivement comme un pouvoir humain de connaître) des règles fondamentales et des maximes de son usage, qui ont tout à fait l'apparence de principes objectifs et qui font que la nécessité subjective d'une certaine liaison de nos concepts, en faveur de l'entendement, passe pour une nécessité objective de la détermination des choses en soi.» A297/B353 p. 1015.

Tous les mots pèsent leur poids, comme c'est toujours le cas chez Kant. En effet, dans les Analogies de l'Expérience, c'est la nécessité qui sert à rétablir l'ordre du réel, ce à quoi Kant fait ici référence par cette expression un peu dangereuse de «nécessité objective de la détermination des choses en soi». Tout le problème est de parler de la projection d'un ordre objectif comme étant celui de la chose en soi à travers le phénomène, comme si cette projection émanait primitivement de la chose en soi elle-même. Or la chose en soi est pensée comme illimitée (continue) en elle-même et il n'est pas possible, sauf en projetant une grille de lecture subjective, de parler «des» choses en soi. Ce problème disparaît dans notre théorie de la double-anamorphose, puisque le maillage du réseau par lequel est exprimé le divers de la détermination d'un concept empirique, est contingent et appartient à la subjectivité du concept ; l'ordre seul en tant qu'il est dégauchi ou «dé-subjectivisé» importe ; la nécessité subjective de la liaison des concepts s'objectivise dans cette double-anamorphose où elle perd son inflexion subjective. De plus, l'individuation projetée par les catégories est toujours pondérée par les relations que cette individuation entretient avec ce dont elle est par là «séparée» (en tant qu'elle est un individu). L'objet «en soi» n'est qu'un objet transcendantal, un X ; il n'est rien d'autre qu'une position dans une connaissance. Le fait que la diversité individuante des quatre groupes de catégories dis-paraisse — au terme-limite d'une nouvelle (double) anamorphose de la réflexion transcendantale — pour laisser la place au système des Idées transcendantales qui expriment la répartition architectonique des facultés de connaître et que cette diversité n'apparaisse pas dans l'Idéal d'un tout de la réalité, montre bien que la vérité emprunte la forme des catégories comme s'il s'agissait d'un langage métaphorique.

Kant ne dit rien d'autre : il y a une «*nécessité subjective*» (*loc. cit.*) qui correspond à une «certaine» liaison des concepts et qui, sans cesser d'être une nécessité, ne correspond pas en vérité (mais seulement en apparence) à une région quelconque du réel (compris comme nécessité objective).

Kant sent bien que l'explication explique trop et trop peu (de même, en affirmant qu'il y a une région tissée de nécessité mais tombant «hors» de l'analogue de la nécessité objective, nous n'avons pas beaucoup progressé). A la suite de cette explication, nous rencontrons alors une comparaison dont les images renvoient à d'autres métaphores éparses dans la Critique, lesquelles toutes ensemble finissent par révéler quelque chose de très profond et de très révélateur de sa manière de penser.

2. LES IMAGES DE L'APPARENCE

Nous le disions, Kant a recours à une image lorsque le discours devient difficile et que la clarté s'embrumit. Ainsi, à la suite de cette explication introduisant différents degrés dans la nécessité, la nécessité dite «subjective» donnant l'illusion transcendantale, Kant précise ceci :

> «C'est là une illusion qu'on ne saurait éviter, pas plus que nous ne pourrions éviter que la mer ne nous paraisse plus élevée au large qu'auprès du rivage, puisque nous la voyons alors par des rayons plus élevés, ou pas plus que l'astronome lui-même ne peut empêcher que la lune lui paraisse plus grande à son lever, bien qu'il ne soit pas trompé par cette apparence.» A297/B353 p. 1015.

A quoi Kant compare-t-il l'illusion transcendantale ? A un effet d'optique impliquant le gauchissement de rayons dans une projection suivant un horizon : autrement dit à une *anamorphose*.

Dans l'*Appendice à la Dialectique transcendantale*, Kant ressent à nouveau le besoin d'exposer la nature des idées transcendantales sous la forme d'une projection spatiale depuis un «point» situé «en dehors» d'un plan, à partir duquel il y a projection, de telle sorte que la «perspective» dans le plan «converge» vers ce point, sans qu'il y ait pourtant «réalité», mais bien «apparence» de convergence[13]. Ainsi, les idées transcendantales ont :

---

13. Kant dit plus loin (A647/B676, p. 1250) que l'unité systématique de la raison «n'est qu'une idée projetée», «...die systematische Einheit...<ist> lediglich nur *projektierte* Einheit...» – Kant souligne. D'autre part, on trouvera dans ce même Appendice une transposition des trois lois transcendantales de la spécification des formes logiques en termes de projection optique (A659/B687, pp. 1258-1259, *loc. cit.*): tout concept peut être considéré comme «un point qui, tel le point de vue d'un spectateur, a son horizon, c'est-à-dire une multitude de choses qui peuvent être représentées et comme embrassées du regard à partir de ce point.»

«...un usage régulateur excellent et indispensablement nécessaire, celui de diriger l'entendement vers un certain but dans la perspective duquel les lignes directrices de toutes ses règles convergent en un point qui, bien qu'il ne soit qu'une idée (*focus imaginarius*), c'est-à-dire un point d'où les concepts de l'entendement ne partent pas réellement, puisqu'il se situe tout à fait en dehors des limites de l'expérience possible, sert cependant à leur fournir la plus grande unité avec la plus grande extension.» A644/B672 p. 1248 (nos italiques).

Ce «focus imaginarius» est par conséquent un point de fuite dans une perspective, point de fuite qui la détermine tout en en marquant la limite purement formelle. Ce que contient la perspective, situe en dehors le foyer de l'anamorphose : «un point d'où les concepts de l'entendement ne partent pas réellement, puisqu'il se situe tout à fait en dehors...». Il est clair que si ce point était situé «en dedans», la perspective cesserait d'être anamorphique (ou le verre de la lentille, concave ou convexe) pour n'être que plane, ce qui est tout à fait évident dans l'optique (dans la théorie de la diffraction) : de même, si ce qui sert à systématiser se trouve dans le «même plan» que la matière à systématiser, autrement dit, si le schème et le produit du schème se trouvent dans le même plan, alors nous avons un effet d'immanence qui rend la connaissance considérée comme pure a priori, immédiatement scientifique (comme la morale pure, qui déduit tout d'un seul concept, la mathématique pure a priori et la philosophie transcendantale).

Dans ce même texte, Kant ne s'en tient pas là et poursuit avec une comparaison très intéressante. Intégrant le phénomène de l'illusion transcendantale dans cette perspective architectonique de la systématisation de l'entendement par la raison, Kant indique par le truchement d'une métaphore manifestement optique (le miroir), que l'illusion surgit non pas simplement dans la contemplation des objets empiriques, c'est-à-dire

---

Par cette métaphore, Kant traduit les deux premières lois de la spécification, à savoir homogénéité pour tendre vers l'horizon «universel et vrai», qui cesse d'être un horizon «pour nous», et la spécification pour la plus grande variété des représentations empiriques. L'approche topologique est tellement centrale à la pensée de Kant qu'il en tire directement l'exigence de la continuité entre les formes logiques, qui est pourtant démentie objectivement par la division réelle des espèces dans la nature (A661/B689, p. 1261) et qui n'est donc qu'un principe subjectif et heuristique de la raison.

dans l'usage normalement immanent de la raison et de l'entendement, mais bien plutôt lorsque l'on veut voir, dans une
même vision, aussi bien ce qui est derrière que ce qui est devant le miroir, autrement dit aussi bien la détermination que le
déterminé ou, comme nous l'avons montré plus haut, aussi
bien le contenu de la représentation pour une perspective épistémologique que la génèse de cette même représentation pour
une perspective phénoménologique, alors que ces deux perspectives s'éclipsent l'une l'autre.

> «Or, il en résulte bien pour nous une illusion telle que ces lignes
> semblent partir d'un objet même qui serait placé en dehors du
> champ de la connaissance empiriquement possible (de même que
> les objets sont vus derrière la surface du miroir) ; mais cette illu-
> sion (qu'on ne peut cependant empêcher de nous tromper) n'en est
> pas moins inévitablement nécessaire, lorsque, *outre les objets qui
> sont devant nos yeux, nous voulons voir en même temps ceux qui
> sont loin derrière nous*, c'est-à-dire, dans le cas présent, quand
> nous voulons pousser l'entendement au-delà de toute expérience
> donnée (faisant partie du tout de l'expérience possible) et le dres-
> ser ainsi à prendre l'extension la plus grande et la plus extrême
> possible.» A645/B673 p. 1248 (nos italiques).

Ce texte est laborieux et il convient de l'expliciter : l'illusion consiste à prendre les apparitions des objets dans le miroir
pour la réalité même de ces objets ; la solution critique consiste
donc à démontrer la réalité première du miroir, médiation
constitutive de la connaissance. La pensée de Kant, du coup,
pivôte dans les associations d'idées, et ricochant de l'apparition d'un objet idéal et singulier (le tout de la réalité) à la surface plane du miroir où apparaissent les objets de la connaissance, en arrive à exploiter le caractère anamorphique de la vision,
en constatant simplement qu'on ne peut pas voir ce qui est devant, «en même temps» que ce qui est derrière soi. Cependant,
on a presqu'envie d'ajouter : ...sauf avec un miroir. Toutes les
métaphores spatiales qu'utilise Kant sont au rendez-vous et se
parasitent les unes les autres. Qu'on ne puisse voir devant et
derrière à la fois, veut dire simplement que notre vision est lo-
calisée ; elle ne peut abstraire sa propre condition de possibilité
qui fait que l'œil actif dans son champ de vision, ne peut pas se
voir lui-même ; sa projection, condition de possibilité de sa vision, l'abstrait ou l'évacue. Du coup, il est vrai qu'on ne peut
voir ce qu'il y a derrière le miroir, mais on fait *comme si* cet
endroit abritait les objets qui se reflètent à la surface ; on ne

peut voir son propre œil, on ne peut voir ce qui est derrière soi, car on ne peut délocaliser la vision, à moins d'avoir une vision divine, totalement délocalisée, regardant tout de partout à la fois. L'œil humain s'éclipse ou s'aveugle.

Cet exemple n'est pas isolé. Traitant de l'ignorance, dans la «Théorie transcendantale de la méthode», Kant en vient à utiliser comme exemple d'un progrès historique, la sphéricité de la terre (que nous avons déjà cité). Par la suite, et insensiblement, il en arrive à comparer l'entendement et la raison à des figures géométriques. Le résultat est frappant :

> «L'ensemble de tous les objets possibles pour notre connaissance nous semble être une *surface plane* <*scheint uns eine ebene Fläche zu sein*> qui a son *horizon apparent*, je veux parler de ce qui en embrasse toute l'étendue et que nous avons appelé le concept rationnel de la totalité incondi tionnée. Il est impossible d'y atteindre empiriquement, et tous les essais tentés jusqu'ici pour le déterminer a priori, suivant un certain principe, ont été vains. Cependant toutes les questions de notre raison pure se rapportent à ce qui est *hors de cet horizon* ou à ce qui se trouve tout au plus sur la *ligne de sa limite*.» A760/B788 p. 1332 (nos italiques).

L'ensemble de tous ces objets possibles pour notre connaissance n'est autre que le domaine de l'entendement. Elle a cette inflexion nulle dont nous parlions pour l'opposer à l'inflexion (ou le gauchissement) de l'anamorphose. De plus, sur cet ensemble matériel «apparaît» un horizon. Cette apparence est la contrepartie de l'illusion transcendantale, pour laquelle il y apparence qu'il n'y a pas d'horizon, que l'on peut aller «hors de cet horizon» et traiter les «questions de notre raison» comme si elles étaient celles de notre entendement, c'est-à-dire comme si elles pouvaient faire partie d'une connaissance positive. L'apparition d'un horizon ne provient pas analytiquement du fait de la surface plane ; elle suppose un point de vue singulier qui, projetant tout vers soi comme focus, crée cet horizon qui est essentiellement anamorphique. En effet, l'horizon n'est autre que la ligne de tangence entre le plan d'origine de l'anamorphose et la courbure même de l'anamorphose. Si besoin en était, Kant rend incontournable cette interprétation en écrivant, une page plus loin :

> «Notre raison n'est pas en quelque sorte une *plaine* qui s'étende sur une distance indéterminable <*eine unbestimmbarweit aus-*

gebreitete Ebene>, et dont on ne connaisse les bornes que d'une manière générale, mais elle doit plutôt être comparée à une sphère dont le diamètre peut être trouvé à partir de la *courbure* de l'arc à sa surface (à partir de la nature des propositions synthétiques a priori)[14], et dont le contenu et la délimitation peuvent être aussi déterminés par là avec certitude. En dehors de cette sphère (le champ de l'expérience), il n'y a plus d'objet pour elle, et même les questions concernant ces prétendus objets ne concernent que des principes subjectifs d'une détermination complète des rapports qui peuvent se présenter, à l'intérieur de cette sphère, entre les concepts de l'entendement.» A762/B790 p. 1334 (nos italiques)

On ne saurait être plus clair. Notre raison n'est pas cette plaine <*eine Ebene*>... A quoi pense Kant sinon à cette surface plane <*eine ebene Fläche*> que constitue l'ensemble des objets possibles d'une connaissance objective (et non cette connaissance même)? Cette raison est entendue ici comme faculté de connaissance au sens le plus large possible, puisque Kant, pour prévenir tout malentendu, établit une équivalence entre cette sphère et le champ de l'expérience et retraduit sa métaphore en termes d'objets possibles d'une expérience, poursuivant le cheminement de sa pensée commencé dans le passage précédent. Si Kant prend le soin d'établir que la raison n'est pas «une plaine qui s'étend sur une distance indéterminable» <*eine unbestimmbarweit ausgebreitete Ebene*> donnant ainsi un luxe de détails sur ce qu'elle n'est pas, c'est parce que justement c'est par rapport à cette plai-

---

14. «...*deren Halbmesser sich aus der Krümmung des Bogens auf ihrer Oberfläche (der Natur synthetischer Sätze a priori) finden...*» Il est amusant de remarquer que Kant, dans les *Prolégomènes* (*loc. cit.*), compare l'entendement à un espace plein dont la limite est une surface, c'est-à-dire elle-même un «espace» déterminé, au sein de l'espace vide de la raison; on peut alors se demander à quoi correspond la sphère (terrestre dans l'exemple précédent puisque la courbure de l'acte y sert également à déterminer son diamètre): l'entendement ou la raison? En fait, Kant parle de l'entendement lorsqu'il est clair que la raison l'«entoure» et constitue le seul moyen de connaître l'entendement comme objet, et il parle de la raison comme cet objet-là, puisqu'il est rationnel. Il y a une certaine confusion au niveau de la terminologie qui tient à ce que ce qui est connaissance (dans une perspective épistémologique) ne l'est que pour un entendement; ce qui est condition de connaissance (et l'on passe alors dans la perspective phénoménologique) ne l'est que pour la raison. Notre raison n'est pas une plaine, parce le monde intelligible n'est pas connaissable (pour la raison spéculative); elle n'est rien d'autre que la *délimitation* de l'entendement, la paroi de la sphère vue de l'extérieur.

ne, ce plan d'extension indéterminable, que la raison apparaît comme une sphère. La courbure de l'arc peut être déterminée par rapport à la référence que constitue la surface, sous-entendu, du plan (dont l'inflexion, *i.e.* la courbure, est nulle), et ce rapport est directement exprimé non pas par le contenu mais bien par la nature même des propositions synthétiques a priori, c'est-à-dire par le fait qu'elles soient synthétiques. La projection d'une surface courbe sur un plan est proprement ce que nous appelons une anamorphose. Si au départ de cette sphère, figure sous laquelle est traduit le champ de l'expérience, nous pouvons comprendre «l'ensemble de tous ces objets possibles pour notre connaissance» comme surface plane, c'est que nous supposons pouvoir «retrouver» la surface plane au départ de la courbe, puisque nous n'avons pas de connaissance de première main de l'inflexion nulle de cet ensemble, inflexion qui ne peut être connue comme originairement nulle que dans une connaissance absolue d'un entendement intuitif (dont l'intuition n'est pas anamorphique). Nous pouvons y arriver de deux façons : soit que nous supposions le plan être une sphère dont le diamètre (et donc l'inflexion) est infini (la pensée intuitive où l'acte de la pensée remplit instantanément l'ensemble de ses objets possibles) soit que nous supposions que le plan n'a pas d'inflexion et donc un diamètre nul (l'intuition intellectuelle qui pleine d'elle-même n'a pas besoin d'un entendement — la sphère de la raison étant donc de diamètre nul, autrement dit un point, c'est-à-dire rien). Nous retrouvons ainsi ce résultat: l'intuition en général, si elle est absolument totale, ne laisse que le choix qu'entre deux possibilités (opposées et en même temps identiques): soit la connaissance absolue est massivement pleine, soit elle est absolument vide : elle est rien, et en tant que connaissance, l'absolument vide est identique à l'absolument plein. Toutefois, si l'on repasse de la connaissance elle-même à l'objet de cette connaissance, cela correspond respectivement à l'Etre (le plein) et au Temps (le vide).

Une troisième solution peut nous faire arriver à l'inflexion nulle du plan de l'ensemble de tous les objets possibles d'une expérience; nous échapperions ainsi à tous ces problèmes de limite qui, comme nous l'avons montré, jouent un si grand rôle dans l'œuvre proprement critique de la dialectique[15]. Nous

15. La solution critique s'exprime en termes volontiers topologiques. Dans les antinomies, si l'inconditionné se trouve dans la série des condi-

pouvons en effet considérer que l'inflexion nulle n'est autre que l'inflexion annulée comme résultat de la composition de deux inflexions de même degré et de sens opposé ; au lieu de nous en tenir à une inflexion originairement nulle, ce qui est la tentation métaphysique par excellence (de croire découvrir ce qu'en fait nous avons mis nous-mêmes), nous en arrivons au concept d'une inflexion annulée, et nous réintroduisons, aux *limites* de la perspective épistémologique — là où elle cesse de fonctionner et se jette dans des contradictions — la perspective phénoménologique, c'est-à-dire la notion d'une effectivité transparente, la synthèse des représentations. Dès lors qu'importe l'inflexion de départ et qu'importe finalement, pour Kant, la détermination très exacte de la subjectivité de la sensation, puisqu'elle s'annule. La déduction subjective peut être alors dissociée de la déduction objective et l'on peut rendre le lecteur à ses opinions (Préface de la première édition, AXVII, p. 731, *loc. cit.*).

La solution critique, en substituant à l'inflexion *originairement nulle* des plans métaphysiques (adéquat à une intuition intellectuelle des essences), l'inflexion reconstituée comme nulle et comme analogue de ces mêmes plans en tant que conjecturés (la réalité en soi, le monde intelligible de la législation morale), consiste donc à distinguer l'objet comme donné et comme existant (les objets du monde sensible) de ceux que l'entendement construit et qu'il fait exister par sa seule existence propre (autrement dit l'entendement lui-même, et par voie de conséquence le monde comme totalité, la divisibilité infinie, la causalité libre et l'être de tous les êtres). Rien ne peut distinguer, au niveau du contenu des représentations, les objets donnés (qui sont reconstruits de toutes façons et dont la construction est «éclipsée») des objets transcendants et construits a priori, et seule la limite invisible que trace entre les premiers et les seconds, le mode de l'effectivité, permet de fonder la solution critique.

Ainsi, *dans une perspective épistémologique, puisqu'en elle est éclipsé le travail de la faculté de penser (qu'elle soit dans l'entendement ou dans la raison), l'illusion est nécessaire, na-*

---

tions, alors l'objet est *trop petit* pour le concept dans sa régression empirique, et dans le cas contraire, il est *trop grand*. (A486/B514, p. 1134).

turelle, inévitable et persistante. Par contre, dans une perspective phénoménologique, au moyen de maximes et de concepts heuristiques dont on ne retrouve rien dans le domaine objectif, il est possible de dissiper ce «malentendu» de la raison d'avec elle-même, au prix d'une «discipline» de la faculté de penser.

Lorsque nous disons «la faculté de penser», nous faisons allusion à ce texte de l'Analytique des Concepts qui identifie la faculté de juger, à l'entendement[16]. Si, comme nous le soutenons, l'entendement et la faculté de juger sont la même chose (à l'intérieur des limites de l'expérience, en tant que ne sont considérées que les facultés supérieures de connaître), mais vue respectivement des points de vue épistémologique et phénoménologique, et si, comme nous le soutenons de même, c'est l'effectivité de la faculté de juger, et non le contenu des représentations de l'entendement, qui fonde la solution critique, alors c'est au sein même de la faculté de juger que nous pourrons différencier la raison et l'entendement et les rapporter tous deux à une différence de «modalité» dans le jugement[17]. Examinons donc maintenant comment l'«usage logique de la raison» est défini et comment son application à la systématisation de l'entendement constitue une modalité du fonctionnement de la faculté de juger.

---

16. Cf. A69/B94, p. 826: «...nous pouvons ramener tous les actes de l'entendement à des jugements, si bien que l'entendement en général peut être représenté comme un pouvoir de juger» (*loc. cit.*).

17. Ce qu'indique la distinction proposée plus loin par Kant entre l'entendement et la faculté de juger: «Si on définit l'entendement en général comme la faculté des règles, la faculté de juger est la faculté de *subsumer* sous des règles» (A132/B171, pp. 880-881). A cette définition, Kant fait suivre immédiatement l'exposé de l'effet d'éclipse entraîné par la constitution de la logique: «La logique générale ne contient pas de préceptes pour la faculté de juger et ne peut en contenir. En effet, *comme elle fait abstraction de tout contenu de la connaissance*, il ne lui reste plus qu'à séparer *analytiquement*, la simple forme de la connaissance en concepts, jugements et raisonnements et à établir ainsi les règles formelles de tout usage de l'entendement.» (*ibid.*, A133/B172, p. 881). Cette séparation analytique constitue la «modalité des jugements», dont la caractéristique est d'être éclipsée dans la connaissance (en ce sens qu'elle n'en fournit pas), en d'autres mots, «de ne contribuer en rien au contenu du jugement (...) mais de concerner seulement la valeur de la copule, *en relation avec la pensée en général.*» (A74/B100, p. 830).

CHAPITRE IV

La raison architectonique
et la métaphysique systématique

1. INTRODUCTION

Lorsque Kant, pour distinguer l'entendement, comme faculté des règles, de la raison comme faculté des principes, définit le principe comme étant le concept de concepts (une sorte de concept au carré), il est bien obligé de reconnaître qu'un concept de concept est «matériellement» toujours un concept, et que la connaissance par principes est également assimilable à une connaissance par concepts. Tout comme entre la règle, aussi raffinée soit-elle, de la synthèse de l'imagination d'une part et le concept lui correspondant dans l'entendement, d'autre part, il y a un passage à la limite dont l'imagination est constitutivement incapable et qui est l'apanage de l'entendement (ce en quoi on définit l'entendement par rapport à l'imagination), il y a un même passage à la limite pour la règle dont la synthèse ne concernerait plus cette fois un objet des sens, mais une règle en tant qu'elle est par elle-même une diversité temporelle.

Ce sur quoi nous voudrions attirer l'attention ici est que l'on rencontre le même type de passage à la limite entre la règle de l'imagination et le concept de l'entendement qu'entre la règle de l'entendement et le principe de la raison. Cela est tout à fait apparent dans la théorie du raisonnement, que Kant déploie en deux temps :

> «D'abord, le raisonnement ne concerne pas des intuitions...»

> «En second lieu, la raison, dans son usage logique, cherche la condition universelle de son jugement (de la conclusion) et le raisonnement n'est lui-même autre chose qu'un jugement que nous formons en subsumant sa condition sous une règle générale (la

majeure). *Or comme cette règle est soumise à son tour à la même tentative de la part de la raison et qu'il faut ainsi chercher (par le moyen d'un prosyllogisme) la condition de la condition,* aussi loin qu'il est possible d'aller, on voit bien que le principe propre de la raison en général dans son usage logique est de trouver, pour la connaissance conditionnée de l'entendement, l'inconditionné qui doit en achever l'unité.» A306/B363 p. 1022 (nos italiques).

Très clairement, il y a passage à la limite, par un mouvement tournant où la règle de la règle devient à son tour objet d'une règle surordonnée puisque nous passons des conditions à «l'inconditionné». S'il s'agissait d'intuitions, nous aurions affaire, avec exactement la même structure, à la constitution du concept ; seuls changent les enjeux d'où ce «d'abord» (du début du texte cité) extrêmement important.

On pourrait maintenant se demander pourquoi après le second passage à la limite, on ne pourrait plus rencontrer d'autre passage à la limite. Kant se borne en effet à simplement mentionner qu'«il n'est pas en nous de faculté au-dessus de <la raison>» (A298/B355 p. 1016 *loc. cit.*).

S'il n'y a pas de faculté au-dessus de la raison, on devrait pouvoir déduire de même qu'il n'y a plus de «passage à la limite» au-delà de celui qui sépare les concepts-règles de l'entendement des principes de la raison. Mais ce que dit Kant n'a pas une portée aussi générale : ce n'est que «pour élaborer la matière de l'intuition et pour la ramener sous la plus haute unité de la pensée» (*ibid.*), qu'il n'y a pas de faculté au-dessus de la raison. Il se pourrait donc que nous trouvions un nouveau passage à la limite et disons-le sans plus tarder, il y en a un effectivement entre le système des Idées et l'Idéal. Seulement, nous devons être prudents, car au-delà de cette limite, *il n'y a même plus d'architectonique.*

Il ne faut pas minimiser ici les difficultés au niveau de l'exposé que pose la convergence de toutes les problématiques et de toutes les perspectives précédemment recensées. L'Idéal de la raison pure est le principe d'unité le plus fondamental de toute l'architectonique ; en lui l'Idée psychologique rejoint l'Idée théologique, l'usage spéculatif de la raison y cède le pas au pratique, tout comme le transcendantal y devient le métaphysique (systématique), le schème d'une architectonique (le projet d'une telle métaphysique) y est en même temps cette architectonique positive et les perspectives épistémologique et phénoménologique s'y confondent...

Si nous pouvons faire «sentir» l'effet gravifique qu'exerce l'Idéal de la raison pure à différents niveaux, nous estimerons avoir atteint notre but, car si Kant n'a pas voulu ou n'a pas pu donner une représentation conceptuelle détaillée de cette architectonique (dont l'Idéal représente la culmination), il nous semble difficile de le dépasser tout en prétendant lui rester fidèle. Aussi devons-nous renoncer à épuiser le sujet : les quelques exemples de la puissance architectonique déployée par Kant autour de l'Idéal suffiront, nous l'espérons, à en donner une idée.

2. JUGEMENTS ET RAISONNEMENTS

D'une manière générale, le jugement est l'*acte* qui rapporte l'unité subjective des représentations à leur unité objective.

> «..un jugement n'est rien d'autre que la manière d'amener des connaissances données à l'unité objective de l'aperception. C'est ce but que vise la copule : «est» dans ces jugements, afin de distinguer l'unité objective de représentations données de l'unité subjective. En effet, elle désigne la relation de ces représentations à l'aperception originaire et leur *unité nécessaire,* bien que le jugement soit lui-même contingent...» B141-142, pp. 859-860 (nos italiques).

L'unité nécessaire des représentations, autrement dit l'unité par lesquelles ces représentations deviennent objectives s'obtient par la liaison que le jugement opère entre celles-ci et l'unité originaire de l'aperception. Le jugement est, Kant le souligne, contingent. L'unité originaire de l'aperception, qui est l'unité d'un je pense, dis-paraît dans la représentation elle-même pour la même raison que le jugement est contingent. Il peut par lui-même exprimer de la nécessité, sans que le fait même qu'il soit énoncé soit par lui-même nécessaire.

L'unité originaire de l'aperception constitue l'axe de l'effectivité au même titre que l'Idéal de la raison pure constitue l'Idée dont la systématisation se *schématise*, du côté de la représentation de la subjectivité transcendantale, en un système des Idées transcendantales et du côté de la représentation de l'objectivité transcendantale, en un système des catégories. Ces deux unités principielles et fondamentales sont toutes les deux des foyers de «convergence». La première, celle de l'aperception, n'est autre que l'Idée psychologique, c'est-à-dire «l'identité universelle de soi-même dans toutes les représentations possibles».

> «Si donc nous voulons poursuivre le principe interne <*den innern Grund*> de cette liaison des représentations jusqu'au point où toutes doivent *converger*, pour y recevoir... cette unité de la connaissance (...), nous devons commencer par l'aperception pure.» A116, p. 1418 (Première Déduction)

A cela, répond l'unité originaire d'un *focus imaginarius* vers lequel toutes les règles de la raison «convergent» également (A644/B672, p. 1248, cfr. section précédente). Ces deux unités s'éclipsent l'une l'autre.

A l'unité originaire de l'aperception, correspond l'Idée psychologique, principe «interne» de la nécessité objective, atteinte par des jugements en eux-mêmes contingents. Cela veut dire que l'unité originaire est le principe unificateur de l'activité synthétique, mais non de son produit. Il est donc un principe pour la faculté de penser (de juger) et non un concept ou une catégorie pour l'entendement.

A l'unité originaire (idée subjective et heuristique) des lois transcendantales de la spécification des formes logiques, correspond la systématicité de l'ensemble de toutes les représentations en général (non seulement celles de l'expérience sensible, mais encore celles de la logique pure). Elle est tout aussi subjective que l'unité originaire de l'aperception, mais pour ainsi dire, «de l'autre côté» des limites de l'expérience sensible. On le voit, l'unité de l'aperception est le point de fuite phénoménologique (de l'acte synthétique) tandis que le *focus imaginarius* (l'Idéal) est le point de fuite épistémologique (du produit de la synthèse). Radicalement différents l'un de l'autre, ces deux points de fuite expriment, chacun de leur côté, la subjectivité transcendantale du sujet : l'unité de l'aperception du côté de l'acte (l'effectivité), celle des lois logiques, du côté de la représentation.

On aperçoit à travers cette bipolarisation entre un principe «interne» d'unité et un principe que l'on peut donc appeler «externe», comment la faculté de juger qui dépend du premier peut avoir des principes a priori qui légifèrent sur son effectivité sans pour autant se laisser réduire à un concept : il s'agit naturellement de la problématique du beau et du sublime, à laquelle nous ne pouvons ici faire qu'allusion.

Du côté du principe externe, c'est-à-dire du *focus imaginarius* des lois logiques, «le raisonnement n'est lui-même autre chose qu'un jugement» (*loc. cit.*, vide supra), à la différence près que si le jugement lui-même rapporte l'unité subjective d'une représentation à sa condition objective (dans le rapport à l'aperception), le raisonnement est l'acte de rapporter l'unité subjective du jugement objectif à sa condition objective, autrement dit à la «condition de la condition» (*loc. cit.*). Notons ces similarités très parlantes qui naissent toujours plus nombreuses sous la plume de Kant, lorsqu'il passe des facultés inférieures aux facultés supérieures de connaître. Ainsi, le «raisonnement» est pour le jugement, la *«condition de la condition»*, tout comme le jugement lui-même, est «la connaissance médiate d'un objet, par suite la *représentation d'une représentation* de celui-ci» (A68/B93 p. 825).

Le passage à la limite chaque fois franchi par l'acte judicatif (qui passe de l'intuition au concept, dans la «représentation d'une représentation», et du concept au principe, dans la «condition de la condition») peut être poursuivi et l'on peut envisager qu'il y ait des «raisonnements de raisonnements», c'est-à-dire des totalisations de séries de raisonnements qui, dans la mesure où on peut les globaliser, constituent des entités transcendantes par rapports aux éléments de leur série. C'est ainsi que Kant présente le problème :

> «...toute série dont l'exposant (que ce soit d'un jugement catégorique ou hypothétique) est donné pouvant être poursuivie, ce même *acte de la raison* conduit par suite à la ratiocinatio polysyllogistica, laquelle est une *série de raisonnements, qui peut être continuée sur une étendue indéterminée*, soit du côté des conditions (per prosyllogismos), soit du côté du conditionné (per episyllogismos).» A331/B387, p. 1039 (nos italiques)

Le conditionné est ici l'horizon de l'empirique, et n'est qu'un horizon puisque nous sommes au-delà de l'entendement; tout ce qui est en-deçà de cet horizon est comme éclipsé et Kant dit bien que la raison «demeure indifférente»[1].

---

1. Kant en effet dit que la raison, dans une connaissance donnée comme conditionnée, est «forcée» de considérer la série des conditions comme achevée (dans un jugement réfléchissant), mais qu'elle demeure «indifférente» (dans un jugement déterminant) à l'achèvement a parte posteriori de cette série. A332/ B389, p. 1040; il redit plus loin que dans le premier cas, la raison «n'a d'autre but» que la totalité de la synthèse du côté des conditions (soit d'inhérence, soit de dépendance, soit de concurrence)», ce qui détaille les trois sortes d'idées transcen-

En revanche, la situation est plus claire du côté des conditions. En effet, la projection est «rétrécissante». Il est fascinant de voir comment Kant aménage tranquillement cette perspective : il y a tout d'abord ce déséquilibre entre «haut» et «bas» qui (d'après Kant) saute aux yeux :

> «Mais on remarque bientôt que la chaîne ou la série des prosyllogismes, c'est-à-dire des connaissances poursuivies du côté des principes et des conditions d'une connaissance donnée, en d'autres termes la *série ascendante* des raison nements, doit se comporter à l'égard de la faculté de raison tout autrement que la *série descendante*, c'est-à-dire la progression que suit la raison du côté du conditionné par le moyen d'épisyllogismes.» A331/B388, p. 1039.

On ne peut manquer de remarquer que la différence dans la manière dont la chaîne syllogistique doit se «comporter» vis-à-vis de la raison, ressemble tout à fait à la différence entre le jugement réfléchissant (vers la condition) et le jugement déterminant (vers le conditionné). Le jugement réfléchissant est déterminé ici comme la totalité de la série ascendante ; si nous étions encore dans le cadre de l'expérience sensible, à l'intérieur de l'entendement, le jugement réfléchissant sur une représentation donnée atteindrait le concept qui exprime l'unité des intuitions contenues dans la représentation considérée. Si maintenant, nous nous transportions au-delà des limites de l'expérience et que nous devions chercher le terme de la série ascendante, nous ne trouverions rien d'autre que la limite dimensionnelle dans laquelle il est possible, pour la série, de «remonter» : c'est la définition de l'objet métaphysique (l'Idée psychologique par exemple, ou encore le concept de la matière pour les *Premiers principes métaphysiques de la science de la nature*) comme inconditionné.

Dans l'expérience, seule l'intuition peut donner immédiatement l'unité absolue et totale dans une représentation car «la représentation qui ne peut être donnée que par un seul objet est une intuition» (A32/B47, p. 792, Exposition métaphysique du temps, Esthétique transcendantale). Si l'objet est une unité absolue, *einen einzigen Gegenstand*, alors il ne provient pas de la logique. Et inversément, s'il n'y a pas de diversité temporelle dans la donation empirique, alors il ne peut y avoir de diversité

---

dantales, mais que dans l'autre cas, elle «n'a pas à s'inquiéter de l'intégrité absolue du côté du conditionné» (A336/B393, p. 1043).

logique, c'est-à-dire de déterminations et l'objet, étant une unité absolue et en même temps, vide, est matériellement «rien» : «en tant que contenue dans un moment, toute représentation ne peut jamais être autre chose qu'unité absolue» (A99, p. 1406 Première Déduction), c'est-à-dire n'être qu'une intuition pure en général indéterminée, *ens imaginarium* ce rien qui formant l'horizon idéal inférieur, pure unité individuable opposée au concept pur en général (donc idéal) *ens rationis*, autrement dit le rien formant l'horizon idéal supérieur, pur principe d'unité individuée. Le rétrécissement de la perspective allant de l'intuition (qui contient «en elle» une infinité) vers le concept (qui la contient «sous elle») est déjà perceptible dans les facultés inférieures de connaître : l'intuition, tout comme le concept, tout comme l'idée, se définit au départ d'un type précis d'unité atteint d'une manière chaque fois caractéristique :

> «...là où les parties mêmes et toute grandeur d'un objet ne peuvent être représentées de façon déterminée qu'au moyen d'une limitation, la représentation entière ne doit pas être donnée par des concepts (car ceux-ci ne contiennent que des représentations partielles <*nur Teilvorstellungen*>), mais il faut qu'une intuition immédiate leur serve de fondement.» A32/B48 p. 793.

Une «limitation» <*Einschränkung*>, et donc une «borne» <*Schranke*> contingente, une détermination apportée synthétiquement et non dérivée analytiquement, comme ce serait le cas d'une «limite» <*Grenze*>. Le jugement réfléchissant qui doit chercher non pas simplement l'unité du continu, qui est déjà présente dans l'intuition, mais l'unité de l'individuation, c'est-à-dire l'unité constitutive d'un *objet,* s'arrête au concept ; inversément on peut définir le concept, comme le tente la première Déduction, comme le terme d'un mouvement ascendant par lequel l'imagination détermine la cohérence de son propre travail en s'ajustant sur son propre écho auprès du sens interne, cohérence qui, matériellement, débouche sur l'unité du concept et, formellement, est toujours l'unité unique et originaire de l'aperception (qui contrairement aux catégories en ce qu'elles présentent une diversité irréductible est directement et idéalement unifiée/unifiante).

Au-delà de l'expérience, la série ascendante ne trouve pas d'autre inconditionné qu'elle-même, considérée comme unité. Kant prend bien soin de rapporter la définition de l'inconditionné (comme réciproque de la totalité unifiée de la série) à un problème d'activité synthétique :

> «...comme l'inconditionné seul rend possible la totalité des condi-
> tions, et que réciproquement la totalité des conditions est elle-
> même toujours inconditionnée, un concept pur de la raison peut
> être défini en général comme le concept de l'inconditionné, en tant
> qu'il contient un fondement de la synthèse du conditionné.»
> A322/B379, p. 1033.

Loin d'être une structure plaquée sur la problématique de l'entendement, le système des Idées transcendantales (qui épuise a priori toutes les «manières» de synthétiser en tant que celles-ci sont sériées et menées jusqu'à leur propre limite) est comme le prolongement (ou plutôt la possibilité formelle du prolongement) de l'activité de la faculté de juger. Le jugement réfléchissant, engagé dans cette série ascendante, dépasse la détermination que peut contenir pour lui l'entendement sous la forme du concept d'un objet, et réfléchit non plus sur quelque chose de déterminé, mais bien sur sa propre réflexion dont le système des Idées transcendantales donne l'unité architectonique.

Il s'agit là d'une nécessité contraignante : si, pour une série de raisonnements quelconque, une unité existe qui puisse être contenue à l'intérieur des limites de l'entendement, alors le jugement réfléchissant, dans sa série ascendante ne pourra pas aller au-delà de ce concept, puisque l'unité qu'il cherche, il l'aura trouvée en celui-ci. De même, la représentation qui contient un «seul objet» (*loc. cit., A32/B47, p. 792*), c'est-à-dire une unité intrinsèque <*einen einzigen Gegenstand*> désigne l'intuition à la réflexion transcendantale, c'est-à-dire au jugement réfléchissant. C'est en effet, dans la réflexion transcendantale, en déterminant comment elle arrive à l'unité (immédiatement pour la sensibilité, médiatement pour l'entendement ou indéfiniment pour la raison), que la faculté de juger détermine à quelle faculté de connaître (sensibilité ou entendement) ou de penser (la raison) elle doit la représentation sur laquelle elle réfléchit. La faculté de juger se retrouve nez-à-nez avec elle-même comme faculté de penser lorsqu'elle ne trouve pas l'unité qu'elle cherche ailleurs que dans l'unité de sa propre recherche, de son acte propre.

3. La situation architectonique de la problématique du sublime

Il arrive que la faculté de juger cherchant l'unité pour une re-présentation, ne la trouve pas ; alors elle invente quelque chose pour ne pas «sortir» de l'entendement : c'est la métaphysique comme disposition naturelle, car c'est par *disposition naturelle* que la faculté de juger répugne à sortir de l'entendement, c'est-à-dire à s'en dissocier. D'un autre côté, ce n'est pas parce qu'elle peut faillir, que la pensée est finie, c'est au contraire parce qu'elle est finie, que la pensée se reconnaît comme pen-sée et que la subjectivité du sujet peut se reconquérir, peut se reprendre et se libérer de sa propre *dis-parition* ou dés-indivi-duation qui est le prix à payer pour qu'il y ait une connaissance objective et universelle.

Supposons en effet que la faculté de juger, quoiqu'elle ait comme objet, en trouve toujours immanquablement le principe d'unité : on voit facilement qu'elle trouverait instantanément, et donc qu'elle ne chercherait jamais. Naturellement, dans l'in-tuition, les choses sont appréhendées et donc données, la ques-tion restant toujours de savoir si ce qui est *donné* est finalement *pris,* c'est-à-dire *compris*. Kant insistera beaucoup là-dessus dans sa troisième Critique, attribuant la tâche de l'appréhen-sion à l'imagination et celle de la compréhension à l'entende-ment. Qu'il existe des choses qu'elle ne puisse se représenter sous l'unité d'un concept de l'entendement, explique la diffi-culté plus ou moins grande que la faculté de juger rencontre à unifier intellectuellement ses représentations et l'écart *tempo-ralisateur* d'une telle difficulté à rapporter l'unité dans l'appré-hension d'un donné à l'unité de la compréhension de ce donné dans un concept, suppose deux horizons, celui, mathématique, de l'adéquation immédiate entre le donné et le compris (dans la science pure a priori de la mathématique, où le schème est im-médiatement à lui-même son propre produit) et celui, dyna-mique, de leur adéquation infiniment médiatisée, qui prend la figure d'une rupture pour nous et doit être *pensée* (et non plus connue par un concept de l'entendement) dans l'Idée esthé-tique, c'est-à-dire dans un concept de la raison, pensé par nous comme la connaissance d'un entendement suprême.

Que dans la conscience d'un divorce entre l'appréhension par l'imagination et la compréhension par l'entendement, surgit l'avènement *sublime* de l'être-même de notre subjectivité, comme *destination finale* retentit déjà dans l'événement si souvent vécu de la difficulté dans l'adéquation entre la compréhension et l'appréhension par laquelle nous avons conscience d'appréhender et de comprendre ce qui se présente dans le phénomène ; à telle enseigne qu'une adéquation totale et continue entre l'appréhension et la compréhension préfigure par la transe, l'*in-conscience* qui doit être celle d'une connaissance absolue et dont nous avons un avant-goût dans la *construction a priori dans l'intuition,* qui définit la mathématique. Ce même genre de raisonnement peut servir à expliquer l'émergence de la conscience chez le nouveau-né par l'expérience de ce que la satisfaction étant toujours de plus en plus différée révèle le besoin qui s'organise en structure d'éclipses, l'abîme fondamental s'approfondissant au fur et à mesure que la structuration, l'acculturation, divertit l'angoisse constitutive avec une efficacité croissante mais jamais parfaite ou absolue.

Ainsi, dans son échec et par l'événement de celui-ci, la faculté de juger (de penser) se révèle comme étant acte dans le vide, alors que la disparition du sujet la livrait entièrement à l'hypnose du phénomène (l'apparente hégémonie du phénomène, que nous voulons appeler *apparence métaphysique*) et de la connaissance (l'apparente hégémonie de la logique, que Kant appelle *apparence transcendantale*). L'acte dans l'espace vide (au-delà des limites de l'expérience) remplace dans le sublime l'acteur vide englouti par l'espace plein (à l'«intérieur» de l'expérience), ceci reprendre les métaphores spatiales des *Prolégomènes.*

Lorsque la faculté de penser échoue à penser quelque chose, on ne peut pas vraiment dire qu'elle se prend elle-même pour objet, ce qui indiquerait la possibilité d'une connaissance positive quoiqu'auto-référente. Ce n'est pas comme si, ne trouvant rien à manger, elle entreprenait de se manger elle-même : au contraire, elle découvre la faim. La connaissance devenue impossible, la satisfaction se révélant comme renvoyée au-delà de tout horizon, le besoin (d'un accord entre l'appréhension et la compréhension) en devient, dans l'expérience du sublime, comme une onde hurlante. Le sublime est la beauté insupportable, sa problématique est celle du sentiment de l'effroi —

Kant parle de peur <*Furcht*> — de la démesure accablante (sublime mathématique) et de la violence que rien n'arrête (sublime dynamique).

Rappelons-le, la faculté de juger est aussi sentiment de plaisir et de peine. La spécificité de la problématique du sublime est qu'elle reproduit à l'intérieur de la troisième Critique la situation particulière de celle-ci par rapport à l'ensemble systématique des trois critiques. En effet, la faculté de juger étant un pouvoir qui possède ses principes a priori *sans donner lieu à une connaissance*, si là où s'arrête la connaissance (le *connaître*), continue le jugement (le *penser*), dans la problématique du sublime, là où s'arrête le penser (la possibilité d'accorder appréhension et compréhension), continue le *sentiment*. Le sujet ne peut s'apercevoir que *fuyant*. C'est ainsi que par rapport à la Critique, dont le sublime forme le bord extrême, sa problématique ne peut faire l'objet que d'un «simple Appendice» <*blosser Anhang*> ; mais rapport à sa portée existentielle, il s'agit bien d'une «partie principale» <*Hauptteil*>[2].

De là vient tout d'abord que la spécificité de la problématique du sublime est nettement moins aisée à établir que celle du beau, car tout le monde croit savoir ce qu'est le beau, comme tout le monde croit savoir ce qu'est l'espace. La distinction est capitale et ne doit pas être négligée : le plaisir du sublime est anti-final <*zweckwidrig*>, «négatif» (*Critique de la faculté de juger*, V, 245, trad. cit. p. 85). Qu'est-ce que cela veut dire ? Un bon exemple peut être trouvé dans le «sublime mathématique»[3],

---

2. L'excellent Louis Guillermit (*L'élucidation critique du jugement de goût selon Kant*, Editions du C. N. R. S. , 1986, pp. 103-109, § 1, «Pièce maîtresse ou simple appendice») s'interroge longuement et avec raison sur cette anomalie. A notre sens, la réponse pourrait bien se trouver dans la *Critique de la raison pure*, où les concepts de la réflexion transcendantale, rouage essentiel de toute la Critique, se trouvent exposés dans un Appendice à l'Analytique transcendantale: l'effectivité (décrite par les concepts de la réflexion) *dis-paraît* dans la représentation, et même dans la représentation de l'effectivité.

3. «Pour qu'un quantum puisse être intuitivement saisi dans l'imagination, afin de pouvoir être utilisé comme mesure ou comme unité de l'évaluation de la grandeur par les nombres, deux opérations de cette faculté sont supposées: l'appréhension (apprehensio) et la compréhension (comprehensio aesthetica). L'appréhension...peut se poursuivre à l'infini; mais *la compréhension devient toujours plus difficile à mesure que l'appréhension progresse et elle parvient vite à son maximum*, qui est la mesure fondamentale, la plus grande esthétiquement, de l'éva-

car il concerne l'échec de la détermination du concept dans l'expérience et il faut s'arrêter encore une fois sur ce qu'il y a lieu d'entendre par détermination.

Le concept indéterminé de l'entendement définit le beau (tandis que le concept indéterminé de la raison définit le sublime). L'erreur la plus répandue est de juger qu'il s'agit là d'un concept appartenant à une connaissance possible, qui faute d'être déterminée est comme une «case vide». Rien de tout cela et l'erreur, à nouveau métaphysique, consisterait à tout mettre à plat dans le même plan; on devrait plutôt parler d'un «anti-concept», comme on parle d'anti-matière, car sa structure événementielle est en symétrie chirale avec celle du concept de la connaissance. Il y a accord, subjectif dans le cas du concept et objectif dans celui de l'anti-concept, entre l'imagination et l'entendement, et l'activité synthétique réciproque se stabilise de la même façon pour atteindre l'universalité dans les deux cas:

> «...c'est une légalité sans loi, et un accord subjectif de l'imagination avec l'entendement sans accord objectif.» *Ibid.*, V, 241, p. 81

Dans la constitution du concept objectif, la subjectivité effective (dans l'entrelac involutif du travail de l'imagination qui passe des données externes à l'écho de leur appréhension dans le sens interne) dis-paraît. Qu'importe si je trouve ce corps joli, du moment qu'il soit pesant, pourrions-nous dire en détournant un exemple kantien classique. Dans la constitution de l'anti-concept (subjectif: beau), le processus est symétriquement-inverse et je peux dire dans le même exemple: qu'importe que ce corps soit pesant, si je le trouve joli. L'éclipse réciproque est à ce point patente que Kant écrit qu'«il n'existe pas de passage *<Übergang>* des concepts au sentiment de plaisir et de peine» (*ibid.*, V, 211 p. 56).

La difficulté de la problématique du sublime est que l'anti-concept idéel, c'est-à-dire l'Idée esthétique n'appartient pas du

---

luation de la grandeur. En effet, lorsque l'appréhension en est arrivée au point où les représentations partielles *<Teilvorstellungen>* de l'intuition de sens initialement saisies commencent déjà à s'évanouir dans l'imagination, tandis que celle-ci progresse dans l'appréhension des suivantes, elle perd d'un côté autant que ce qu'elle gagne de l'autre, et *il existe alors dans la compréhension un maximum que l'imagination ne peut dépasser.» Critique de la faculté de juger, trad. cit.*, V, 252, p. 91 (nos italiques)

tout à une problématique de la représentation. Cela est déjà patent au niveau du sublime mathématique. Rappelons que dans la science mathématique pure a priori, le schème est en même temps et immédiatement le produit de son schème. Ce qui empêche cette science a priori d'être immédiatement une connaissance absolue réside dans le fait qu'aucune de ses propositions n'est analytique, c'est-à-dire immédiate. La synthèse qui les produit est une construction dans l'intuition pure, c'est-à-dire dans l'imagination. Si les concepts de l'entendement entendent, alors que ceux de la raison comprennent, selon une formule de la Critique, tandis que la synthèse de l'imagination donne à entendre ; la raideur mathématique soustrait la représentation au sentiment du beau (*Ibid.*, V,243-242, trad. cit. p. 82) et il y aura toujours quelque chose à entendre tant que cela se passe au niveau des intuitions pures. Par contre, si l'on étend la problématique à l'expérience, l'appréhension peut *totaliser* bien avant que la compréhension puisse *conceptualiser* un tel total, qui se produit comme une perte indéfiniment renouvelée : la totalité, faute de s'effectuer comme unité intellectuelle, doit se produire comme unité rationnelle et devient inexponible comme concept alors qu'elle est donnée comme intuition. Pour l'entendement, cette perte in-finie constitue l'expérience vécue d'un échec, c'est-à-dire d'un conflit violent entre l'imagination (la subjectivité empirique) et l'entendement. Cet échec n'est autre que celui du passage à la représentation ; le sens s'annonce d'autant plus violemment que le langage (en ce qu'il peut véhiculer l'information) vient à manquer. Un tel manque est en même temps le manque de ce en quoi le sujet dis-paraît dans une connaissance. Ainsi, s'annonce la révélation à soi-même de soi-même, d'où l'accent mis par Kant[4]

---

4.   Kant distingue entre deux sortes de sublime, l'un mathématique, qui consiste en la disruption de la familiarité de la nature dans l'appréhension et l'autre, dynamique, qui menace l'être du sujet rendu à lui-même par l'avènement de la «force» <*Gewalt*> qui suscite la peur <*Furcht*> (*ibid.*, V, 260, p. 101), autrement dit la disruption de ce qui constitue la familiarité d'avec les choses et les êtres en général: la culture. L'expérience du sublime est donc une expérience-limite, qui nous arrache de la *familiarité* quotidienne dont nous sommes la proie, pour nous rendre présente...»

   ...cette Idée du supra-sensible, que nous ne déterminons pas à la vérité, et par conséquent aussi la nature comme présentation de celle-ci, nous ne la connaissons pas, mais nous pouvons seulement la penser et elle est évoquée

sur l'«*indépendance*» de la raison pure, c'est-à-dire sur sa *ré-individuation*:

> «Ainsi tout de même que imagination et entendement par leur union dans le jugement sur le beau produisaient une finalité subjective, de même ici imagination et raison la produisent par leur conflit : c'est-à-dire le *sentiment, que nous possédons une raison pure, indépendante*». *Ibid.*, V, 258, trad. cit. p. 97

✳

Après ce détour par la problématique du sublime qui marque le *nihil ulterius* de la *Critique de la faculté de juger*, et par là, de l'entreprise critique, nous devons maintenant faire retour vers le cadre beaucoup plus restreint de la *Critique de la raison pure* et reprendre l'examen du jugement réfléchissant, entendu dans le seul registre de la connaissance théorique (pure a priori, ce qui éclipse totalement l'expérience sensible réduite à n'être qu'une possibilité).

Ainsi, le jugement réfléchissant, engagé dans la série ascendante des raisonnements, en vient, faute d'un concept totalisateur de l'entendement sous la forme du concept d'un objet, à réfléchir non plus sur quelque chose de déterminé, mais sur la seule chose qui soit encore déterminée au point de vue de l'unité: sa propre réflexion dont le système des Idées transcendantales exprime l'unité architectonique, le troisième et dernier type d'unité possible, après celui de l'intuition et de l'entendement.

---

en nous par un objet dont le jugement esthétique étend l'imagination jusqu'à ses limites, soit en son extension (*mathématique*) soit selon sa force sur l'esprit (*dynamique*)...» *Ibid.* , V, 268, p. 105.

On le voit, le sentiment du beau associé à l'harmonie, où le sujet non seulement (re-)connaît l'objet où il se perd, mais éprouve une harmonie inintentionnelle de ses propres facultés de connaître, apollinien, est aux antipodes du sentiment du sublime, dionysiaque, qui est la révélation de n'être que du pur *mouvement* dans le vide, le pur mouvement d'une tension tendant au dénouement, interminablement en train de se dénouer.

4. LE SYSTÈME DES IDÉES TRANSCENDANTALES

En effet, l'«unité synthétique inconditionnée de toutes les conditions en général» (A334/B391, p. 1041) n'est pas directement unitaire et se présente d'abord sous trois angles différents :

> «...toutes les idées transcendantales se laissent ramener sous trois classes, dont la première contient l'unité absolue (inconditionnée) du sujet pensant ; la seconde, l'unité absolue de la série des conditions du phénomène ; la troisième, l'unité absolue de la condition de tous les objets de la pensée en général.» A334/B391, p. 1041.

qui fournissent respectivement l'idée (c'est-à-dire en termes architectoniques, le «concept rationnel scientique») de la psychologia rationalis, de la cosmologia rationalis et de la theologia transcendantalis. Plus précisément à la première, correspond une «*doctrine* transcendantale de l'âme», à la seconde, une «*science* transcendantale du monde» et à la troisième, une «*connaissance* transcendantale de Dieu» (A334/B391, p. 1042). Doctrine, science, connaissance, voilà une gradation intéressante ; il est clair qu'avec chacune de ces Idées, nous n'avons pas immédiatement une connaissance positive réalisée in concreto mais seulement, comme esquisse (encore un terme de l'architectonique), un «produit pur et véritable ou bien un problème de la raison pure» (*ibid.*).

Dans ce passage particulièrement riche en définitions, Kant accumule des précisions qu'il n'exploite pas sur le moment et qui sont comme les gros traits d'une esquisse de l'architectonique de la raison pure. La structure architectonique de la raison apparaît très nettement transcendantale (en emboîtements de transcendances) ; en effet, Kant note en passant :

a) que l'unité absolue du *sujet pensant* (de la psychologie rationnelle) est atteinte par «*l'usage synthétique de la même fonction dont elle se sert pour le raisonnement catégorique*» (A335/B392, p. 1042). L'usage analytique de cette fonction n'est autre que le jugement simplement catégorique et appartient à la logique générale analytique ;

b) que l'unité absolue pensée dans «*l'idée de l'inconditionné absolu dans une série de conditions données*» est atteinte par le «*procédé logique qu'elle emploie dans les raisonnements hypothétiques*» (*ibid.*). Or le procédé logique est une expression qui nous fait tout de suite penser au «procédé» de l'imagination transcendantale, dans le schématisme (autrement dit dans la logique transcendantale rapportée à la possibilité de l'expérience), d'autant plus que le jugement hypothétique exprime le rapport à l'objet, c'est-à-dire plus précisément, à la «diversité de l'objet dans le phénomène» (*ibid.*) ;

c) enfin, nous atteignons l'unité absolue de toutes les unités, c'est-à-dire la culmination principielle de tous les principes, dans le «*concept suprême de la raison*» (celui d'un «être de tous les êtres»), par la «*simple forme* du raisonnement disjonctif»[5] (*ibid.*). Or le raisonnement disjonctif est proprement architectonique. En le considérant d'après sa simple forme, on atteint l'architectonique pure, c'est-à-dire elle-même et non son application comme «canon».

Le troisième moment de cet étagement est également le plus important en ce sens qu'il les contient tous. Non seulement parce qu'il est le concept suprême de la raison, qui annonce l'Idée théologique, c'est-à-dire la possibilité de penser Dieu, sans encourir de contradiction ; mais il en est aussi le principe suprême, au-delà duquel il n'y a pas de principe et il est ainsi architectonique pure (ou architectonique de l'architectonique[6]). En effet,

5. En effet, le jugement disjonctif est déjà défini comme contenant «...le rapport des parties de la sphère d'une connaissance...» (A74/B99, p. 829). Kant ajoute ensuite cette précision importante: «Il y a donc dans un jugement disjonctif une certaine communauté des connaissances qui consiste en ce qu'elles s'excluent réciproquement les unes les autres, mais par là *déterminent cependant en son tout la vraie connaissance*, puisque prises ensemble elles constituent tout le contenu d'une unique connaissance donnée. « (*ibid.*).
    Il est aisé de voir sa communauté d'inspiration avec la définition, dans la Théorie transcendantale de la Méthode, de l'unité architectonique d'une science qui se développe: «...en vertu de l'affinité des parties et de leur dérivation d'une unique fin suprême et interne, qui rend d'abord possible le tout; et son schème doit renfermer conformément à l'idée, c'est-à-dire a priori, l'esquisse (monogramma) du tout et son articulation en parties, et le distinguer sûrement suivant des principes de tous les autres.» A834/B862, p. 1385.

6. La raison est véritablement la faculté de l'architectonique: «*La raison humaine est, de par sa nature, architectonique*, c'est-à-dire qu'elle envisage toutes les connaissances comme appartenant à un système possible, et que par conséquent elle ne souffre d'autres principes que ceux

ce concept est par lui-même architectonique, mais il contient également l'architectonique de tout l'ensemble du système de la métaphysique. Cela — Kant s'en est aperçu en rédigeant son texte —, pourrait excéder les limites de la bonne volonté du lecteur (n'écrit-il pas que cette pensée est «au premier regard... extrêmement paradoxale» (*loc. cit.*)). Aussi commence-t-il par faire remarquer la puissance de l'architectonique qu'il a mise en place, pour ensuite en donner tout de suite une traduction thématique, plus propre à emporter l'adhésion du lecteur :

> «Enfin on remarquera aussi qu'entre les idées transcendantales elles-mêmes éclatent une certaine cohérence et une certaine unité, et que la raison pure, par le moyen de ces idées, réduit toutes ses connaissances à un système. C'est une démarche si naturelle d'aller de la connaissance de soi-même (l'âme) à celle du monde, et de s'élever au moyen de celle-ci à celle de l'être originaire, qu'elle semble analogue au progrès logique qui porte la raison des prémisses à la conclusion...» A337/B394-395 pp. 1043-1044 (*loc. cit.*).

L'effet est saisissant. Si l'on soulève le voile de l'évidence thématique, et que l'on regarde comment la «démarche si naturelle» est construite, on remarquera qu'elle pose en majeure, un énoncé positif de type catégorique, (l'équivalent synthétique d'un jugement analytique qui dans ce cas-ci est nécessairement auto-référent), continue par un jugement (proprement dit) hypothétique et conclut de là dans un énoncé de type disjonctif. Plus précisément, l'énoncé de départ est vide :

> «Je pense, voilà donc l'unique texte de la psychologie rationnelle, celui d'où elle doit tirer toute sa science.» A343/B401 p. 1048.

Le Je pense est une pensée[7]. Il est architectoniquement supportable qu'elle soit auto-référente («je pense que je pense») parce qu'elle est une affirmation positive et matériellement

---

qui tout au moins n'empêchent pas une connaissance qu'on se propose de tenir ensemble avec d'autres dans un système.» A474/B502, p. 1125.

7. «Comme fondement, nous ne pouvons rien lui donner d'autre que la représentation simple et par elle-même totalement *vide de contenu*: Je pense, dont on ne peut *même pas dire qu'elle soit un concept*, mais qui est une simple conscience accompagnant tous les concepts.» A346/B404, p. 1050. Non seulement, ce n'est pas même pas un concept, mais comme pensée, elle est vide. On ne peut demeurer à l'intérieur d'une telle pensée et l'on doit directement en «sortir». Cette remarque anticipe sur notre commentaire de l'Idéal.

vide. Elle est la pure affirmation de toute la logique générale analytique, posée en dehors d'elle-même dans le principe même de son effectuation (le «je pense») et conceptuellement vide comme l'abstraction qui la constitue dans son autonomie le réclame[8]. Elle est la position de la double-anamorphose en tant que celle-ci évacue toute subjectivité et réduit le Je pense à n'être qu'une pensée vide, mais architectoniquement totale. Toute tentative de constituer une connaissance de soi-même court en effet le risque de tomber dans le paralogisme. Celui-ci, explique Kant dans une note très éclairante consiste en une amphibologie sur les deux sens de la pensée :

> «Dans la majeure, elle s'applique à un objet en général (tel, par conséquent, qu'il peut être donné dans l'intuition) ; dans la mineure au contraire, on ne l'envisage que dans son rapport à la conscience de soi, et par conséquent on ne pense plus ici aucun objet ; mais c'est seulement le rapport à soi comme sujet qu'on se représente (comme la forme de la pensée).» B411 p. 1055.

Dans la majeure, la chose, dans la mineure, la pensée de la chose. La seule conclusion légitime correspond à l'énoncé catégorique vide que nous avons reconnu dans la prémisse du raisonnement métaphysique que nous commentons. Kant écrit en effet en conclusion à sa note :

> «Je ne puis, dans la pensée de mon existence, me servir de moi que comme d'un sujet du jugement, *proposition qui est identique* et qui ne révèle absolument rien sur le mode de mon existence.» *Ibid.* (nos italiques).

Il ne s'agit donc pas d'une connaissance de l'âme considérée comme un concept de l'entendement, mais bien plutôt purement comme de la clef de voûte de l'architectonique : le Je pense est auto-référent, mais cela n'entraîne aucune conséquence parce que le signifiant redouble *positivement* le signifié (alors que dans le paradoxe du Menteur, le signifiant nie le signifié). La double anamorphose n'ayant d'autre objet qu'elle-même, il est tout à fait manifeste qu'elle ne peut être que vide et que le plan qu'elle décrit en passant à la limite (c'est-à-dire en se constituant comme représentation) est d'inflexion nulle et sans circonscription, donc infini. En effet, si l'on prend

---

8.   «...la proposition Je pense (prise problématiquement) contient la forme de tout jugement de l'entendement en général et qu'elle accompagne toutes les catégories comme leur véhicule...» A348/B406, p. 1051.

l'exemple de l'expérience sensible, la double anamorphose porte sur «quelque chose» et des limites matérielles peuvent être déterminées au moyen des limites formelles sur lesquelles s'aligne la synthèse de l'imagination transcendantale. Tandis qu'ici, la double anamorphose se referme sur rien d'autre qu'elle-même, c'est-à-dire sur sa pure possibilité : elle situe donc le sujet comme un «point» englouti dans un plan. Le sujet devient une représentation d'autant plus homogène et interchangeable avec n'importe quelle autre représentation, qu'elle est elle-même vide. La représentation du sujet (le Je pense) est immédiatement la représentation du pur penser, sans sujet, et donc, par voie de conséquence, toute la logique en général dans sa possibilité d'être sans sujet.

Aussi ne pouvons-nous demeurer dans une telle «connaissance» (*loc. cit.*, A334/B391, p. 1042) (qui n'est que la condition formelle (et donc vide) de toute connaissance) et devons-nous «aller» de celle-là à la connaissance du monde, laquelle est réglée dans le détail de sa diversité possible par les jugements synthétiques a priori au nombre desquels figure tout d'abord le jugement hypothétique (de l'antécédent au conséquent). Le rapport de la pensée dans ce jugement est celui du «fondement à la conséquence» (A73/B98 p. 829) et correspond à l'enchaînement nécessaire des phénomènes selon la causalité[9]. La

---

9.   Moyennant l'expérience sensible de la réalité, cela renvoie donc à la seconde Analogie de l'Expérience, à propos de laquelle nous verrons que la première Analogie (la permanence) prépare la perspective dans laquelle comprendre la seconde, et qu'une fois établie la seconde, la troisième (action réciproque) suit d'elle-même. Il ne faut jamais perdre de vue que chez Kant, lorsqu'il s'agit de connaissance *pure* a priori, et a fortiori, lorsqu'il s'agit du système des Idées, le concept même d'une matière des phénomènes (et donc le contenu même de l'expérience sensible) n'est qu'un simple horizon indéterminé. Aller plus loin revient à commettre une amphibolie des concepts de l'entendement, qui ici, sont considérés du haut de la raison pure dans son usage logique, c'est-à-dire en clair du haut de l'architectonique.

Ainsi, la réalité donnée dans l'expérience étant mise entre parenthèses, puisqu'il s'agit, répétons-le, d'une connaissance *pure* a priori, «l'unité absolue du sujet pensant» n'est que le *focus imaginarium* absolument vide du raisonnement catégorique, qui, en dehors de l'expérience, peut aussi bien affirmer que «quelque pierre est dure», que «quelque dur est pierre», puisque seule l'expérience peut donner une signification aux termes rapportés les uns aux autres. Aussi, l'unité absolue du sujet pensant exprime l'isotropie absolue et absolument vide de la logique générale analytique.

connaissance du monde (cosmologie) est la seule à véritablement mériter le nom de connaissance (Kant l'appelle «science» dans le passage cité, A334/B391, p. 1042) parce qu'elle
est rapport au réel :

> «Les idées cosmologiques ont seules cette propriété qu'elles peu-
> vent supposer comme donnés leur objet et la synthèse empirique
> qu'exige son concept ; et la question qui en sort ne concerne que

---

Si l'on passe à «l'idée de l'inconditionné absolu dans une série de
conditions données», on réintroduit, sous couvert des raisonnements
hypothétiques, la temporalisation que seule peut fournir l'expérience
sensible et qui permet de donner une signification empirique (et donc
un sens, d'une manière générale) au concept de la causalité. Sans cela,
l'entendement peut bien comprendre son propre concept d'une succession réglée nécessairement, mais il ne peut comprendre le rapport
d'une telle catégorie au phénomène: en effet, ou bien il comprend le
phénomène, et l'ayant détemporalisé, ne peut y penser le temps et
donc la nécessité dans la liaison consécutive de la cause à l'effet; ou
bien il comprend la catégorie comme type de la nécessité, et il ne peut
discerner *ce qui précède* de *ce qui suit*, car il lui faudrait pouvoir distinguer le temps du phénomène du temps de la catégorie. Or cela, seul
le travail en entrelacs de l'imagination empirique, sur le donné de l'expérience sensible, peut lui en donner la possibilité, car le passage à la
représentation unifiée (donc à la connaissance pure a priori) fait dis-
paraître la diversité propre du temps et rend par exemple incompréhensible que des mains ne puissent être identiques que moyennant une rotation dans l'espace (qui est exactement ce que le Schématisme vise)
dont le concept (celui d'une main) n'enferme pas la moindre notion.
Enfin, la «simple forme» du raisonnement disjonctif, ce par quoi l'on
atteint l'Idée théologique, et, plus loin, l'Idéal, est ce que nous étudions dans ces pages. Elle est l'immanence du rien (le *vide* de la
connaissance absolue) signifié par «l'unité absolue du sujet pensant»
reconstituée à l'échelle du tout (le *plein* de la connaissance absolue).
S'il n'y avait pas les Idées cosmologiques et le type qu'elle contient
d'une synthèse empirique pour cet objet transcendantal = X, dont on
ne sait rien a priori, mais dont on ne peut cependant faire l'économie,
l'unité du sujet pensant serait immédiatement l'unité absolue de la
condition de tous les objets de la pensée en général, selon la définition
de l'idée théologique. En effet, sans l'expérience et donc sans le
concept de l'objet transcendantal = X, «quelque pierre est dure» serait
immédiatement la même chose que «quelque dur est pierre» et le raisonnement catégorique serait la même chose qu'un raisonnement disjonctif (puisqu'on n'y pourrait faire la différence entre un principe et
un concept), et l'on ne pourrait appeler ce type de raisonnement
unique, ni «catégorique», ni «disjonctif», ni même un raisonnement,
car ce serait directement, et tout entier en une seule fois, la connaissance absolue d'un entendement intuitif dont l'intuition intellectuelle a
commencé en même temps qu'elle a fini et qui a indistinctement tout
parcouru puisqu'elle s'est indistinctement entièrement parcourue.

le progrès de cette synthèse, en tant qu'il contient nécessairement une absolue totalité qui n'est plus rien d'empirique, puisqu'elle ne peut être donnée dans aucune expérience.» A479/B507 p. 1129.

Ce sont donc les seules qu'il n'est pas innocent d'hypostasier, comme nous avons eu maintes fois l'occasion de le souligner (A673/B701 p. 1269). Elle suppose la logique transcendantale comme articulation du réel à l'idéel ; cependant, comme la représentation de l'unité intrinsèque à l'idéel, c'est-à-dire la question de la cohérence de cette connaissance, résiste à toute immanence, qu'elle dégénère en question de la question de la question, etc., l'absolue totalité qui est demandée n'est jamais donnée comme un concept, mais comme un principe, c'est-à-dire comme un *focus imaginarius*, qui organise la perspective sans en faire matériellement partie. On peut penser comme possible et voire même comme nécessaire, cette unité pour l'Idéel, mais on ne peut la représenter (ni, bien sûr, la déposer en un concept pour la connaissance). Lorsqu'on *pense* à cette unité, on la pense surtout comme un «focus imaginarium», ce qui est une manière de la contenir en une représentation indéterminée, c'est-à-dire une anti-représentation qui représente le principe de l'effectivité d'une représentation de l'unité de l'Idéel, et non le concept de celle-ci. En revanche, lorsqu'on pense cette unité, on schématise le principe de son effectivité, et il faut toujours trouver une unité qui contienne l'unité, qui contienne l'unité, etc.

Nous avons maintenant en vue l'essentiel de la démarche architectonique de Kant. Celle-ci se caractérise par l'économie des moyens et des structures sollicités ; la cohérence du système des Idées transcendantales, c'est-à-dire leur principe unificateur est celui d'une «démarche», que l'on ne peut pas positiver et réduire en une représentation empirique. Cette «démarche» qui nous expulse du Je pense, aussi architectoniquement puissant qu'épistémologiquement vide, pour aller dans le monde... Mais voilà le trait de génie kantien : les lignes de force de cette ex-stase, de cette «ex-pulsion», se rejoignent de «l'autre côté», pour ainsi dire, dans une symétrie en miroir absolument stupéfiante, pour «converger» dans une connaissance de «l'être originaire», et Kant ne dit pas «être de tous les êtres» ou «être suprême», mais bien «être originaire» (A337/B394-395, pp. 1043-1044, le passage est cité in extenso plus haut). Mais cela n'est pas tout. Cette progression est «analogue au progrès logique qui porte la raison des prémisses à la conclusion» (*Ibid.*). Kant n'aventure pas ici une comparaison pour chatouiller l'esprit : il dit très exactement ce qu'il veut dire.

Revenons donc à la caractérisation des jugements, c'est-à-dire à ce qu'en dit Kant à propos des catégories de la modalité (laquelle «...possède ce caractère distinctif de ne contribuer en rien au contenu du jugement (...) mais de concerner seulement la valeur de la copule, en relation avec la pensée en général» A74/B100 p. 830). La modalité reprend le principe même de la réflexion transcendantale en en traduisant les résultats, en tant que toute l'effectivité de cette réflexion a dis-paru dans l'homogénéisation des représentations, nécessaire au fonctionnement de la logique. Or, Kant fait à propos de la modalité, une remarque toute innocente mais qui a une portée immense :

> «Comme si la pensée était dans le premier cas une fonction de l'entendement, dans le second du jugement, dans le troisième de la raison. Une remarque qui s'éclaircira par la suite.» *Ibid.*

La division des facultés est exprimée dans les catégories de la modalité des jugements, tandis que chacune des Idées transcendantales est le prolongement des trois titres de la catégorie de la relation (des jugements). Cette disposition croisée s'explique aisément : la division des facultés décrit le rapport de la représentation «à la pensée *en général*», tandis que le système des Idées transcendantales, comme on l'a vu, énumère «tous les rapports de la pensée *dans* les jugements». La relation est la traduction ou la projection «logique» de la modalité, sans pour cela faire double emploi : la première concerne le contenu des représentations, la seconde, leur genèse et elles se rapportent donc respectivement aux perspectives épistémologique et phénoménologique.

Aller des prémisses à la conclusion est l'affaire du jugement. Celui-ci ne crée ni son point de départ, ni son point d'arrivée, mais constitue l'«acte» de leur synthèse, qui serait architectoniquement opposé aux «représentations» dont elle fait la liaison. Or, l'effectivité est architectoniquement différente des représentations rapportées les unes aux autres, et elle est ce qui dis-paraît dans la nouvelle représentation de leur liaison. Considérons cependant les points de fuite (autrement dit les principes rationnels) indiqués par les catégories de la relation et de la modalité dans leur recroisement pour épuiser la division des facultés et des différents types de connaissances : la conclusion logique de la dis-parition de l'effectivité du jugement au sein de la représentation achevée, indiquerait que tout se trouve dans la prémisse et se retrouve dans la conclusion. La notion même de jugement synthétique a priori nous échapperait à nouveau, redevenant opaque. Or, si nous considérons la représentation originaire (la prémisse de toutes les prémisses), nous voyons que nous avons affaire qu'à une forme totalement vide : le Je pense (le raisonnement catégorique). Si nous considérons la conclusion de toutes les conclusions (le raisonnement disjonctif dans sa supposition d'un tout de la connaissance et de la division de celui-ci en toutes ses parties), nous voyons que nous avons un Idéal, autrement dit, quelque chose d'également vide.

Mieux encore, si nous abstrayons la hiérarchisation entre l'Idée psychologique et l'Idée théologique, qu'impose l'effectivité du jugement synthétique, alors ces deux Idées peuvent être métaphysiquement échangées, tout comme pour le seul entendement (qui fonctionne par inférences immédiates et analytiques, à l'intérieur d'un plan unique et donc métaphysique, et non, comme la raison, dans un espace vide permettant tous les mouvements), «quelque pierre est dure» est a priori «identique à quelque dur est pierre»[10].

L'orientation du mouvement des prémisses à la conclusion n'est donnée que par la faculté de juger (au sens très large de la pensée en général) ; si nous n'avons affaire qu'à des représentations et que nous n'avons, pour les examiner, que la simple

---

10. L'exemple est identique à celui des corps pesants dans la Critique et provient des *Premiers principes métaphysiques*: «...dans le jugement catégorique, la pierre est dure, la pierre est employée comme sujet et dure comme prédicat, et cependant il reste loisible à l'entendement d'intervertir les fonctions logiques de ces concepts et de dire: quelque dur est pierre; au contraire, lorsque je me représente comme *déterminé dans l'objet* ce fait que la *pierre*, en toutes déterminations qu'elle peut recevoir comme chose et non seulement comme pur concept, doit être pensée uniquement comme sujet, et de même la dureté uniquement comme prédicats, alors ces mêmes fonctions logiques deviennent des concepts purs de l'entendement concernant des objets, ici les concepts de *substance* et d'*accident*.» T. 2, IV, 475-476, note p. 373. Cette note résume l'argumentation de la Déduction transcendantale, à l'encontre des «doutes» exprimés par un certain Prof. Ulrich. Kant reconnaît des difficultés et s'appuie sur la distinction, que nous avons déjà rappelée, entre une déduction subjective méritoire mais contingente et la déduction objective, la seule à faire reposer tout le poids de l'édifice sur un «fondement solide».

réflexion logique, nous tombons directement dans la chimère métaphysique. Mais cela ne doit pas nous faire oublier que sans la possibilité de fixer, en un plan c'est-à-dire au terme d'une réduction dimensionnelle, des représentations objectives, la faculté de juger devient une simple faculté d'imaginer, c'est-à-dire d'associer. Aucune loi ne peut être dérivée du simple concept métaphysique de l'association et aucun concept ne peut rendre compte du caractère éminemment transcendantal et transcendant (le pur mouvement de la pensée et en même temps son inquiétude vitale) de la pensée «en général».

L'unité de cette architectonique ne pourra donc pas être représentée, car elle est une Idée, celle de l'activité (ou l'effectivité) de ce qui est unique, mais ne peut être représentée que comme *imagination,* pour les facultés inférieures de connaître, *faculté de juger,* pour les facultés supérieures de connaître, et *raison* (pratique), lorsqu'on a dépassé et définitivement perdu le plan de la connaissance théorique.

L'Idée psychologique est une structure auto-référente qui ne peut fonctionner dans la mesure elle dis-paraît dans sa référence, ou, ce qui revient au même, est «toute» sa référence. Elle est tout et rien en même temps tout comme la connaissance synthétique tirée métaphysiquement du temps (comme fondement de *tous* les phénomènes) ne peut être que «tout» ou «rien», et les deux à la fois.

D'une manière parfaitement symétrique(-inverse) et donc chirale, si l'on consomme la dis-parition de la polarisation induite par l'activité de la faculté de juger, nous allons voir qu'il en va de même pour l'Idée théologique : elle est à la fois tout ou rien. On y accède en recherchant le principe d'unité formelle indiqué par la raison (dans son usage logique, c'est-à-dire par la faculté de juger, au-delà des limites de l'expérience). Qu'elle soit à la fois *tout et rien*[11] se retrouve dans la solution critique de la quatrième antinomie : Dieu existe, Dieu n'existe pas, les deux thèses sont également vraies, du point de vue de la seule raison spéculative.

11. C'est à ce résultat, une connaissance absolument pleine (l'intuition intellectuelle) et une connaissance absolument vide (l'entendement intuitif), que nous étions arrivés lorsque nous considérions le contenu possible d'une connaissance tirée du temps comme fondement de tous les phénomènes (cf. *Symétrie et dissymétrie des deux formes de la sensibilité,* Seconde Partie, Chapitre II).

Or, posons-nous la question, comment se définit l'unité ? Il y a tout d'abord l'unité dans l'être, cette unité de la *Realität* qui est exprimée par la *continuité* absolue de l'intuition en général, qui contient «en elle» une multitude infinie de représentations qu'elle est absolument incapable d'individuer par elle seule, cette tâche étant celle de l'entendement, c'est-à-dire l'imagination dans son rapport avec l'unité originaire de l'aperception. L'unité originaire de l'aperception est une unité non-catégorielle et qui se rapporte à l'unité du Je pense, c'est-à-dire à celle de l'Idée psychologique. En dehors de la problématique de la division des facultés, cette unité dis-paraît constitutivement dans la connaissance. En même temps que la *Wirklichkeit* se convertit en *Realität,* surgit une diversité empirique, qui surgit de nulle part car elle ne surgit qu'en effaçant sa propre genèse, ainsi que nous l'avons vu ; cette diversité fait fonds sur l'unité propre à toute intuition et analogue à celle de l'intuition originaire.

Cette diversité empirique, produite par l'imagination transcendantale est diverse de la même façon qu'est diverse en elle-même l'activité synthétique de l'imagination. Ainsi, les déterminations transcendantales de cette synthèse seront homologues a priori à celles des objets de cette synthèse, et en développant jusqu'à inclure les grands axes de cette synthèse (figurée et ensuite intellectuelle), nous retrouvons, dans cette homologie, le principe suprême de tous les jugements synthétiques a priori. Les «axes» de cette homologie sont les catégories. Il convient de se concentrer ici non pas sur la problématique du schématisme, mais sur le destin de la diversité à travers les différents étagements de la constitution de la connaissance. Cette diversité est donc exprimée par les catégories, qui sont indérivables les unes des autres, du moins dans le plan même de l'entendement ; c'est la raison pour laquelle Kant utilise dans l'introduction à son Analytique transcendantale, l'expression de «schématisation» au départ d'une «Idée du tout» pour bien rendre le caractère rationnel de cette unité.

Le principe d'unité de cette diversité a priori doit être recherché «plus haut» encore que l'entendement. Cette nécessité n'est pas simplement architectonique, car il ne suffit pas que «l'ensemble de tous les objets d'une expérience possible» soit comme une «surface plane» (A760/B788, p. 1332, *loc. cit.*), c'est-à-dire ait l'inflexion nulle du réel (comme un entendement intuitif), il faut aussi que la diversité discrète dans laquelle ces objets sont inscrits, soit transcendantalement rapportée à un principe qui ait une affinité sur-transcendantale avec une pensée fondatrice de la *substantia phaenomenon*. La raison a donc pour tâche, en dehors des limites de l'expérience possible, et donc en dehors de l'effectuation même de la double anamorphose qui la circonscrit, de réaliser idéalement l'unité transcendantale de toutes les conditions et celle de toutes les facultés.

La diversité a priori exprimée par les catégories est donc, en même temps, la diversité de tout objet de la pensée et celle de toute pensée pour un objet : elle se divisera donc en catégories mathématiques (l'objet de la pensée) et dynamiques (la pensée de l'objet). Le principe unificateur de cette diversité devra articuler toute pensée à tout objet, c'est-à-dire exprimer la conjonction d'une intuition originaire (la *continuité* absolue du déterminable) à un entendement intuitif (le pur pouvoir d'individuer, de produire du *discret*). Kant l'appelle «idéal de la raison pure». Il sera le concept suprême, et

> «Quel que soit l'angle envisagé, la pensée de ce concept suprême va de toutes façons paraître *extrêmement paradoxale*» A336/B393 p. 1042 (nos italiques).

5. L'IDÉAL DE LA RAISON PURE

Quoique la table des catégories, c'est-à-dire des concepts purs de l'entendement, semble parfaitement *autonome* par rapport au système des idées transcendantales, c'est-à-dire des concepts purs de la raison, Kant affirme avec force que le système de l'entendement dérive d'une Idée ; nous savons que celle-ci ne se laisse pas simplement ramener dans le système des Idées transcendantales, pas plus d'ailleurs que les formes pures a priori de la sensibilité ne se laissent déduire de la table des catégories.

Aussi, si nous nous contentons de la définition de l'Idée comme simple principe *régulateur* (alors que les catégories sont *constitutives* de l'objet de l'expérience), le système des Idées transcendantales étant par lui-même celui de la Dialectique, il nous faudra bien retrouver au-delà de celui-ci un principe unificateur qui soit à la fois celui du système des Idées et celui du système des catégories.

Or un tel principe est donné, qui ne concerne de prime abord que les idées transcendantales, et il suffit de lire le premier paragraphe introduisant «l'idéal en général» pour apercevoir d'emblée la situation particulière de l'Idéal par rapport aux Idées :

> «...les idées sont encore plus éloignées de la réalité objective que les catégories ; car on ne saurait trouver un phénomène où elles puissent être représentées *in concreto.*» (...)
>
> «Ce que j'appelle idéal paraît être encore plus éloigné de la réalité objective que l'idée, et par là j'entends l'idée non seulement *in concreto,* mais *in individuo,* c'est-à-dire en tant que chose singulière déterminable, ou absolument déterminée par l'idée seule.» A568/B596 p. 1193 (nos italiques).

Tout est question d'éloignement : si les catégories sont «éloignées» de la réalité objective (et il faut le Schématisme pour les rapprocher), que dire des Idées, et que dire encore de l'Idéal. Chaque fois (à chaque *éloignement*), c'est une limite qui est franchie, un horizon qui est dépassé. C'est maintenant la réalité objective qui est devenue un horizon de plus en plus *éloigné* : elle a dis-paru. Ainsi, une chose singulière qui serait «entièrement déterminée par l'idée seule» n'est pas autre chose qu'un objet métaphysique. En même temps, nous devons remarquer que l'expression «in concreto», jointe à la détermination complète demandée pour cet objet, constitue une description du mode de construction in concreto dans l'intuition, qui est caractéristique de la mathématique, comme science pure a priori, en tant que le schème y serait le produit de son schème, par sa définition métaphysique et sa production «in individuo» et «in concreto».

L'analogie ne s'arrête pas là. L'horizon idéal de l'Esthétique est l'*intuition originaire* qui contient une infinité déterminable sans contenir la possibilité de les individuer métaphysiquement, c'est-à-dire toute seule. En poursuivant notre lecture, quelques pages plus loin, nous nous apercevrons rapidement que Kant est en train de décrire un *entendement originaire,* c'est-à-dire l'idée d'un concept métaphysique suprême dont on puisse analytiquement dériver la possibilité de toutes les choses.

Cela mérite que l'on s'y arrête, car, en effet, nous pourrions penser que l'Idée d'un tout de la réalité contient *analytique-*

ment toute réalité. Or ceci est une illusion transcendantale. Examinons maintenant le concept de l'Idéal.

Si nous pensons le *tout* de la réalité comme son ensemble, où toutes les possibilités de la réalité seraient contenues comme les parties d'un tout systématique déterminées par un raisonnement disjonctif, à la manière d'un espace absolu, nous penserions ce tout comme objet d'une *intuition originaire* le donnant *tota simul*. Alors, le principe suprême des jugements analytiques (le tiers exclu) règnerait en maître, par application de la disjonction. Cette représentation serait métaphysique puisqu'elle serait parfaitement unie et détemporalisée.

Si nous pensons le *tout* de la réalité comme principe suprême, où toutes les possibilités de la réalité seraient contenues comme les conséquences (ou comme les effets d'une cause suprême), nous penserions ce tout comme objet d'un *entendement originaire* qui pensant le principe, pense de même toutes les conséquences. Le passage univoque du principe à la conséquence serait étendu à toutes les conséquences pensées à leur tour comme principe d'autres conséquences et ce, à l'infini. Il serait étendu par démultiplication infinie de ces conséquences parce qu'il se dédoublerait constamment entre lui-même, pensé comme *concept métaphysique* (et donc par une intuition originaire) contenant toute possibilité et pensé également comme *concept transcendantal*, c'est-à-dire principe de sa propre différenciation (et donc pensé par un entendement originaire). Tout se passe comme si l'on pensait l'eau comme un collectif indifférencié et en même temps comme un ensemble de gouttes d'eau dont la taille peut varier de manière parfaitement contingente et donc insignifiante par rapport à «l'essence» de l'eau.

Que l'on pense l'Idéal comme unité ou comme totalité, invisiblement séparées l'une de l'autre par l'éclipse par laquelle l'une est l'effectivité dis-parue de l'autre, cela revient au même : la détemporalisation est chiralement identique d'un côté comme de l'autre. En effet, dans la pensée de l'Idéal comme intuition originaire, la détemporalisation affecte le temps objectif du phénomène ; dans la pensée de l'Idéal comme entendement originaire, il n'y a que le temps objectif qui est pensé et c'est le phénomène qui est, pour ainsi dire, dématérialisé. La pensée de l'Idéal comme tout de la réalité risque donc, sans cesse, de tomber dans une antinomie de type cosmologique si l'on se laisse aller à le penser comme un tout de la réalité de l'expérience sensible, et par conséquent, si l'on se laisse aller à réfléchir l'Idéal *comme si* celui-ci était un objet de l'entendement (où l'entendement intuitif se perd comme tel et se retrouve comme intuition intellectuelle, ou bien où il se préserve comme tel et perd tout objet pour son intuition, et donc toute intuition).

Naturellement, ce n'est pas cela que Kant vise. Il nous faut donc mettre nos pas dans les siens, et après avoir fait nôtre sa problématique, tenter de retrouver par nos forces (et avec l'aide de l'architectonique) la signification de l'Idéal qu'il cherche à établir.

Si nous pensons l'Idéal en dehors du domaine de l'entendement, nous cessons alors de présupposer (consciemment ou inconsciemment) l'isotropie propre au règne de la logique générale analytique. Il en vient des conséquences que Kant n'explicitera vraiment que dans la troisième Critique : le temps n'est plus nécessairement isotropiquement linéaire et la chevelure bien peignée où chaque cheveu infime représente les séries épi- (ou pro-) syllogistiques que nous donne à contempler la métaphysique au sens naturel, s'emmêle et se boucle. Ainsi, le concept de la finalité qui n'est rien d'autre qu'une causalité remontant le temps (où la représentation de la fin détermine l'organisation empirique de la forme naturelle) devient l'outil fondamental de la réflexion «sans concept» de la faculté de juger réfléchissant sur la création (art et vie). Nous laisserons tout ceci à l'état d'indications pour ne pas déborder du cadre de la *Critique de la raison pure*.

Nous le savons, l'intuition intellectuelle et l'entendement intuitif désignent la même chose en tant qu'elle est atteinte à partir de deux directions opposées. On pourrait comparer cette situation à la particularité des cartes du monde dont le côté extrême gauche doit être mentalement rapporté au côté extrême droit comme lui étant continu. La difficulté que doit vaincre Kant est à peu près identique : dans la connaissance absolue d'un entendement divin, l'intuition originaire est la même chose qu'un entendement intuitif, tandis que pour un entendement discursif, il y a la distance d'un monde sensible entre ces deux horizons.

Si nous faisons mentalement la liaison entre l'intuition et l'entendement originaires, alors, *faisant abstraction du monde sensible*, nous pouvons comprendre le rapport que Kant propose entre la chose (complètement déterminée par elle-même dans l'existence) et le concept (qui est indéterminé «par rapport à ce qui n'est pas «contenu en lui» (A571/B599 p. 1195). Le mode d'individuation est visiblement différent: la chose est dans l'existence aussi déterminée qu'un concept le serait pour un entendement intuitif, qui le déterminerait métaphysiquement. Mais pour un entendement discursif, le concept est toujours une position intermédiaire, ou plutôt une «borne» entre le déterminé et l'indéterminé. Kant propose donc de traduire chaque «chose» en une possibilité entièrement déterminée, c'est-à-dire comme ensemble de prédicats.

> «...on considère... chaque chose dans son rapport avec la possibilité entière, à titre d'ensemble qui comprend tous les prédicats des choses en général, et, en présupposant cette possibilité comme condition a priori, on représente chaque chose comme si elle dérivait sa propre possibilité de la part qu'elle a dans cette possibilité totale.» A572/B600 p. 1196.

Ce que demande Kant est vraiment exorbitant: se représenter le monde comme un ensemble hiérarchisé de prédicats, sans aucune «substance». La note de Kant qui suit cette phrase résume tout l'enjeu. La déterminabilité du concept est une position en amont d'une série de possibilités, tandis que la détermination de la chose est cette série de possibilités. De par l'hypothèse de travail formulée par Kant, on passe de la chose au concept, c'est-à-dire que l'on abandonne toute l'architectonique de l'intuition qui contenait «en elle» la multitude infinie des représentations (indifférenciées entre elles) au profit de l'architectonique du concept, qui la contient «sous lui» (comme leur caractère commun) (A25/B40 p. 786 *loc. cit.*).

L'intérêt ici non seulement réside en la recherche de l'unité individuée comme concrétisation en une seule «chose» de la possibilité totale. Pourquoi? Parce que...

> «...si elle se trouvait (cette matière de tous les prédicats possibles) dans l'idée d'une seule chose, <elle> prouverait l'affinité de tout le possible par l'identité du fondement de sa complète détermination.» A572/B600 p. 1196.

On tourne dans un cercle; en supposant cette transposition idéale de toute chose en concepts matériels, la loi transcendantale de spécification des formes logiques va être par là supposée également, et donc leur homogénéité; mais ce que vise

Kant est ailleurs : ce n'est pas suivant leurs *formes logiques* que ces concepts sont intéressants, c'est en tant qu'ils représentent (et qu'ils sont censés épuiser) la multitude infinie de la matière de la réalité. Il s'agit donc de retrouver au-delà de la construction logiciste, la pure continuité indifférenciée au sein d'une «seule» chose, pensée *in concreto, in individuo*, autrement dit pensée comme se donnant *tota simul,* à la manière d'une intuition.

Pour dépasser toutes les déterminations singulières de la série des «possibilités» particulières (associées à chaque «chose») et retrouver par une sorte de «lissage» que les statisticiens connaissent bien, une continuité infinie, il faut donc *passer à la limite*, ce à quoi fait allusion la construction en écho Idée/Idéal par laquelle commençait l'exposé de la notion d'idéal.

En passant à la limite, nous considérons non plus la forme logique, mais le contenu. Kant est très explicite à ce sujet :

> «Le principe de la détermination complète concerne donc le contenu et non pas seulement la forme logique. Il est le principe de la *synthèse* de tous les prédicats qui doivent former le concept complet d'une chose, et non pas seulement celui de la représentation *analytique* qui a lieu au moyen de l'un des deux prédicats opposés, et il renferme une *présupposition transcendantale*, celle de la matière de toute possibilité, laquelle doit contenir a priori les données nécessaires à la possibilité particulière de chaque chose.» *Ibid.* (nos italiques).

Kant précise plus loin que ce n'est pas le concept, mais la «chose elle-même que l'on compare transcendantalement à l'ensemble de tous les prédicats possibles». Alors que nous étions partis d'une question de simple logique, nous voilà transportés dans la «présupposition transcendantale» d'une «matière de toute possibilité». Ce qui est présupposé ici ne concerne pas la matière en tant qu'elle forme le contenu empirique d'un concept par là rendu possible dans sa signification objective, mais la pensée même d'une matière.

En effet, la diversité pure a priori décrite par la catégorie n'est pas abstraite de l'empirique ; elle exprime l'essence de la pensée, en ce qu'elle est discrète. Dès lors tout l'ensemble des prédicats possibles est, dans son étoffe, un réseau dont la détermination locale est toujours réglée par la catégorie, et donc par une détermination transcendantalement subjective. La connaissance des objets de l'expérience est donc localement subjective dans le mode du discret, même si la double anamorphose lui permet de reconstituer les objets discrètement individués dans la nécessité objective de leurs rapports réciproques. La syntaxe a beau être objective, le «maillage» du réseau que l'objectivation a mis à plat sur le plan à inflexion nulle de la représentation nécessaire et universelle («objective») pourrait être plus serré, moins serré; bref, il est contingent (d'une manière qui ne gêne en rien l'objectivité de la représentation, qui peut être plus ou moins «confuse» ou «obscure» sans cesser d'être objective).

Il est donc clair que si les prédicats logiques peuvent prétendre servir la connaissance dans sa prétention à la vérité objective, il faut alors supposer que leur *ensemble* totalisé épuise toute la matière indifférenciée de l'expérience : la «matière de *toute possibilité*, laquelle doit contenir a priori les données nécessaires à la possibilité *particulière* de chaque chose» (*loc. cit.* Kant souligne).

L'ensemble de tous les prédicats possibles est une Idée, en ce sens qu'il est plus que l'accumulation même de ces prédicats. En passant à l'Idée, on perd la possibilité de la détermination particulière de chaque prédicat pour retrouver celle de chaque chose, sans pour autant présupposer — cela est essentiel — qu'il y ait une correspondance bi-univoque entre les choses et les concepts. De là, Kant va faire émerger la fine pointe de l'architectonique, comme foyer de la dernière anamorphose, celle qui va décrire l'architectonique absolument complète comme résonance entre le plan indifférencié et illimité de toute matière (l'intuition en général, donc non nécessairement la nôtre) et le point, situé ailleurs, dans lequel se singularise «l'Idée d'un tout de la réalité (*omnitudo realitatis*)» A576/B604, p. 1198.

La discursivité de l'entendement humain est donc décrite par une structure topologique stupéfiante d'économie puisqu'elle ne se sert que d'un plan (l'intuition en général, comme apparaître phénoménal du réel) et d'un point (l'Idéal, *prototypon transcendantale*, comme réalité transcendantale du réel), et tous les rapports de projection possibles entre ce plan et ce point (tout le système des multiples anamorphoses et éclipses de la pensée architectonique : la discursivité de l'entendement humain).

Le passage à la limite pose toujours les mêmes problèmes d'expression à Kant, qui ne sait pas comment les contourner. La singularisation même de l'Idéal prend l'allure d'un petit coup de force et l'on pourrait à bon droit faire l'objection à Kant de procéder par pétition de principe :

> «...bien que (...) par là nous ne pensions rien de plus qu'un ensemble de tous les prédicats possibles en général, nous trouvons... que cette idée, comme concept originaire, exclut une foule de prédicats qui sont déjà donnés par d'autres comme dérivés ou qui ne peuvent aller ensemble, qu'elle s'épure jusqu'à devenir un concept complètement déterminé a priori et qu'elle devient ainsi le concept d'un objet singulier qui est complètement déterminé par la seule idée...» A573/B601 p. 1197

Le premier coup de force consiste à rentrer dans le problème par un ensemble de prédicats possibles et à en ressortir par une Idée comme «concept originaire». C'est véritablement une amphibologie de l'usage empirique de la raison à son usage pur, puisque l'on entre par les concepts de l'entendement et que l'on ressort par ceux de la raison. Le procédé, assez voyant, a l'allure d'une preuve de l'existence de Dieu, car, normalement, lorsqu'on remonte des concepts matériels à leur condition surordonnée, on devrait arriver aux catégories. Cependant, si maintenant l'on considère qu'en ne pensant «rien de plus» qu'un «ensemble», on pense cet ensemble non en ce qu'il contient de divers, mais comme une unité, alors il est clair que cette pensée s'élève bien au-dessus des catégories et que, de plus, ce faisant, elle transcende même le jugement (qui suppose le rapport d'entités déterminées disjonctivement) et pense directement au-delà de la pensée même. Si l'Idéal s'«épure», c'est parce qu'il n'est possible qu'en perdant la détermination du concept et qu'il rejoint, en passant du conditionné logique à l'inconditionné de la logique, la pensée d'une matière en général.

Il faut prendre nettement conscience de l'enjeu : Kant veut retrouver *en haut,* le concept métaphysique d'une matière indéfiniment déterminée qui est absolument et métaphysiquement identique à ce qui se trouve *en bas,* comme point de départ idéal de la théorie de l'expérience : la matière. Ce point de départ est la notion d'une intuition en général qui est pure identité à soi-même, déterminabilité infinie, pur *continu.* Il est épistémologique et non réel car il est «rétrojeté» par la réflexion au-delà de l'effectivité (la *Wirklichkeit*) de l'expérience du réel et représente une *Realität*.

Une représentation subjective, c'est de l'intuition et du concept, c'est-à-dire l'articulation du continu (le déterminable) et du discret (la détermination) organisée autour d'une unité individuante : l'objet. Lorsque, par la réflexion, cette représentation subjective est rapportée à son unité objective, le concept empirique qui contient le schème de l'unité constituant l'objet devient un concept logique, et ce schème devient homogène à l'ensemble de tous les concepts, c'est-à-dire de tous les schèmes[12]. En devenant homogène, le schème perd sa fonction individuante et cet objet hic et nunc dont nous avions le concept empirique, devient cet objet en général dont nous avons le concept logique, une simple position dans le plan à inflexion nulle qui situe l'«objet» au sein d'une connaissance expérimentale.

En passant de l'esthétique (l'intuition en général) à la logique, l'on passe donc d'une extériorité pure et indifférenciée à une immanence pure et totalement différenciée. Les deux plans, celui de l'intuition en général et celui de la logique générale analytique, sont «parallèles», mais l'un est fait d'un pur continu et l'autre d'un pur discret et le pur continu est originaire et métaphysiquement «vrai» (il est la *Realität,* existant par soi) tandis que le pur discret n'a pour origine que la nature

12. Le concept de l'entendement ne nécessite un schème pour s'articuler au phénomène, que dans la mesure où cette articulation dis-paraît dans le passage à la limite qui nous fait passer du sensible à l'intelligible. Considéré du point de vue du sensible, le concept de l'entendement constitue une limite supérieure, un horizon, où culmine la règle de l'imagination (autrement dit le schème) et de ce point de vue, les Idées de la raison sont aplaties dans cette limite supérieure où elles se confondent avec les concepts. Inversément, considéré du point de vue de l'intelligible, le concept de l'entendement (comme faculté des règles) constitue une limite inférieure par rapport aux «principes» (dont la raison est la faculté) et le schème, comme procédé général de l'imagination, est confondu avec ce même concept. Le Schématisme, comme théorie, sert à maîtriser l'éclipse du concept-règle (pour l'intelligible) par rapport au concept-schème (pour le sensible). Dans cette dis-parition, opérée par le passage à la limite du sensible vers l'intelligible, le schème dis-paraît dans le concept et cette dis-parition n'est autre que celle de sa fonction individuante au profit de l'homogénéité logique (l'interchangeabilité ou isotropie logique de toutes les représentations – quelque pierre est dure, quelque dur est pierre).

contingente de notre entendement humain et sa vérité ne tient qu'à sa possibilité d'être «adéquate» (selon la définition nominale de la vérité que Kant retient : «l'accord d'une connaissance avec son objet» A58/B83, p. 818, *adaequatio rei et mentis*).

Si maintenant, en considérant le pur discret de l'ensemble de tous les concepts, non pas comme il s'organise formellement car cela nous renverrait à la table des catégories, mais comme ensemble couvrant uniment l'extension de ce que l'intuition en général nous présente dans les limites de l'expérience, alors (la réflexion à propos de) cette pseudo-matérialité doit à nouveau passer à la limite pour perdre ce qui lui est la marque de sa subjectivité transcendantale : le pur discret lui-même, et l'on retrouve ce que l'on avait au tout premier départ : le pur continu. Ainsi, *la discursivité de l'entendement humain se constitue comme un gauchissement à symétries multiples (chirales), qui s'annulent deux par deux, d'abord pour transformer le continu subjectif (des intuitions empiriques) en discret objectif (des concepts suivant la forme), ensuite pour transformer le discret subjectif (des concepts suivant la matière) en continu objectif (de l'Idéal suivant la forme), lequel est supposé «rétrojectivement» comme fondement métaphysique du continu subjectif (en tant qu'Idéal suivant la matière).*

L'Idéal de la raison pure est donc le dernier résultat d'une nouvelle application du mouvement doublement anamorphique de la faculté de penser[13] (dans les raisonnements). Ainsi l'ensemble des concepts considérés suivant leur matière métaphysique (intrinsèque) s'effondre comme système et il ne reste qu'un fondement :

> «La suprême réalité serait au principe de la possibilité de toutes choses plutôt comme *fondement* que comme *ensemble*.» A579/B607, p. 1201.

---

13. En toute rigueur, nous devrions dire que l'Idéal de la raison est la limite de la série de la double anamorphose s'appliquant à elle-même jusqu'à dis-paraître *absolument*. La discursivité de l'entendement s'efface, de par son propre mouvement, et il ne reste comme harmonique de cette oscillation qu'un rien immensément vaste : l'entendement intuitif en tant qu'il «devient» ou finit de «devenir» intuition originaire. Ce «devenir» étant le résidu même du dernier écho du mouvement discursif de la réflexion sur elle-même. C'est une pensée de la pensée de la pensée de la pensée, etc., exposant infini ; et, en passant à la limite, ce n'est plus que la pensée de la possibilité de cet exposant infini, lui-même.

L'Idéal n'a pas de signification objective ; il est le fondement même de la métaphysique, c'est-à-dire le fondement de tout fondement[14] : le principe de l'unité entre l'intuition originaire et l'entendement originaire que nous ne pouvons penser que sous une forme ou sous l'autre, mais non d'une manière unifiée, en un concept immédiatement métaphysique. Il ne s'agit donc pas vraiment d'une «chose», mais d'un «schème» pour penser l'unité de la choséité, c'est-à-dire finalement un schème pour penser l'Etre et non la représentation même de l'Etre suprême[15]. L'Idéal signifie l'essence même de la raison pure dans son pouvoir de rechercher l'unité, qui se traduit toujours par le dépassement de tel ou tel niveau de subjectivité. Cette essence «est» en elle-même de l'être (celui de la raison pure) en tant qu'il est pensé au-delà de toute «finitude». En effet, la détermination infinie globale de la réalité nouménale correspond à l'infinité spatiale du monde (première antinomie) tout comme la détermination infinie locale de la réalité nouménale, à la division du tout en une infinité de parties (seconde antinomie). Mais il faut soigneusement éviter d'hypostasier les idées ainsi obtenues et ce qui est pensé au niveau du noumène ne correspond à aucune détermination objective au niveau phénoménal. On peut bien dire que cette pensée de l'idéal comme

14. L'Idéal est donc l'absence originaire, absence sans laquelle il n'y aurait rien... Elle est la *matérialisation* (nécessairement impossible: la représentation) de la métaphysique systématique qui est irreprésentable, inmatérialisable.

15. Là-dessus, Kant est très clair: il ne s'agit pas d'introduire le concept d'un être suprême en soi, mais seulement relativement à notre connaissance:

> «On méconnaît la signification de cette idée dès l'instant qu'on la tient pour l'affirmation ou même seulement pour la supposition d'une chose effectivement réelle, à laquelle on voudrait attribuer le principe de la constitution systématique du monde: au contraire on laisse tout à fait indécise la question de savoir quelle est en soi la nature de ce fondement qui se soustrait à nos concepts, et on pose simplement une idée comme le *point de vue* duquel seul on peut étendre cette unité si essentielle à la raison et si salutaire à l'entendement. En un mot, cette chose transcendantale n'est que le *schème* de ce principe régulateur par lequel la raison...étend l'unité systématique à toute expérience.» A681/B709, p. 1275 (nos italiques).

Le caractère architectonique de l'Idéal est sans cesse proclamé tout au long de l'Appendice à la Dialectique transcendantale, dont provient ce texte («Du but final de la dialectique naturelle de la raison humaine»). Il est important de ne pas thématiser les idées; cette chose n'est pas une chose, c'est un schème.

omnitudo realitatis atteint concrètement la connaissance absolue d'un entendement intuitif, mais elle l'atteint comme l'on pourrait supposer qu'une fusée atteindrait le centre du soleil ; elle aura fondu avant. Cet idéal est une présupposition transcendantale nécessaire, une «provision de matière» pour les choses (et non les concepts directement), mais qui n'apporte aucune connaissance objective. Elle est le point de fuite nécessaire de l'architectonique et elle en est le point-limite. Ce que l'idéal représente est donc le noumène, et elle le représente comme illimité (le continu comme excès du discret) (A576/B604 p. 1198).

Nous sommes ici à la limite même de la métaphysique systématique. En effet, on peut considérer l'Idéal comme un objet singulier absolument déterminé, et ce concept suprême est celui d'un entendement intuitif, que nous ne pouvons penser que dans une réflexion dont nous nous sommes évacués originairement, puisque nous ne pensons pas, dans cette représentation, notre rapport à cet entendement intuitif.

Cependant, cette pensée-limite est la limite de quelque chose qui nous ramène à la nature particulière de notre entendement et l'Idéal forme alors la «majeure transcendantale de la détermination complète de toutes choses», celle de la connaissance absolue immédiatement réalisée de ce même entendement :

> «...c'est aussi par cette entière possession de la réalité que le concept d'une chose en soi est représenté comme complètement déterminé, et le concept d'un *ens realissimum* est celui d'un être singulier, puisque, de tous les prédicats opposés possibles, un seul entre dans sa détermination, à savoir celui qui appartient absolument à l'être.» A576/B604 pp. 1198-99.

Il faut donc penser le prédicat logique, comme dit Kant, «quant à son contenu transcendantal»[16] (A577/B603, p. 1199 *loc. cit.*), cela veut dire que l'on ne peut pas en passer par le

---

16. Kant, dans la même page, ne sait pas par quel bout l'attraper et écrit, dans une succession d'hésitations très symptômatique: «Si nous examinons tous les prédicats possibles, non pas au seul point de vue logique, mais au point de vue transcendantal, c'est-à-dire quant à leur contenu, j'entends quant au contenu que l'on peut penser en eux a priori, ...» (A574/B602, p. 1197). La raison en est que la logique (et par voie de conséquence, le prédicat logique), est définie «abstraction faite de tout contenu» (*loc. cit.*).

type discret qu'en donne la catégorie, mais que l'on doit supposer une diversité catégorielle ou bien infinie (il y a une infinité transcendante de catégories, c'est-à-dire aucun prédicat dérivé et rien que des prédicats élémentaires), ou bien nulle (il n'y a qu'une seule catégorie et ce n'est donc pas une catégorie; tous les prédicats sont disjonctivement issus, par dérivation continue, de la nature principielle de l'entendement intuitif). C'est le «tout ou rien» de la connaissance absolue, qui est «tout et rien» en même temps.

Dans le même paragraphe où il est dit que le concept suprême contient à la fois «en lui» et «sous lui»[17] tout l'ensemble des prédicats possibles, Kant souligne que le raisonnement disjonctif qui s'appuie sur l'idéal transcendantal pour déterminer toutes les choses possibles, a également servi non seulement à régler la division des idées transcendantales entre elles, mais encore à les «produire d'une manière parallèle et correspondante aux trois espèces de raisonnements.» (A577/B605, p. 1200, *loc. cit.*). Dès lors, le concept suprême peut s'interpréter *synthétiquement* comme ce dont procède la division architectonique (synthétique) des idées transcendantales et des facultés de notre raison humaine, mais *également analytiquement* : en effet, en entendant le prédicat logique suivant son «contenu transcendantal», et le concept suprême suivant son unité idéale, on conclura alors qu'il n'y a qu'un prédicat logique dont tout dérive. Qu'il soit unique en fait une formulation de l'Idée psychologique, que l'on puisse en «dériver» tout, renvoie à l'Idée cosmologique (puisque cette dérivation est l'analogue analytique du jugement hypothétique) et de même que «tout» puisse en être dérivé (par le raisonnement disjonctif) exprime bien l'Idée théologique qu'elle contient (avant même d'y penser l'Idéal proprement dit). L'Idéal est donc clairement un concept de la raison qui se situe architectoniquement un cran au-dessus des simples Idées transcendantales. La preuve ontologique (puisque «l'Idéal» est aussi l'intitulé de cette sorte d'illusion transcendantale qui nous fait disserter sur Dieu comme s'il s'agissait d'un objet de l'expérience sensible) est rendue à son

---

17. A577/B605, p. 1199, écho de la présentation (dans l'Esthétique transcendantale) de l'infini «dans» l'intuition et «sous» le concept, A25/B40, p. 786, qui contient, en deux mots («dans» et «sous») toute l'architectonique de la raison pure.

vrai territoire métaphysique, qui se trouve au-delà des connaissances et dont Kant a bien signalé qu'elle concernait non une «chose», mais bien un «*schème*» *de l'unité de toutes les unités.*

Comme Kant parvient didactiquement aux idées transcendantales en progressant analytiquement depuis le domaine de l'entendement jusqu'à celui de la raison, de manière «ascendante», en passant à la limite dans les trois sortes de raisonnements (de la catégorie de la relation), *l'ordre analytique est inverse de cet ordre synthétique* à partir duquel, par le raisonnement disjonctif, on pourra se fonder sur l'Idéal pour «redescendre», c'est-à-dire «retrouver» schématiquement la division des raisonnements, et par le moyen décrit dans le chapitre suivant (*i.e.* la disposition croisée de la catégorie de la relation avec celle de la modalité), la division des facultés. Mais ici, *l'ordre analytique, abstraction faite de sa direction, est absolument identique à l'ordre synthétique, de même qu'un entendement originaire est absolument identique à une intuition originaire, et la symétrie chirale*[18]*, qui est la marque de la discursivité de notre entendement devient ici identité absolue.*

Nous voyons se dessiner une caractéristique de toute l'architectonique de la raison pure. L'Idéal comme totalité-ensemble de tous les prédicats peut métaphysiquement être représenté de deux manières différentes : soit nous pensons le prédicat logique comme élémentaire dans une pluralité infinie de prédicats sans qu'il y ait une possibilité d'avoir des prédicats dérivés (de sorte qu'ils soient tous élémentaires) ; soit nous nous le représentons comme unique et s'épurant jusqu'à disparaître, tous les prédicats étant dérivés d'un prédicat principiel qui cesse donc d'en être un. Il faut bien s'interdire d'hypostasier l'enjeu et de traduire mentalement toutes ces considérations comme autant de descriptions de Dieu comme nature.

---

18. La chiralité apparaît entre la représentation systématique des idées de la métaphysique des mœurs, entre l'exposé synthétique, qui va de la théologie à la religion, en passant par la morale, et l'exposé analytique «inverse du premier» consistant à «nous élever de ce que l'expérience nous fournit immédiatement, c'est-à-dire de la doctrine de l'âme, à la doctrine du monde, et de là jusqu'à la connaissance de Dieu, et par là d'accomplir notre vaste plan.» (A338/B396, p. 1044). Cf. la section «*Analytique et synthétique, régressif et progressif*» de notre 1er chapitre.

Non seulement ces thématisations (innocentes dit Kant tant qu'elles ne concernent pas l'Idée cosmologique — A673/ B701 p. 1269, *loc. cit.*) sont vaines, mais elles risquent d'égarer celui qui veut saisir l'architectonique de la raison pure pour ce qu'elle est, un schème ou plutôt le Schème, par excellence.

En face de cette double nature de l'Idéal, position de la totalité comme ensemble et comme principe, l'Idée psychologique est la pure unité, qui ne contient absolument rien. Nous l'avons dit, en pensant le prédicat (pseudo-)logique d'une connaissance absolue (dans ou par l'Idéal), la question de la possibilité de la dérivation d'un prédicat à partir d'un autre, nous empêchait de penser proprement l'unité ou l'unicité du principe de tous les principes dans le cas où nous renoncions à l'infinité atomisée d'une multitude de prédicats indépendants et élémentaires.

Ainsi, l'architectonique nous oblige à concevoir l'Idéal dans sa liaison synthétique avec le principe de dérivation. Si Kant dit qu'il s'«épure» (*loc. cit.* p. 1197) pour atteindre la singularité, il est aisé de voir qu'il ne cesse jamais de s'épurer, parce que l'Idée de la pure Unité n'appartient pas au même plan de représentation que l'Idée de la pure Totalité. L'Idéal, comme Totalité unifiée, trangresse la limite parce que tout comme l'Idée psychologique, elle est *en dehors* de la pensée. Cela peut surprendre, que nous puissions affirmer que l'Idée psychologique (le Je pense) soit elle-même en dehors de la pensée. Il est pourtant clair qu'elle est une pensée synthétique et non analytique, et que c'est parce que cette représentation est présente dans tous les jugements, que l'on peut bien dire qu'elle n'est pas présente par elle-même, ou en soi. Et nous ne pouvons pas penser purement le Je pense, sans penser absolument tout le reste, de proche en proche.

6. LA DISPARITION DE LA CHIRALITÉ DANS L'IDÉAL :
   INTUITION ET CONCEPT, *ET* NI L'UN, NI L'AUTRE

L'exposition de la notion d'Idéal, par sa richesse architectonique est une tâche infiniment complexe. Aussi ne pouvonsnous pas prétendre en épuiser toute la richesse du premier coup et tout ce qui peut de prime abord nous rendre perplexes dans cette partie même de la Dialectique, est à coup sûr l'indice de quelque chose de profond qui nous fera progresser vers une compréhension correcte de ce concept capital. Ainsi trouve-t-on à une page d'intervalle, deux textes qui semblent se contredire l'un l'autre. Tout d'abord, voici un premier texte où la division du concept de la suprême réalité est comparée à celle de l'espace[19].

> «Toute la diversité des choses ne tient donc précisément qu'à une manière également diverse de limiter le concept de la suprême réalité, qui est leur substratum commun, de même que toutes les figures ne sont possibles que comme des manières diverses de limiter l'espace infini.» A578/B606, p. 1200.

Mais voici le second texte : Kant[20] y déclare clairement qu'il ne faut pas spatialiser l'idéal de l'être originaire et que...

> «...on ne peut pas non plus, à *parler exactement*, regarder la dérivation qui fait venir de cet être originaire toute autre possibilité comme une limitation et en quelque sorte comme une division de sa suprême réalité» A579/B607, p. 1201 (nos italiques).

La similitude concerne la division de l'espace en parties (dans l'intuition in concreto) et celle du tout en parties (dans la pensée, par un jugement disjonctif). Si l'Idéal est compris comme ce qui contient «en lui» la diversité des choses, en tant que «concept de la suprême réalité», alors nous pouvons parler de la réalité de ces choses comme *intuition intellectuelle,* et la traiter *in concreto* comme le fait la géométrie pour les mathématiques.

Mais, à l'opposé, si l'Idéal est compris comme ce qui contient «sous lui», comme «fondement», cette même diversité est celle d'un *entendement intuitif* et elle doit être traitée *in*

---

19. Ce type de démonstration a en effet déjà servi à Kant pour montrer que l'espace est une intuition pure, et non un concept discursif contenant des «rapports de choses en général». Il écrit notamment que les parties de l'espace «ne sauraient non plus être antérieures à cet espace unique qui comprend tout, comme si elles en étaient les éléments (...). Il est essentiellement un: le divers en lui, et par conséquent le concept universel d'espaces en général, ne reposent que sur des limitations.» A25/B39, p. 786.

20. Avec beaucoup de profondeur, il ajoute pour résumer sa pensée: «Au contraire, la suprême réalité serait au principe de la possibilité de toutes choses plutôt comme fondement que comme *ensemble.*» *ibid.* (*loc. cit.*) – Kant souligne.

abstracto, réduite par son affinité à «l'identité du fondement» que lui fournit l'Idéal[21].

Pourtant ces indications ne suffisent pas à faire durablement pencher la balance vers l'intuition ou vers le concept ou à traduire l'Idéal en une intuition-concept dont il suffira de malmener les composants élémentaires pour les faire s'accorder dans une monstruosité dont la justification serait supposée dériver du caractère limitrophe de l'architectonique concernée. L'Idéal n'est ni une intuition, ni un concept. Il y a en effet, tant dans l'intuition que dans le concept une prédisposition transcendantale à s'accorder dans une expérience possible (empirique) et cette prédisposition transcendantale définit en retour ce qu'il convient d'entendre aussi bien par intuition que par concept en général.

Commençons tout d'abord par l'intuition pure en général dont l'essence est architectoniquement proche de l'idéal ; Kant écrit en effet que

> «Comme on ne peut pas dire non plus qu'un être originaire se compose de plusieurs êtres dérivés, puisque chacun d'eux le présuppose et par conséquent ne saurait le constituer, l'idéal de l'être originaire doit être aussi pensé comme *simple*.» A579/B607 p. 1201 (nos italiques).

Nous y reconnaissons tout de suite le filigrane de la démonstration qui sert dans le quatrième moment de l'exposition métaphysique des formes de la sensibilité, à montrer qu'il s'agit non de concepts discursifs de rapports des choses, mais d'«intuitions pures». Cette simplicité est le résultat du dernier *passage à la limite* de la réflexion spéculative. A la «simplicité» de l'Idéal correspond l'essence intuitive pure, c'est-à-dire la pure continuité infinie comme «fondement» des représentations[22].

---

21. «...si elle se trouvait (cette matière de tous les prédicats possibles) dans l'idée d'une seule chose, <elle> prouverait l'affinité de tout le possible par l'identité du fondement de sa complète détermination.» A572/B600, p. 1196, *loc. cit.*

22. Kant utilise en effet ce terme de «fondement» pour l'espace, A25/B40, p. 786, dans «...par rapport à l'espace, une intuition a priori (non empirique) sert de *fondement* à tous les concepts que nous en formons...», et A32/B48, p. 793 pour le temps, «l'infinité du temps ne signifie rien de plus sinon que toute grandeur déterminée du temps n'est possible que par des limitations d'un temps unique qui lui sert de *fondement*.»

D'autre part, en privilégiant le «fondement» sur «l'ensemble» d'une diversité de choses, Kant établit implicitement une équivalence entre la simplicité de ce fondement et l'homogénéité absolue de sa continuité intrinsèque. Il s'agit d'une représentation unique, décrivant un objet unique ; il s'agit donc d'intuition : «...la représentation qui ne peut être donnée que par un seul objet est une intuition» (*loc. cit.* A32/B47 p. 793). Certes, ici l'argument ne peut être qu'analogique puisqu'en aucune manière, cette représentation ne peut nous être «donnée» et il n'est pas question de passer de la forme de l'intuition en général à la forme de «notre» intuition, et de cette dernière en tant qu'elle est pure, à une intuition empirique ou empirisée in concreto dans l'imagination, comme on le ferait dans la mathématique. Pourquoi ? parce que l'intuition en général dont nous avons reconnu le caractère essentiel dans la nature de l'Idéal (celui d'être une continuité absolue et unique) est pensée dans sa simple forme et nous n'avons pas ce type intuitif de pensée dont l'acte seul suffit à donner la réalité à son objet. *Nous n'intuitionnons pas d'intuitions pures et la pensée de l'intuition en général n'est pas une intuition empirique d'elle-même comme intuition.* L'intuition en général, dans l'espace et dans le temps, ne se manifeste jamais comme telle dans la sensation. Elle n'est connue comme intuition pure, dans son concept propre, que par le biais de la nécessité architectonique et c'est cette seule nécessité qui fonde et justifie le statut épistémologique de l'intuition comme telle. La pensée de la nature de l'intuition en général comme fondement de l'Idéal nous oblige donc à revenir vers la nature de la pensée en général, en tant qu'elle projette la représentation de l'intuition en général.

Considérons maintenant la pensée, en cet endroit de l'architectonique où toutes les séries prosyllogistiques se nouent en un Idéal où elles s'évanouissent. Ici, l'erreur, presque inévitable de par la nature même de la raison, serait de confondre l'Idée théologique et l'Idéal, qui sont de rangs architectoniques différents, en nous laissant mystifier par leur communauté thématique (si nous les hypostasions). Par ailleurs, dès qu'il en a l'occasion, Kant souligne que cette mise en perspective de l'Idéal par rapport à l'Idée théologique ne peut avoir de sens qu'architectonique :

> «...toutes ces expressions <ens originarium, ens summum, ens entium> ne désignent point le rapport objectif d'un objet effective-

ment réel à d'autres choses ; elles ne désignent *que le rapport de l'idée à des concepts*, et nous laissent dans une complète ignorance touchant l'existence d'un être d'une supériorité si éminente.» (A579/B607, p. 1201 Kant souligne).

Il faut donc se méfier de tout débordement vers une imagerie sécurisante et faire l'effort de ne considérer que «le rapport de l'idée à des concepts» et de ne pas recolorier l'architectonique pour en faire un savoir positivé. Tout d'abord, nous l'avons vu, une difficulté se présente dans la représentation de ce concept suprême : nous y sommes arrivés au départ de «l'unité régulatrice de l'expérience» et nous en avons tiré le concept suprême de toute réalité en abstrayant la condition de toutes les conditions (de possibilité de l'expérience). Ce faisant, nous n'avons pas tiré parti du schématisme de l'entendement et bien au contraire, les catégories étant par elles-mêmes hétérogènes aux phénomènes, nous pouvons bien répéter ce qu'indique Kant, à savoir que l'Idéal est on ne peut plus éloigné des phénomènes, puisqu'il y a tous les étagements architectoniques donnant la condition formelle de l'expérience entre l'Idéal et le phénomène. Dès lors, on peut bien prédire qu'il n'y a rien à espérer de l'Idéal, quant à fonder, par en-dessous, si l'on peut dire, la phénoménalité du phénomène.

Or, voilà que l'Idéal s'avère être ce concept de la suprême réalité, cela par le biais du passage à la limite de la *complète détermination* de la possibilité de la chose à son existence, et, osons-le dire : vice-versa.

> «Par cette proposition <toute chose existante <*Alles Existirende*> est complètement déterminée>, ce ne sont pas simplement les prédicats que l'on compare *logiquement* les uns aux autres, mais c'est la chose elle-même que l'on compare *transcendantalement* à l'ensemble de tous les prédicats possibles.» A573/B601 p. 1196 (nos italiques).

Les caractères respectivement *logique* et *transcendantal* des comparaisons renvoient directement à la réflexion transcendantale et à ses concepts tels qu'ils sont thématisés dans l'*Amphibologie*. Si la catégorie est hétérogène au phénomène, nous pourrions supposer qu'en étendant de chaque côté à l'infini la série respective des conditions intérieures (de la catégorie et du phénomène), cette hétérogénéité va simplement se confirmer. Or il n'en est rien : l'Idéal est homogène à la réalité en-soi, autant dire au noumène. Mais cela ne veut pas dire que chaque chose dans sa détermination complète désigne, par isomorphie de l'Idéal au Nouménal, quelque concept ; bien au contraire, l'Idéal est homogène au Noumène (dans son sens positif), parce que l'un comme l'autre sont posés comme *illimités*. Dès que l'Idéal se schématise en ensemble de prédicats logiques déterminés point par point, son homogénéité se dissipe et se transforme en hétérogénéité, parce que le mode de disjonction de l'entendement discursif aboutissant toujours au discret (dont la détermination intrinsèque d'être *tel discret*, est toujours contingente), il est ce mode par lequel la nécessité s'ouvre pour accueillir du contingent, celle de la détermination empirique ou simplement possible.

Cela est simple à montrer. Supposons une chose déterminée. La manière dont elle va être déterminée ne peut pas être attribuée à la nature même de la chose, mais seulement au sujet qui la détermine. À supposer que nous puissions la déterminer complètement, par le passage à la limite que va susciter cette exigence de complétude, la chose va perdre son individuation subjective (*i.e.* donnée par notre subjectivité) et va se traduire par une position, une équation qui va finir par n'être que le point de départ contingent de la reconstitution de l'ensemble de la réalité. Il est clair que cette reconstitution est une image, qu'elle ne peut être qu'idéale, puisque son résultat dont nous ne pouvons même pas supposer la possibilité[23] à cause de notre finitude, est l'Idéal même.

Que l'individuation soit le signe exprès de la nature de notre entendement apparaît très clairement dans les considérations que donne Kant sur la négation, dans ces mêmes pages :

> «...personne ne peut penser une négation d'une manière déterminée sans avoir pour fondement l'affirmation opposée. (...) Tous les concepts des négations sont donc dérivés, et les réalités contiennent les data, et, pour ainsi dire, la matière ou le contenu transcendantal de la possibilité et de la détermination complète de toutes choses.» A575/B603 p. 1198.

23. Même, dit Kant, à titre d'hypothèse: «La raison...ne la pose que comme le concept de toute réalité, sans demander que toute cette réalité soit donnée objectivement et constitue elle-même une chose. Cette chose est une *pure fiction* par laquelle nous rassemblons et réalisons dans un idéal, comme dans un être particulier, le divers de notre idée, *sans en avoir le droit, voire même sans en avoir celui d'admettre seulement la possibilité d'une pareille hypothèse.*» A580/B608, p. 1202 (nos italiques).

Le style particulièrement laborieux de ce passage témoigne du problème d'expression dans lequel Kant se débat. A la négation doit correspondre non pas la réalité, mais bien l'affirmation, dont rien n'autorise (c'est là l'hétérogénéité de la catégorie au phénomène) à déduire analytiquement qu'elle se réfère de manière privilégiée à la réalité. Or Kant court-circuite les divisions et oppose le logique dont la condition de possibilité (du discret qu'il contient) est la négation, au transcendantal dont on ne peut parler qu'en repassant par la logique. La négation apparaît du coup comme le trait fondamental du logique, c'est-à-dire de l'ensemble des prédicats logiques dérivés des catégories. L'affirmation prend alors corps dans la «présence» du réel, qui est toujours positive, mais jamais individuée puisque son individuation, autrement dit sa limitation, suppose toujours déjà la négation.

Mais nous ne pouvons pas parler de la réalité en général comme si elle nous était véritablement donnée «en général». Il n'en est rien, la réalité nous est toujours donnée «en particulier» dans une expérience et si nous ne voulons parler de la réalité en tant qu'elle se «particularise» dans une expérience mais sans en passer par l'individuation comme telle, il nous faut alors parler d'un particulier en général, c'est-à-dire d'un «quelque chose». C'est dans ces termes que Kant livre le fond de sa pensée en affirmant que...

> «...une négation transcendantale... signifie le non-être en soi-même, auquel est opposée l'affirmation transcendantale, laquelle est un quelque-chose dont le concept en soi-même exprime déjà un être et par conséquent s'appelle réalité, parce que c'est par elle seule et aussi loin qu'elle s'étend que les objets sont quelque chose (des choses), tandis que la négation opposée signifie un simple manque...» A574/B602 p. 1198.

C'est donc bien par l'entendement qu'il nous faut passer pour rejoindre l'Idéal et par l'unité que cet entendement imprime à l'expérience particulière où le quelque chose se perd pour devenir le contenu d'un concept. Ce n'est même pas par cet entendement, en tant qu'il vit, qu'il synthétise le donné de l'intuition ou qu'il reproduit (schématise) un tel donné au départ du concept mais c'est par le truchement de la structure formelle (sa condition intrinsèque de possibilité) que la raison poursuit sa démarche réflexive jusqu'à l'Idéal. Lorsque la raison franchit la dernière limite et que l'entendement cesse d'être une structure individuante pour s'«épurer» en l'individuation d'une structure unique (l'Idéal), tout ce qui individue en l'entendement, tout ce qui fabrique du discret, est alors perdu, de la même manière que la logique générale analytique fait abstraction de tout contenu. L'Idéal est en situation de transcendance par rapport à la catégorie et donc par rapport au discret dont demeure la simple possibilité purement formelle. L'Idéal reste donc un entendement (et non une raison) parce qu'il a conservé, de l'entendement, l'inflexion nulle que confère la double-anamorphose à la connaissance objective. Mais l'Idéal est, de plus, un entendement non discret, véritablement continu, possédant *en lui* et non sous lui, la possibilité disjonctive de produire du discret. L'entendement que représente l'Idéal est donc celui qui possède le principe du «discret en général», mais la question de la détermination de cet entendement en une pluralité déterminée de catégories (autant, et de ce type, question qui doit rester sans réponse, nous dit Kant) est «suspendue».

L'Idéal est donc un entendement qui possède la continuité absolue de l'intuition; il est un entendement intuitif.

> «C'est que l'unité régulatrice de l'expérience ne repose pas sur les phénomènes eux-mêmes (sur la sensibilité toute seule), mais sur la liaison de leurs éléments divers par l'*entendement* (dans une aperception), et que par conséquent l'unité de la suprême réalité et la complète déterminabilité de toutes choses (leur possibilité) semblent résider dans un *entendement suprême* et par conséquent dans une *intelligence*.» A583/B611 pp. 1203-1204 (Kant souligne).

L'entendement intuitif apparaît donc bien comme étant à la fois la condition de possibilité neutre (comme son médium) de l'entendement en général et comme étant ce en quoi culmine l'effectivité de la faculté de juger, dont le mouvement est toujours doublement anamorphique, passant de limites en limites et perdant chaque fois quelque chose de la subjectivité du sujet (d'abord l'empirique, ensuite le transcendantal et enfin l'architectonique): ainsi est enfin reconstituée la réalité dans son inflexion nulle et dans son grain infini, dont par «rétrojection», on forme l'hypothèse de «départ».

L'espace laissé vide par cette «dis-parition» progressive de la subjectivité transcendantale au sein de sa propre pensée, doit rester le sien parce que le mode de sa présence y est devenu l'absence, à la manière de l'intuition pure qui se présente comme le degré zéro où s'évanouit continûment le degré de la sensation. L'Idéal est à la fois le lieu où il n'y a plus rien à penser, même pas architectoniquement, mais c'est aussi le lieu où penser l'architectonique, qui, tout comme l'essentiel des rouages de la *Critique de la raison pure*, passe, en continuité, d'elle-même à sa condition transcendantale.

Pareillement, l'Idéal est la pensée du tout de la réalité, c'est-à-dire le fondement de son affirmation transcendantale qui accompagne toute représentation empirique et la rend métaphysiquement possible. *L'Idéal exprime l'Etre*. Il est la pensée du fondement transcendantal de la réalité parce qu'il est la pensée du fondement de l'intuition en général (qui est «en» l'Idéal). De même, il est la pensée de la possibilité transcendantale du paraître de la réalité dans l'intuition et cette possibilité transcendantale est enracinée dans le fondement de la discursivité, laquelle est contenue «sous» l'Idéal.

L'Idéal contient le «non-Etre en soi-même» — outre l'affirmation transcendantale au fondement métaphysique de toute réalité — puisqu'il possède le principe de la limitation (par le raisonnement disjonctif) et donc de la négation. Le «non-être en soi-même» est la condition de possibilité pour ainsi dire matérielle de l'entendement discursif. C'est dans ce non-être que la connaissance objective trouve le fond neutre de sa perspective. Le non-être partage avec l'être le caractère de la permanence. Aussi bien, dans l'Idéal, sont-ils la même chose. En allant dans le sens de Heidegger, nous dirions volontiers que puisqu'il est la conjonction, dans une connaissance absolue (qui nous est donc impossible comme connaissance) d'un entendement intuitif et d'une intuition originaire, *l'Idéal contient la racine commune de l'Etre et du Non-Etre, c'est-à-dire le Temps, puisque,* comme nous l'avons montré dans le tout début de cet ouvrage, *la connaissance absolue* (tirée du Temps comme fondement de tous les phénomènes) *est tout ou rien, et tout et rien ; cependant «pour nous autres hommes», celle-ci ne peut être qu'une «pure fiction», quoique nécessaire à la pensée.* L'Idéal est donc à la fois la condition de possibilité de l'entendement discursif (la *métaphysique systématique*), et, en tant qu'entendement intuitif, le mirage dans lequel cet entendement humain tente toujours de reconnaître son essence (la *métaphysique naturelle*).

Nous avons dit plus haut qu'en tant que cet Idéal est considéré dans sa singularité vide, il déchoit (puisqu'on le «détermine») et retombe dans l'Idée psychologique ; qu'en tant qu'il est considéré dans sa totalité pleine, il retombe dans l'Idée théologique ; qu'en tant qu'il est considéré comme contenant sous lui le principe de la détermination complète de toute chose (comme substratum transcendantal), il retombe dans l'Idée cosmologique. Cette déchéance immédiate, dès qu'on veut se figurer cet Idéal, est bien le signe qu'il est le point-limite où l'architectonique s'évacue d'elle-même et cesse même d'être architectonique.

L'Idéal est l'im-pensable lui-même et, en tant que tel, l'*impensable fondement de la pensée*. Il est analogue en cela au Noumène (dans le sens positif) qui est l'*in-sensible. Il est la conjonction de l'im-pensable, c'est-à-dire l'entendement intuitif originaire, et de l'in-sensible, c'est-à-dire l'intuition intellectuelle originaire.* Ainsi, les deux contradictions que constituent respectivement l'entendement intuitif et l'intuition intellectuelle, se reconnaissent comme chiralement identiques l'une à l'autre, et dans cette reconnaissance où elles apparaissent comme les deux termes d'une tautologie, la spécificité thématique et architectonique de l'intuitif et du discursif (*i.e.* l'intellectuel) dis-paraît ; cette ultime dis-parition opérée dans l'accomplissement de la *réflexion* laisse derrière elle l'ombre géante de la métaphysique systématique, *formellement* et *matériellement* vide, remplir peu à peu le ciel, l'obscurcissant de son excessive clarté ou l'éclairant de sa trop grande obscurité, ce qui rend enfin audible la vibration de notre propension envers la métaphysique, c'est-à-dire envers la connaissance absolue, comme une disposition naturelle, un besoin de sens qu'il faudra maintenant essayer d'élucider dans la perspective de la *Critique de la faculté de juger* : nous ne sommes plus très loin du *sublime*.

Quatrième Partie

ARCHITECTONIQUE
DE LA POSSIBILITÉ
DE L'EXPERIENCE

Ce dernier chapitre est consacré à un commentaire minutieux de la partie dynamique de l'Analytique des Principes, entre-croisé avec une étude tout autant attentive des concepts de la réflexion transcendantale, autrement dit de la *possibilité de l'expérience.*

Souvenons-nous en effet que ce qui nous permet préalable-ment d'*isoler* respectivement la sensibilité et l'entendement pour en faire l'étude s'accorde «naturellement et inévitable-ment» devrait-on dire avec l'illusion transcendantale qui naît de leur conjonction idéale en un plan hégémonique qui serait celui d'une connaissance absolue que nous n'avons pas. Or, la mathématique pour la sensibilité, ainsi que la logique générale analytique pour l'entendement recréent, chacune pour leur part, une immanence hégémonique qui sont dans un rapport d'ana-logie décelable jusque dans le traitement que Kant leur a réser-vé, comme on l'a vu. Que cette analogie ne s'effondre pas en une identité stricte où le logique et le mathématique ne feraient finalement qu'un, est dû à ce que l'un est maintenu hors de l'autre par quelque chose de formellement inapparent dans la représentation : l'*effectivité* de l'expérience, que nous avions précédemment l'instant limitée à la phénoménalité même de la synthèse figurée pour la sensibilité et de la synthèse intellec-tuelle pour l'entendement.

Nous venons de voir que l'unité (le noumène de l'intuition originaire) de la connaissance absolue s'ouvre en un dédouble-ment (ou comment un tel dédoublement *dis-paraît* dans l'unité de l'Idéal/entendement originaire) ; il nous reste à voir com-ment ce dédoublement se dédouble encore une fois sans exac-tement se reproduire, comment autrement dit, le même et l'autre de la réflexion logique se démultiplient en quatre mo-ments disposés en symétrie chirale (aa, ab, ba, bb) pour la ré-flexion transcendantale qui décrivent non seulement les quatre classes des catégories mais expliquent comment on peut, de surcroît, les reclasser deux par deux (classes mathématiques et dynamiques). Nous l'espérons, ces (dé)monstrations que nous voulons conduire dans la fidélité la plus absolue aux textes de Kant, suffiront, dans le cadre de cet ouvrage à donner une *image* de l'architectonique kantienne.

Commentaire
de la représentation systématique de tous les principes synthétiques de l'entendement pur

1. INTRODUCTION

Kant appelle *doctrine transcendantale de la faculté de juger* (A136/B175 p. 883) cette partie de la Critique mieux connue sous le nom d'Analytique des Principes, et, de même que l'Analytique des Concepts n'est autre qu'une *doctrine transcendantale de l'entendement*. Kant s'explique sur le lien entre ces deux analytiques dès la première phrase de l'Introduction («De la faculté de juger transcendantale en général»):

> «Si on définit l'entendement en général comme la faculté des règles, la faculté de juger est la faculté de subsumer sous des règles (...). La logique générale ne contient pas de préceptes pour la faculté de juger et ne peut en contenir.» A132/B171 pp. 880-881.

Toute la difficulté de cette articulation est exprimée dans ce court passage. Il est frappant en effet de voir qu'au début de l'Analytique des Concepts, Kant n'hésite pas à assimiler la faculté de juger à l'entendement (comme faculté de penser, A69/B94, p. 826, *loc. cit.*); or le jugement est l'acte de ramener l'unité subjective des représentations à l'unité objective[1]. Dans

---

1. § 19: «...si je recherche plus exactement la relation des connaissances données dans chaque jugement, et si je la distingue, comme appartenant à l'*entendement*, du rapport établi d'après les lois de l'*imagination reproductrice* (rapport qui n'a qu'une valeur subjective), je trouve qu'un jugement n'est rien d'autre que la manière d'amener des connaissances données à l'unité objective de l'aperception.» B141, pp. 859-860, *loc.*

cette définition de l'entendement comme faculté des règles, celui-ci est réduit à l'ensemble des représentations objectives, ensemble qui par rapport à l'imagination doit être considéré comme ensemble de règles et non comme ensemble de concepts pour une logique autonome. La perspective est clairement transcendantale (pour établir le rapport au réel) et non plus simplement métaphysique (pour établir la possibilité d'une logique de la nécessité pure).

Ainsi, la double nature de l'entendement, exprimée dans son unicité dans plusieurs endroits de l'Analytique des Concepts, est tout à fait manifeste : à l'entendement, l'unité objective contenue dans le concept-règle, c'est-à-dire dans la règle en tant qu'elle est passée à la limite et que l'inflexion anamorphique témoignant de la subjectivité de l'imagination reproductrice a été abolie ; au jugement, l'acte même de rapporter l'unité subjective des représentations à l'unité objective (par rapport à l'unité de l'aperception). On le voit, le jugement est ce qui exprime la spontanéité de l'entendement, autrement dit ce qui fait aboutir la synthèse transcendantale de l'imagination. L'entendement défini comme faculté des règles laisse au jugement la réalité de son pouvoir et sa définition indique que nous ne sommes plus dans la perspective de la synthèse figurée propre à l'Analytique des Concepts (perspective qui était intellectuelle), mais que nous sommes déjà dans une perspective réglée par la synthèse intellectuelle, autrement dit dans la perspective rationnelle.

L'entendement-plafond de la synthèse figurée dans l'Analytique des Concepts est maintenant devenu l'entendement-plancher de la synthèse intellectuelle : dans ce dernier cas, il figure désormais l'ensemble *matériel* des objets possibles d'une expérience, comme dans le premier cas, il figurait la possibilité *formelle* de celle-ci. L'identité entre ces deux figures, matérielle et formelle, de l'expérience en général, est exprimée, on le sait, par le principe suprême de tous les jugements synthétiques.

D'une manière que l'on pourrait appeler rituelle d'un point de vue architectonique, ce Livre II «Analytique des Principes» est divisé en trois chapitres. Le premier chapitre concerne le

---

cit. (nos italiques). L'entendement y est clairement la fonction de l'objectivité dans les représentations.

«Schématisme des Concepts Purs de l'entendement», comme étant ce par quoi ces concepts purs deviendront principes. Ce texte, dont on a maintes fois remarqué le laconisme, jette une passerelle entre les concepts de l'entendement métaphysique (*autonome*) et les principes de l'entendement transcendantal, par-dessus l'éclipse. Aussi peut-on affirmer que toute l'Analytique des Concepts dans ce chapitre constitue en fait la mise en place de la dis-parition de l'enracinement originaire du logique dans le phénoménal, enracinement que la théorie du schématisme rend à nouveau visible, non sans apparaître elle-même obscure.

Dans le même esprit, puisque le premier chapitre de ce Livre II articule l'entendement autonome avec tout ce qu'il éclipse et nous fait passer de la limite supérieure de la synthèse *figurée* à la limite inférieure de la synthèse *intellectuelle* de la raison architectonique, il n'est pas étonnant que le troisième et dernier chapitre, traitant du «Principe de la distinction de tous les objets en général en phénomènes et noumènes», nous présente la limite supérieure de cette même synthèse intellectuelle. La construction est clairement tripartite — il suffit de consulter la table des matière pour s'en convaincre — et nous venons d'en citer les termes extrêmes.

A dessein voudrions-nous maintenant isoler le chapitre médian, intitulé «Système de tous les principes de l'entendement pur» pour souligner tout d'abord qu'il s'agit bien d'un *système* et ensuite, qu'il occupe architectoniquement une place similaire à celle de l'imagination transcendantale entre l'intuition et le concept, dans la Déduction de l'Analytique des Concepts (et ce, plus nettement dans la première version). C'est par ce chapitre que nous devons commencer afin de pouvoir ensuite mettre en place les limites inférieure et supérieure de l'activité synthétique judicative. En effet, tout comme l'imagination rapporte en toute subjectivité l'unité de l'intuition à l'unité d'une représentation, le jugement rapporte l'unité subjective d'une représentation à son unité objective. On le voit, l'homologie reste totale entre ces deux pouvoirs.

2. Les catégories dynamiques dans «La représentation systématique de tous les principes synthétiques de l'entendement pur»

2.1 La distinction entre principes mathématiques et dynamiques

Avant que ne soit détaillé chacun de ces principes synthétiques, Kant s'attarde sur une distinction dont il est possible que le sens profond passe aisément inaperçu : il s'agit de la distinction entre principes mathématiques et principes dynamiques :

> «Dans l'application des concepts purs de l'entendement à l'expérience possible, l'usage de leur synthèse est ou *mathématique* ou *dynamique* ; car elle se rapporte en partie simplement à l'*intuition*, en partie à l'*existence* d'un phénomène en général. Or les conditions *a priori* de l'intuition sont absolument nécessaires à l'égard d'une expérience possible, celles de l'existence des objets d'une intuition empirique possible ne sont en elles-mêmes que contingentes. Les principes de l'usage mathématique auront donc une portée absolument nécessaire, c'est-à-dire apodictique, tandis que ceux de l'usage dynamique comporteront bien aussi le caractère d'une nécessité *a priori*, mais seulement sous la condition de la pensée empirique dans une expérience, par conséquent d'une manière médiate et indirecte.» A161/B199-200, p. 900 (Kant souligne).

Le critère, on le voit, ne provient pas du contenu matériel, ni même de la manière formelle de traiter ce contenu ; il provient au contraire d'une exigence de nécessité qui peut être atteinte dans le rapport direct à l'intuition, ce en quoi l'évidence sera dite «immédiate», et qui peut être atteinte également dans un rapport indirect, pour une évidence «médiate». La première sorte d'évidence est atteinte par la synthèse figurée de l'imagination transcendantale (puisqu'elle s'applique à l'intuition en général) et sa nécessité est atteinte en passant à la limite du côté de l'intuition, c'est-à-dire en passant de l'intuition sensible à l'intuition en général. La seconde sorte d'évidence dite médiate est atteinte par la synthèse intellectuelle de la faculté de juger transcendantale (puisqu'elle fait intervenir le concept d'un phénomène, d'une existence). Il s'agit dans les deux cas de la même synthèse, portant des noms différents, et de la même sorte de nécessité, mais atteinte différemment. Dans le second cas, la pensée (empirique) s'implique ; dans le premier, elle est simplement indéterminée (comme l'était sa synthèse, dans l'Esthétique).

2.2 Les postulats de la pensée empirique

Ainsi, la distinction entre les usages mathématique et dynamique, loin de tracer a priori, — du haut d'un surplomb méthodologique d'autant plus haut qu'il serait impensé — une perspective suivant l'évidence nativement manifestée par l'essence de l'intuition et du phénomène, provient en fait du quatrième principe synthétique, autrement dit des «Postulats de la pensée empirique», lesquels supposent cette perspective tout en étant supposés par elle, puisqu'ils en font partie. Pour cette dernière raison, ils sont bien des postulats, puisqu'«une proposition de ce genre ne peut pas être démontrée, puisque le procédé qu'elle exige est précisément celui par lequel nous produisons d'abord le concept d'une telle figure» A234/B287, p. 965. L'auto-référence est claire, et Kant ne se la cache pas; là réside le sens profond de l'expression «postulats» qui sert à les qualifier. Ces postulats font et ne font pas partie de la perspective, puisqu'ils ne sont pas proprement des jugements synthétiques; aussi ne sont-ils pas «prouvés», mais seulement accompagnés d'un «éclaircissement» (A219/B266, p. 948). Le texte qui exprime le mieux la position de Kant à ce propos se trouve à la fin de la réfutation de l'idéalisme:

> «...les principes de la modalité ne sont pas objectivement synthétiques, puisque les prédicats de la possibilité, de la réalité et de la nécessité *n'accroissent pas le moins du monde le concept* duquel ils sont énoncés, en ajoutant encore quelque chose à la représentation de l'objet. Comme ils sont bien pourtant synthétiques, ils ne le sont que subjectivement, c'est-à-dire qu'ils ajoutent au concept d'une chose (du réel), dont autrement ils ne disent rien, la faculté de connaître où il a son origine et son siège» A234/B286, p. 964 (nos italiques).

De prime abord, la définition du jugement synthétique, comme étant le rapport de la pensée logique analytique à ce qui ne lui appartient pas, ne s'applique pas ici, mais nous devons modérer ce point de vue. Dans la logique générale analytique, le jugement exprime un rapport entre représentations en général appartenant à cette logique, en une représentation qui elle-même y appartient aussi. La particularité du postulat de la pensée empirique est de devoir faire le détour synthétique par le réel pour rapporter une représentation à une autre représentation, celles-ci appartenant pourtant au domaine de la logique. Ce détour par le concept nécessairement logique d'une chose, c'est-à-dire une représentation dont Kant se sent l'obligation de préciser qu'elle est «...(du réel)» est ce qui justifie la place des postulats de la pensée empirique dans une table des jugements synthétiques. Il y a en effet sortie du concept (autrement dit du domaine de la logique analytique), mais il y a de la même façon, ré-entrée ; c'est en fait un coup d'épée dans l'eau, et Kant précise lumineusement que ces postulats «ne disent rien d'ailleurs» du concept en question. Il y a restauration de l'analycité du jugement, tout simplement parce que le jugement, disons plutôt le mouvement synthétique de sortie hors du concept pour se rapporter au réel, est immédiatement annulé par un mouvement tout aussi synthétique de retour au logique, mouvement caractéristique en ce qu'il annule le premier. Le système complet des principes de l'entendement pur inclut donc la clôture analytique de la pensée (par la double anamorphose), en tant que son rapport au réel, sans lequel elle n'est rien, redéfinit son analycité comme établissement et dissolution successifs de la synthéticité.

Ceci est tout à fait déterminant pour la compréhension du système complet de ces principes. La place particulière de ces Postulats de la pensée empirique témoigne de ce que nous avons par ce système une représentation complète de l'architectonique comme constituant une mise à plat du rapport de la catégorie au phénomène. Avec ces Postulats, nous avons le rapport de la catégorie à la catégorie, comme étant l'essence synthétique de l'analycité *qui trouve sa véritable définition comme étant la synthéticité se retournant sur elle-même et s'annulant.*

Les postulats de la pensée empirique sont au nombre de trois : possibilité, réalité et nécessité. Laissons de côté pour l'instant les deux premiers. Quant à la nécessité, elle a été déterminée plus haut comme le critère par lequel se distinguaient principes mathématiques et dynamiques, et par là, intuition et phénomène. Si nous rassemblons maintenant les éléments que nous venons de dégager à ce propos, nous voyons que nous sommes maintenant en mesure de définir le phénomène comme étant l'intuition «plus» la pensée empirique. De plus, si nous lisons l'Analytique des Principes dans chacune de ses articulations suivant la grille de lecture que fournissent les postulats, nous voyons dans une lumière particulièrement pénétrante comment se déterminent l'essence et l'articulation de ce qui, dans le réel, s'annonce comme irréductible à la représentation, et qui dès lors différencie le principe en général du concept en général, le concept appartenant matériellement et formellement à la logique générale analytique.

Rappelons tout d'abord la disposition donnée par Kant lui-même des quatre titres de cette Analytique (A161/B200, p. 901) :

Axiomes de l'intuition

Anticipations de   Analogies de
la perception   l'expérience

Postulats de la pensée empirique

Comparons maintenant les énoncés des Postulats avec les intitulés des trois premières classes de principes :

« 1. Ce qui s'accorde avec les conditions formelles de l'expérience (quant à l'*intuition* et aux concepts) est *possible*.

2. Ce qui est en cohésion avec les conditions matérielles de l'expérience (la *sensation*) est réel <*wirklich*>.

3. Ce dont la cohésion avec le réel est déterminée suivant les *conditions générales de l'expérience* est *nécessaire* (existe nécessairement)» A218/B265-266, p. 948

Comme nous le verrons dans les pages qui suivent, le premier postulat (la possibilité) se rapporte aux intuitions en tant que grandeurs extensives ; l'accord avec les conditions formelles de l'expérience rapportées aux concepts renvoie explicitement au principe de non-contradiction, comme critère formel de la vérité. Le second postulat (la réalité) concerne très explicitement la sensation, objet du second principe (les Anticipations de la Perception)[2]. Le troisième postulat (la nécessité) est très clairement celui des Analogies de l'Expérience, puisque

---

2. A la *Wirklichkeit* visée par le second Postulat de la pensée empirique correspond la *Realität* dont traitent les Anticipations de la perception.

l'objet, en lui-même et à travers ses relations avec les autres objets, y est défini par la nécessité, de sorte qu'un enchaînement causal définit les objets de l'enchaînement et le mode de leur perception dans le temps.

L'on pourrait objecter ici qu'il manque pour parachever cette lecture de toute l'Analytique à travers les Postulats de la pensée empirique, quelque chose dans ceux-ci qui renvoie à ces mêmes postulats. Or, nous l'avons vu, le rapport de ces Postulats à eux-mêmes serait trivial s'il était analytique. Mais si c'était le cas, les Postulats ne pourraient pas figurer dans cette table des principes puisqu'ils ne seraient pas synthétiques. C'est parce qu'ils se rapportent *synthétiquement* à eux-mêmes, que *formellement* ces *Postulats sont synthétiques et que matériellement ils sont analytiques*. La pensée empirique a ce surplomb transcendantal par rapport à l'Analytique des Principes, puisqu'elle doit être supposée dans sa possibilité intrinsèque et donc dans sa clôture auto-référentielle[3] pour que ces principes puissent fonctionner par rapport à elle.

Ajoutons le résultat de cette lecture à la table des Principes : nous verrons aussitôt qu'en ajoutant l'auto-référentialité tautologique des Postulats (qui se rapportent synthétiquement à eux-mêmes, ce sans quoi la tautologie serait simplement logique et non transcendantale, et la réflexion logique et/ou transcendantale, simplement ineffective), nous

---

Il s'agit de la même chose, à cette réserve près que la *Wirklichkeit* est cette réalité en tant que la réceptivité de la sensibilité est en continuité absolue avec l'effectivité de la réalité sur elle; dès que l'on représente la *Wirklichkeit*, on en fait une *Realität*, d'où a dis-paru le sujet parce que c'est pour lui qu'il y a *Realität*, tandis que c'est avec lui qu'il y a *Wirklichkeit*. Cette distinction est essentielle et retentit sur le dédoublement de l'Idéalisme critique en idéalisme transcendantal et réalisme empirique, auxquels correspondent respectivement la *Wirklichkeit* et la *Realität*).

3.   La pensée est toujours auto-référentielle (c'est toujours «ma» pensée) et elle est même idempotente car la pensée de la pensée reste une pensée et «rien n'est ajouté à la détermination de l'objet». Ainsi, la transparence de la pensée à elle-même lui permet-elle d'être *représentée* comme faisant partie de la table des catégories, d'en être l'un des éléments, tout en contenant l'*effectivité* de toute cette table elle-même; ainsi s'explique que la réalité soit ici «*Realität*», c'est-à-dire la *représentation* de la réalité, et là «*Wirklichkeit*», c'est-à-dire *réalité* de la représentation, selon le schéma de la symétrie chirale explicité précédemment.

voyons que les Postulats contiennent toute la table des Principes, y compris eux-mêmes :

Axiomes de l'intuition
1) *POSSIBILITE*

| Anticipations de la perception 2) *REALITE (Realität)* | Analogies de l'expérience 3) *NECESSITE* |

Postulats de la pensée empirique
1. Possibilité
2. Réalité (Wirklichkeit)
3. Nécessité
(4. Clôture de la pensée sur elle-même)

C'est ainsi que l'on peut retrouver dans les Postulats de la pensée empirique, les trois moments catégoriaux composant chaque titre et en même temps (dans la mesure où il y a toujours un quatrième moment catégorial qui est éclipsé comme redoublant le troisième) les quatre titres des catégories[4].

---

4. Un exemple de quatrième moment catégorial dis-paraissant d'une énumération tripartite architectoniquement réglée est donnée par Martin Heidegger lui-même dans son *Kant et le problème de la métaphysique.* En effet, il énumère tout d'abord (p. 263, trad. de Waelhens et Biemel) les trois intérêts de la raison (intérêts spéculatifs aussi bien que pratiques) exprimés par les trois célèbres questions posées dans la Critique: «1° Que puis-je savoir? 2° Que dois-je faire? 3° Que m'est-il permis d'espérer?» (A804/B832); ensuite, il cite le cours de Logique où une quatrième question «4° Qu'est-ce que l'homme?» vient compléter la liste, et redonne cette remarque de Kant suivant laquelle «au fond, on pourra mettre tout ceci au compte de l'anthropologie puisque les trois premières questions se rapportent à la quatrième» (*Ibid.*, p. 264). Nous n'entrerons pas ici dans la problématique de l'anthropologie philosophique et nous n'avons cité ce passage que pour souligner, anticipativement, comment un indice architectonique peut être thématisé dans l'éclipse même de sa signification architectonique.
Un autre exemple est à peine perceptible dans la *Critique de la raison pure* elle-même; en effet, on peut considérer qu'il y a trois tables catégoriales: les fonctions logiques, les concepts et les principes. En réalité, il y en a une quatrième de plein droit: celle du rien (nous ne prenons pas en considération les tablatures catégoriales des paralogismes,

Nous devons maintenant penser cette table des Principes en la rapportant à ce que nous avons déjà dégagé du modèle théorique (architectonique) de la connaissance dont Kant se sert chaque fois qu'il doit exprimer le rapport d'une pensée en général à une intuition en général. Il convient de se rappeler en effet que dans ce modèle, l'intuition est pensée comme absolue continuité et que la pensée se constitue comme diversité (temporelle, non discrète) fournie par les «pliures topologiques» (qui sont des plans d'*éclipse* et/ou de *dis-parition*) de l'intuition en général (dont la nôtre est, d'une manière contingente, un type) où l'intuition se sépare entre «interne» et «externe» (d'où le sens profond de ce concept de la réflexion transcendantale), fondant ainsi la discursivité.

La nécessité de penser architectoniquement la possibilité de la connaissance comme dépendant de ce «pli topologique» nous a aidé à remarquer qu'il n'y avait «pli» que pour autant que c'était là la manière pour ce système dynamique pensée/intuition de s'extérioriser, c'est-à-dire de s'ouvrir sur le réel. En lui-même, ce système n'est rien et ne signifie rien ; pour fonctionner, il a besoin d'une «dimension» supérieure à celle qui ne fait que le contenir. Nous pouvons exprimer cela aussi bien en disant que ce système doit s'extérioriser pour exister fonctionnellement, qu'en disant que ce même système est «appelé» à exister fonctionnellement par rapport à quelque chose de radicalement autre (d'où l'importance des concepts d'homogénéité et d'hétérogénéité dans la pensée kantienne) qui le contient sans le limiter du dehors (sans qu'il y ait quelque chose dans le réel qui détermine a priori, «localement», l'objet de l'expérience).

La discursivité de l'entendement est toujours pensée par rapport à l'intuition intellectuelle, qui est une intuition immédiatement pensante. Cette intuition intellectuelle n'est «rien» pour l'entendement humain, ne signifie rien et est à peine pensable. C'est là un concept-limite, comme le permanent pour l'objet, qui permet de penser la discursivité dans un champ qui

---

des antinomies, des prétendues preuves de l'existence de Dieu, ni même celles que l'on peut trouver en dehors du domaine de la raison spéculative, *i.e.* dans la Critique de la raison pratique et dans celle de la faculté de juger: la raison en est que dans ces cas, le traitement appartient à la raison pure spéculative, mais non immédiatement l'objet). Enfin, l'on doit citer l'organisation même des Prolégomènes, divisés en quatre questions capitales et dont la quatrième, *doublon de la troisième*, celle de la métaphysique systématique est proprement éludée...

d'une manière neutre, la rend possible. Dès lors, si l'entendement intuitif est pensé comme la conjonction entre la pensée et l'intuition (entendement intuitif ou intuition intellectuelle, les expressions sont ici chiralement équivalentes), c'en est la définition, parce que c'est en ces termes que la discursivité de l'entendement est alors pensable : comme *dis-jonction* (dis-paraissante) entre l'intuition et la pensée en général.

Très clairement, dans notre tablature des Principes, nous avons, comme première et dernière catégories, cette intuition en général (pensée comme possibilité) et cette pensée en général (posée pour elle-même, et comme possibilité de cette tablature).

Nous devons alors rechercher ce qui, dans les deux catégories médianes, représente cette disjonction. Or penser la conjonction et la disjonction, ne peut se faire, suivant la pensée de Kant, que d'après la manière d'exprimer la liaison. Une note bien connue (B201-202, addition de la seconde édition, p. 901) commentant la distinction entre principes mathématiques et dynamiques fait utilement le point sur la question. Pour mémoire, nous en redonnons le schéma synthétiquement :

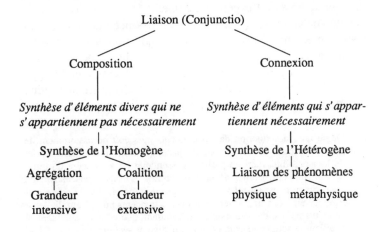

Les principes mathématiques (respectivement les «Axiomes de l'Intuition» et les «Anticipations de la Perception») correspondent aux deux types de grandeurs, extensives et intensives, données par la synthèse de l'homogène. Les principes dynamiques correspondent aux deux types de synthèse de l'hétérogène et il est clair qu'à la liaison physique des phénomènes correspondent les «Analogies de l'Expérience» et qu'à la liaison métaphysique des phénomènes correspondent les «Postulats de la Pensée Empirique».

La pensée en général, en tant qu'elle s'applique à l'expérience possible, c'est-à-dire à ce qui lui est radicalement autre, s'applique dès lors à ce qui lui est essentiellement hétérogène. Elle reconstitue sa continuité, parce qu'elle se pense en train de penser l'hétérogénéité de ce qui lui échappe. A un stade supérieur, la pensée architectonique qui se pense dans son rapport hétérogène à l'intuition, est proprement métaphysique car cette hétérogénéité a matériellement dis-paru. Son essence, même non aperçue, est la discursivité, c'est-à-dire l'hétérogénéité pensée comme mode de liaison, c'est-à-dire la différence pensée comme unité. L'intuition en général, qui lui est opposée, est la position de la continuité absolue. Comme on le sait, le temps et l'espace sont des grandeurs fluentes, dont les déterminations sont toujours produites par la synthèse (de l')homogène de l'imagination. Rapportée à elle-même, l'intuition «en général» est la position de la pure continuité, en tant qu'elle présente, à vide, en dehors de l'expérience actuelle de la sensation, une diversité analytique qui donne une connaissance pure a priori absolument certaine (apodictique). La conjonction de cette diversité pure a priori avec la pensée, autrement dit la conjonction de l'intuition «en général» avec la pensée en général, prend l'apparence d'une intuition intellectuelle, et rend nécessaire une déduction transcendantale des concepts purs de l'entendement[5].

5.   De ce fait, la déduction de ces concepts purs doit nécessairement déborder sur celle du concept de l'espace, qui est la forme pure a priori de la sensibilité, dans sa partie représentable (et le concept du temps ne doit pas être l'objet d'une telle étude). L'usage transcendant des concepts purs est en même temps l'usage transcendant du concept de l'espace auquel s'appliquent a priori ces concepts purs. Kant dit de ces concepts purs, dans leur usage transcendant, que «...non seulement, ils éveillent le soupçon sur la valeur objective et les bornes de leur usage, mais ils rendent encore ambigu ce concept d'espace, par *leur penchant à en user au-delà des conditions de l'intuition sensible*, et voilà pourquoi il était nécessaire d'en donner aussi plus haut une déduction transcendantale.» A88/B120, p. 845 (nos italiques).
    L'usage transcendant des concepts purs mène à l'illusion transcendantale dès que ceux-ci s'appliquent à l'intuition pure a priori, extensivement (le monde comme objet discret) dans la première antinomie) et

Cette conjonction de la pensée en général et de l'intuition en général court-circuite l'expérience empirique, tant dans sa matérialité (les Anticipations de la Perception) que dans son formalisme (les Analogies de l'Expérience). Cette tentative de restaurer l'unité fondamentale de l'intuition intellectuelle échoue à aller plus loin que l'apparence lorsqu'elle s'accompagne d'une redéfinition illusoire de la réalité pour tenter de l'englober. Or la réalité est ce qui extériorise le système pensée/intuition ; si ce dernier se referme, il ne peut le faire qu'en dehors de la réalité, et en dehors de tout rapport avec cette réalité, c'est-à-dire, en dehors de la vérité. Cette vérité, coupée de son corrélat, devient alors la vérité transcendantalement subjective du sens : l'apparence métaphysique. Aussi Kant montre-t-il que *les deux antinomies mathématiques n'ont pas de sens, étant tout entières de l'autre côté de la vérité, dans son corrélat* (le réel pensé comme tel dans une intuition en général, mais non perçu empiriquement dans une intuition sensible), et que *les deux antinomies dynamiques ont du sens, étant tout entières du côté de la vérité délatéralisée, du côté où la vérité, sans corrélat réel, n'est plus que le sens, horsvérité, de l'existence humaine.* Rappelons encore une fois que l'effectuation idéale de la science est, du même coup, la désubjectivation transcendantale de l'être raisonnable au profit de la raison en général, et du même coup encore, la perte du sens au profit de la vérité transcendantale. Car il n'y a pas de vérité transcendantale (positive, dans un savoir que Dieu par exemple pourrait avoir) de ce que je suis. Ce que je suis, en tant que noumène, est hors de connaissance ; ce que je suis, comme phénomène est pour moi non représentable, car porté à la représentation, il perd toute son empreinte transcendantalement subjective

---

intensivement (la divisibilité d'un tout continu, dans la seconde antinomie). On peut à ce propos noter que les deux sens possibles de l'objet (sens comme «signification» mais aussi comme directions homologues et opposées – vers le haut et vers le bas, synthèse et analyse –, dans une symétrie chirale) se retrouvent partagés entre ces deux antinomies: la première montre la limite supérieure de la construction de l'objet, c'est-à-dire son individuation (maximale), autrement dit sa *synthèse*; et la seconde, la limite inférieure de la déconstruction de l'objet, c'est-à-dire sa dés-individuation, autrement dit son *analyse*. Dans le premier cas d'activité synthétique (l'imagination est sollicitée dans les deux cas), le réel est donné et l'imagination détermine l'objet, dans le second cas, l'objet est donné et le réel y est déterminé.

qui fait que «je» suis «je». Le phénomène du «je» subjectif renvoie au noumène du «je» (l'Idée psychologique), autrement dit à rien.

Qu'est-ce qui, dans l'expérience du réel, caractérise les deux catégories médianes (et médiatrices du rapport pensée/intuition)? A ce sujet, les textes sont très clairs. Pour les Anticipations de la Perception, c'est la *réalité* que la sensation approche dans l'immédiateté la plus profonde (et la *Wirklichkeit* devient *Realität*). Pour les Analogies de l'Expérience, c'est le temps. Si nous voulons qualifier la réalité en dehors de notre rapport avec celle-ci, c'est-à-dire en dehors de la subjectivité de notre approche, nous devrions parler d'«être» (substantia phaenomenon). Mais il faut tout de suite noter que l'Analytique des Principes ne s'occupe pas des choses en elles-mêmes, de quelque manière qu'on puisse les appeler, mais seulement des phénomènes, et cette restriction, on l'a vu à propos de la sensation, se traduit au niveau de la rédaction par un certain flottement dans la terminologie. Il reste que dans le cadre très limité de notre analyse, nous devons utiliser ce terme «être» sans rien en préjuger, si ce n'est qu'il est préférable à celui de «réalité» encore trop proche de notre subjectivité.

L'analyse de la tablature des Principes, suivant la grille de lecture des Postulats de la Pensée Empirique, et du concept général de liaison qui leur est sous-jacent, nous permet d'en représenter *thématiquement* l'essentiel, dans la même présentation quadripartite:

Axiomes de l'intuition
INTUITION EN GENERAL
(grandeurs extensives)

Anticipations de   Analogies de
la perception   l'expérience
Synthèse de l'Homogène   Synthèse de l'Hétérogène
(grandeurs intensives)   (liaison physique)
ETRE   *TEMPS*

Postulats de la pensée empirique
Synthèse de l'Hétérogène
(liaison métaphysique)
PENSEE EN GENERAL

Le rapport architectonique entre l'intuition en général et la pensée en général n'est pas de ces rapports analytiques qui enferment leurs deux termes dans la clôture d'une représentation. Bien au contraire, *ce qui sépare l'intuition, de la pensée, et les empêche de s'effondrer l'un dans l'autre (en un entendement intuitif) est une double extériorisation qui s'ouvre sur un double indicible : l'Etre et le Temps*[6].

La pensée est donc séparée de l'intuition, au départ de leur unité fondamentale commune par «quelque chose» qui est lui-même scindé. Cette double scission est une double pliure dont on peut suivre les arrêtes en se servant des lignes de démarcation tracées par les différents types de liaison (homogène et hétérogène). En effet, la synthèse de l'hétérogène, autrement dit l'effectivité de la pensée, lorsqu'elle s'adresse à son «ailleurs» où elle puise sa condition de possibilité phénoménologique, s'exprime dans le temps, et le temps devient alors l'expression de l'essence de la pensée en général, et par là, de la subjectivité (ou de la discursivité, ce qui revient au même), de notre entendement.

D'autre part, la synthèse de l'homogène en tant qu'elle est le point de contact avec ce qui n'«appartient pas» à l'intuition en général (où cette dernière puise sa condition de possibilité

6. La référence, pour évidente qu'elle puisse être vis-à-vis de Heidegger, est fortuite, car il ne nous est pas apparu que si tel était le projet heideggerien, il s'en soit peu ou prou rapproché. L'Etre est séparé du Temps par la conjonction existentiale de l'intuition en général et de la pensée en général, conjonction qui déploie la discursivité de l'entendement humain. L'Etre et le Temps restent donc à l'extérieur de cette connaissance qui ne peut parler d'eux que par prétérition. Dès lors que Heidegger a exclusivement privilégié (surtout dans son *Kantbuch*), l'intuition sur la pensée (l'inverse étant une faute aussi rédhibitoire), il tombe dans une sorte d'illusion transcendantale qui lui fait perdre la seule perspective, authentiquement kantienne, en équilibre entre l'épistémologique et le phénoménologique, qui aurait pu lui faire apercevoir l'éclipse mutuelle de l'Etre et du Temps. L'Etre est le nom que prend la connaissance absolue d'un entendement intuitif (d'une intuition intellectuelle) lorsqu'elle «prend» massivement, comme l'on dit d'un ciment. Le Temps est le nom de cette même connaissance lorsqu'il advient qu'elle (n')est «rien». Tout ou rien était déjà l'alternative à laquelle nous étions arrivés dans la section intitulée *Symétrie et dissymétrie des deux formes de la sensibilité* dans la première partie du présent ouvrage, en examinant ce qui pouvait sortir comme connaissance au départ de la forme pure a priori de «tous» les phénomènes, par le seul effet de cette totalisation.

épistémologique — la disposition croisée est indéniable), désigne un indifférencié a priori : l'être (la réalité désignant plutôt quelque chose de déterminé phénoménalement, ce qui n'est pas ce que nous voulons exprimer). Autrement dit, la pensée architectonique d'elle-même dans son rapport avec l'intuition en général, se redistribue dans une perspective de ce qu'elle n'est pas, et qui se donne comme l'indifférencié a priori (l'être), et ce même indifférencié en tant qu'il devient objet pour le système pensée/intuition, autrement dit pour la connaissance expérimentale.

Penser architectoniquement le rapport de la pensée en général à l'intuition en général, c'est du même coup penser le rapport de l'être à sa phénoménalisation pour nous. C'est très exactement le problème de la diversité «locale» (du contact immédiat, *hic et nunc*, avec l'être via la sensation) de la *synthèse figurée* dans son rapport à la diversité «globale» (l'expérience médiate comme système de la connaissance) de la *synthèse intellectuelle*.

L'architectonique exige que la pensée soit pensée dans son altérité, dans sa scission d'avec l'intuition (en général) sinon cette pensée architectonique sera celle d'un entendement intuitif. Ce qu'il convient maintenant de conserver présent à l'esprit, est que le corollaire architectonique de cette pensée de la discursivité doit être de penser l'extériorité a priori, autrement dit l'être, comme massivement homogène et, par conséquent, à la manière d'une connaissance absolue réalisée matériellement. Entre la sensation immédiate et l'objet reconstitué, la réalité est entitativement la même, et c'est donner la définition de l'objectivité que de poser cette homogénéité comme étant l'identité de l'être (intuitionné) avec sa transposition en objets phénoménaux liés au sein d'une connaissance systématique. Nous avons là une définition possible de la vérité transcendantale. Elle suppose dès lors que la détermination des objets de l'expérience dans le temps, détemporalise ces objets, c'est-à-dire qu'elle les rende à leur *intemporalité primitive*, puisque le temps est la forme pure a priori non pas (de l'existence) des choses en soi, mais de notre réceptivité.

2.3 Les Analogies de l'expérience

a) Introduction

Le commentaire des «Postulats de la pensée empirique» donné dans la section précédente nous a permis de reconstituer l'articulation architectonique des différents titres des catégories ; celui que nous proposons maintenant des «Analogies de l'expérience» nous permettra de «montrer» comment la manière kantienne de résoudre la problématique du passage à l'objectivité d'une représentation subjective, c'est-à-dire de passer d'une succession linéaire et unidimensionnelle de perceptions subjectives à une perspective pluridimensionnelle (permanence, succession et simultanéité) consiste en une description de la double anamorphose.

Les Postulats de la pensée empirique représentent le système des différentes «limites» de l'effectivité de la synthèse (imagination, faculté de juger et raison dans son usage logique), à savoir les limites par lesquelles la double anamorphose s'abolit en s'équilibrant en un plan à inflexion nulle. Dans la mesure où ce schéma (la double anamorphose) permet de rendre compte de toute l'architectonique kantienne, il faut accepter ici que nous ne puissions en montrer que les limites (dans la section précédente sur les Postulats de la pensée empirique) sans en montrer le mouvement, ou bien le mouvement (comme nous le ferons maintenant dans ce commentaire des Analogies de l'expérience) sans en montrer les limites ; la raison en est que la limite (dont les représentations forment une connaissance pure a priori) éclipse le mouvement (ou l'effectivité, à savoir ce que Kant appelle «pouvoir» ou «faculté»).

b) Le principe général de l'analogie par rapport à l'objet — Perspective épistémologique

Dans l'analogie mathématique, en donnant le rapport de deux grandeurs, et trois des quatres termes, on obtient mécaniquement le quatrième...

> «Dans la philosophie au contraire, l'analogie est l'égalité de deux rapports, non *quantitatifs,* mais *qualitatifs,* dans lesquels, à partir de trois membres je ne puis connaître et donner *a priori* que le *rapport* à un quatrième, mais non ce *quatrième membre* lui-même.» A179/B222, p. 917 Kant souligne.

La précision est éclairante ; nous avons encore une fois l'opposition entre la méthode mathématique et la tentation dogmatique à laquelle la philosophie transcendantale ne doit pas succomber sous peine de tomber dans des fictions métaphysiques. En effet, l'analogie empruntée au langage de la mathématique risque d'en conserver l'illusion (transcendantale) qui serait celle d'un fonctionnement en immanence : à l'intérieur d'un système clos, l'analogie est immédiate, constitutive et analytique. Toute la question est de savoir à quoi peut correspondre une analogie dont l'original (le rapport de départ) ne peut être lu, par rétrojection, que dans la copie (le rapport déduit), c'est-à-dire dans l'expérience empirique elle-même. En effet, s'il y a analogie, avec quoi, exactement, il y a-t-il analogie pour que cette expression ait un sens ?

Un élément de réponse est fourni par la réapparition, dans les textes des Analogies, de la «définition nominale de la vérité», initialement rencontrée dans l'Analytique des Concepts : en effet, dans l'Introduction de la Logique transcendantale, on peut lire ceci :

> «La définition nominale de la vérité, qui en fait la conformité de la connaissance avec son objet, est ici accordée et supposée... A58/B82 p. 817.

Le corollaire ne tarde pas à suivre :

> «...si la vérité consiste dans l'accord d'une connaissance avec son objet, cet objet doit être par là distingué des autres» A58/B83 p. 818.

Or, cette définition réapparaît, in extenso, dans les démonstrations de la causalité,

> «On voit tout de suite que, comme *l'accord de la connaissance avec l'objet constitue la vérité*, il ne peut être ici question que des conditions formelles de la vérité empirique, et que le phénomène, par opposition aux représentations de l'appréhension, ne peut être représenté comme l'objet de ces représentations, différent d'elles, qu'à la condition d'être soumis à une règle qui le distingue de toute autre appréhension, et rend nécessaire une sorte de liaison du divers. *Ce qui dans le phénomène contient la condition de cette règle nécessaire de l'appréhension est l'objet.*» A191/B236 p. 928 (nos italiques).

Les représentations subjectives de l'appréhension sont l'unique point de départ ; or elles ne peuvent être dites subjectives que par rapport à une objectivité qui apparaît comme originaire, bien qu'elle ne puisse être que restituée ou dérivée de ces représentations subjectives. Aussi, lorsque Kant oppose tout d'abord, dans ce passage, le phénomène aux représentations de l'appréhension, pour préciser ensuite qu'il ne peut être représenté que comme un objet de cette appréhension et dans cette précision, il maintient cette opposition entre le phénomène et les représentations de l'appréhension. Il doit du coup ménager une différenciation dans l'appréhension même alors qu'il doit réutiliser les mêmes termes ; du coup, la phénoménalité du phénomène avant sa mise en représentation par l'appréhension apparaît comme la vérité objective de ce dont il y a phénomène (dans une vérité «réelle» telle que la connaîtrait d'emblée un entendement divin), et l'ordre inhérent à la réalité exprimée par cette phénoménalisation apparaît comme restitué par cette notion d'«objet» en tant que la représentation-objet, réglée par la nécessité, est «distincte» des représentations de l'appréhension.

Si l'on suppose une perspective épistémologique absolue (le regard divin), le phénomène objectif est ce qui règle à l'avance la liaison nécessaire des représentations de l'appréhension sous la règle de l'objet. Par contre, si l'on considère la perspective phénoménologique (la réalité même de l'appréhension subjective), le phénomène objectif est ce qui émerge a posteriori du travail fondamental de l'appréhension. L'analogie restitue un rapport objectif d'un «objet» qu'elle n'a pu appréhender que noyé dans la masse des perceptions liées entre elles de manière «accidentelle» :

> «...dans l'expérience, les perceptions ne se rapportent les unes aux autres, il est vrai, que d'une manière accidentelle, de telle sorte qu'aucune nécessité de leur liaison ne ressort ni ne peut ressortir des perceptions elles-mêmes, car l'appréhension n'est qu'un assemblage du divers de l'intuition empirique, et l'on n'y saurait trouver aucune représentation de la nécessité d'une liaison dans l'existence des phénomènes qu'elle rassemble, au sein de l'espace et du temps.» B218-219 p. 914.

On le voit, dans cette addition de la seconde édition, Kant a pris bien soin de couper toutes les issues à la tentation de puiser métaphysiquement dans un réel (perçu par une intuition intellectuelle) l'objectivité virginale de l'objet. La conclusion à tirer de telles indications est que l'individuation, critère et corollaire clefs de la «définition nominale de la vérité» n'est pas, en elle-même ou par elle-même, une détermination objective de l'objet. Cela peut sembler très paradoxal et mérite quelques explications.

Dans le passage de la représentation subjective (de l'imagination) au concept objectif d'un phénomène existant réellement et donné par l'expérience (pour l'entendement), une représentation de représentation n'est pas exactement la même
chose qu'une représentation en général, contrairement à ce qui
se passe dans le fonctionnement immanent de la mathématique.
Ainsi, «le phénomène... ...ne peut être *représenté* comme
l'objet de ces *représentations,* différent d'elles, qu'à la condition d'être soumis à une règle... ... cette règle nécessaire de
l'appréhension est l'objet.» (A191/B236 p. 928 *loc. cit.* vide
supra). Cette représentation de représentation (donc un jugement) reconstitue la nécessité dont Kant a senti le besoin de
bien souligner qu'elle ne peut se trouver dans la représentation
initiale de l'appréhension.

Qu'est-ce qui distingue la nécessité objective dans une représentation et son «analogue» dans l'existence ? Si nous pouvons
répondre à cette question et que nous déterminons ce qui l'en
distingue, nous devons de plus retrouver ce qui l'y articule.

Cette identité dans la différence est ce qui distingue la philosophie transcendantale, des procédés de la mathématique où
il ne pourrait y avoir que identité *ou* différence, puisque la mathématique kantienne, œuvre de l'entendement pur construisant
dans l'intuition pure *in concreto*, obéit au principe de non-
contradiction.

La double anamorphose nous est ici d'un grand secours : les
représentations subjectives de l'appréhension sont entre elles
indifférenciées, ni vraiment contingentes, ni vraiment nécessaires et l'imagination se distingue ici de l'entendement, en ce
qu'elle ne contient pas la «règle nécessaire», qui lui est surordonnée. Kant commence l'ajoute de la seconde édition, par
cette précision :

> «L'expérience est une connaissance empirique, c'est-à-dire une
> connaissance qui détermine un objet par des perceptions. Elle est
> donc une synthèse des perceptions, qui elle-même n'est pas *conte-*
> *nue dans la perception*, mais contient l'unité synthétique du divers
> de ces perceptions dans une conscience, unité qui constitue l'es-
> sentiel d'une connaissance des objets des sens, c'est-à-dire de
> l'expérience (pas seulement de l'intuition ou de la sensation des
> sens).» B218-219 p. 914 (nos italiques).

La synthèse des perceptions n'est pas contenue dans ces
perceptions, pourtant elle-même synthétiques, puisqu'elles sont

déjà des «sensations accompagnées de conscience». Pour qu'il
y ait expérience, de simples perceptions ne suffisent pas (et
Kant insiste : «pas seulement l'intuition ou la sensation», soulignant s'il le fallait que ce n'est pas exactement la même
chose). D'un autre côté, dès qu'il y a perception, il y a
conscience, donc l'amorce d'un mouvement tournant qui d'un
côté donnera l'unité de la conscience (c'est-à-dire l'unité *de* la
représentation), et de l'autre, par voie de conséquence, l'unité
dans la représentation, autrement dit : l'objet. D'un côté, le
temps dont la diversité se laisse irrésistiblement ramener à
l'unité trans-intellectuelle de l'aperception, unité non de l'entendement mais bien de la raison ; de l'autre côté, l'espace dont
la diversité doit être ramenée réflexivement sous diverses unités intellectuelles[7].

Comment la nécessité apparaît-elle comme «motif» de la
liaison nécessaire des représentations (de représentations) sans
que nous tombions directement dans une connaissance absolue ? Pour répondre à cette question, souvenons-nous de ce
qu'est une analogie pour la philosophie transcendantale : la
production d'un rapport, sans la production du quatrième
membre lui-même.

Nous avons vu comment la *Wirklichkeit* kantienne se tra-
duisait en définitive en un continuum indifférencié où l'effectivité de la réalité est en action réciproque (troisième analogie)
avec la réceptivité des sens pour la sensation. La sensation
fragmente mais sans quantifier ; quand bien même il y aurait
des pertes au niveau de la sensation, nous ne saurions savoir
lesquelles car les représentations sont uniment «confuses»,
«obscures» ou claires sans cesser d'être objectives, car l'objectivité n'est pas affaire de clarté. L'individuation est réalisée par
l'entendement et non par l'intuition qui unifie tout, à son
propre niveau. Aussi, le découpage, c'est-à-dire la définition de
ce dont il y a rapport est l'apport transcendantalement subjectif

---

7. Objectivement, les catégories et subjectivement, les différents types de
représentations : intuitions pures et représentations empiriques pour
l'imagination, phénomènes, c'est-à-dire représentations de
représentations pour l'entendement, concepts de concepts pour la raison, avec l'événementialité pour la faculté de juger (sentiment de plaisir et de peine), qui accompagne chacune des trois différentes synthèses, l'agréable pour les anti-objets des sens, le beau pour ceux de
l'entendement et le sublime pour ceux de la raison.

de l'entendement ; par contre, *le rapport entre ces choses qui sont distinguées les unes des autres*, ce rapport dis-je, est la restitution de l'objectivité, qui sans le tramage discret (le mode d'individuation) imposé par l'entendement, serait certes là dans notre esprit, mais serait vide. Souvenons-nous : des intuitions sans concept (c'est-à-dire sans liaison nécessaire, puisque la liaison contingente, selon leur propre mode, est déjà acquise) sont aveugles, tandis que des pensées sans intuition sont vides.

Aussi toute la difficulté kantienne, difficulté d'expression et non de pensée, consistera à utiliser le concept d'objet comme instrument et sous-produit de l'individuation sans jamais le laisser se pétrifier comme si les choses en soi étaient individuées en soi. Il n'y a pas d'objet sans objectivité, sans l'expérience c'est-à-dire d'élément syntaxique sans que soit requise toute la syntaxe, dans la complétude absolue de sa cohérence[8].

L'objet, terme de la synthèse qui englobe celle de l'imagination et l'article à celle de l'entendement (la synthèse de l'imagination étant dans cette dernière rapportée à l'unité originaire de l'aperception), est donc «rétrojeté» dans un a priori nouménal, par une illusion vraie que nous avons appelée dans les chapitres précédents, «apparence métaphysique». Il n'y a

---

8.   Kant prend ce soin bien compréhensible de toujours préciser que dans les Principes, il s'agit de l'expérience sensible qui par elle-même n'a aucune nécessité *sui generis*. Lorsqu'on passe la limite au-delà de laquelle toute expérience sensible s'est abolie, limite en laquelle la double anamorphose du monde sensible s'est éclipsée en son plan à inflexion nulle (et donc non anamorphique), la subjectivité transcendantale encore exprimée par le schématisme dis-paraît et les catégories apparaissent comme des types d'unité pour un entendement totalement délocalisé (dés-anamorphisé). Le schème (de l'imagination) n'est autre qu'une catégorie «pour nous», tandis que la catégorie (de l'entendement) n'est autre qu'un schème «en soi». Ainsi, l'imagination est le subjectif, le «pour nous» de l'expérience tandis que l'entendement est l'objectif, l'«en soi», résultat de la double anamorphose par laquelle le subjectif se désubjectivise; dès lors, il est logique que les objets de l'entendement soient des noumènes. Par conséquent, tous les phénomènes doivent être ramenés sous des schèmes et non sous les catégories elles-mêmes:

>   «...ce qui a été rappelé dans tous les principes synthétiques, et qui doit être particulièrement remarqué ici, c'est que ce n'est pas comme principes de l'usage transcendantal de l'entendement, mais simplement de son usage empirique, que ces analogies ont leur unique signification et validité, et que, par suite, c'est uniquement à ce titre qu'elles peuvent être démontrées; d'où il suit que les phénomènes ne doivent pas être subsumés sous les catégories simplement prises, mais seulement sous leurs schèmes.» A180/B223, p. 918.

d'objet que dans l'expérience, et d'expérience que pour autant qu'il y ait un entendement discursif. Pourtant, cette synthèse qui donne l'objet, c'est-à-dire qui donne la règle nécessaire de l'appréhension, est la condition a priori de l'objectivité et donc la fondation de toute vérité scientifique. Bloquer l'objet comme trait d'union entre la perspective épistémologique (rétrojetée) et la perspective phénoménologique, c'est d'une part s'obliger à en rester à l'objet indéterminé, hors *hic et nunc*, et donc au X transcendantal et c'est ensuite endurer tous les paradoxes que ce X transcendantal produit dès que l'on veut en retirer métaphysiquement des connaissances analytiques. On comprend dès lors que Kant soit on ne peut plus prudent avec l'utilisation du mot «objet» :

> «...on peut bien nommer objet toute chose, et même toute représentation, en tant qu'on en a conscience ; mais pour savoir ce que signifie ce mot par rapport aux phénomènes, envisagés non comme des objets (des représentations), mais comme désignant seulement un objet, il y faut une recherche plus approfondie. *En tant qu'ils sont en même temps, comme représentations seulement, des objets de la conscience, ils ne sont pas du tout distincts de l'appréhension, c'est-à-dire de l'admission dans la synthèse de l'imagination...*» A324-325/B189-190 pp. 926-927.

De simples représentations peuvent être appelées «objet», le mot ne prenant sa signification qu'à la lumière de la réflexion transcendantale, qui rapporte la représentation à la faculté dont elle est le produit. Comme il n'y a pas d'objets en soi, dont le concept enfermerait l'existence et l'individuation de celle-ci, il y a autant d'objets qu'il y a de possibilités de synthèse et il y aura donc des objets des sens, de l'imagination, de l'entendement et de la raison, et même des objets esthétiques, que nous avons appelés anti-objets, car ce sont des événements-objets et non des objets détemporalisés (ce que l'émergence d'une règle de liaison demande ordinairement). Dès qu'il y a conscience, il y a conscience de quelque chose et scission entre événement d'une synthèse et objet de cette même synthèse.

Penser en dehors du tiers exclu est chose malaisée, sans le secours de métaphores spatiales dont, par exemple, la symétrie chirale qui offre la possibilité de se représenter dans l'imagination des identités non strictes. Par contre, si l'on s'en tient à l'identité stricte (S est P ou non P) de la réflexion logique, on tombe rapidement dans des impossibilités pour la simple logique. Ainsi, le phénomène doit être représenté comme objet dans l'appréhension mais d'une manière telle que cet objet soit distinct des représentations de l'appréhension. Ce qui prendrait en charge la tâche de maintenir cette distinction serait la «nécessité», laquelle est circulairement définie par ... l'objet[9].

9. On retrouve ainsi le versant empiriste (le phénomène est dans la représentation donnée par l'appréhension) et le versant idéaliste (le phénomène est dans le concept) de la même alternative du diable. L'illusion (empiriste ou idéaliste) peut être maintenue tant bien que mal tant que sa prétention à l'hégémonie n'est pas mise à l'épreuve, où elle engendrait de nombreux paradoxes. Il faut cependant noter qu'il n'est pas possible de parler, d'une voix unie, de l'objet, car si l'on part du concept, on ne peut le retrouver dans l'expérience, et si l'on vient de l'expérience, on ne voit pas comment le faire entrer dans le concept. On peut d'ailleurs sentir ça et là que Kant tombe momentanément dans l'orbite de l'une ou l'autre des positions, tellement l'équilibre entre les conditions de possibilité de l'expérience et celle des objets, donc entre une totalité et une pluralité, est précaire et délicat à maintenir à travers tous les différents exposés, qui sont chaque fois orientés par un propos différent. Cela est particulièrement flagrant, lorsqu'il se reprend et change de formulation dans la même haleine:

    «Or, si cette synthèse <des éléments divers> est une synthèse de l'appréhension (du divers d'un phénomène donné), *l'ordre est déterminé dans l'objet, ou, pour parler plus exactement, il y a là un ordre de la synthèse successive, qui détermine un objet.*» A201/B246, p. 935 (nos italiques).

    Suivant la stratégie d'exposition et la nécessité de mettre en valeur tel ou tel élément architectonique, Kant passe insensiblement d'une perspective où le concept domine et inspire la redistribution de la diversité des perceptions, à une perspective où l'objectivité émerge *sui generis,* sans être déterminée autrement que par la nécessité qui apparaît dans l'expérience, de par le travail de l'aperception. La formulation de cette problématique, à laquelle Kant est indubitablement très sensible, en est donnée dans un contraste très frappant, dans le paragraphe 27 de l'Analytique des Concepts:

    «...il n'y a que deux voies pour penser un accord nécessaire de l'expérience avec les concepts de ses objets: ou bien l'expérience rend possibles ces concepts, ou bien ces concepts rendent possible l'expérience.» B166, p. 877.

    On sait que c'est la seconde explication que Kant retiendra, en l'appelant au passage «système de l'épigénèse de la raison pure» dont nous avons déjà traité, en précisant bien que ces concepts ne suffisent pas, à eux seuls, à rendre l'expérience possible. En réalité, Kant a radicalisé le propos en rapportant sa troisième voie (le principe suprême des jugements synthétiques, qui affirme l'équivalence des conditions de possibilité de l'expérience et de ses objets pour une connaissance) à la «seconde voie»; c'est plus ou moins légitime dans la mesure où c'est le concept d'un accord nécessaire entre les conditions de la possibilité

Pourtant il suffit de traduire : l'ordre objectif dans le phénomène ne doit pas s'abîmer dans les représentations de l'appréhension en tant que celles-ci sont contingentes parce qu'essentiellement *subjectives,* mais doit être représenté, à nouveau dès
lors, dans l'appréhension même, donc au départ des représentations subjectives. C'est à cette représentation de second degré
qu'incombe la tâche de faire apparaître la «nécessité», opposée
à la «contingence», de l'«objectivité», opposée à la subjectivité. Si nous pensons ces représentations de l'appréhension
comme définitivement déréglées (et ne présentant que des liaisons accidentelles et se conservant comme telles de manière
idempotente, de sorte que la réappréhension de ces liaisons ne
les transforme pas), rien ne pourra révéler l'ordre rétrojeté
comme initial du phénomène ; si nous pensons que cet ordre se
trouve initialement «dans» le phénomène, comme la bonne réponse se trouve dans l'enveloppe, alors rien ne peut entraver sa
manifestation-de-soi-même, et c'est la représentation subjective et contingente qui devient un mystère, car nous nous serions
transportés en plein entendement intuitif.

Par contre, si nous pensons en dehors du tiers exclu, à l'aide
de métaphores spatiales et en l'occurence, si nous pensons métaphoriquement que l'appréhension fonctionne comme une déformation formatrice, c'est-à-dire comme une anamorphose
dont la courbure est formellement l'expression de la contingence de la subjectivité, il devient clair qu'une anamorphose de
sens contraire appliquée à la première anamorphose va annuler

---

de l'expérience et les concepts, autrement dit les conditions de possibilité de ses objets, c'est ce concept directeur d'un accord nécessaire qui
légifère a priori sur la possibilité de l'expérience et celle de la connaissance. Nous avons encore une fois cette situation architectonique particulière (manifeste à propos de l'imagination comme effectivité centrale dans la triple synthèse de la première déduction) où une effectivité
(l'expérience) éclipse ses propres limites supérieure (le concept métaphysique d'un accord nécessaire) et inférieure (le concept métaphysique de ce dont il y a accord); l'illusion transcendantale consiste à
consommer cette éclipse et à opérer la jonction entre le concept métaphysique formel (l'accord nécessaire) et le concept métaphysique matériel (ce dont il y a accord). Il faut donc commencer dogmatiquement,
dans une *Critique de la raison pure,* c'est-à-dire poser provisoirement
les concepts métaphysiques cités, et poursuivre critiquement, c'est-à-
dire montrer que leur conjonction, en tant qu'opérée analytiquement,
est dialectique, et que cette jonction ne peut être que transcendantale,
c'est-à-dire extatique.

la contingence de la courbure ; il y a alors accord entre la connaissance et son objet (alors que connaissance et objet sont ici les deux termes d'une tautologie pour une perspective épistémologique, parce que seule une perspective phénoménologique peut les distinguer), mais le fait que le truchement par lequel advient l'objectivité se soit littéralement volatilisé («éclipsé») interdit qu'on y accède continûment et que l'on puisse se retourner sur le chemin parcouru et dire, voilà comment je suis passé de la subjectivité de mon appréhension à l'objectivité de mon objet conceptuel.

On voit bien que la définition, c'est-à-dire l'individuation de l'objet comme prenant son sens dans une perspective qui, à son tour, trouve dans l'objet sa signification, constitue du même coup la condition de possibilité de la connaissance comme étant accordée à l'objet. De fait, cette définition de la vérité est analytiquement circulaire mais synthétiquement linéaire comme c'est le cas pour les Postulats de la Pensée Empirique, ainsi que nous l'avons montré. Ce qui articule l'objet à la connaissance n'appartient ni à l'objet, ni à la connaissance. Le lien est donc posé entre l'objet et la connaissance, et le trajet de l'un à l'autre, à la «surface» de leur plan commun apparaît direct alors qu'il doit faire le détour par l'espace, tout comme pour vérifier l'identité seconde des mains pensées comme idéalement plates, il faut l'espace pour qu'une rotation rende enfin l'une des deux mains superposable à l'autre. et réponde aux critères de l'identité édictés par le simple entendement.

c) Le principe général de l'analogie par rapport à l'unité de l'aperception — Perspective phénoménologique

Il est utile, voire essentiel, avant de nous lancer dans le détail de ces Analogies, de redonner les grandes lignes de la perspective phénoménologique qu'utilise Kant pour rendre compte des péripéties de la synthèse qui produit l'objet pour l'expérience. L'occasion nous est donnée par l'énoncé du principe général des analogies (A177/B220 p. 915) :

> «Le principe général de ces trois analogies repose sur l'unité nécessaire de l'aperception à l'endroit de toute conscience empirique possible (de la perception) dans chaque temps, et par conséquent puisque cette unité sert de fondement a priori, sur l'unité synthétique de tous les phénomènes, selon leur rapport dans le temps.»

Nous l'avions vu, la dimension temporelle de l'aperception s'unifie sans médiation intermédiaire : elle ne se rapporte pas aux catégories, mais au-delà d'elle à cette unité nécessaire de l'aperception qui est un foyer de convergence, une Idée architectonique, elle-même *unique* (alors qu'il y a *plusieurs* catégories). L'unité nécessaire de l'aperception est le résultat automatique de la synthèse de toute conscience empirique possible, qu'elle soit conscience de la sensation, c'est-à-dire perception, ou bien conscience de la perception, c'est-à-dire conscience de la conscience de la sensation. Ce trait est important : il y a conscience de conscience, lorsqu'il y a conscience du travail de l'imagination par lequel il y a perception. Nous en arrivons tout de suite à la suite de ce passage, où Kant donne des indications très utiles, eu égard à la densité de ce texte :

> «En effet, l'aperception originaire se rapporte au sens interne (*à l'ensemble de toutes les représentations*) et même a priori à sa forme, c'est-à-dire au rapport de la connaissance empirique diverse dans le temps. Or, tout ce divers doit être unifié, selon ses rapports de temps, dans l'aperception originaire ; car c'est cela qu'exprime l'unité transcendantale a priori de cette aperception, à laquelle est soumis tout ce qui doit appartenir à ma connaissance (c'est-à-dire à mon unique connaissance) <*was zu meinem (d.i. meinem einigen) Erkenntnisse gehören soll*>, et par conséquent peut être un objet pour moi.» *Ibid.* (nos italiques)

Tout est affaire de temps : temps de la synthèse, synthèse de la diversité temporelle puisque les «éléments divers doivent être liés, suivant leurs rapports de temps, dans l'aperception originaire». L'objectivité des représentations s'élabore en passant du *temps de la synthèse* (mathématique, qui produit les éléments divers) à la *synthèse du temps*, qui liant ces éléments divers mis en «rapport» dans la «conscience empirique» temporelle, est dynamique, car la synthèse qui produit les éléments divers (dans une succession subjective et «accidentelle» de perceptions) en intégrant son effet sur le sens intime, c'est-à-dire en intégrant sa propre dimension temporelle, se rectifie et se rajuste en fonction de celle-ci. Cette auto-correction se poursuit jusqu'à donner, au niveau du sens intime, l'unité transcendantale de l'aperception et au niveau de la diversité synthétisée, l'objet, qui est l'expression schématique de la nécessité. Epistémologiquement (dans le regard de Dieu), le temps de la synthèse et la synthèse du temps sont en symétrie chirale ; phénoménologiquement, ce sont deux anamorphoses homologues et opposées l'une à l'autre comme en un effet de miroir, anamorphoses dont l'interaction réciproque corrige progressivement la courbure jusqu'à ce qu'elles se confondent l'une en l'autre en un plan d'inflexion nulle, non anamorphique : l'objectivité. Que l'effet anamorphique dis-paraisse, signifie que la conscience empirique est devenue pure forme de conscience, c'est-à-dire conscience «pure», originaire, autrement dit unité transcendantale de l'aperception : le sujet a dis-paru et la conscience est pure possibilité de conscience, car l'objectivité n'est qu'un horizon. La réflexion transcendantale, ayant atteint son but, cesse d'être effective, et la conscience, d'être «consciente». De l'autre côté, la diversité des éléments passés à l'objectivité, est maintenant réglée comme nécessaire. Cette «nécessité» de la règle configurant la diversité n'est rien d'autre que la caractérisation de cette même diversité comme si elle était perçue par Dieu, c'est-à-dire de partout à la fois (sans gauchissement anamorphique) et — ce qui est la même chose — comme si elle n'était pas perçue du tout, c'est-à-dire dérangée ou troublée par la perception sensible, subjective.

Les types rationnels de cette diversité schématique (types rationnels qui ne seraient atteints que moyennant une nouvelle réflexion transcendantale, soit une nouvelle double anamorphose) ne sont autres que les catégories.

✳

Enfin, avant d'en passer au commentaire proprement dit, insistons sur ce dernier point : les deux modes (succession et simultanéité) suivant lesquels la liaison nécessaire des phénomènes se produit, se font l'écho des deux formes pures a priori de la sensibilité, en ce sens que la succession objective des phénomènes (causalité) reconstitue un temps «réel-empirique» et que le «principe de la simultanéité suivant la loi de l'action réciproque ou de la communauté» exprime un espace «réel-empirique», ce temps et cet espace étant annoncés dans l'exposition transcendantale (dans l'Esthétique) à partir, respectivement, du temps et de l'espace «idéaux-transcendantaux». Autant la réalité empirique de l'espace et du temps était éclipsée, dans l'Esthétique transcendantale, en faveur de leur idéalité transcendantale, autant c'est maintenant l'inverse qui se produit.

N'éludons pas dès lors la question qui s'impose à l'esprit : à quoi correspond la permanence, en marge de cet écho des formes pures de la sensibilité ?

Rappelons que le temps est le fondement de tous les phénomènes, tandis que l'espace ne l'est que pour les phénomènes dits extérieurs, ceux-là mêmes qui ne peuvent être ainsi définis qu'en supposant justement l'expérience dont cette section expose les Analogies fondatrices. Le Temps en général, celui qui fonde absolument tous les phénomènes (ceux de la succession objective exprimée par la causalité, comme ceux de la succession subjective, la *Beschreibung* dont parle la troisième Critique et qui est l'événement de la chose et non la chose elle-même), ce Temps en général, disions-nous, s'il pouvait donner lieu à une connaissance au terme de l'activité synthétique d'un entendement qui serait approportionné à son absoluité, serait l'objet d'une *connaissance absolue* et l'entendement qui la produirait, serait *intuitif*.

Cette connaissance existe donc pour un entendement que nous n'avons pas, mais dont nous pouvons penser la possibilité : mais de cette connaissance, nous avons et la matière (l'Etre) et l'intuition (le Temps en général). Ainsi, comme l'entendement intuitif est le passage à la limite de la diversité (catégoriale) constitutive de la discursivité de notre entendement, nous ne pouvons *connaître* cette connaissance absolue, mais nous pouvons du moins la penser *effectivement*. Quelle est cette mystérieuse connaissance, obtenue au départ du temps, comme fondement d'absolument tous les phénomènes, que seule la raison peut obtenir, et qui reste interdite à l'entendement qui ne peut du reste s'en passer pour aucune de ses opérations ? Ce n'est autre que la «permanence», ce qu'il s'agit pour nous de montrer.

A. PREMIÈRE ANALOGIE : «La substance persiste au milieu du changement de tous les phénomènes, et sa quantité n'augmente ni ne diminue dans la nature».

En voici l'exposé :

> «Notre appréhension du divers du phénomène est toujours successive, et donc toujours changeante. Nous ne pouvons donc jamais déterminer par ce seul moyen si ce divers, comme objet de l'expérience, est simultané ou successif <*zugleich sei, oder nach einander folge*>, là où il n'y a pas en elle au fondement quelque chose

qui est toujours <*jederzeit*>, c'est-à-dire quelque chose qui demeure et soit permanent, dont tout changement et toute simultanéité ne soient qu'autant de manières (modes du temps) pour le permanent d'exister <*existiert*>.» A182/B225 pp. 919-920.

Les perceptions sont appréhendées en un flot intarissable, suivant une détermination temporelle unique : la succession. C'est donc à partir d'un mode du temps, la succession, que cette diversité va se distribuer en objets liés dans le temps suivant des rapports eux-mêmes diversifiés par rapport à cette succession, qui, en elle-même, est le mode subjectif du temps dans (et par) lequel le divers est donné. Or il convient, avant de parler du divers, — et comme Kant le précise dans une incidente éloquente, «comme objet de l'expérience» — de remarquer qu'il ne prend pas comme point de départ, un divers objectif, c'est-à-dire les objets en eux-mêmes, une individuation *sui generis* qui se transporterait telle quelle à travers la synthèse, dont on ne peut manquer de remarquer qu'elle est de part en part un événement subjectif ; non, au contraire, Kant ne part pas d'un concept métaphysique (le divers en soi de la réalité à appréhender), mais, d'une manière très nettement phénoménologique, de la succession des représentations subjectives.

On voit bien qu'il faut tout d'abord supposer quelque chose à partir duquel organiser la succession et la simultanéité comme «autant de manières d'exister», mais Kant ne laisse pas cette rétrojection de l'a posteriori dans l'a priori éclipser les enjeux et il précise aussitôt que ces manières d'exister ne doivent pas être prises pour autre chose que des *modes du temps*. L'analogie, nous l'avons souligné, n'est pas mathématique, en ce sens que les termes rapportés les uns aux autres ne sont pas complètement contenus dans un plan unique (autrement dit, ils ne peuvent pas être *analytiquement* subsumés sous un concept métaphysique), mais philosophique : la rétrojection est justement possible parce que le plan d'arrivée (l'expérience comme tout systématique) est affine au plan de départ (l'idée de la réalité) et que, respectivement, le Temps en général (hors temporalisation, donc hors effectivité) n'est autre qu'une affinité pure et simple avec l'Etre (vide infra, A183/B226 p. 920).

La difficulté de compréhension va par conséquent se cristalliser sur cette notion de temps constant, de temps atemporel. En effet, à partir du moment où la simple succession de l'appréhension est déployée pour y aménager une perspective entre simultanéité et succession, il faut introduire une entité logique irréductible à l'une ou l'autre de ces deux déterminations, et qui soit, par là même, soustraite au temps en tant qu'il est déterminable, puisqu'il n'est pas possible de percevoir le temps lui-même :

> «...le permanent est le substrat de la *représentation empirique* du temps même, substrat qui seul rend possible toute détermination de temps. La permanence exprime en général le temps, comme le corrélat constant de toute existence des phénomènes, de tout changement et de tout accompagnement *<alles Wechsels und aller Begleitung>*. En effet, le changement ne concerne pas le temps lui-même, mais seulement les phénomènes dans le temps.» A183/B226 p. 920 (nos italiques).

S'il n'est pas possible de percevoir le temps lui-même, il est du moins possible d'en donner une représentation empirique et la difficulté que nous évoquions plus haut n'est autre que celle de la représentation du temps dans la mesure où elle s'articule immédiatement au temps de la représentation, alors que dans le cas des représentations spatiales, la synthèse est telle qu'elle isole l'effectivité temporelle de la synthèse représentationnelle, de son contenu (spatial), et elle l'isole tant et si bien que Kant n'hésite pas à préciser, à la suite du passage que nous venons de citer, que la simultanéité, bien que considérée comme un mode du temps (une manière d'«exister» du permanent) ne contient pas (ou plus) de temps :

> «....la simultanéité n'est pas un mode du temps lui-même, puisqu'il n'y a pas dans le temps de parties simultanées, mais que toutes sont successives *<das Zugleichsein nicht ein modus der Zeit selbst ist, als in welcher gar keine Teile zugleich, sondern alle nach einander sind>*...» *Ibid.*

Nous retrouvons ainsi l'exposition transcendantale du temps (de l'Esthétique transcendantale) où Kant appelait les rapports de temps des «axiomes du temps en général» et les énonçait ainsi :

> «Le temps n'a qu'une dimension ; des temps différents ne sont pas simultanés, mais successifs (de même que des espaces différents ne sont pas successifs, mais simultanés)» A31/B47 p. 792 (*loc. cit.*).

La dimensionalité unique du temps est bien phénoménologique (tandis que celle du temps en général qui est exprimée par la permanence est épistémologique et a-dimensionnelle) car elle est celle de l'appréhension successive du divers dans l'imagination. Lorsque Kant parle de «représentation empirique» (*loc. cit.*), l'adjectif «empirique» est le seul élément dont nous disposions pour décider qu'il s'agit bien *du temps en tant que produit de la synthèse* — et dès lors il «est» succession et n'«est» pas simultanéité — et non du temps en tant que *temps de la synthèse*, — cette synthèse étant elle-même un événement inscrit dans le temps toujours successif, même lorsque son résultat est spatial, suivant le mode temporel de la simultanéité — et moins encore du *temps en général* en tant que condition idéale-transcendantale de toute synthèse, le temps détemporalisé, fondement de tous les phénomènes (internes comme externes) et lui-même une Idée ; ce dernier cas étant condition et non contenu d'une représentation.

«*Die Beharrlichkeit drückt überhaupt die Zeit, ...aus.*», la permanence exprime en général le temps, et l'on voudrait préciser qu'elle exprime plutôt le temps en général, réduit à sa pure idéalité transcendantale. Cette idéalité est d'ordre rationnel ; Kant ne le dit pas explicitement mais donne rapidement une démonstration qui est typiquement celle des séries prosyllogistiques et au terme de laquelle la permanence apparaît comme une limite inconditionnée :

> «Si l'on voulait attribuer au temps lui-même une succession, il faudrait encore penser un autre temps où cette succession serait possible.» A183/B226 p. 920.

Le temps en général, c'est-à-dire la permanence apparaît donc comme la limite de la régression de la faculté de juger réfléchissante vers la condition elle-même inconditionnée de la succession : le temps en général, c'est-à-dire la forme idéale-transcendantale du temps (qui est une représentation) n'est pas en lui-même successif, tandis que le temps empirique se phénoménalise, c'est-à-dire qu'il se temporalise en succession (ce qui implique l'effectivité d'une synthèse). Cette synthèse, si elle est vide, c'est-à-dire si elle se prend elle-même comme objet, réalise alors la double anamorphose et comme, justement, cette anamorphose n'est ici rien d'autre que la temporalisation du temps, la synthèse qui se prend elle-même pour objet, est anamorphose de l'anamorphose, ce qui débouche sur «rien», plan isotrope à inflexion nulle : la permanence, au sein de laquelle «tout» est possible.

Aussi Kant enchaîne-t-il aussitôt avec une thèse dont la portée ontologique est très importante :

> «C'est par le permanent seul que l'*existence* <*Dasein*> reçoit dans les diverses parties successives de la série du temps <*in verschiedenen Teilen der Zeitreihe nach einander*> une grandeur que l'on nomme durée. Car dans la simple succession <*in der blossen Folge allein*>, l'existence va toujours disparaissant et commençant, sans jamais avoir la moindre grandeur.» *Ibid.*

La traduction française ne peut éviter de réutiliser la succession et il faut relire le passage en allemand pour distinguer les diverses parties synthétiquement individuées comme données les unes après les autres, de la «suite» <*Folge*> indifférenciée dont traitent les Anticipations de la perception. Ce n'est donc pas l'individualité des objets, et par voie de conséquence, non pas la durée de leur existence, qui est originellement perçue mais un continuum de sensations (et de sensations de sensations : la conscience empirique). Nous retrouvons alors toutes les conclusions de l'Esthétique transcendantale, à savoir que le temps est le fondement de *tous* les phénomènes[10] :

> «*Sans ce quelque chose de permanent, il n'y a donc pas de rapport de temps*. Or, le temps ne peut être perçu en lui-même ; par suite, ce quelque chose de permanent dans les phénomènes est le substratum de toute détermination du temps, par conséquent aussi la condition de la possibilité de toute unité synthétique des perceptions, c'est-à-dire de l'expérience.» *Ibid.* (nos italiques).

Rappelons que l'exposition métaphysique du concept du temps, d'une version à l'autre de l'Esthétique transcendantale, englobait sans l'englober son exposition transcendantale, qui consistait en l'énumération de sa diversité pure a priori, à savoir la succession et la simultanéité, autrement dit le temps temporalisé et le temps détemporalisé. Dans cette lumière, le passage que nous venons de citer ne fait qu'affirmer ceci : l'exposition transcendantale du temps (les rapports de temps) doit s'appuyer sur son exposition métaphysique, mais c'est comme si du visible devait s'appuyer sur de l'invisible ou quelque

---

10. «le temps...est une représentation nécessaire qui sert de fondement à toutes les intuitions». A31/B46, p. 792, *loc. cit.* Notons qu'il s'agit bien d'une représentation et non du temps lui-même, puisqu'il s'agit de l'exposition *métaphysique* du concept, et donc de la connaissance pure a priori – qui n'est qu'une pensée – que l'on peut avoir du temps.

chose sur rien, d'abord parce que «le temps ne peut être perçu par lui-même», mais ensuite parce que le temps ne peut être pensé pour lui-même, un privilège qu'il partage avec l'Etre. Par ailleurs, l'exposition *métaphysique* du temps ne peut être que tautologique et négative. Il ne peut y avoir de connaissance tirée du temps[11], et par conséquent, il ne peut y avoir de véritable exposition métaphysique du temps, mais seulement une exposition transcendantale. En d'autres termes, il ne peut y avoir de connaissance issue analytiquement du concept métaphysique du temps (sa quiddité), et par conséquent, il ne peut y avoir d'exposition métaphysique directe — c'est-à-dire non négative — du concept du temps. L'exposition transcendantale, qui contient les lignes de force des Analogies de l'expérience, suppose donc quelque chose en dehors du temps, à savoir la *réalité* pour une expérience en général. Nous sortons donc du domaine de la connaissance *pure* a priori. Ainsi, peut-on déjà apercevoir le problème fondamental d'une métaphysique systématique, à savoir qu'elle puisse être en quelque sorte transcendantalement *in-apparente* : elle doit soit déchoir en un agrégat éclaté, atomisé de fictions métaphysiques, chacune opaque pour elle-même, de par notre disposition naturelle, soit admettre un concept *déterminé* de la matière et elle se réalise alors en une science de la nature nécessairement provisoire, c'est-à-dire nécessairement revenue dans l'Histoire, puisque le concept de la matière ne peut se déterminer qu'incomplètement, puisque notre entendement est «fini», c'est-à-dire, *discursif* et non intuitif.

Nous ne devons donc pas nous étonner des laborieuses circonlocutions en lesquelles le mouvement de la pensée kantienne se ralentit, jusqu'à en appeler à l'entendement commun (A184/B227, p. 921) pour emporter l'assentiment que ne saurait lui valoir une preuve par concepts, impossible puisqu'il s'agit là d'une «proposition synthétique a priori». De quoi s'agit-il, finalement? — De rien de moins que l'essentiel :

> «Dans le fait, dire que la substance est permanente, c'est là une proposition *tautologique*. En effet, cette permanence seule est la raison pour laquelle nous appliquons au phénomène la catégorie de la substance...» A184/B227, p. 921 (nos italiques).

11. Cf. *Première introduction à la faculté de juger*, traduction L. Guillermit, Vrin, p. 66.

Cette proposition synthétique, qui au Temps en général lie l'Etre, mérite en effet de figurer «comme il lui conviendrait pourtant, en tête des lois pures et entièrement a priori de la nature» (*ibid.*). C'est le Temps en général, en tant qu'il est parfaitement indéterminé, qui est la condition formelle de tout changement et de tout ce qui change, autrement dit de la succession et de la simultanéité, tout comme l'Etre l'est de toute substance et de tout accident. Mais Kant n'hasarde jamais ce mot, dont l'expression de «permanence» accolée à celle de «substance» a recueilli de nombreuses connotations, qu'il examine tout au long de ce paragraphe (A185-186/B228-229, p. 922). Aussi lorsqu'il commente l'expression «rien ne sort de rien», *gigni de nihilo nihil, in nihilum nil posse reverti,* s'empresse-t-il de souligner la clôture propre à une connaissance métaphysique absolue (qui, pour nous, ne peut être que pensée et non acquise de quelconque manière), connaissance où justement le Temps rejoint l'Etre en un Idéal de la raison pure[12]. Certes, il ne le dit pas en ces termes : en effet, que rien ne sorte de rien pouvait être mal interprété et l'on pouvait y penser quelque chose de contraire à «...la dépendance du monde à l'endroit d'une cause suprême (même quant à sa substance)». Or il ne s'agit bien ici que de phénomènes, et tout comme le changement fait signe vers la permanence, le phénomène dans le sens fort de l'*Erscheinung* fait signe vers l'inapparence de ce qui apparaît. La clôture métaphysique à laquelle nous faisions allusion plus haut n'est autre, dès lors, que cette unité qui ne «serait jamais

12. La représentation du Temps en général, comme connaissance est rendue absolue par le simple critère que cette représentation est le fondement d'absolument «tous» les phénomènes et qu'elle est en même temps l'aire d'effectivité de la raison dans son usage logique, aire conceptuelle ou «espace vide» qui contient l'entendement, selon les métaphores topologiques que nous avons relevées dans les *Prolégomènes*. Par son absoluité, elle est donc absolument tout et rien, comme montré précédemment. Ce caractère d'être tout et rien est identique (sans être superposable) à l'Idéal de la raison pure, qui est intuition et concept, et ni l'un ni l'autre. Le rapport du Temps/Etre à l'Idéal est la manifestation la plus haute de l'éclipse réciproque de la représentation (Temps/Etre) à l'effectivité (l'Idéal comme entendement intuitif/intuition intellectuelle): la métaphysique systématique noue l'un à l'autre, à travers cette éclipse où elle s'éclipse elle-même en la surmontant, et *elle cesse d'être au moment où elle est.* Dans cette dernière phrase, on peut comprendre le premier verbe «être» comme effectivité et le second «être» comme représentation, et vice-versa.

possible, si nous voulions laisser naître des choses nouvelles (quant à la substance)[13]» ce qui serait admettre un gauchissement local de l'isotropie idéale-transcendantale exprimée par la permanence, *i.e.* le Temps en général.

Un mouvement de rétrojection convertit le terme final (phénoménologique) de l'activité judicative réfléchissante, aboutissant au Temps en général, et en fait le terme premier (épistémologique) d'une réflexion déterminante au départ d'une permanence substantielle : mais si la faculté de juger réfléchissante ne peut s'arrêter dans son mouvement ascendant avant d'atteindre le Temps en général comme son horizon indépassable, la faculté de juger déterminante a en revanche le loisir de détailler suivant le mode de la substance et de l'accident, la partition disjonctive de l'Idée d'un tout de la réalité associée à la permanence substantielle. Il en résulte un effet subjectif de perspective qui aboutit à relativiser la substance et à la traiter à la manière de la majeure d'un raisonnement disjonctif :

> «... *en vertu des conditions de l'usage logique de notre entendement,* il est inévitable de séparer en quelque sorte ce qui peut changer dans l'existence d'une substance, tandis que la substance reste, et de le considérer en rapport avec ce qui est proprement permanent et radical ; c'est pourquoi aussi cette catégorie rentre sous le titre des rapports, davantage comme leur condition que comme contenant elle-même un rapport.» A187/B230 p. 923.

La permanence, dans les Analogies de l'expérience, n'est pas analogique en elle-même à quoi que ce soit *de déterminé,*

---

13. A186/B229, p. 922; Kant revient *in fine* sur cette question de l'unité du temps dans les derniers paragraphes de cette section (A188/B232, p. 924). Si l'on devait admettre une temporalisation dans le temps en général – plus clairement : l'apparition ou la disparition de nouvelles choses –, «les phénomènes se rapporteraient alors à deux sortes de temps, dans lesquels, côte à côte, l'existence s'écoulerait, ce qui est absurde. En effet, il n'y a qu'un temps...» (*ibid.*, p. 924); ou bien, en effet, *il n'y a qu'un temps* et il est au-delà de toute temporalisation, ou bien la temporalisation, c'est-à-dire l'effectivité de la synthèse prime tout, et celle-ci ne débouche sur rien, car rien en effet ne devrait nous limiter à «deux sortes de temps»: il y aurait une infinité indéterminée de temps que rien ne permettrait d'individuer à leur tour, et, par voie de conséquence, il y aurait une indétermination du temps. Cette indétermination de temps réaliserait la conjonction du temps non temporalisé (le Temps en général) et le temps détemporalisé (de la représentation); la synthèse ne temporaliserait donc pas et elle s'engloutirait en elle-même, n'étant même plus synthétique.

mais elle est plutôt la condition inconditionnée de ces mêmes analogies. On serait plus exact en précisant qu'elle mérite cependant d'être appelée analogie puisqu'elle renvoie le Temps à l'Etre, comme un indéterminé à un autre indéterminé, mais cette analogie, étant condition de l'analogie en général comme principe — nous sommes dans l'Analytique des Principes —, en est en même temps le concept; tout comme le Temps en général est le concept métaphysique qui «contient» sa propre exposition transcendantale, autrement dit tout comme le Temps en général «contient» *et* la succession et la simultanéité (la simultanéité [comme temps synthétiquement détemporalisé] étant, d'une certaine manière, elle-même analogique à la permanence [comme temps non encore synthétiquement temporalisé]).

B. REMARQUE PRÉLIMINAIRE SUR LA SECONDE ANALOGIE

D'une édition à l'autre, Kant abandonne l'approche très structurée de la première déduction, et notamment sa triple synthèse pour adopter, dans la seconde édition, une rédaction moins claire dans ses grandes lignes et vaguement polarisée autour de l'entendement en opposition simple avec la sensibilité. Mais cela, Kant ne l'a pas fait sans raison: en effet, la «triple synthèse» était trop métaphysique et l'illusion transcendantale qui consiste à contenir dans un même plan unifié un pouvoir ou une «effectivité» phénoménologique (l'imagination) flanqué par deux connaissances a priori, l'intuition de la sensibilité et le concept de l'entendement, qui sont des «représentations» épistémologiques, entraînait d'insurmontables difficultés architectoniques. Ces dernières proviennent de ce que la représentation (ici, soit le concept, soit l'intuition) n'est possible qu'en éclipsant l'effectivité qui l'a produite (ici, l'imagination). Au fond, le vice redhibitoire de la première déduction est d'avoir elle-même succombé à l'illusion transcendantale.

Par contre, si l'on consomme l'éclipse de l'imagination dans la représentation de la triple synthèse, l'on retrouve une certaine légitimité architectonique dans cette représentation qui articule de manière certes invisible l'entendement et la sensibilité. Le mystère de la seconde Déduction est justement cette articulation qui unit et qui sépare à la fois. Toute l'Analytique des principes, nous allons le montrer, déploie cette articulation et c'est la raison pour laquelle nous devons lui accorder toute notre attention. Si cette représentation unit l'entendement et la sensibilité, pourquoi n'en font-ils pas «un»? Autrement dit, serait-ce là l'indice d'une nécessité fondamentale que la *représentation en général soit toujours le rapport de deux choses,* que l'on doit préalablement séparer pour pouvoir en montrer la liaison? Et si l'effectivité de l'imagination est ce qui sépare invisiblement l'entendement et la sensibilité, pourquoi cette séparation n'est-elle pas radicale? Serait-ce là l'indice de ce que *l'effectivité du pouvoir synthétique contient effectivement* (et non analytiquement) *l'unité, inreprésentable parce qu'elle est unité, de toute représentation?*

Il nous faut donc approfondir le rapport de la dichotomie propre à la représentation de la simple logique à la trichotomie si souvent rencontrée dans la logique transcendantale.

«Toute division a priori par concepts doit être une dichotomie» remarque Kant à propos des catégories (B110, p. 838). Par conséquent, qu'il y ait trois catégories par classe, et non deux, «demande réflexion» ajoute-t-il, en signalant que la «troisième catégorie résulte toujours de la liaison de la seconde classe avec la première» (*ibid.*). Il donne quelques exemples passant en revue toutes les catégories et lâche tout à trac:

> «Mais que l'on ne pense pas que la troisième catégorie soit pour autant un concept seulement dérivé et non un concept-souche de l'entendement pur. Car la liaison de la première catégorie et de la seconde pour produire le troisième concept exige *un acte particulier de l'entendement, qui n'est pas identique à celui qui a lieu dans le premier et le second.*» B111, p. 838.

Quelques exemples encore qui ne contiennent aucun éclaircissement, a fortiori aucune démonstration, et Kant ajoute symptômatiquement: «Il en résulte qu'un acte particulier de l'entendement est requis; et il en est de même dans les autres cas.» (*ibid.*). De quoi traitent ces nouveaux exemples? Du nombre, ou plutôt du dénombrable qui ne suit pas analytiquement (ne serait pas «dérivé», dirait Kant) des «concepts de la multitude[14] et de l'unité». Du nombre, et ensuite, de la cause et de la substance...

14. Il s'agit bien de la question du dénombrable et de l'indénombrable, c'est-à-dire de l'infini pensé non pas métaphysiquement, comme un continuum, mais pensé transcendantalement, c'est-à-dire à travers la possibilité intrinsèque de la synthèse qui serait capable ou incapable de

En d'autres mots, Kant vise tout d'abord la réflexion transcendantale, qui détermine si une représentation se rapporte à l'entendement (auquel cas, il y a simple «dérivation», c'est-à-dire simples jugements analytiques ou inférences de l'entendement) ou à la sensibilité (auquel cas, l'acte «particulier» de l'entendement *empirique* qui donne le phénomène conserve une certaine «particularité» et nous donnerons plus loin les éclaircissements qui, ici, nous ralentiraient). Qu'il vise cette réflexion sera rendu manifeste dans l'étude que nous donnons plus bas des concepts de la réflexion transcendantale : ceux-ci traitent en effet de l'unité et de la diversité, et des conditions de l'identité numérique.

Outre la réflexion transcendantale, Kant fait également allusion avec la causalité, aux Analogies de l'expérience ; la troisième remarque sur les catégories est d'ailleurs consacrée à la Communauté (*ibid.*, pp. 838-839).

Laissons cependant de côté ces allusions à la réflexion transcendantale et aux analogies, allusions dont le sens ne pourra être rendu manifeste qu'au sein d'un ensemble dont il s'agit maintenant de dégager le fil conducteur. Revenons-en donc au schéma trichotomique catégoriel constituant les catégories en quatre classes de trois catégories chacune.

La «liaison» de la première à la seconde catégorie exige un «acte particulier», mais cet acte particulier qu'il est besoin de *représenter,* dis-paraît lui-même dans ce second moment sans lequel le premier s'effondrerait dans le troisième, et pour reprendre les exemples kantiens, sans la pluralité (et sans l'*effectivité pluralisatrice*), l'unité ne serait rien d'autre que la totalité

---

le produire: «Le vrai concept (transcendantal) de l'infinité, c'est que la synthèse successive de l'unité dans la mesure d'un quantum ne peut jamais être achevée*.» (A432/B460, p. 1090), et Kant ajoute en note (*): «Il contient ainsi une *multitude* (relativement à l'*unité* donnée) qui est plus grande que tout *nombre,* ce qui est le concept mathématique de l'infini». Si l'unité donnée, à laquelle Kant fait allusion dans la parenthèse, ne provient pas de l'expérience (unité dès lors typée suivant les catégories), alors cette unité n'est autre que celle de l'intuition en général, et l'infini est donné *tota simul,* comme continuum indifférencié, par la synthèse de l'homogène. On voit combien est essentielle la signification du dénombrable dans la synthèse de l'appréhension empirique, et par là dans le mode d'individuation des objets par rapport à leur articulation réciproque en tant que *liaison nécessaire* dans les Analogies.

tout comme, on le sait, l'entendement intuitif (l'unité) n'est rien d'autre que l'intuition intellectuelle (la totalité) et que la connaissance dérivée du concept métaphysique du temps est à la fois vide (en tant qu'elle est formelle) et pleine (en tant qu'elle est matérielle).

L'unité de cet acte particulier n'est pas de même nature architectonique que celle des concepts, qui, en tant que représentations n'ont d'unité que synthétique et non analytique. On ne peut en effet parler d'unité analytique que dans la mesure où l'on considère ce concept comme la majeure d'un raisonnement disjonctif, et donc comme la limite supérieure d'un nouvel «acte particulier». Dès qu'il y a jugement, il y a représentation, c'est-à-dire rapport entre *deux* termes ; mais dès qu'il y a représentation, il y a «effectivité» du jugement, c'est-à-dire *unité* d'*un* acte. L'unité visée par Kant dans l'imagination, lorsqu'il la situait au sein de la triple synthèse, ne pouvait qu'éclipser la dualité des termes extrêmes, intuition et concept.

Si nous considérons l'Analytique des principes dans son ensemble, nous voyons aussitôt qu'elle est constituée de trois chapitres et d'un important appendice, l'Amphibologie. De ces trois chapitres, un seul est à son tour subdivisé : le second, intitulé «Système de tous les principes de l'entendement pur». Celui-ci comporte trois sections : la première traite du jugement analytique, la seconde, du jugement synthétique, et la troisième, issue (mais non «dérivée») par un «acte particulier de l'entendement» de la «liaison» des deux premiers : la «représentation systématique de tous les principes synthétiques de l'entendement pur». Il y a donc une différence, *invisible* certes, mais effective à tout le moins, entre un «Système» et une «représentation systématique». Cette différence n'est autre que le signe de l'éclipse entre l'effectivité d'un système et la représentation d'un système. En outre, le terme médian de cette section médiane est le principe suprême des jugements synthétiques, ces jugements dont Kant interroge la possibilité a priori, question qui à son tour revêt une importance capitale. S'il y a véritablement éclipse entre la représentation d'un système et son effectivité (éclipse qui n'en finit pas de se démultiplier à l'intérieur d'elle-même), alors la systématicité de la représentation, qui s'oppose de manière symétrique et chirale à la «représentation systématique), devra résider en dehors de cette construction architectonique ; ce sera dans l'Appendice, dont nous expliquons ainsi la raison d'être : l'Amphibologie contient en effet les principes de la systématicité, c'est-à-dire de l'effectivité judicative en général à la base de la production de toute représentation.

Entrons un peu dans le détail : le «Schématisme des concepts purs de l'entendement», Chapitre premier de l'Analytique des principes, constitue la limite idéale inférieure et l'attache, par-delà leur *éclipse réciproque*, du monde intellectuel (*i.e.* de l'entendement) au monde sensible ; Le «Principe de la distinction de tous les objets en général en phénomènes et noumènes», Chapitre troisième, en constitue la limite idéale supérieure, et de ce surplomb transcendantal sépare ceux-là mêmes qui loin de s'éclipser mutuellement, se ressemblent tellement que Kant disait, dans la première édition, qu'il est inutile, pourvu que l'on se tienne dans les limites du domaine de l'entendement, de les distinguer[15]. Entre ces deux chapitres, nous avons le «Système de tous les principes de l'entendement pur», autrement dit quelque chose d'équivalent à l'effet d'une cause, à savoir la question de la possibilité du *pouvoir* de penser, au sujet duquel Kant laisse le lecteur libre de ses opinions (Préface de la première édition, AXVII, p. 730 *loc. cit.*).

Résumons : d'un côté, l'Eclipse, où il faut établir l'*identité* par le Schématisme entre le sensible et l'intelligible (le phénomène et la catégorie) ; de l'autre côté, l'Apparence, où il faut établir la *séparation* du sensible et de l'intelligible (le phénomène et le noumène). Au milieu, le Système, qui ne peut dès lors qu'être la représentation d'une effectivité, c'est-à-dire son Apparence et qui ne peut l'être que par l'Eclipse de celle-ci, chassée en dehors, dans un Appendice : la Réflexion.

Le schéma catégoriel de la trichotomie est respecté aussi bien au niveau de l'Analytique des principes, qu'à celui de son chapitre central, composé de trois sections. Le principe suprême des jugements analytiques exprime l'isotropie de la logique générale analytique, et en fait l'analogue de la connaissance absolue en séparant la représentation logique de tout rapport au

---

15. «Dans tous les problèmes qui peuvent se présenter dans le champ de l'expérience, nous traitons ces phénomènes comme des objets en soi, sans nous soucier du premier fondement de leur possibilité (comme phénomènes); mais, si nous en franchissons les limites, le concept d'un objet transcendantal devient nécessaire» A393, p. 1461. Première version des Paralogismes (*loc. cit.*).

donné phénoménal de l'expérience[16]; celui des jugements synthétiques exprime l'identité entre les conditions de la possibilité de l'expérience en général, et celles de la possibilité des objets de l'expérience (A118/B197, p. 898). Un «acte particulier de l'entendement» sera donc nécessaire, suivant le commentaire de Kant lui-même sur le schéma catégoriel (B111, p. 838, *loc. cit.* vide supra) pour opérer la liaison du premier principe au second et obtenir la «représentation systématique de tous les principes synthétiques de l'entendement pur», titre de la troisième et dernière section. L'unification dans l'*identité* et le dédoublement dans la *séparation* que nous avons soulignés tant au niveau des Chapitres 1 et 3 de l'Analytique des principes qu'à celui des principes respectifs des deux types de jugements (analytique et synthétique) sont les deux pôles principaux de la réflexion transcendantale.

Aux Analogies de l'expérience correspond la catégorie de la Relation, et c'est sur elle que nous devons diriger maintenant nos regards. En effet, si nous voulions pour examiner plus avant cette symétrie chirale (que nous voulons ici simplement exhiber), il nous faudrait alors opposer toute la «représentation systématique» dans ce qu'elle a de systématique, à la «systématicité de la représentation» exposée par l'articulation implicite qui relie entre eux les concepts de la réflexion transcendantale. Ce qu'il y a de systématique dans la «représentation» vient d'être montré dans notre analyse des Postulats de la pensée empirique. Nous pourrions donc former l'hypothèse que si nous détenions la maîtrise architectonique appropriée, nous pourrions retrouver dans les Postulats de la pensée empirique, les concepts de la réflexion, comme leur identique, mais inverse, tout comme une main gauche est identique et inverse à une main droite; cependant, nous tomberions court de notre but, puisque nous resterions à un niveau proprement formel et nous n'atteindrions que le concept métaphysique d'une logique transcendantale en général, à savoir un fragment de la métaphysique systématique (dont l'unité dès

---

16. La logique fait abstraction de l'origine du contenu empirique et de la faculté de connaître qui la produit. Attirons déjà l'attention sur la remarque que Kant fait, à propos de ce Principe, sur le temps: «le principe de contradiction, comme principe purement logique, ne doit pas restreindre ses assertions aux rapports de temps.» (A153/B192, p. 895). Cela jouera un rôle essentiel dans la bonne compréhension des concepts de la réflexion transcendantale.

qu'elle est atteinte dissout dans ce même mouvement toute possibilité de la représenter). Ce concept métaphysique étant plus
spécifiquement étudié plus loin, nous devons nous attacher à
montrer le concept transcendantal de la logique transcendantale,
à savoir comment celle-ci s'applique au réel donné pour établir
fermement la possibilité de l'objectivité (autrement dit de l'expérience et de la connaissance).

Tout comme les principes dynamiques, énonçant le rapport
de la faculté de connaître à l'objet, prennent le pas sur les principes mathématiques qui s'en tiennent au seul objet, les Analogies de l'expérience (et à travers elles, les catégories de la Relation) ont préséance sur les Postulats de la pensée empiriques
(et, par ce biais, celles de la Modalité), parce que les premières
supportent tout le poids de la dé-subjectivisation de la subjectivité en l'objectivité de la connaissance suivant l'objet, tandis
que les secondes (la Modalité) ne font que décliner cette même
dé-subjectivisation, considérant dans la connaissance, non
l'objet, mais la faculté de connaître elle-même.

Au sein de ces Analogies de l'expérience, c'est naturellement la seconde qui va se révéler la plus intéressante, la plus
transcendantale des trois (les deux autres se révélant plus métaphysiques). Cette configuration (le concept métaphysique de
l'entendement pur comme première catégorie d'une classe, la
représentation de l'effectivité comme seconde catégorie, l'effectivité de la représentation comme troisième catégorie) *isole*
en effet le second moment du point de vue de l'*effectivité*, tandis qu'elle *dédouble* toujours la *représentation* entre idéalité
transcendantale comme première catégorie d'une classe et réalité empirique de celle-ci (pour la logique transcendantale)
comme dernière catégorie. Dans l'utilisation que Kant faisait
de la triple synthèse dans la première déduction, nous avions
rencontré une répartition similaire (quoique fortement gauchie)
qui isolait l'imagination comme effectivité unique dont Heidegger ne s'est pas fait faute de montrer qu'elle pouvait absorber toute l'architectonique.

Il n'est pas fortuit que l'on reparle beaucoup de l'imagination dans cette seconde Analogie et puisque nous devrons parler du caractère *unique* (dans tous les sens du mot) de l'activité
imaginative (et judicative, dans le même mouvement), tout en
parlant de la représentation résultant de cette activité, représentation nécessairement *dédoublée,* nous devrons procéder

comme pour l'Esthétique et pour les mêmes raisons et dédoubler à notre tour les niveaux de notre interprétation, en traitant ici et à propos des Analogies de l'expérience, également des concepts de la réflexion.

• B.1   *L'effectivité en-deçà de la représentation — Les quatre concepts de la réflexion dans la détermination de l'objet*

Nous ne donnerons ici qu'un survol des quatre titres des concepts de la réflexion de manière à en dégager la systématicité et à tenter de nous en faire une «représentation» ; ce faisant, nous nous apercevrons que nous produirons la même raréfaction thématique que celle dont nous avons fait l'expérience à propos des Postulats de la pensée empirique, où la clarté des articulations se compense par l'obscurité dans laquelle est plongé chacun de leurs termes.

— <u>Unité et diversité</u>

S'agissant de *l'unité et de la diversité* dans l'objet (A263/B319, p. 990), l'entendement pur se satisfait de l'identité des déterminations intérieures — et Kant précise *qualitas et quantitas* pour conclure à l'identité numérique, *identitas numerica (ibid.*, p.991). Par contre, pour l'entendement empirique, «la diversité des lieux qu'occupe un phénomène *dans un même temps* est un principe suffisant de la *diversité numérique* de l'objet même... et Kant ajoute entre parenthèses : ...(*des sens*)». L'identité logique est comprise dans le premier cas comme unité d'un concept, contenant «sous lui», comme le dit l'Esthétique transcendantale, la diversité de ses déterminations ; dans le second cas, l'identité phénoménologique des déterminations doit accommoder une dimension spatiale que ne reconnaît pas la réflexion logique et s'il y a unité, elle ne peut être que celle d'une totalité, celle de l'espace donné *tota simul,* et qui contient «en lui» la diversité de ses déterminations.

— <u>Convenance et disconvenance</u>

Kant passe plus rapidement sur le concept de la *convenance et de la disconvenance* ; il n'en est pas moins profond. En effet, dans l'entendement pur, c'est-à-dire logique (dont les représentations homogènes entre elles au sein d'un espace conceptuel isotrope sont *analogues* — et nous utilisons et soulignons ce mot à dessein — à celles d'une connaissance absolue d'un entendement intuitif), dans l'entendement pur, disions-nous, — et Kant précise, *realitas noumenon*, en analogie à l'isotropie d'une telle connaissance absolue, il n'y a pas de moyen terme possible, pas de nuance ou de gradation entre le même et son contraire et...

> «on ne peut penser de disconvenance entre les réalités *<zwischen den Realitäten>*, c'est-à-dire un rapport tel qu'unies dans un sujet, elles suppriment *<aufheben>* réciproquement leurs conséquences, et que 3 — 3 = 0.» A265/B320, p. 991.

Par contre, s'il s'agit du «réel dans le phénomène» *<das Reale in der Erscheinung>* et Kant précise : *realitas phenomenon*, dans la mesure où ils disconviennent l'un à l'autre d'une certaine façon, «un élément peut annihiler en tout ou en partie la conséquence de l'autre», et les deux exemples produits pour illustrer ce point sont intéressants : il s'agit tout d'abord de la composition des forces opposées (dans un mouvement rectiligne uniforme) où l'on peut songer qu'il s'agit alors de soustraction de forces quantifiables.

Ce premier exemple est particulièrement troublant et il faut le relire à la lumière des *Premiers principes métaphysiques de la science de la nature* ; en effet, cet exemple appartient à la science de la *phoronomie* et est loin d'être anodin, car ce que visait Kant dans le premier concept de la réflexion transcendantale (unité et diversité) se manifestait bien comme étant l'espace, absent de l'entendement *pur,* présent et principe déterminant de l'unité et de la diversité pour l'entendement *empirique*. Lorsque l'on se reporte à la phoronomie, laquelle ne manque pas bien sûr d'obéir infailliblement à l'architectonique catégoriale — et ici à la catégorie de la quantité —, la composition des vitesses selon une même ligne en s'additionnant renvoie à l'*unité*, et en s'y soustrayant, à la *pluralité* ; dès qu'il s'agit de deux mouvements composés suivant des directions qui forment un angle, dès lors que l'on abandonne la représentation spatiale du temps comme ligne, on se rapporte alors à la catégorie de la *totalité*. Or, il ne s'agit pas encore de cela dans l'exemple que donne Kant pour illustrer son concept de «convenance et de disconvenance»; il se limite volontairement au cas d'une seule et même ligne où les vitesses ou les forces exercées sur un même point se composent arithmétiquement. Kant aurait voulu s'en tenir à l'*unité et la diversité*, appliquée non pas à l'espace comme précédemment, mais bien au temps, qu'il n'aurait pas procédé autrement.

Car c'est bien le temps qui est la clef de la problématique phoronomique et nous empruntons son analyse à Jules Vuillemin (*Physique et métaphysique kantiennes, op. cit.*). La problématique de la composition des vitesses ne peut être résolue qu'en articulant le temps à l'espace :

> «Utiliser l'intuition géométrique et ne se servir que d'un seul espace, c'est se résigner à ne pas résoudre le problème posé, à confondre la question du trajet parcouru et celle de la vitesse du mouvement, à ignorer par conséquent la question primordiale du temps...» Vuillemin, *op. cit.* p. 66.

Ainsi les deux premiers concepts de la réflexion déclinent respectivement l'unité et la diversité pour l'entendement pur (et la réflexion logique), suivant l'*identique* et le *contraire* (ou si l'on veut, le même et l'autre) tandis que pour l'entendement empirique[17], cette même unité et diversité doivent *en outre* se rapporter respectivement à l'*espace* et au *temps*. L'articulation de l'identique et de l'opposé à l'espace/temps n'est autre que celle de la catégorie (concept pur comme forme pure de l'entendement) au phénomène (forme pure comme concept pur de la sensibilité). Cette articulation trouve en elle-même son principe architectonique, lequel est lui-même exprimé par l'Idéal de la raison pure, comme nous le montrerons à la fin du chapitre suivant.

— L'intérieur et l'extérieur

C'est dans ce court développement (A265/B321, p. 992) que l'on peut trouver, dans une forme très ramassée, le principe fondamental des Analogies de l'expérience :

---

17. Il ne faut pas confondre l'entendement empirique avec la réflexion transcendantale, alors que cela est légitime s'il s'agit de l'entendement pur et de la réflexion logique. La réflexion transcendantale détermine si c'est à la sensibilité (l'expérience) ou à l'entendement (la logique) qu'appartiennent telle ou telle représentations. Kant contourne élégamment la difficulté et parle d'entendement pur, dans la description de ces concepts, sans leur opposer quoique ce soit de précis. La réflexion transcendantale, dans la mesure où elle détermine à quelle faculté de connaître appartiennent les représentations, est d'ordre rationnel: elle est la faculté de juger réfléchissante, au plus proche de la raison dans son usage logique, c'est-à-dire de la raison architectonique. La réflexion logique est la faculté de juger en tant qu'elle peut être confondue avec l'entendement, comme nous l'avons déjà signalé.

«...les déterminations intérieures d'une *substantia phaenomenon* dans l'espace ne sont que des rapports, et elle-même, n'est, en tout et pour tout, qu'un ensemble de pures relations. Nous ne connaissons la substance dans l'espace que par des forces, qui sont actives en lui... ...<attraction, répulsion et impénétrabilité>... ; nous ne connaissons pas d'autres propriétés, constituant le concept de la substance qui apparaît dans l'espace, et que nous nommons matière.» (*ibid.*)

Autrement dit, dans le cadre d'une connaissance *pure* a priori[18], il n'y a rien à l'intérieur et tout, dans l'expérience, se

18. En effet, s'il s'agissait de la connaissance non pure a priori, autrement dit en supposant l'objet de l'expérience sensible, nous serions alors dans le domaine de la Dynamique où l'attraction, la répulsion et l'impénétrabilité sont distribuées selon les concepts de la qualité au sein des *Premiers principes métaphysiques de la science de la nature*. La détermination de l'objet, par les principes a priori non purs de la possibilité de l'expérience sensible, se fait graduellement, suivant l'ordre des catégories. Ainsi, suivant l'analyse de Jules Vuillemin,

> «De même que les démonstrations phoronomiques impliquaient la géométrie et utilisaient par exemple le théorème de Pythagore, mais qu'elles se servaient des significations géométriques à l'intérieur des développements qui reposent sur des concepts étrangers à la géométrie élémentaire elle-même, (...), de même les démonstrations dynamiques impliquent celles de la Phoronomie et à travers elles, celles de la Géométrie, mais appliquent leurs concepts dans un horizon nouveau que ces sciences ignoraient, l'horizon de la qualité.» p. 87 (*op. cit.*)

Et ce commentateur souligne plus loin (p. 89) que «la Dynamique devra, comme l'a fait la Phoronomie, se garder d'utiliser les démonstrations de la Mécanique». L'intérêt de ces rappels réside en ce que l'objet empirique ne surgit pas tout armé au milieu des concepts purs de l'entendement, venant, dans la science de la nature, s'asseoir à la place vide de cet objet transcendantal = X; il est petit à petit restitué, suivant l'ordre des catégories, ce qui nous vaut une théorie de la possibilité, non de l'expérience en général qui se convertit toujours en une théorie de la possibilité de cette même possibilité, mais de l'expérience sensible, avec l'effet d'horizon que l'on sait, cet effrangement vers l'irréductible surabondance des lois empiriques dont la troisième analogie traite matériellement et manière délimitative et toute la troisième Critique, formellement, se proposant d'être une critique sans doctrine. Le tableau des correspondances entre la table des catégories, celle des principes et celle de la métaphysique de la nature que Jules Vuillemin propose p. 29 et dont il se sert pour lire l'un des deux ouvrages (*la Critique de la raison pure* et les *Premiers Principes*) à travers l'autre pourrait être le point de départ heuristique d'un réexamen de la conception kantienne de la Nature, qu'elle soit approchée via les *Premiers Principes* (dans des analyses de type mécaniste) ou qu'elle le soit via la *Critique de la faculté de juger* (dans une approche de type téléologique, qui contient en même temps son articulation à l'explication mécaniste, par la solution critique de l'antinomie en laquelle ces deux approches s'opposent).

conjugue en termes d'extériorité. Le soin tout particulier que Kant prend à répéter, dès qu'il en a l'occasion, qu'il ne s'agit ici que «de ce qui apparaît *dans l'espace*», doit nous alerter sur l'affinité profonde qu'il y a entre d'une part, le concept métaphysique de l'espace, comme fondement des phénomènes *extérieurs,* en tant que ces phénomènes sont considérés en tant que *représentation* et, d'autre part, l'*effectivité* (attraction, répulsion et impénétrabilité) de ces mêmes phénomènes qui ne peut être représentée que comme pure extériorité, c'est-à-dire connexion et ensemble de «pures relations».

A la lumière de tout ceci, nous pourrions formuler l'intitulé du second moment de l'exposition transcendantale des concepts de l'espace et du temps (A24/B39, p. 785 et A31/B46 p. 792, p. 792) de la manière suivante : l'espace est le fondement de la *représentation* de tous les phénomènes, tandis que le temps est le fondement de tous les phénomènes quant à leur *effectivité*. Comme il y a éclipse entre la représentation et l'effectivité qui l'a produite (et l'on peut comparer cette effectivité à l'échafaudage indispensable à la construction d'une maison et inutile et importune dès son achèvement), il n'y a pas non plus adéquation totale (ailleurs que dans l'Idée) entre l'ensemble systématique de toutes les représentations et l'ensemble systématique de toute effectivité ; en effet, tout d'abord, le premier ensemble serait d'emblée la connaissance absolue d'un entendement intuitif, si l'on ne pouvait admettre qu'il y a une effectivité qui est irréductible à la représentation (à savoir le temps lui-même, — parce que la représentation n'est jamais autre chose qu'une détemporalisation —, et par ce biais le Je pense) ; ensuite, le second ensemble, celui de toute effectivité, est la réalité <*Wirklichkeit*>, qui à son tour, comme en-soi, ne pourrait être connue que comme la connaissance absolue d'une intuition intellectuelle, et dont, par conséquent, il ne pourrait pas y avoir de connaissance possible pour notre entendement discursif, si l'on ne pouvait admettre qu'il y a un type de représentation qui échappe à l'effectivité de la nature particulière de notre entendement et qui échappe à l'effectivité réelle (autrement dit, il faut au moins admettre ne serait-ce que la possibilité d'un type de représentation dont on ne peut rien dire, ni qu'elle est nécessaire objectivement, ni qu'elle exprime une existence) : ce serait justement, la connaissance absolue d'un entendement intuitif (et/ou, par symétrie chirale, d'une intuition intellectuelle).

Ainsi, nous pouvons indiquer ce qui, dans la symétrie chirale entre concepts du temps et de l'espace, est analogue (identique sans être superposable) : *l'espace comme extériorité sans intériorité*, comme espace conceptuel isotrope d'une pensée sans sujet, qui est l'espace de la mathématique (comme analogue d'une connaissance absolue) ; et le temps en général, comme intériorité sans extériorité, c'est-à-dire la *permanence* (la substance).

Sur cette base, dont nous avons montré l'homologie entre espace et temps, se déploie ce qui fait de l'homologie une *analogie,* ce qui fait que l'identité n'est pas superposable, sauf par le moyen d'une *inversion* de la perspective, que seul le schéma interprétatif de la double anamorphose rend manifeste. Après avoir examiné l'identité d'entre l'espace et le temps, voyons-en maintenant la différence.

Toute détermination ultérieure de cet espace comme fondement de tous les phénomènes *externes* ne peut être produite que par le truchement d'une temporalisation, qui accueille l'effectivité temporalisatrice de la synthèse de l'imagination et qui est appelée à se détemporaliser. Parallèlement et inversément, toute détermination de la permanence (qui est le Temps en général) est une effectivité dont on ne peut rendre compte qu'en termes de *rapports de temps*. Si la troisième Analogie de l'expérience, à savoir l'action réciproque, par la totalisation qu'elle restitue du temps (non plus comme une ligne, ni même comme «espace», mais comme «champ», devrait-on dire en termes plus modernes), résiste moins à la compréhension du lecteur, c'est bien la seconde Analogie, à savoir la causalité, qui semble la plus incompréhensible à première vue, non pas à cause de la rédaction kantienne (quoiqu'elle ne soit pas exempte de difficultés), mais par sa nature même, puisque c'est dans la causalité que la temporalisation du temps recèle la nécessité de la liaison entre des phénomènes, cette temporalisation et rien d'autre, alors que, justement, c'est la temporalisation, objective ou subjective il n'importe, qui *dis-paraît* dans la représentation.

Tout comme la représentation du Temps en général s'encombre d'être tout à la fois *temporalisation détemporalisée* (la permanence), *a-temporalité* (le concept métaphysique du temps) et *temps subjectif* (dans la succession indéterminée des perceptions), le pouvoir de représenter qui en passe par l'Espace en général, s'encombre d'être à la fois *extériorisation dés-*

extériorisée (dans la causalité qui impose la représentation d'une liaison nécessaire *et* temporelle), *extériorité sans intériorité* (le concept métaphysique de l'espace) et *espace temporalisé* (champ de l'action réciproque). Ces «encombrements» sont surtout terminologiques — les divisions architectoniques devant servir de «fil conducteur» — et c'est la raison pour laquelle, semble-t-il, Kant, sans renoncer à l'examen de ces concepts de la réflexion transcendantale, examen qu'il rejette à la fin de l'Analytique des principes, en un «Appendice», n'expose pas clairement que le lien entre les Principes fondateurs et régulateurs de l'expérience et les formes pures de la sensibilité réside dans le *travail* du pouvoir de juger et que les principes subjectifs de cette réflexion contiennent l'architectonique de toute la connaissance a priori, et par là, contiennent également cette théorie de la possibilité de penser dont nous rappelons que Kant renonçait expressément, dans sa première préface, à en donner l'exposé[19].

Nous avons longuement examiné ce troisième concept de la réflexion (intérieur/extérieur) dans le contexte de la *substantia phaenomenon*, c'est-à-dire du point de vue de l'entendement empirique. Il nous reste à examiner comment ce concept se traduit en termes de *substantia noumenon,* pour l'entendement pur :

> «Dans un objet de l'entendement pur, est seul intérieur ce qui n'a aucune relation (au point de vue de l'existence *<dem Dasein nach>*) à quelque chose de différent de lui.» A265/B321, p. 992.

La question qui se pose est celle de savoir si un tel objet existe, pour ainsi dire, «intérieurement». Il semblerait que non, et, de fil en aiguille, il semblerait également que toute cette question n'ait été posée que pour réfuter Leibniz et sa monado-

---

19. C'est toujours ce même problème de la nécessité indispensable d'une déduction objective, qui n'entraîne pas celle d'une déduction subjective, dont l'objet perd sa diversité et devient indéterminée par l'aboutissement (ou passage à la limite) de la double anamorphose en un plan à inflexion nulle. Cette déduction subjective qui déterminerait non plus *que* l'entendement est discursif, mais *comment* il l'est (ce qui se traduit par la question de savoir pourquoi il y a autant de catégories et en un tel nombre, etc.) aboutit à la théorie de la possibilité de penser «...la question capitale, écrit Kant dans sa première préface, reste toujours de savoir: Que peuvent connaître, et jusqu'où, l'entendement et la raison, libres de toute expérience, et non: Comment est possible le pouvoir de penser lui-même?» AXVII, p. 730.

logie. Lisons en effet, quelques lignes plus bas, ce que répond Kant :

> «Comme objet de l'entendement pur..., toute substance doit avoir des déterminations et des forces intérieures, qui se rapportent à la réalité intérieure. Mais que puis-je penser comme accidents intérieurs, sinon ceux que me présente mon sens intérieur, c'est-à-dire ce qui est soi-même pensée, ou ce qui est analogue à la pensée ? *Ibid.* A266/B321 p. 992.

Voilà qui est intéressant. Cette «analogue à la pensée» n'a rien à voir avec le «psychisme animal», comme le voudraient les éditeurs et commentateurs de l'édition Pléïade, note 3, p. 1651. Comme nous l'avons montré, l'unité et l'homogénéité de toutes les représentations logiques entre elles, l'immanence du pouvoir de juger logique ont pour conséquence qu'il n'y a pas d'individuation a priori possible d'un objet de l'entendement pur. Les catégories (qui sont les concepts purs de l'entendement) ne sont pas individuées et distinguées les unes des autres par l'entendement pur, mais bien par la raison pure. *Il n'y a pas d'intériorité possible pour un objet <substantia noumenon> de l'entendement pur.*

A la suite d'une affirmation si radicale, nous devons nous expliquer comment ce concept de la réflexion peut avoir cours pour une réflexion transcendantale ou logique. L'explication est simple : ce que vise Kant, en réfutant par quelques lignes Leibniz, est l'idéalisme dogmatique matériel. L'Idéalisme critique ne traite que des phénomènes, et, à l'intérieur des limites de l'expérience, admet qu'on puisse les traiter comme des choses en soi, parce qu'on les traite analogiquement, dès qu'on en a le concept objectif, au sein de l'espace isotrope constitué par la logique générale analytique. La *reflexio* détermine si l'on fait de la logique ou si l'on examine le contenu de l'expérience empirique ; cette *reflexio* accomplie, il nous est loisible de procéder à une *comparatio* (A262/B318, p. 990).

Si nous nous plaçons du point de vue de l'entendement pur, non pas en tant qu'il prétend traiter immédiatement des noumènes mais en tant qu'il traite analogiquement des phénomènes (abstraits en leurs concepts), la *comparatio* est l'œuvre d'une faculté de juger qui est indifféremment déterminante ou réfléchissante (puisque l'on reste toujours dans les limites invisibles de l'entendement). Ainsi, la faculté de juger (c'est-à-dire l'entendement pur, ce qui dans ce contexte, est identique) peut détailler en termes de la substance et d'accident, ce que nous avons appelée plus haut «la partition disjonctive de l'Idée d'un tout de la réalité associée à la permanence substantielle». La substance est alors relativisée, comme un point de vue, et se traite alors à la manière de la majeure d'un raisonnement disjonctif, majeure qui est comme «l'intérieur» qui du point de vue de l'existence, n'a pas de «relation avec ce qui est différent» de lui.

Ce qui devrait cependant nous intriguer est bien le fait que si Kant avait simplement voulu parler de «contenu» d'un concept (de l'entendement pur) au lieu de l'«intérieur» d'un objet de ce même entendement, c'est certainement ce qu'il aurait fait. Or, la critique qu'il fait de la monadologie, loin d'être la raison d'être de ce troisième concept de la réflexion, doit nous mettre sur la voie ; s'il pense à la monadologie, c'est que celle-ci constitue, par association d'idées, l'exemple type de l'«amphibologie de la réflexion, résultant de l'usage empirique de l'entendement avec son usage transcendantal», pour reprendre le titre complet de cet Appendice. En effet, si nous vérifions les définitions du «métaphysique» et du «transcendantal», nous nous apercevons que l'«intérieur» d'un objet pur, en tant que son existence est ainsi individuée comme noumène singulier, s'il pouvait être connu, en serait justement le *concept métaphysique*, tandis que sa manière de s'individuer et donc de se rapporter, par le même mouvement d'individuation, aux autres individus nouménaux, au sein d'un tout systématique de la connaissance absolue, en serait le *concept transcendantal*. Ce rapprochement peut éclairer davantage le statut architectonique de l'Esthétique transcendantale.

Anticipons sur notre propos : la possibilité d'individuer a priori, quant à son existence, un objet de l'entendement pur, en analogie avec une hypothétique connaissance absolue d'un entendement intuitif, n'est autre que l'architectonique, c'est-à-dire la *métaphysique systématique* ; par contre, si nous pouvons nous faire, de ces objets de l'entendement pur, un concept transcendantal, nous ne pouvons en revanche rien faire de ce concept, c'est-à-dire rien en connaître. Toute dérivation analytique au départ de l'«intérieur» d'un tel concept soit, légitimement, revient à dés-intérioriser ce concept et à le convertir en *focus imaginarium*, en point de fuite d'une perspective, soit, illégitimement, à traiter ce concept régulateur comme s'il était constitutif, et par cette amphibolie, à faire de ce concept transcendantal, une connaissance de l'entendement (ce qui, à ce niveau, procède d'un usage simplement transcendant) et donc à en faire un concept métaphysique, ce à quoi nous porte notre *disposition naturelle à faire de la (mauvaise) métaphysique.*

— Matière et forme

Kant nous prévient, d'entrée de jeu : «Ce sont là deux concepts qui servent de fondement à toute autre réflexion...» (A266/B322, p. 992). Ecoutons-le attentivement, dès lors :

> «Le premier signifie le déterminable en général, le second sa détermination (l'un et l'autre dans le sens transcendantal[20], puisque l'on fait abstraction de toute différence en ce qui est donné, et dans la manière dont cela est déterminé)[21].»

Malgré l'emphase de cette entrée en matière, rien de plus consistant ne suit, si ce n'est quelques nouveaux développements sur la monadologie leibnizienne. Il nous reste donc à réfléchir sur le passage que nous venons de citer.

Souvenons-nous de la signification architectonique de la quatrième position dans la table des catégories : elle n'ajoute aucun contenu nouveau à la table qu'elle complète et par rapport à laquelle elle est toujours en surplomb méthodologique, comme nous avons tenté de le montrer à propos des Postulats de la pensée empirique. Si l'unité et la diversité, dédoublées suivant l'espace et le temps, dans les deux premiers concepts de la réflexion, fournissaient les types de contenu possible sur lesquels la *reflexio* et la *comparatio* devaient s'exercer, lorsqu'on en vient aux concepts de la réflexion qui analogiquement correspondraient aux deux derniers moments (dynamiques) des catégories, l'accent se déplace et porte tout d'abord sur l'applica-

---

20. Ce terme de «transcendantal» déconcerte les éditeurs et commentateurs de l'édition de référence Pléiade, qui, dans une note (5., p. 1651) écrivent: « «Transcendantal» est pris visiblement en un sens qui ne peut être celui que revendique la critique (...) «Transcendantal» a simplement ici le sens de «logique». Encore une fois, si Kant avait voulu écrire «logique», il l'aurait fait, d'autant plus que dans cet Appendice, le *logique* s'oppose au *transcendantal* de la même manière que la *comparatio* s'oppose à la *reflexio*. Il faut donc chercher plus loin.

21. Une erreur typographique dans l'édition française ferme deux fois la parenthèse. Nous avons suivi l'édition allemande.

bilité de la distinction matière/forme sur les représentations en général, et ensuite sur le sens même de cette distinction, comme si, dans le troisième concept de la réflexion, il s'agissait d'un concept méthodologique transcendantal (selon la signification esquissée plus haut) et comme si, dans ce dernier concept, nous en avions enfin le concept méthodologique métaphysique, autrement dit : la *métaphysique systématique* elle-même.

Nous nous expliquons ainsi qu'après en avoir claironné l'importance, Kant puisse passer très rapidement sur cette possibilité d'aborder de front la problématique de la métaphysique systématique sachant que cette dernière est d'autant plus efficace (quant à son *effectivité*) qu'elle est inexponible (quant à la possibilité de la fixer en une *représentation*).

L'apport de ce dernier concept, comme principe subjectif de la faculté de juger (réfléchissante) est donc uniquement modal et ne concerne en rien l'objet auquel s'applique cette faculté. Comment le dire sans tomber dans la tautologie ? Ce concept de la distinction matière/forme est purement formel et nullement matériel. La tautologie est inévitable : ce concept est auto-référent.

Reste à voir ce qu'il dit : la matière est le déterminable, la forme, la détermination. Le sens de cette distinction est transcendantal, car on y fait «abstraction de toute différence en ce qui est donné, et dans la manière dont cela est déterminé». La construction de la parenthèse est clairement distributive[22] : c'est par l'*abstraction* de *toute différence dans l'être-donné* que l'on définit la matière, et par celle de *tout être-donné dans la différence*, que l'on définit la forme. La structure est celle d'une symétrie chirale : la forme et la matière sont abstraites du donné de manière identique, mais cette manière d'abstraire ne consiste pas à puiser dans le donné quelque chose qui pré-existerait à un tel prélèvement et qui s'appellerait forme ou matière ; au contraire, le concept de la forme en général s'articule à celui de la matière en général sans sortir de cette articulation même, c'est-à-dire sans faire appel à ce qui se constituerait ipso facto comme des concepts métaphysiques (et donc chimériques) de ce que la forme et la matière «sont» respectivement, comme

---

22. «beides in transzendentalem Verstande, da man von allem Unterschiede dessen, was gegeben wird, und der Art, wie es bestimmt wird, abstrahiert.»

contenus ou axiomes méthodologiques premiers dont proviendrait, analytiquement, toute une méthodologie de la réflexion.

Le concept de la distinction matière/forme a donc bien un sens transcendantal : il consiste en une articulation qui en même temps qu'elle articule, définit ce qu'elle articule. L'on ne peut pas légitimement partir d'un concept premier et originaire de la matière et de la forme et ensuite en déduire analytiquement leur articulation. De tels concepts (matière et forme) seraient alors métaphysiques (dans le sens criticable du terme) et ils proviendraient, tout naturellement, d'un effet de rétrojection qui non seulement «produit» ces concepts comme métaphysiques mais constitue lui-même l'articulation dont il est question ici. Il est de l'essence de ce concept de produire de l'apparence, aux sens tant métaphysique (la substantialité du phénomène) que transcendantal (la représentation de l'inconditionné de toute représentation, donc l'usage transcendant de la catégorie) : il est au «fondement» de toute réflexion, il est «inséparablement lié <*unzertrennlich verbunden*> à tout usage de l'entendement». Autrement dit, tout usage de l'entendement aboutissant à une représentation, parce qu'il est toujours synthétique, dis-paraît dans cette représentation et son unité synthétique se décline (et se perd) invariablement en termes de matière et de forme[23] ; ainsi, *le concept matière/forme exprime la dis-parition elle-même, constitutive de toute représentation.*

23. Et cela, parce que l'unité matérielle est refusée à la représentation: il n'y a pas de concept métaphysique homogène qui serait matière-forme, sauf pour un entendement intuitif dont l'acte est en même temps son propre produit (et donc originaire et créateur, en ce sens). Un tel concept dissiperait l'éclipse qui dérobe l'unité originaire (et nous comprenons ainsi pourquoi une telle unité est originaire) de l'aperception unifiant l'activité synthétique et donnerait l'unité monolythique de la réflexion (toujours aperceptive) comme surimposée à son contenu; tout s'effondrerait, l'objectivité ne serait plus protégée par l'éclipse qui la délivre de la donation subjective, ou pour dire les choses plus directement, ne serait plus possible. Ainsi, le concept doit toujours se fragmenter métaphysiquement (suivant tous les *concepts* de l'entendement pur, qui sont une diversité a priori irréductible de «contenus») pour conserver son unité transcendantale. Aussi peut-on affirmer qu'une métaphysique systématique, en tant qu'elle contiendrait la représentation de sa propre unité, est un Idéal, dont la possibilité transcendantale peut être pensée, mais dont le concept métaphysique (*i.e.* la connaissance) contredit la discursivité de notre entendement.

Cela mérite quelques éclaircissements. L'unité synthétique qui produit la représentation, ne peut s'y représenter en tant qu'unité : elle doit toujours se décomposer en une diversité irréductible au-delà du couple matière/forme. La représentation la plus simple qui énoncera toujours au moins la mise en rapport d'un déterminable et d'une détermination (de la substance à l'accident, dans un jugement catégorique ; de la cause à l'effet, dans un jugement hypothétique ; et du tout à la partie, dans un jugement disjonctif).

La parenté entre le troisième concept de la réflexion et le quatrième est maintenant très manifeste : *le troisième concept de la réflexion transcendantale affirme matériellement ce que le quatrième exprime formellement,* comme si la distinction matière/forme, elle-même auto-référente, appliquée *effectivement* à elle-même ne pouvait être *représentée* que dédoublée. Or, nous n'avons pas dit autre chose : ce quatrième concept est «inséparablement lié à tout usage de l'entendement» (*loc. cit.*), et donc à toute forme de l'unité de son activité synthétique (imaginative, judicative et architectonique), dans la mesure où cette unité de la synthèse se pluralise et, à tout le moins, se *dédouble* nécessairement pour constituer une représentation. Il en va donc de même de ce quatrième concept de la réflexion, double par lui-même, et qui s'appliquant à lui-même va à nouveau se dédoubler[24]. La *représentation* de *l'effectivité elle-même* (et non de son produit) qu'exprime l'articulation matière/forme ne peut être parfaitement identique et superposable au contenu du concept matière/forme ; ce sera donc le concept intérieur/extérieur.

---

24. Le simple dédoublement est la *dichotomie*, marque de ce que la division ainsi considérée appartient à la simple logique; la *trichotomie*, comme Kant en a fait la dure expérience à propos de la triple synthèse héritée de Tetens, possède toujours un terme de liaison irréductible au plan logique-analytique tendu entre les deux autres termes. Ici, dès que nous avons un dédoublement dû à la concrétisation en une représentation (entendue en général), nous sommes dans le domaine de la simple logique. Ce dédoublement peut toujours se faire de deux façons différentes, ce qui donne quatre termes, homologues deux à deux, qui sont le développement complet d'une symétrie chirale: aa, ab, ba, bb. Ainsi, le doublet matière/forme dit *formellement* ce que le doublet intérieur/extérieur dit *matériellement*. Le rapport d'identité non superposable (de symétrie chirale) construisant le concept matière/forme est mis en évidence plus loin.

L'auto-référence du concept matière/forme est négative et c'est le drame de la métaphysique systématique qui se dénoue : si l'on en cherche l'essence métaphysique (un contenu, que l'on puisse développer), on devra la chercher dans le concept intérieur/extérieur, qui dit : il n'y a pas d'intérieur, car l'effectivité est unité ou elle n'est pas. Le mouvement de retour est alors amorcé. Le concept intérieur/extérieur, dès qu'il est lui-même réfléchi, s'expulse dans son autre, son double chiral, matière/forme, qui, à son tour soumis à la réflexion, renvoie au premier, et ce, interminablement. En effet, la «représentation» contenue dans le concept (que ce soit le troisième ou le quatrième de la réflexion) se reconvertit en un schème (pour l'effectivité de la synthèse) dont le produit, nécessairement une représentation, ne peut se trouver qu'ailleurs. Ainsi, guidé par l'architectonique, l'on quitte le concept intérieur/ extérieur pour se tourner vers ce concept matière/ forme où y «situer» cette effectivité (d'où l'importance de la «topique» soulignée sans être tout à fait explicitée dans la «Remarque sur l'Amphibologie des concepts de la réflexion» A268/ B324, p. 994). Par là, le quadruple concept, (intérieur/extérieur)/(matière/forme) n'est rien d'autre qu'un concept indéfiniment dédoublé en lui-même, où l'articulation démultiplie sa symétrie chirale à l'infini mais sans jamais «sortir de ce concept», pour reprendre l'expression qui désigne à la fois les jugements analytiques et le caractère métaphysique d'un concept, bref, quelque chose qui est fondamentalement inquiet : un concept qui soumis à la réflexion la fait entrer dans un processus interminable et in(dé)fini.

Cette effectivité interminable et infinie serait celle d'un entendement intuitif si celui-ci n'avait que lui-même à réfléchir ; d'où l'importance du *donné,* que Kant souligne dans le reste du texte consacré à la matière et à la forme (A267/B323, p. 993). Là encore, la polémique reprise avec Leibniz risque de nous cacher l'essentiel.

En effet, à l'horizon idéal de cette effectivité irréductible à la représentation unifiée, sauf pour un entendement intuitif (qui est justement cet horizon idéal), doit s'opposer quelque donné, dont il faut aussitôt donner l'horizon idéal : ce serait l'intuition intellectuelle. Mais que «donnerait»-t-elle ? — Kant répond : la «réalité illimitée comme matière de toutes les possibilités», *die unbegrenzte Realität als die Materie aller*

Möglichkeit[25], c'est-à-dire l'espace isotrope de la logique générale analytique, entendue non pas comme une véritable connaissance, mais, à l'instar de la permanence, qui est du Temps en général, c'est-à-dire rien d'empiriquement temporel, mais comme la «matière de toutes les possibilités», dont l'ensemble n'est pas considéré comme le système (formel) d'un tout (matériel), mais comme ce tout (matériel) du système métaphysique : rien de connaissable en soi, dès lors.

Ce donné, pour l'entendement empirique, est l'expérience et par conséquent, toute la structure est extatique, est «ouverture» ; par contre, pour l'entendement pur, la configuration est fermée et ce donné est une simple position, la majeure d'un raisonnement, qu'il puise en lui-même[26]. *Le sens le plus haut qu'il faut lire dans le concept suprême de l'architectonique qu'est ce concept de la matière et forme, est que la pensée de (l'horizon idéal de) la connaissance absolue doit, pour s'ap-*

25. D'une manière pour le moins inquiétante, le texte de l'édition de référence Pléiade est très incomplet: «De plus, par rapport aux choses en général, la réalité illimitée était considérée comme la forme par laquelle une chose se distingue d'une autre d'après des concepts transcendantaux.» A267/B323, p. 993

Nous redonnons le texte allemand, avec en italiques, la partie manquante: «Auch wurde in Ansehung der Dinge überhaupt unbegrenzte Realität *als die Materie aller Möglichkeit, Einschränkung derselben aber (Negation) als diejenige Form angesehen*, wodurch sich ein Ding vom andern nach transzenden-talen Begriffen unterscheidet.»

Cette incidente est essentielle: elle exprime la problématique de la détermination complète et absolue de la chose par laquelle Kant atteint l'Idée d'un tout de la réalité: ici, il s'agit bien de la *Realität*, la représentation, et non de la *Wirklichkeit*, l'effectivité. Nous étudions en profondeur cette question de l'Idéal à la fin du chapitre suivant, auquel nous renvoyons car nous n'avons pas encore déterminé tous les outils conceptuels nécessaires à son évaluation.

26. «L'entendement, en effet, exige d'abord que quelque chose soit donné (du moins dans le concept), pour pouvoir le déterminer d'une certaine manière. Aussi dans le concept de l'entendement pur, la matière précède-t-elle la forme...» A267/B323, p. 993. Là, Kant s'en prend immédiatement à Leibniz, non pas dans le seul but de le pourfendre, mais pour prévenir le danger que de tels développements étayent l'idéalisme dogmatique. Dans l'idéalisme critique, si dans le concept de l'entendement pur, la matière précède la forme, il ne faut pas perdre de vue que dans le concept de la sensibilité pure, la forme précède la matière. Cette préséance est l'indice de la symétrie chirale identifiant matière et forme sans les rendre «superposables» grâce à la relation d'ordre ainsi introduite.

proprier sa propre possibilité, casser cette connaissance en
deux, suivant matière et forme : la connaissance absolue, hori-
zon de toute possibilité de connaissance sans en être une pour
notre entendement intuitif, ne peut se penser qu'en se cassant
en entendement intuitif (forme) et en intuition intellectuelle
(matière).

— <u>Conclusion sur les concepts de la réflexion</u>

Nous avons montré que les deux premiers concepts dédou-
blaient l'Unité et la Diversité dans le concept de l'Intérieur et
de l'Extérieur suivant le Temps et l'Espace, c'est-à-dire suivant
l'Effectivité et la Représentation tandis que les deux derniers
concepts dédoublent l'Effectivité et la Représentation suivant
la Matière en général et la Forme en général, c'est-à-dire en
clair suivant l'Unité originaire (de la Réalité illimitée comme
matière de toutes possibilités) et suivant la Diversité originaire
(de l'Entendement illimité comme appréhension intuitivo-intellectuelle d'une infinité de possibilités).

Ce mouvement de dédoublement en une symétrie chirale au
départ de deux termes que nous avons mis en évidence pour
chacun des deux groupes (*comparatio* et *reflexio,* mathématique et dynamique) de concepts de la réflexion transcendantale
est manifestement celui qui sous-tend toute la table des catégories au travers de celle de ces concepts de la réflexion. Il faut
noter qu'au fur et à mesure que nous dégageons les articulations architectoniques dans leur miraculeuse économie et que
nous nous en formons le concept transcendantal, comme
«schème» de l'Idée d'un tout, les termes fondamentaux (Unité,
Diversité, Effectivité, Représentation) perdent peu à peu leur
compréhensibilité (ce en quoi ils participaient à la métaphysique comme disposition naturelle, c'est-à-dire comme «impression de comprendre» ou «effet d'évidence») ; plus claire
nous apparaît l'idée architectonique de l'ensemble, plus obscures nous en apparaissent les parties — non pas simples —
mais élémentaires.

De même, le concept directeur de la matière et de la forme
— et nous voyons bien que ces mots par eux-mêmes ne veulent
rien dire — règle en sous-main l'articulation la plus générale
(dans le sens logique) de la *Critique de la raison pure*, à savoir
sa division entre une théorie des Eléments, gigantesque, où se
concentre tout le feu de la critique (car c'en est l'élément le

plus combustible) et une théorie de la Méthode, quasi naine et dont le sens profond est en définitive très élusif.

• B.II *La représentation au-delà de l'effectivité : La deuxième Analogie : Principe de la succession dans le temps suivant la loi de la causalité : «Tous les changements arrivent suivant la loi de la liaison des effets et des causes».*

— L'«Avertissement» <*Vorerinnerung*>
Quelle est la difficulté que doit affronter ce texte capital ? Certes, la causalité était le cheval de bataille des empiristes qui l'assimilaient à une récurrence jamais encore démentie et admettraient à la rigueur une causalité pourvu qu'elle n'entraînât aucune nécessité. Voilà la difficulté que n'avaient pas surmontée les Empiristes anglais (Locke et surtout Hume) : ou bien ils doivent en passer par un scepticisme méthodologique qui finit par contaminer toute l'entreprise philosophique (à moins d'élever le doute sceptique à la hauteur d'un dogme, ce qui serait contradictoire), ou bien ils doivent bien admettre que cette nécessité qu'ils refusent de voir dans la causalité, ils en détiennent le concept puisqu'ils doivent la situer pour la nier, et dès lors ce n'est pas elle qu'ils nient, mais bien la liaison principielle de la nécessité (la catégorie) à la causalité constatée empiriquement (le phénomène) : la possibilité même du jugement synthétique a priori, qui est la clef de voûte de cette Analytique des principes.

Il faut reconnaître en outre que la tâche est d'autant plus ardue que Kant hérite d'une problématique mal formulée et qu'il doit donc la redéfinir en profondeur. En effet, s'il ne renouvelle pas cette problématique, deux nécessités vont antinomiquement s'affronter : celle, manifestée dans l'expérience, qui réside dans l'*individuation* des objets comme «choses en soi», d'une part et d'autre part celle, exprimée dans une connaissance, qui les *désindividue* pour les mettre en relation objective. Autrement dit, ce que nous avons appelé l'apparence métaphysique (l'objet considéré comme substance déterminée a priori en soi) s'oppose interminablement à ce que Kant appelle l'apparence transcendantale (l'unité nécessaire du tout de la connaissance, abusivement considérée à son tour comme une connaissance). Les Empiristes se heurtaient à une éclipse : posaient-ils les objets, qu'ils ne pouvaient en retirer la nécessité de leur liaison dans une expérience ; posaient-ils la nécessité d'une connaissance, qu'ils ne pouvaient retrouver le chemin vers l'objet et dépasser le cadre d'un formalisme vide et sans signification objective. L'éclipse est à ce point insurmontable qu'il faut la théorie du schématisme pour servir de charnière entre le phénomène (le concept empirique) et la catégorie (le concept pur).

Ceci explique qu'un «avertissement» <*Vorerinnerung*>, en forme de rappel comme le terme allemand l'explicite mieux, précède la preuve proprement dite :

> «*Toute transformation (succession) des phénomènes n'est que changement* ; car la naissance ou la disparition de la substance ne sont pas des changements de cette substance, puisque le concept de changement suppose le même sujet avec deux déterminations opposées comme existant, par conséquent comme permanent <*Aller Wechsel (Sukzession) der Erscheinungen ist nur Veränderung ; denn Entstehen oder Vergehen der Substanz sind keine Veränderungen derselben, weil der Begriff der Veränderung eben dasselbe Subjekt mit zwei entgegengesetzten Bestimmungen als existierend, mithin als beharrend, voraussetzt>.*» A189/B233, p. 925.

Il est indispensable de rapporter «existierend» à «Subjekt», car là se porte tout le poids de la définition du jugement synthétique a priori, à savoir la simple logique générale analytique plaquée sur l'expérience, non pas point par point en une isomorphie (ce que recherchaient confusément les Empiristes anglais), mais par la mise en rapport analogique du tout de la logique générale analytique au tout de l'expérience, à la hauteur de leur principe suprême respectif (et donc, non à la hauteur d'un concept de l'entendement — concept empirique relié au concept pur (simplement logique) par le Schématisme — mais à la hauteur d'un concept de la raison, c'est-à-dire d'un principe dynamique et régulateur de l'expérience, bref, d'un concept architectonique). Cela est rendu plus manifeste ailleurs lorsque Kant fait remarquer que des déterminations opposées cessent d'être contradictoires si on les considère *dans le temps* ; or, toujours selon Kant, *la logique est hors temps*. Le jugement synthétique a priori fondateur des Analogies de l'expérience n'est autre que celui qui rapporte la *logique a-temporelle* à la connaissance objective, autrement dit à *l'expérience dé-temporalisée*.

Il est quelque peu nécessaire d'insister sur ce point. Le concept de changement, *dans une réflexion logique*, implique le concept du permanent, exactement comme le prédicat requiert un sujet : et c'est bien de la réflexion logique qu'il s'agit puisque les déterminations considérées sont «opposées», ce qui ne veut rien dire dans la succession des simples perceptions subjectives où tout passe d'une nuance à l'autre, selon cette continuité bien mise en évidence dans les Anticipations de la perception. Le trait saillant de notre remarque est que la réflexion logique s'épanouissant dans un espace isotrope, lequel est «analogue» à une connaissance intuitive et absolue (dont nous n'avons que l'idée), la manière d'individuer son objet est en même temps la manière de l'articuler à tous les autres objets individués logiquement, et le schème est en même temps, dans la réflexion logique, son propre produit. Aussi pour cette réflexion logique, ce n'est pas la substance qui change, comme le souligne Kant, parce que — le plus simplement du monde — ce n'est pas le sujet qui est prédicat.

Par contre, pour une *réflexion transcendantale*,

> «seul le permanent est changé, le variable ne subit pas de changement, mais seulement une transformation, puisque certaines déterminations cessent et que d'autres commencent» A187/B230-231, p. 923.

Ces déterminations cessent, mais ne s'opposent pas nécessairement à celles qui commencent, car elles ne sont pas analytiquement rapportées à un sujet qui les contient ou ne les contient pas, selon le principe suprême des jugements analytiques ; ici elles croissent et décroissent de manière continue et asymptotique, puisqu'il s'agit du «variable», *das Wandelbare*.

Si dans la réflexion logique, on ne peut pas *penser* le sujet sans le lier au prédicat et on ne peut pas le *représenter* sans l'en dissocier, dans la réflexion transcendantale, la substance est représentée comme liée à son prédicat («seul le permanent est changé») et la pensée dissocie la permanence de tout changement, en en faisant l'horizon idéal-transcendantal : dès lors, elle ne considère que la réalité empirique et elle ne la considère qu'en terme de changements, ce pourquoi elle a recours (par le truchement d'un jugement synthétique a priori) à la réflexion logique, opérant la conversion du changement <*Veränderung*>, qui admet toute les nuances entre le même et son contraire, en une transformation <*Wechsel*>.

Nous sommes donc insensiblement revenus au redoublement de la *représentation* systématique des principes de l'entendement pur par l'*effectivité* de la réflexion systématisée dans les concepts transcendantaux. La simple lecture du titre même de l'Appendice (*De l'amphibologie des concepts de la réflexion, résultant de la confusion de l'usage empirique de l'entendement avec son usage transcendantal*) suffit à nous indiquer que nous sommes bien au cœur de la problématique de la liaison synthétique et fondatrice de l'expérience, entre la catégorie et le phénomène. Le sens profond de cet Avertissement nous est maintenant clair : en effet, ce n'est qu'à l'intérieur des limites de l'expérience sensible, autrement dit dans le domaine de l'entendement, que le concept peut être objectif, c'est-à-dire séparé, abstrait, du phénomène. Ainsi ne peut-il y avoir *analogie* par delà la dis-parition du lien, analogie tissée par le schématisme que dans ces limites. En dehors de ces limites, il n'y a plus rien pour séparer le schème de son propre produit ou pour séparer l'unité, de la totalité ; *il n'y a plus de pluralité*. L'entendement intuitif (horizon de l'entendement, tel que vu en dehors des «limites») devient immédiatement intuition intellectuelle.

Par conséquent, nous pouvons en effet traiter les phénomènes (substantia phaenomenon) *comme* des choses en soi (substantia noumenon) et là réside le sens profond de l'Analogie ; mais nous ne pouvons pas cependant totalement oblitérer ce qui sépare invisiblement l'analogie de l'homologie absolue, et considérer que l'être et le non-être successifs des déterminations de la substance sont immédiatement l'être et le non-être successifs de la substance elle-même. Or, la dissociation de la substance et de ses déterminations ne résiste pas à la réflexion logique qui n'acceptera de considérer la substance et ses déterminations qu'à l'intérieur d'un plan absolument homogène et isotrope : cela veut dire que, *dans la réflexion logique*, le temps de la succession (où inscrire l'être qui «suit» le non-être, ou vice-versa) ne peut pas admettre une diversité, à savoir un Temps en général (la permanence) et des rapports de temps objectifs (la simultanéité et la succession).

Aussi la réflexion logique a-t-elle cette *disposition naturelle* à transformer l'Analogie en simple rapport logique, dégénérant en une antinomie où l'on ne peut maîtriser le concept de la permanence qu'en rendant incompréhensible le concept de changement et vice-versa. Seule la réflexion transcendantale a ce pouvoir de distinguer, au sein du temps, une diversité a priori exprimée aussi bien par l'Exposition transcendantale du concept du temps que par l'ensemble systématique des Analogies de l'expérience; mais ce que la faculté de juger peut réfléchir et distinguer, l'entendement ne peut le conserver uniment dans la représentation et la causalité naturelle en éclipse avec la causalité libre conservera toujours quelque chose de très mystérieux qui est le mystère même du concept métaphysique du Temps, unité absolue d'une connaissance absolue (d'un entendement intuitif) parfaitement vide et diversité architecturant la discursivité de notre entendement humain et dis-paraissant comme telle pour se rendre indéterminée dans chacune des représentations de ce même entendement humain. Ainsi «avertis», nous pouvons maintenant passer à la «Preuve».

— La «Preuve»

Dans la rédaction originale de 1781, Kant entrait dans le vif du sujet:

> «L'appréhension du divers du phénomène est toujours successive. Les représentations des parties se succèdent les unes aux autres. Quant à savoir si elles se suivent aussi dans l'objet, c'est un second point de la réflexion ein zweiter Punkt der Reflexion, qui n'est pas contenu dans le premier.» A190/B235 p. 926

On le sent, on le voit, Kant pense constamment au travail de la réflexion, à un point tel que ce texte ouvrant la «preuve» de cette seconde analogie semble poursuivre un train de pensée concernant la réflexion qui s'appliquant à l'appréhension du divers en général la déclare tout d'abord successive. Il faut en effet le travail de la réflexion pour déterminer qu'elle possède ce mode du temps, car celui-ci n'est pas sui generis manifeste. Kant précisera sa pensée un peu plus loin en écrivant: «le divers des phénomènes est toujours *produit* successivement dans l'esprit» (A190/B325, p. 927).

Le second point de la réflexion n'est pas contenu enthalten dans le premier... voilà qui donne à réfléchir. S'il l'était, la réflexion serait simplement logique. Il y a donc quelque chose dans le travail de l'imagination (l'appréhension) qui marque une limite, séparant les deux «points» de la réflexion: en dessous (en premier), le travail de l'appréhension et Kant précise «de l'admission dans la synthèse de l'imagination», au-dessus (en second) celui de la réflexion, c'est-à-dire la faculté de juger (la «réflexion») dont nous avons vu précédemment les quatre groupes de concepts.

L'un n'est pas «contenu» dans l'autre. A partir de cela, le mouvement de la pensée kantienne est agité de ces tics qui nous sont maintenant familiers et qui se produisent dès que l'on se rapproche par trop d'une théorie de la possibilité de penser. Tout d'abord, une démonstration apagogique : «Si les phénomènes étaient des choses en soi...», ensuite un exemple direct. Mais la démonstration, autrement dit la «preuve» annoncée, tarde à venir, ce dont Kant est parfaitement conscient en écrivant à la suite de ce paragraphe : «Venons en maintenant à notre problème» (A191/B236, p. 928).

La démonstration apagogique tourne court : Kant dit simplement qu'ayant affaire aux choses en soi, «personne ne pourrait évaluer, à partir de la succession des représentations de ce qu'ils ont de divers, comment ce divers est lié dans l'objet» (A190/B235, p. 927). Or, il est clair que l'énoncé de la thèse idéaliste dogmatique introduit dans la «consubstantialité» du phénomène et de la chose en soi, ces représentations dont la succession subjective fait problème. Kant pose le problème en même temps qu'il en rend la formulation contradictoire et tout cela revient à dire : si le phénomène est une chose en soi, que faire de mes représentations ? Et la phrase suivante révèle clairement le fond de sa pensée : «nous n'avons affaire qu'à nos représentations». Si Kant a tourné bride aussi rapidement, cela est dû au fait que si les phénomènes étaient des choses en soi, la question de l'objectivité (c'est-à-dire de la liaison nécessaire des individus (les objets) dans l'expérience) serait ipso facto résolue : si l'on se place du point de vue métaphysique, alors tout va bien. Mais nous ne pouvons pas nous placer de ce point de vue, car il ne s'agit pas d'établir la nécessité en elle-même, ce que la déduction objective a fait, mais d'établir comment nous pouvons retrouver la nécessité à partir du seul point de départ que nous ayons, l'expérience des sens («nous n'avons affaire qu'à nos représentations»), autrement dit le contingent.

Cette démonstration ayant littéralement avorté, Kant réexpose le but poursuivi :

> «je dois montrer quelle liaison dans le temps convient au divers dans les phénomènes *eux-mêmes*, tandis que la représentation de ce divers est toujours successive dans l'appréhension.» *ibid.* A190/B235, p. 927.

L'énorme, l'incommensurable difficulté est là sous nos yeux : quelle est la différence entre un phénomène *en lui-même* et ce phénomène *pour moi*? Comment la rendre manifeste tout d'abord? Kant attire alors l'attention sur le cas de la maison[27] et introduit cette distinction relativement élusive entre la représentation et l'objet de cette représentation, objet «avec lequel mon concept, que je tire des représentations de l'appréhension, doit s'accorder» (A191/B236, p. 927). Kant tente d'ouvrir une perspective, en accord avec la *réflexion transcendantale*, qui distingue entre, d'un côté, l'objet comme articulation synthétique de l'intuition et du concept et, de l'autre côté, ces mêmes intuition et concept. La difficulté que nous mentionnions plus haut tient à ce que la *réflexion logique* fait dis-paraître cette articulation qui n'est autre que l'effectivité synthétique par laquelle le concept tiré des représentations de l'intuition s'*accorde* avec ces mêmes représentations. Relisons en effet ce passage d'apparence si circulaire:

> «Ce qui se trouve dans l'appréhension successive est considéré ici comme représentation, mais le phénomène qui m'est donné, quoique n'étant rien de plus qu'un ensemble de ces représentations, est considéré comme objet de ces représentations, avec lequel mon concept, que je tire <*Ich ziehe... ...aus*> des représentations de l'appréhension, doit s'accorder <*zusammenstimmen*>.» *ibid.*

Autrement dit, nous avons d'un côté le phénomène qui est un «ensemble» de représentations, articulé en un «objet» et de l'autre nous avons un «concept», tiré de ces mêmes représentations. Quelle est la différence? L'objet (l'effectivité synthétique de l'imagination) tombera soit dans l'intuition, en tant que phénomène donné en elle, soit dans le concept. Kant a beau souligner que le concept est lui aussi «tiré» de ces mêmes représentations, le lecteur a été trop capturé par la thématique de l'hétérogénéité de la catégorie au phénomène pour s'apercevoir de l'enjeu.

Quel est cet enjeu? Le concept est certes tiré de ces mêmes représentations de l'appréhension, qui articulées dans un ensemble, «donnent» de même l'objet phénoménal. Mais le concept n'est rien d'autre que ce même objet phénoménal en tant qu'il a perdu son être-objet, à savoir sa temporalisation. Il

27. «L'appréhension du divers dans le phénomène d'une maison, qui se trouve devant moi, est successive. Or, demande-t-on, si le divers de cette maison elle-même est aussi successif en soi, personne assurément ne l'admettra.» *Ibid.*

est rendu homogène à tous les autres concepts de l'isotropie de la simple logique où il n'est qu'une position à laquelle rapporter l'objet phénoménal qui s'en distingue, invisiblement, par son inscription temporelle. Aussi Kant doit-il se battre sur deux fronts : le premier est le réalisme transcendantal pour lequel l'objet possède son individuation de manière apriorique, comme s'il était une chose en soi, ce qui est une absurdité car il y faudrait un entendement intuitif, qui comprendrait immédiatement ce qu'il appréhenderait (or le second point de la réflexion n'est pas «contenu» dans le premier, comme l'écrit Kant.). Le second front est celui de l'idéalisme dogmatique, pour lequel l'individuation est donnée du haut du concept, ce qui n'est pas moins absurde, puisqu'il y faudrait une intuition intellectuelle, individuante a priori. Les deux fronts se rejoignent, puisque les deux mouvements de pensée au-delà de leur antinomie apparente ont ceci en commun qu'ils prétendent à l'hégémonie totalisatrice de leur perspective. Ce que Kant, contre ces deux dangers, doit montrer est que l'objet n'est pas individué entièrement dans l'intuition ou entièrement dans le concept, mais par l'articulation de l'intuition au concept, articulation qui est synthétique et non analytique : l'objet ne surgit pas de l'intuition, pas plus qu'il ne tombe du haut du concept, ce qui aurait pour conséquence de *délocaliser* le problème de l'individuation de l'objet et de le rapporter à la hauteur de l'adéquation architectonique de l'ensemble de toutes les intuitions possibles à l'ensemble de tous les concepts possibles, en le faisant dépendre du principe suprême des jugements synthétiques a priori. C'est exactement ce que fait Kant (à savoir montrer que l'objezt est le produit synthétique de l'articulation de l'intuition au concept) dans la phrase qui suit notre citation précédente :

> «On voit tout de suite que, comme l'accord de la connaissance avec son objet constitue la vérité, il ne peut être question ici que des conditions formelles de la vérité empirique, et que le phénomène, par opposition aux représentations de l'appréhension, ne peut être représenté comme l'objet de ces représentations, diffèrent d'elles qu'à la condition d'être soumis à une règle qui le distingue de toute autre appréhension, et rend nécessaire une sorte de liaison du divers.» A191/B236 p. 927.

«L'accord de la connaissance avec son objet» exprime en effet le principe suprême des jugements synthétiques (A158/B197,

p. 898) et donne la condition de vérité *matérielle,* tout comme,
en bonne symétrie chirale, la condition de vérité purement
formelle est exprimée par le principe suprême des jugements
analytiques, la non-contradiction, annoncée dans des termes
parfaitement parallèles dans l'Introduction à la Logique
transcendantale[28]. La question de l'objectivité se focalise donc
en un problème d'individuation dont la solution réside dans le
passage de la «règle» (de l'imagination dans l'appréhension) à
la liaison «nécessaire» du divers (le concept comme position
déterminée au sein d'une connaissance objective). La jonction
entre la règle de l'imagination et le concept de l'entendement,
autrement dit l'articulation entre l'intuition qui donne (appréhende) le phénomène et le concept de l'entendement qui le
comprend, est réalisée par l'objet, et Kant va jusqu'à unir dans
l'expression «règle nécessaire de l'appréhension» ce qu'il avait
juxtaposé dans la phrase précédente, à savoir la règle individuante et la liaison nécessaire :

> «Ce qui dans le phénomène contient la condition de cette règle né-
> cessaire de l'appréhension est l'objet.» *ibid.*

Phrase achevant ce paragraphe préparatoire, dans la première édition, à cette preuve qui n'en finit pas d'être annoncée,
puisque Kant se décide enfin : «Venons maintenant à notre problème.»

Notre long détour par les concepts de la réflexion, ainsi que
les diverses considérations que nous a values la lecture de
l'Avertissement et de ce long paragraphe introductif nous ont
permis de comprendre pourquoi Kant hésite tant avant d'abor-

---

28. C'est le cœur de la problématique de la logique transcendantale: «Si la
vérité consiste dans l'accord d'une connaissance avec son objet, cet
objet doit être par là distingué des autres...» (A58/B87, p. 818); en ce
qui concerne la non-contradiction, il s'agit d'un critère purement «formel» (*ibid.*) et le concept fondamental de la réflexion transcendantale,
à savoir la *matière* et la *forme*, est ce qui sous-tend le projet critique tel
que Kant le définit en ces termes: «Mais, comme la simple *forme* de la
connaissance (...) ne suffit nullement pour établir la vérité *matérielle*
(objective) de la connaissance, personne ne peut se hasarder à juger
des objets avec la simple logique, et à en affirmer quelque chose, sans
en avoir auparavant entrepris une étude approfondie <*gegründete Er-
kundigung*> en dehors de la logique...» A60/B85, p. 819, en dehors de
la logique générale analytique, s'entend, et donc dans la logique transcendantale (l'architectonique), ce qui est justement la difficulté affron-
tée par Kant dans cette seconde Analogie.

der le problème. De surcroît, un coup d'œil sur le paragraphe ajouté à la seconde édition, juste après l'avertissement, nous permet de mieux saisir l'enjeu. Certes, nous avions bien retenu que la «simple perception laisse indéterminé le rapport objectif des phénomènes qui se succèdent» (B234, p. 926); et que la nécessité ne réside pas dans la perception; d'un autre côté, souligne Kant, «le concept, qui comporte une nécessité de l'unité synthétique, ne peut être qu'un concept pur de l'entendement, *qui ne se trouve pas dans la perception* et c'est ici le concept du rapport de la cause et de l'effet.» (*ibid.*, nos italiques). Ni dans l'un, ni dans l'autre, et pourtant l'objet est donné dans l'intuition et compris dans le concept, mais en tant qu'il est nécessairement déterminé (ici, suivant la cause et l'effet), il n'appartient pas à l'intuition, et en tant qu'il est donné, il est comme tel irréductible au concept pur. Ceci étant bien éclairci, nous pouvons examiner la preuve.

Reconnaissons tout de suite que Kant va énormément piétiner sur place dans ces quelques pages avant de «prouver» véritablement cette Analogie. Ayant suffisamment éclairci la distinction didactique indispensable entre la succession subjective de l'appréhension (l'exemple de la maison) et la succession objective des phénomènes (l'exemple d'un bateau descendant un fleuve), Kant va maintenant attirer l'attention sur les conditions de nécessité du substrat temporel:

> «...nul phénomènene retourne du moment suivant au moment antérieur, mais il se rapporte cependant à un moment antérieur quelconque; la progression d'un temps donné, en revanche, à un temps suivant déterminé est nécessaire.» A194/B239, p. 929.

Ainsi, si nous posons que quelque chose est contenu temporellement dans cette progression temporelle en elle-même nécessaire, nous devrions alors poser que l'avant succède à l'après d'une manière en elle-même nécessaire, en laissant pour l'instant indéterminée la question de savoir si cette nécessité nous est connaissable en tant qu'objectivement déterminée. En effet, si nous posons qu'il y a quelque chose dans le temps, quelque chose qui se distingue d'une manière ou d'une autre du simple flux subjectif de nos représentations, alors du même mouvement qui pose l'existence dans l'espace, d'une cohésion nécessaire de parties simultanées, nous devons admettre une nécessité similaire dans l'enchaînement des parties successives telles qu'elles se présentent dans le cours du temps:

> «Par suite, puisqu'il y a quelque chose qui suit, je dois le rapporter
> nécessairement à quelque chose d'autre en général qui précède, et
> qu'il suit selon une règle, c'est-à-dire nécessairement, de telle
> sorte que l'événement, comme conditionné, renvoie sûrement à
> quelque condition, et celle-ci détermine l'événement.» *ibid.*,
> pp. 929-930.

Le chemin est enfin frayé, qui mène au but. L'individuation
de l'objet n'est pas seulement substantielle, c'est-à-dire finalement spatiale (substance et accidents), elle est également temporelle et l'objet ne peut être individué que s'il est déterminé
temporellement. La règle d'individuation, en tant qu'elle objective l'objet et le «distingue de tous les autres» pour reprendre les termes de la définition de la vérité tant formelle que
matérielle, est autant spatiale que temporelle. Mieux encore, la
manière d'individuer l'objet, c'est-à-dire de déterminer qu'un
phénomène est *hic et nunc* est en même temps la règle qui détermine la possibilité de l'expérience comme tout systématique. Nous avons donc établi *que* la synthèse subjective ne devient objective que dans la mesure où elle individue
temporellement l'objet au sein du temps, du même mouvement
qu'elle l'individue spatialement, c'est-à-dire qu'elle en donne
les déterminations spatiales :

> «C'est donc toujours eu égard à une règle, d'après laquelle les
> phénomènes sont déterminés dans leur succession, (...) que je
> rends objective ma synthèse subjective (de l'appréhension), et
> c'est uniquement sous cette supposition seule qu'est possible l'ex-
> périence même de quelque chose qui arrive.» A195/B240, p. 930.

La possibilité d'individuer l'objet, autrement dit «l'unité
synthétique du divers de l'intuition dans une expérience possible» (A158/B197, p. 898), est identique à celle de l'expérience en général, ce qui est exactement ce qu'énonce le principe suprême des jugements synthétiques a priori (*ibid.*,
p. 899). Si nous avons établi *que* ma synthèse subjective ne
devient objective que sous cette «supposition seule», il nous
reste encore à déterminer *comment* elle le devient. C'est la
question dont Kant va maintenant débattre, la formulant en
ces termes :

> «Comment donc arrivons-nous à supposer un objet à ces représen-
> tations, ou à leur attribuer encore, outre la réalité subjective
> qu'elles ont comme modifications, je ne sais quelle réalité objecti-
> ve» A197/B242, p. 932.

C'est en effet le fond de la question, ou comme Kant l'écrit plus bas : «quelle nouvelle propriété la relation à un objet donne à nos représentations» ? Pour répondre à cette question, dont la réponse ne se trouve «contenue» dans aucun de ses termes, Kant va décrire minutieusement la synthèse de l'imagination dans son passage à la limite. En fait, c'est dans ces quelques pages que nous trouverons les textes qui vérifient le mieux notre schéma interprétatif de la double anamorphose, puisqu'il s'agit de sortir tant la succession objective des parties que leur simultanéité objective hors de la simple linéarité de la succession objectivement indéterminée des perceptions, et tout cela sans perdre la continuité du flux des représentations subjectives en tant que nous en avons continuellement conscience. Suivons donc Kant pas à pas.

Dès la page A198/B243, (p. 932) Kant reprend tout l'exposé depuis son point de départ, en commençant par cerner la difficulté : «...par cette succession <des représentations>,... rien n'est distingué d'autre chose.» Cette première étape où Kant se répète aboutit à affirmer avec force que la nécessité inhérente à la condition formelle des perceptions, à savoir qu'elles sont inscrites dans un temps dont la dimension est unique et la progression inexorable, constitue également une «loi indispensable» de la «représentation empirique de la série du temps» (A199/B244, p. 933). L'avant détermine strictement et nécessairement l'après, mais par là nous ne connaissons pas de manière déterminée comment les objets sont individués (or sans cette individuation, nous n'avons pas dépassé le «premier point de la réflexion» (A189/B235, p. 926, *loc. cit.*), à savoir l'appréhension).

Après avoir affirmé que le temps comme condition formelle de la sensibilité est également la condition formelle de tous les phénomènes, ce que nous savions dès l'Esthétique transcendantale, Kant délaisse la sensibilité pour passer à l'entendement, le «second point de la réflexion» (*ibid.*) et en dit des choses absolument capitales, que nous devons très attentivement détailler. Tout d'abord Kant affirme quelque chose que nous avions déjà remarqué, à savoir qu'une représentation n'a pas besoin d'être claire pour être objective[29].

---

29. «Pour toute expérience et pour sa possibilité est requis l'entendement, et le premier rôle qu'il y joue n'est pas de rendre claire la représentation des objets, mais de rendre possible la représentation en général.» A199/B244, p. 933. Dès l'Esthétique, Kant affirme avec force que «la

En effet, si l'appréhension est anamorphique et que l'imagination appréhende sa propre appréhension par le truchement de
son écho sur le sens interne (dont la forme est le temps), alors
l'entendement est à la fois la possibilité de passer à la limite et
de faire aboutir la double anamorphose (de courbure *identique*
et de sens opposé, comme les mains, dans une symétrie chirale) à un plan d'inflexion nulle, où toutes les représentations
sont homogènes et interchangeables car libérées de leur inscription *hic et nunc*. La logique fait abstraction de tout contenu, ce qui rend la représentation possible «en général». La clarté, dans cette constitution de l'objectivité, est une considération
tout à fait subjective et c'est même l'œuvre de cette logique générale analytique, dont les jugements en tant qu'analytiques
sont «explicatifs» et servent justement à clarifier le contenu des
représentations : la clarification suppose donc tout d'abord la
possibilité même des représentations et de leur appartenance à
un plan d'inflexion nulle, dé-sensibilisé. La suite du texte est
tout aussi passionnante, car Kant y dit *comment* l'entendement
rend possible ces représentations :

> «Or, cela arrive du fait qu'il transfère l'*ordre* du temps *<Zeitord-
> nung>* aux phénomènes et à leur existence, en assignant à chacun
> d'eux, considéré comme conséquence, une place déterminée a
> priori dans le temps, par rapport aux phénomènes précédents, sans
> laquelle il ne s'accorderait pas avec le temps même, qui détermine
> a priori leur place *<Stelle>* à toutes ses parties.» *ibid.* pp. 933-934.

Cela semble tout à fait circulaire, si l'on considère les phénomènes comme possédant leur propre détermination a priori
temporelle, comme si le temps était la détermination possible
d'une chose en soi, ce contre quoi Kant s'élève immédiatement :
cette détermination ne provient pas «du rapport des phénomènes au *temps absolu (car il n'est pas objet de perception)*»
(*ibid.*, nos italiques). L'essentiel réside ici en ce que le temps
n'est considéré comme série *<Zeitreihe>*, mais bien plutôt
comme ordre *<Zeitordnung>*[30]. En passant de la sensibilité (et

---

distinction entre une représentation confuse et une représentation distincte est purement logique et ne porte pas sur le contenu.» A43/B61,
p. 802

30. Référons-nous au Schématisme, dont on peut considérer ici qu'une
   nouvelle formulation en est donnée par Kant: «Les schèmes ne sont
   donc autre chose que des déterminations du temps a priori d'après des
   règles; et ces déterminations, suivant l'ordre des catégories, concer-

de sa condition formelle : le temps en général comme série, *<Zeitreihe>* à l'entendement (et son schématisme, qui suit catégoriellement les déterminations transcendantales du temps), nous avons changé de dimension, nous avons *passé une limite...* les phénomènes ne sont plus considérés comme inscrits de manière indifférenciée dans la linéarité d'une «série», ils sont maintenant inscrits dans un «ordre», non plus linéaire, mais planaire.

Toutes les déterminations transcendantales du temps sont sollicitées, d'une part la *série, le contenu* (les phénomènes euxmêmes), autrement dit conditions formelle et matérielle de la sensibilité, idéalité transcendantale (espace et temps) et réalité empirique (perception, c'est-à-dire sensation avec conscience), et d'autre part l'*ordre* (les analogies de l'expérience, son contenu matériel) et enfin l'*ensemble du temps,* qui est a-temporalité (la pensée empirique, forme de l'expérience dans sa possibilité de s'en abstraire ou, inversément, d'y revenir). Les phénomènes se disposent les uns par rapport aux autres, écrit Kant, dans la succession et la simultanéité, tels que les restitue (qui donc ? — l'entendement ; où donc ? — dans le sens interne) l'activité synthétique qui les construit dans le même mouvement qu'elle en dis-paraît. Tout cela est affirmé avec toute la clarté souhaitable en une seule phrase :

> «...les phénomènes doivent déterminer leurs places les uns aux autres dans le *temps lui-même*, et les rendre nécessaires dans l'*ordre du temps*, (...) ; de là une *série* de phénomènes, qui au moyen de l'entendement, produit et rend nécessaire le *même ordre* et le *même enchaînement continu* dans la *série* des perceptions possibles, *que celui qui se trouve a priori dans la forme de l'intuition interne (le temps)*, où toutes les perceptions devraient avoir leur place.» A200/B245, p. 934 (nos italiques).

L'appréhension (l'imagination synthétisant l'intuition externe) est anamorphique, tout comme est anamorphique l'appréhension de l'appréhension (l'imagination synthétisant l'effet de sa propre synthèse sur le sens interne). La perception est toujours

---

nent la série du temps *<Zeitreihe>*, le contenu du temps *<Zeitinhalt>*, l'ordre du temps *<Zeitordnung>*, enfin l'ensemble du temps *<Zeitinbegriff>* par rapport à tous les objets possibles» A145/B185, p. 890. Rappelons que Kant avait précédemment établi la «loi indispensable» de la «représentation empirique de la série du temps *<Zeitreihe>*» (A199/B244, p. 933), à savoir que la condition formelle (sa dimension unique) du temps se communiquait à sa représentation empirique.

déjà sensation et sensation de sensation et le mouvement est toujours doublement anamorphique : c'est la sensibilité. Dès que la double anamorphose aboutit, en un passage à la limite, au plan à inflexion nulle de l'ensemble de toutes les représentations, les phénomènes (l'Etre) retrouvent leurs articulations réciproques *appréhendées* suivant le temps et détemporalisées suivant la *compréhension,* mais ce ne sont que les articulations qui sont restituées et non ce dont il y a articulation (l'Etre, ou comme dirait plutôt Kant : la chose en soi). Cette reconstitution doit se faire en un plan absolument isotrope et matériellement vide : le temps absolu, qui est absolument détemporalisé donc isotrope et matériellement vide, puisqu'il ne peut être perçu pour lui-même.

Kant reprend une nouvelle fois un peu plus loin cette démonstration pour mieux montrer comment les phénomènes sont ainsi «produits», puisque c'est par ce seul mot que dans le passage précédent, il est indiqué que la synthèse est l'événement de l'objectivation, et non son simple véhicule. En effet, l'ordre exprimé par l'objet (une phrase dans laquelle on risque de glisser jusqu'à croire que cet ordre s'est transporté sans heurt depuis la chose en soi jusqu'au concept) n'est autre que l'objet exprimé par l'ordre de la synthèse, c'est-à-dire la manière dont la synthèse poursuit son homéostase jusqu'à «produire» la représentation objective d'un phénomène de l'expérience ; Kant, en rectifiant, nous le confirme :

> «...si cette synthèse est une synthèse de l'appréhension (du divers d'un phénomène donné), l'ordre est déterminé dans l'objet, ou *pour parler plus exactement,* il y a là un ordre de la synthèse successive qui détermine un objet, d'après lequel quelque chose doit nécessairement précéder, et ce quelque chose une fois posé, quelque autre chose suivre nécessairement.» A201/B246, p. 935 (nos italiques).

Il est essentiel de remarquer que ces démonstrations, dans leur ensemble, s'appliquent aussi bien à la simultanéité qu'à la succession de la cause et de l'effet. Deux problèmes différents se posent en effet, ce qui explique cette restriction de la causalité à la succession temporelle (restriction dont Kant donne acte explicitement[31]. Tout d'abord, la représentation spatiale n'est

---

31. A202/B247, pp. 935-936 : «Le principe de la liaison causale parmi les phénomènes est restreint, dans notre formule, à leur succession, tandis que, dans l'usage de ce principe, il se trouve qu'il convient aussi à leur simultanéité, et que la cause et l'effet peuvent être en même temps.»

possible qu'en détemporalisant l'objet lui-même (et non pas seulement la synthèse productrice de l'objet) ; ainsi, si l'objet possède une détermination strictement temporelle, celle-ci est perdue. C'est le cas avec la causalité, laquelle est spatialement inreprésentable, sauf en démultipliant les plans spatiaux, c'est-à-dire en brisant l'unité et l'isotropie de l'espace. La causalité doit donc faire l'objet d'un traitement particulier, parce qu'elle est la seule de toutes les déterminations possibles de l'objet en général, à être totalement irréductible à la représentation spatiale.

Le second problème est identique, mais de manière seconde (à la manière, à nouveau, d'une symétrie chirale). Si nous considérons la causalité simultanée, nous nous voyons obligés de respatialiser le temps, ce qui constitue un processus homologue, mais non strictement identique à la détemporalisation du temps (la permanence), laquelle produit un espace, où, pour ainsi dire, il ne se passe rien. La respatialisation du temps aboutit à un champ qui localement, à la réflexion, menace toujours soit de se dé-spatialiser pour rendre possible la compréhension de l'effet déterminé par une cause atemporellement antérieure, soit de se dé-temporaliser pour rendre possible la compréhension de la contemporanéité de l'effet et de la cause. En re-spatialisant le temps (dans la causalité simultanée), on retrouve l'écho du point de départ : la permanence de la substance, qui au départ était l'inchangé et qui maintenant est le constamment changeant :

> «Cette causalité conduit au concept de l'action, celle-ci au concept de force, et par là au concept de substance.» A204/B249, p. 937

Nous voilà renvoyés, de manière caractéristique, soit à la permanence de la substance (première analogie), soit à l'action réciproque (troisième analogie), tout comme, dans la représentation de la triple synthèse (dans la première version de la Déduction), la réflexion portant sur l'imagination nous fera toujours invinciblement retomber soit dans le thème de l'intuition soit dans celui du concept. Ici, le problème est de penser la causalité en elle-même, en dehors de la détermination temporelle qui seule la rend «visible»[32] ; la causalité n'est pas une détermination objective du temps, rappelons-le, elle est un

---

32. Kant note ainsi (et y insiste, comme on le verra) que «la succession est donc en tout cas l'*unique critère empirique de l'effet*, en relation à la causalité de la cause qui précède», A204/B249, p. 936.

concept pur de l'entendement. Kant ne veut certes pas se lancer dans une étude approfondie des concepts d'action et de force qu'il réserve pour les *Premiers principes métaphysiques de la science de la nature*, mais, écrit-il, (A204/B249, p. 937)

> «Mais je ne puis laisser de côté le critère empirique d'une substance, en tant qu'elle semble se manifester non par la permanence du phénomène, mais mieux et plus facilement par l'action.»

En d'autres mots, Kant se demande si l'on ne devrait pas penser les phénomènes, non en termes métaphysiques de substances (dans la permanence), mais, «mieux et plus facilement», en terme de sujets d'une action <*Handlung*> ; mais l'adéquation de l'action à la permanence, la possibilité de «conclure immédiatement de l'action à la permanence de l'agent» (*ibid.*) est chose impossible «analytiquement». Voilà qui est étrange, d'autant plus que Kant souligne que la «solution de cette question ne présente pas..: une telle difficulté». L'étrangeté est que l'on puisse conclure *immédiatement* de l'un à l'autre même si l'on ne peut pas procéder de «manière purement analytique avec ses concepts» et donc par des inférences *immédiates* de l'entendement.

Alors qu'il veut introduire une autre manière de considérer le phénomène, Kant va cependant se resservir d'un grand nombre des démonstrations de la première Analogie (le changement par rapport au permanent). Le parallélisme de ces démonstrations est frappant, et nous nous limiterons à cet exemple :

> «Si l'on voulait attribuer au temps lui-même une succession, il faudrait encore penser un autre temps où cette succession serait possible.» A183/B226 p. 920 (première Analogie).

> «...d'après le principe de causalité, les actions sont toujours le premier fondement de toute transformation des phénomènes, et ne peuvent donc pas résider dans un sujet, qui change lui-même, puisqu'alors il faudrait d'autres actions et un autre sujet qui déterminât ce changement» A205/B250, pp. 937-938.

La différence, à ce point indiscernable (mais non moins effective), est que la permanence dans la première Analogie concerne le Temps en général comme condition formelle elle-même inconditionnée du changement, sans que soit déterminé au préalable s'il est objectif ou subjectif, tandis que dans la seconde Analogie, cette question a été tranchée, et de ce fait, nous ne sommes plus dans le Temps en général, mais dans l'entendement.

Dans le premier cas, la régression prosyllogistique atteint l'*idéalité transcendantale* du temps à partir du concept de la succession dans l'appréhension, qui est la représentation de la *réalité empirique* du temps, mais sans que ce concept (la succession) ne constitue une méthode de réflexion pour la faculté de juger réfléchissante. Autrement dit, cette régression (un raisonnement de la raison dans son usage logique) est celle par laquelle la science de l'Esthétique transcendantale atteint le concept métaphysique du temps, en dépassant le domaine de l'entendement et de ses inférences immédiates.

Dans le second cas, en revanche, le point de départ n'est pas le concept du temps, autrement dit la forme pure de la sensibilité, mais bien un *concept de l'entendement* : la causalité. C'est en réfléchissant, c'est-à-dire en remontant dans la série des conditions (les effets de l'action) jusqu'à l'inconditionné (le «dernier sujet» de l'action) que la faculté de juger effectue le concept schématique de la causalité, pour atteindre l'inconditionné du jugement hypothétique[33]. L'on passe de la *réalité empirique* de la succession objective des phénomènes, «unique critère empirique de l'effet, en relation à la causalité», à son *idéalité transcendantale*, et l'on passe ainsi d'un concept *empirique* (le phénomène dans un concept de l'entendement) au concept *pur* de l'entendement, à savoir la catégorie, qui ne peut pas être déterminée dans toute sa pureté par le seul entendement, car seule la raison, dans son usage logique, seule par conséquent la raison architectonique peut unifier l'entendement et son expérience.

L'on peut donc conclure immédiatement de l'action à la permanence de l'agent, mais cela ne peut être l'œuvre du simple entendement «de façon purement *analytique*», car c'est celle de la raison, puisqu'il s'agit là d'un jugement *synthétique* pur a priori, où la permanence, entendue comme détermination transcendantale du temps, devient permanence d'un agent. Ce jugement est pur a priori parce qu'il synthétise le Temps, c'est-

---

33. Ainsi, la véritable démonstration de cette conclusion immédiate de l'action à la permanence, sans passer par les inférences immédiates de l'entendement commence-t-elle par identifier le jugement à l'œuvre: «L'action signifie déjà le rapport du sujet de la causalité à l'effet» (A205/B250, p. 937).

à-dire une forme de la sensibilité atteinte dans sa pureté comme l'inconditionné de la succession objectivement indéterminée et la Causalité comme la catégorie médiane de la relation (soit un Concept pur de l'entendement), atteinte comme inconditionné d'une série prosyllogistique (régressive).

Nous devons avoir recours à une terminologie relativement vague pour ne pas devoir spécifier de «quel» temps il s'agit car suivant le schéma tripartite de la catégorie, il nous faudrait en effet choisir entre trois «sortes» de temps : le temps non encore temporalisé, c'est-à-dire comme condition formelle (idéalité transcendantale), le temps de l'effectivité dans l'expérience, c'est-à-dire comme condition matérielle (l'appréhension toujours subjective comme réalité empirique) et enfin le temps détemporalisé comme union des deux précédents, dans le concept (et la représentation d'une nature) ; nous ne pouvons pas non plus spécifier de «quelle» catégorie de la relation il s'agit (inhérence et subsistance, causalité et dépendance et enfin communauté, seule catégorie non dédoublée de cette classe). Nous pouvons maintenant voir, en reprenant les résultats de notre analyse des Analogies de l'expérience que celles-ci, en ce qu'elles expriment la catégorie non plus comme concept métaphysique, mais comme principe transcendantal et donc comme principe de la faculté de juger synthétique a priori, l'expriment comme terme catégoriel de son articulation, par le *schème,* à la forme pure de la sensibilité.

En passant en revue les Analogies, nous nous rendons compte que la première exprime le temps a-temporel, la seconde, la liaison objective dans la succession et la dernière, la liaison objective dans la simultanéité. Il est maintenant devenu manifeste que les Analogies de l'expérience «sont» les moments énoncés dans l'exposition transcendantale du concept du Temps, mais dans cette identité, la dernière forme du temps (le temps détemporalisé : la simultanéité) est le moment le moins temporel de l'exposition transcendantale, tandis que dans les Analogies de l'expérience, le premier moment (la permanence) est celui — Kant le reconnaît lui-même — qui est le moins analogique, et nous ajoutons : le moins catégoriel et le plus temporel. Le Temps et la catégorie de la relation sont identiques, mais de manière seconde, puisque le Temps est le moins «lui-même» là où la Catégorie est la plus «elle-même», et vice-versa. Le vice-versa de la symétrie chirale, justement.

Ce qui empêche la Catégorie d'«être» immédiatement le Temps (et vice-versa), *ce qui empêche l'entendement de s'effondrer dans la sensibilité* ne se situe ni dans le premier moment (l'Intuition), ni dans le dernier (le Concept), mais dans le second, médian (à savoir, l'effectivité). En effet, dans les diverses formes du temps, la succession n'est envisagée que d'une manière indéterminée quant à l'objectivité, à savoir comme succession de l'appréhension et l'on ne sait s'il s'agit du tour d'horizon à propos d'une maison ou d'un bateau qui descend un fleuve. Dans la seconde analogie, la succession n'est considérée que comme liaison nécessaire des phénomènes, et donc objective, en éclipse de la succession déterminée comme subjective, succession qui représente l'événement de la chose, et non la chose elle-même. Cette distinction est essentielle, car c'est dans la succession déterminée comme subjective (et non comme indéterminée quant à l'objectivité, dans l'exposition transcendantale du temps) que se produit matériellement l'expérience judicative du beau et du sublime[34], et Kant, lorsqu'il a réalisé que cette dis-parition de l'effectivité dans la représentation n'était qu'une éclipse, l'effet d'une *Aufhebung,* a découvert, contre son opinion antérieure, la possibilité d'une critique de la faculté de juger (qui dès lors n'aurait pas de doctrine propre).

Dans les deux démonstrations parallèles que nous avons citées[35], si la régression vers la condition formelle traverse les trois mêmes moments (exposition transcendantale du temps et analogies de l'expérience) mais dans un sens inverse (chiralement), selon le concept de la liaison en général[36], il est intéres-

34. Notons en passant cette réflexion de Kant: «Dans le beau, ce qui plaît, ce n'est pas tant la chose que le phénomène de la chose.» Refl. 698, AK XV, p. 310.

35. *Vide supra*, A183/B226, p. 920 pour la première Analogie et A205/B250, pp. 937-938, pour la seconde.

36. Rappelons que c'est par le concept d'une liaison en général que commence la seconde rédaction de la Déduction: «...le concept de liaison comporte, outre le concept du divers et de la synthèse de ce divers, celui de l'unité de ce divers. La liaison est la représentation de l'unité synthétique du divers*.» B130, p. 852. Ainsi, nous avons d'abord le concept du divers et le concept de l'unité du divers; si la liaison est bien une représentation, et donc un jugement, c'est parce que cette représentation est matériellement toujours cassée entre le concept du divers et le concept de l'unité du divers; mais elle opère effectivement,

sant de noter que si l'on conceptualise ces Analogies, c'est-à-dire si l'on veut retrouver dans le jugement synthétique a priori, le concept pur de l'entendement qui les fonde, l'on s'apercevra alors qu'il s'agit dans le premier moment d'une simultanéité a-temporelle (la permanence), puis d'une liaison nécessaire et synthétique au sein de la succession temporalisée dans le second moment et enfin, à nouveau une simultanéité dé-temporalisée (le concept d'une nature)[37]. Le concept de l'entendement est celui qui articule la permanence, soit une conception très nettement spatialisante du Temps (sans qu'elle soit de l'espace) à une même conception tout aussi spatialisante (la communauté de l'action réciproque), de manière à ce que l'on puisse «conclure immédiatement» sans pour autant inférer immédiatement.

Par opposition (tout en en respectant l'identité), si l'on sensualise ces Analogies, l'on revient à l'exposition transcendantale du Temps dont le premier moment énonce que «le temps

---

par la copule «est», l'unité entre ces deux concepts, unité dont il ne peut y avoir concept de même ordre: c'est toujours le problème de la place de l'imagination dans la triple synthèse. Kant, dans une note de renvoi (*), souligne à gros traits qu'il ne peut y avoir de concept de cette unité, dans la perspective où il aborde la représentation: «On n'examine pas ici si les représentations mêmes sont identiques...» écrit-il, pour bien préciser que nous ne pouvons pas nous cantonner au domaine de la logique générale analytique où le concept est à lui-même son propre schématisme vide, «...et si par conséquent l'une peut être pensée analytiquement au moyen de l'autre. La conscience de l'une est, en tant qu'il s'agit du divers, toujours à distinguer de la conscience de l'autre, et il n'est ici question que de la synthèse de cette conscience (possible).» (*ibid.*). L'unité de l'effectivité synthétique n'est pas «dans» la représentation de «l'unité synthétique du divers» (ce en quoi elle serait simplement analytique), elle «est» immédiatement cette représentation, l'événement même de cette représentation.

37. En d'autres termes, nous avons en premier lieu un concept métaphysique, articulé, en second lieu, par un concept transcendantal à, en troisième lieu, un dédoublement du premier concept, dédoublement lui-même métaphysique; ce qui distingue le premier du troisième concept réside en ce que le premier apparaît toujours comme analytiquement originaire tandis que le dernier apparaît toujours comme synthétiquement originaire, c'est-à-dire comme du métaphysique transcendantalement produit. Ainsi, si la première Analogie exprime la permanence comme *a*-temporalité, la dernière Analogie se situera en écho à la première en étant la communauté d'action comme simultanéité *dé*-temporalisé. Ce qui sépare le premier du troisième est irréductible à l'un comme à l'autre, comme l'unité de l'effectivité à la représentation dédoublée.

n'a qu'une dimension» (A31/B47 p. 792) ; mais cette dimension est irreprésentable et il ne faut pas analytiquement comprendre que le temps «est» une ligne. Peut-on alors être surpris que ce soit le mot d'«analogie» qui vienne sous la plume de Kant lorsqu'il attire notre attention sur l'irreprésentabilité du temps ?

> «...précisément parce que cette intuition interne <scil. le temps> ne donne aucune figure, nous cherchons à réparer ce défaut par des analogies : nous représentons la suite du temps par une ligne qui se prolonge à l'infini, dans laquelle le divers constitue une série *qui n'a qu'une dimension...*» A33/B50 p. 794

Le premier point de départ, que cela soit celui des Analogies ou celui de l'Exposition transcendantale est à la fois impensable et irreprésentable. Son statut même d'intuition est difficile à établir et Kant a recours, dans le reste du texte que nous venons de citer, à cette démonstration pour le moins surprenante : «On voit aussi par là que la représentation du temps lui-même est une intuition, puisque toutes ses relations peuvent être exprimées par une intuition externe» (*ibid.* p. 795) ; ce sont ses «relations» qui, parce qu'elles sont représentables c'est-à-dire «exprimées dans une intuition externe» qui elle-même est construite donc schématisée in concreto, que nous concluons à l'intuitionnalité du temps, lequel n'est jamais intuitionné ou perçu pour lui-même. Une interprétation «épistémologique» de l'Esthétique ayant été présentée dans la section *Temporalité de la représentation spatiale et spatialité de la représentation temporelle* du présent ouvrage, nous pouvons maintenant revenir à l'élucidation proprement dite de ces Analogies.

Ce qu'il nous faut montrer maintenant est que cette construction architectonique de la métaphysique systématique sépare ce qu'elle met en parallèle avec quelque chose de métaphysiquement invisible : le *donné* (l'expérience empirique). En effet, dans la première Analogie, la succession dont question n'était pas considérée comme objective puisqu'elle concernait l'appréhension et le temps n'était pas synthétisé ou déterminé par l'entendement : simple intuition, sans aucun concept ; la possibilité même de l'expérience en général ne peut en être «dérivée». Dans la causalité, en revanche, la succession est objective et si l'on remonte de la condition à l'inconditionné, on arrive au pur concept (causalité et dépendance), sans aucune intuition : mais ce concept pur n'est pas dérivé de l'expérience, il est, comme dit Kant un «concept-souche» (*loc. cit.*) et inversément, la possibilité même de l'expérience n'en provient pas de même. Il faut toujours veiller à ceci : il est possible à l'entendement d'opérer, tout à fait en dehors de l'empirique, une synthèse intellectuelle entre l'intuition pure et le concept pur, celle-là étant alors construite in concreto, autrement dit schématisée par celui-ci, comme dans la mathématique. Cependant, cette construction, quoique principiellement analogue à l'expérience, ne peut servir à la fonder ; mieux encore, elle est proprement métaphysique (au sens criticable du terme) parce qu'effectuée a priori, elle méconnaît les limites de l'expérience, limites qui lui sont parfaitement invisibles et qu'il appartient à l'effectivité de l'activité synthétique de l'imagination, de la faculté de juger et de la raison dans son usage logique de tracer.

Dès lors, entre ces deux limites (l'intuition et le concept pur), la causalité, principe (et non plus concept) de l'entendement, ne peut s'appliquer comme règle nécessaire dans l'appréhension d'un objet, que si celui-ci est donné dans une intuition empirique[38] ; la règle (le schème) d'une telle application unit synthétiquement un concept de l'entendement (la catégorie) à une forme (en tant qu'appréhendée dans l'intuition) de la sensibilité (le phénomène), non seulement dans l'expérience hic et nunc, mais dans le schème lui-même comme *principe de l'activité synthétique de l'imagination, de la faculté de juger*[39].

38. Ce que Kant ne se fait pas faute de souligner: «Mais *comment* en général quelque chose peut-il être changé (...), c'est ce dont nous n'avons pas a priori la moindre notion. Il est besoin pour cela de la connaissance des forces réelles, qui ne peut être donnée qu'empiriquement...» A207/B252, pp. 938-939 (nos italiques). A priori, nous savons *que* quelque chose peut être changé, *i.e.* nous connaissons a priori la possibilité du changement en général. L'opposition du «que» au «comment» n'est autre que celle développée par Kant à propos des catégories dans la Préface des *Premiers principes métaphysiques* (loc. cit.).

39. Il y a justement principe (dont nous étudions l'Analytique) puisqu'il y a articulation du phénomène à la catégorie, le phénomène étant la «limite» inférieure de l'activité synthétique de l'imagination, et la catégorie étant la «limite» supérieure de la faculté de juger. Cette articulation est exprimée par le jugement synthétique a priori en général, qui dans son *unité effective* affirme l'unicité de l'activité synthétique de l'imagination, celle de la faculté de juger, et nous le verrons, celle également de la raison «dans son usage logique», c'est-à-dire de la raison architectonique. Le schème, dans le premier chapitre de cette Analytique des principes, représente l'unicité effective de l'activité de l'imagination (le phénomène) et de celle de la faculté de juger (la catégorie), unicité qui est éclipsée par la représentation architectonique qui,

Ainsi, le caractère intuitionnel du schème lui acquiert la continuité, dont nous savons qu'elle constitue l'une des lois transcendantales de la spécification des formes logiques (A658/
B686, p. 1258, *loc. cit.*) ; ici, la continuité ne constitue pas un
caractère simplement formel de l'ensemble des principes régulateurs de l'expérience, mais exprime matériellement le caractère fondamental de la synthèse qui la rend possible ; nous pouvons en effet en déduire la continuité de l'effet d'une cause,
continuité qui, comme le rappelera Kant[40] est une caractéristique de l'intuition comme grandeur fluente, alors que l'effet
ne peut être réputé tel que distingué (pour l'entendement, dans
la représentation) de la cause qui le produit :

> «Tout changement n'est donc possible que par une action continue
> de la causalité, qui, en tant qu'elle est uniforme, s'appelle un mo-
> ment. Le changement n'est pas constitué de ces moments, mais il
> est produit par eux, à titre d'effet.» A208/B253 p. 940.

Il s'agit donc bien, dans ces quelques pages par lesquelles
s'achève la preuve de cette seconde Analogie, de l'union synthétique de la sensibilité et de l'entendement dans une expérience ; en même temps, il s'agit de la projection de la succession temporelle de l'appréhension (où aucun objet n'est

---

comme nous l'avons souligné à propos de la première Déduction
des catégories, ne peut faire autrement que séparer invisiblement
l'entendement d'un côté et la sensibilité de l'autre. Mais l'on apercevra mieux l'essence fondamentale du schème lorsqu'on prendra
conscience que Kant utilise ce même terme lorsqu'il veut souligner
l'unicité de l'activité effective de la faculté de juger (le concept-
règle de l'entendement) à celle de la raison architectonique, parlant
alors d'un schématisme de l'Idée, notamment dans la théorie transcendantale de la méthode et dès l'Analytique des Concepts, à propos de l'entendement en général conçu comme système et décrit
dans le langage même de la Méthodologie: l'entendement «...consti-
tue un système à saisir et à déterminer sous une idée...» (A65/B90,
p. 823).

40. A210/B255, p. 941. Kant rappelle en effet les principales conclusions
des Anticipations de la perception. «...tout passage dans la perception
à quelque chose qui suit dans le temps est une détermination du temps
par la production de cette perception, et comme cette détermination est
toujours et dans toutes ses parties une *grandeur*, il est la production
d'une perception qui passe, comme grandeur, par tous les degrés, dont
aucun n'est le plus petit, par tous les degrés, dont aucun n'est le plus
petit, depuis zéro jusqu'à son degré déterminé. (...) Nous n'*anticipons*
que notre propre appréhension...»

déterminé par là[41]) en une perspective objective où les phénomènes se disposent les uns par rapport aux autres, selon la simultanéité et la succession objectives de leurs parties. Cette
projection est ce que nous avons appelée une double anamorphose, qui en tant qu'événement, prend naissance dans la sensibilité et se résout dans l'entendement et qui, à ce titre, en exprime l'articulation «dé-sensibilisée», si l'on peut s'exprimer
ainsi. Kant a donc soin, lorsqu'il a montré la synthèse (dans un
jugement a priori) entre la liaison nécessaire et intellectuelle
d'une cause à son effet et la progression empirique sensible du
temps, d'en souligner les conditions formelles pures a priori en
parallèle :

> «Ainsi donc, de même que le temps contient la condition sensible
> a priori de la possibilité d'une progression continue de ce qui exis-
> te à ce qui suit, de même l'entendement, au moyen de l'unité de
> l'aperception est la condition a priori de la possibilité d'une déter-
> mination continue de toutes les places pour les phénomènes dans
> ce temps, par la série des causes et des effets, dont les premières
> entraînent inévitablement l'existence des seconds, et par là rendent
> la connaissance empirique des rapports de temps valables pour
> chaque temps (en général), par conséquent objectivement va-
> lable.» A210-211/B256, p. 941.

A la sensibilité, en tant que nous ne considérons en elle que
les sensations empiriques (pour une perspective phénoménologique : les Anticipations de la perception) et non les intuitions
(pour une perspective épistémologique : les Axiomes de l'intuition), *s'unit l'entendement,* non pas en tant qu'autonomie
(pour une perspective épistémologique : les Postulats de la
pensée empirique) mais en tant qu'empirique (pour une perspective phénoménologique : les Analogies de l'expérience).
La sensibilité s'unit à l'entendement pour fonder l'expérience
et cette union, loin d'aller de soi, d'être «analytique» et d'ap-
partenir à une représentation sui generis, est une effectivité
synthétique dont le principe n'est autre que le *principe suprême des jugements synthétiques a priori* ; considérée comme intuition en général, la sensibilité en revanche se sépare de l'entendement, dans la mesure où on considère ce dernier comme

41. «La simple perception laisse indéterminé le rapport objectif des phénomènes...» B234, p. 926. L'objectivité n'est donc pas une caractéristique du réel phénoménal, mais seulement du rapport de notre représentation à ce réel.

pensée en général, et c'est le principe suprême des jugements analytiques[42].

L'Unité fondatrice de l'effectivité ou de l'activité synthétique d'un pouvoir, et la Diversité (éclipse) fondatrice de la représentation pour une connaissance sont donc les clefs du système approché par son effectivité, tout comme, nous l'avions montré précédemment, la Matière et la Forme l'étaient du côté du système abordé par la représentation. Mais cette effectivité, lorsqu'on l'exprime par le truchement de ce concept de l'unité et de la diversité, est ipso facto *représentée*. Si nous voulons atteindre une «représentation systématique» de tous les principes de l'entendement pur, rapportée aux concepts de la réflexion pour mieux faire apparaître l'effectivité à l'œuvre sous les représentations métaphysiques[43], nous devrons nous souvenir

42. L'on connaît mieux ce principe suprême des jugements analytiques comme principe de contradiction, mais celui-ci suppose la possibilité même d'une connaissance analytique (et des jugements analytiques eux-mêmes). La distinction entre sensibilité et entendement y est totalement niée et soit tout est sensibilité, soit tout est entendement; c'est pour cela que la logique générale analytique tire sa possibilité de nier à la fois la faculté de connaître qui produit la représentation et le contenu de cette dernière. Cette séparation, que nous appelons également «éclipse», entre la sensibilité et l'entendement, séparation qui est niée dans la représentation, reste effective dans la production même des représentations logiques (la «synthèse intellectuelle»); mais lorsque l'effectivité de la réflexion abolit la distinction (séparation) entre le schème et son propre produit (et cela se passe lorsqu'on «sort» de l'entendement), alors la représentation devient «métaphysique», dans le sens précritique du terme, et se constitue comme un indécidable, dont les différentes versions possibles sont le paralogisme, l'antinomie et l'idéal. Il est important de noter que seules l'Idée psychologique et l'Idée théologique peuvent être hypostasiées, c'est-à-dire récupérer une stabilité représentation-nelle (A673/B701, p. 1269), tandis qu'une représentation totalisant l'idée cosmologique se dédouble en son contraire et ce dédoublement résiste indéfiniment à la totalisation entreprise. Or, ce qui est vraiment essentiel pour Kant, est que l'on puisse penser ces inconditionnés (psychologique et théologique) *sans contradictio*n, au-delà de l'*Aufhebung* qui les sépare de l'idée cosmologique.

43. Nous utilisons «métaphysique» dans le sens de «thématique», c'est-à-dire justement comme «sens» et non pas comme système. La métaphysique comme disposition naturelle (dont la possibilité est la troisième question capitale dans l'économie des Prolégomènes) pose la question du sens, sens que l'on ne *peut* légitimement *trouver* qu'à l'intérieur des limites de l'expérience sensible, sens que l'on doit *chercher*, c'est-à-dire *faire* dans une *praxis* en dehors de ces limites, puisqu'il n'y a rien à trouver. Ce sens n'est pas seulement celui d'une raison pratique,

que la contrepartie architectonique d'une telle tablature (vide infra) est la simple unité originaire de l'aperception, quelque chose d'inschématisable autrement que sous la forme des quatre paralogismes[44], autrement dit comme apparence transcendantale.

Nous finirons donc ce commentaire de la seconde analogie en proposant la concaténation de la table des principes suivant

c'est également l'objet de la troisième critique, et, planant très haut et de manière presqu'invisible, celui d'une raison architectonique où la schématisation de l'Idée d'un tout (la métaphysique systématique, autrement dit la quatrième question capitale des Prolégomènes) est en même temps création ou expérience (dans le sens anglais du mot, c'est-à-dire: le vécu) du sens dans et par cette même schématisation. La métaphysique systématique est *système dont le sens a dis-paru* (là est sa vérité qui dans une représentation est vide); la métaphysique dans le sens naturel est *sens en l'absence de système* (là est erreur, parce que la représentation n'est possible que détotalisée, donc fragmentaire; l'on retrouve la vérité en transformant l'agrégat de toutes les erreurs (paralogismes, antinomies, hypostase de l'Idéal) et en réfléchissant le système vers son unité effective).

44. Cf. A344/B402, p. 1049, pour les prédicats transcendantaux. Précisons que «l'apparence dialectique dans la psychologie rationnelle vient de ce que l'on confond une *idée de la raison* (l'idée d'une intelligence pure) avec le *concept indéterminé à tous égard d'un être pensant en général*» (B426, p. 1065), c'est-à-dire non pas comme dans les antinomies, un phénomène empirique et un concept purement intellectuel, mais ici une idée de la raison avec un concept de l'entendement parfaitement vide; la différence est ténue parce qu'une Idée reste schématisable sui generis (et il faut alors se référer à la raison pratique et non à la raison spéculative) tandis que ce concept absolument indéterminé est ce qui reste, *dans l'entendement*, de la dis-parition du sujet (sa désubjectivisation) dans le processus producteur de la représentation et de la connaissance en général. Le cadre déjà très ample du présent travail ne nous permet pas d'avancer plus loin dans ces considérations touchant à la raison pratique et, si l'on peut remarquer à bon droit qu'il n'est pas d'intérêt plus haut (pour reprendre les expressions kantiennes) que ceux de la raison pratique, c'est justement l'éminence d'une telle entreprise (élucider la question de savoir, suivant les formulations de la *Critique de la raison pratique*, si une raison pure peut être pratique), qui rend indispensable le travail préparatoire qui a consisté à envisager la possibilité d'une métaphysique systématique en opérant la critique de la métaphysique naturelle, métaphysique systématique qui fait paraître pour lui-même le dis-paraître du sujet (dont nous n'avons que le «concept indéterminé à tous égards») dans l'objectivité de la science. Ce faire paraître du dis-paraître n'est rien d'autre que l'*Aufhebung* mise en lumière par Kant entre le Savoir et la Foi.

la traduction de chacun de leur moments, en termes d'unité et de diversité, dont le couple redoublé sur lui-même en une symétrie chirale, *représente* l'effectivité de la représentation en général, et en termes de matière et de forme, dont, parallèlement le couple redoublé sur lui-même en une symétrie chirale, *représente* la représentation en général, dans la diversité des possibles de l'effectivité dis-parue qui la rend possible.

Ceci est ce qui nous rapproche le plus d'une représentation systématique de l'effectivité de la faculté de juger à l'œuvre dans la fondation de l'expérience (sans pour autant atteindre la complétude dans la représentation, apanage d'un entendement intuitif).

Axiomes de l'intuition
Unité de l'unité
(l'intuition en général)
condition matérielle de l'expérience pour l'entendement
condition formelle de l'expérience pour la sensibilité

Anticipations de la Perception
Diversité de l'unité
(le divers de l'intuition
comme matière de l'expérience)

Analogies de l'Expérience
Unité du divers
(l'unité de l'aperception
comme forme de l'expérience)

Postulats de la Pensée Empirique
Divers du divers
(la pensée *empirique* en général)
condition formelle de l'expérience pour l'entendement
condition matérielle de l'expérience pour la sensibilité

Si les trois premiers moments de cette tablature s'expliquent d'eux-mêmes, quelques éclaircissements à propos du dernier moment (qui correspond à la multitude infinie des lois empiriques de la nature) pourront être trouvés dans le commentaire de la troisième et dernière Analogie que nous proposons dans la section suivante.

C. TROISIÈME ANALOGIE : Principe de la simultanéité, suivant la loi de l'action réciproque ou de la communauté : «Toutes les substances, en tant qu'elles peuvent être perçues comme simultanées dans l'espace, sont dans une action réciproque universelle».

— Introduction

Nous l'avons souligné, les trois Analogies sont organisées entre elles sur le modèle du schéma tripartite catégoriel, suivant le concept de la liaison en général. Ce concept, rappelons-le, est le point de départ de la seconde rédaction de la Déduction des catégories (paragraphe 15, B129, p. 851). Ce concept de la liaison en général «comporte, outre le concept du divers et de la synthèse de ce divers, celui de l'unité de ce divers» (B130, p. 852, *loc. cit.*). Comme nous l'avons indiqué dans la section précédente, le schéma tripartite catégoriel est celui suivant lequel les catégories d'une même classe (par exemple la Relation) s'organisent entre elles : une effectivité (la seconde catégorie) comprise entre sa limite inférieure sensible (la première catégorie) et sa limite supérieure (la troisième et dernière). Ainsi, la première Analogie ne peut être comprise sans le concept métaphysique de l'intuition *empirique* en général et, ce qui nous intéresse plus particulièrement ici, la troisième Analogie ne pourra être dissociée du concept métaphysique de la pensée *empirique* en général. Le «divers du divers» dont nous faisions le quatrième moment de la représentation des conditions de possibilité en général (effectivité formelle et matérielle) vise donc plus particulièrement l'inépuisable richesse (infinité) des lois empiriques et la manière diverse qu'a la pensée empirique de les approcher (suivant la possibilité simplement logique, suivant la nécessité formelle fondatrice de l'expérience, et enfin suivant la «nécessité matérielle dans l'existence» selon l'expression donnée par Kant (A226/B279, p. 959) qui est plus précise que l'intitulé même des Postulats de la pensée empirique, où l'expression d'existence nécessaire a une connotation substantialiste assez équivoque[46]).

Nous le verrons très rapidement, en posant la possibilité de l'articulation architectonique entre le divers matériel et le divers formel, Kant définit l'horizon de ce qu'il est possible de connaître a priori (dans une métaphysique systématique),

---

46. A telle enseigne que Kant se sent obligé de bien souligner que «ce n'est donc pas de l'existence des choses (substances), mais de l'existence de leur état seulement, que nous pouvons connaître la nécessité...» (A227/B279, p. 960). Par ailleurs, il veille à bien maintenir la problématique à l'intérieur des limites de l'expérience empirique (et non simplement possible, comme pour la logique générale analytique, où de telles limites sont ineffectives).

en tant que cette connaissance doit être pure. L'objet transcendantal reste égal à X et nous ne pouvons que poser l'infinité des possibles, c'est-à-dire des lois empiriques spécifiques dont seuls les genres en tant qu'ils sont purs peuvent être susceptibles d'une connaissance pure a priori. En allant plus loin, en déterminant l'objet transcendantal = X, on entre dans les *Premiers principes métaphysiques d'une science de la nature*, principes qui sont premiers parce que d'une part, ces principes sont hiérarchisés suivant le genre et l'espèce et que la science de la nature ne peut traiter que des principes les plus généraux («premiers») et d'autre part, parce que contrairement à ce qui se passe dans la schématisation de l'Idée d'un tout où l'on doit indispensablement atteindre la complétude, s'agissant de la schématisation d'un concept pur de l'entendement (l'objet transcendantal = X en tant qu'unité des catégories[47]), nous ne sommes plus soumis à cette exigence (qui serait sinon l'effet de la métaphysique comme disposition naturelle) et l'objet empirique ne doit pas nécessairement être absolument et *complètement* déterminé pour être connu. C'est ainsi que nous revenons à la distinction entre la clarté d'une représentation et son objectivité, que Kant maintient contre vents et marées.

Le degré de détermination, ou la richesse relative dans la «pluralité des signes» (pour reprendre les analyses kantiennes

47. La nuance est subtile. L'objet empirique n'est possible que comme donné de l'intuition rapporté aux catégories; plus exactement, ce donné de l'intuition est déterminé univoquement par certaines catégories à l'exclusion d'autres, selon le principe des jugements analytiques (les prédicats excluent leurs contraires); l'objet transcendantal = X «est» l'unité de toutes les catégories, c'est-à-dire l'Idée inexponible (=X) d'un tout du système des catégories. Toutes les catégories sont donc autant de déterminations transcendantales de cet objet, que l'on peut appeler objet si on le considère suivant son Unité, mais qu'on devrait appeler plus simplement «table des catégories», si on veut le considérer comme ensemble systématique. A ce niveau-là, nous ne sommes plus dans le domaine de l'entendement, mais dans celui de la raison, et non plus dans le domaine de la logique générale analytique, mais dans celui de la logique transcendantale. L'objet transcendantal est égal à X parce qu'il est indéterminable complètement (donc inschématisable) en «une» représentation «unique»; il appartient à la logique transcendantale, parce que contrairement à l'objet empirique, l'objet transcendantal est à lui-même son propre schème et c'est cette unité du schème de l'Idée au produit schématique (= X) qui en fait tout le mystère et l'irreprésentabilité.

du paragraphe 12 de l'Analytique des concepts) d'un concept est nécessairement contingent par rapport à son objectivité, et de ce fait, l'objet rapporté à un concept possède une infinité de déterminations qui, si elles sont bien contenues «dans» l'intuition empirique de son appréhension, ne sont contenues que «sous» le concept directeur de la représentation produite par la compréhension. C'est ici qu'il faut bien nous garder de confondre concept et représentation, puisqu'en toute rigueur il nous faut toujours déterminer et préciser si nous entendons le concept comme élément d'une connaissance logique ou si nous l'entendons comme schème pour une expérience empirique. Le concept empirique n'est pas à lui-même son propre schème, il est toujours «ouvert» à l'égard de la multiplicité des représentations qu'il contient «sous» lui, et la méthode qui permet de préciser les déterminations spécifiques empiriques du concept d'une maison n'est autre qu'un schématisme. Toutefois, cette «ouverture» constituée par le concept de l'entendement doit être, à l'horizon idéal, refermé ne serait-ce que par un principe régulateur de la faculté de juger, si la raison architectonique doit pouvoir penser la complétude du domaine de l'entendement (dans le concept d'une nature en général) et la ramener sous l'Idée d'un tout systématique.

— La «Preuve»
Kant a fait précéder d'un long paragraphe la rédaction originale de chacune des trois Analogies. Comme précédemment, nous proposons de considérer tout d'abord la perspective inaugurale de la première rédaction qui a le mérite d'aller droit au début, dès la première phrase :

> «Les choses sont simultanées, en tant qu'elles existent dans un seul et même temps. Mais à quoi connaît-on qu'elles sont dans un seul et même temps ?» A211/B258 p. 943.

Posée en ces termes, cette question n'est autre que celle de la possibilité de la représentation spatiale. Supposons-la résolue. Voilà l'espace ? Le voilà rempli d'individus phénoménaux, car à moins de considérer comme possibles des individus séparés par un «espace complètement vide» (*ibid.*), on ne dépasse pas le niveau de l'isotropie absolue propre au concept métaphysique de l'espace. La question de l'individuation *réelle* des phénomènes entraîne aussitôt celle de leurs rapports réciproques, une question que Kant introduit par le truchement d'une démonstration apagogique:

> «Or, admettez que dans une diversité de substances considérées comme phénomènes, chacune soit complètement isolée, c'est-à-dire qu'aucune n'agisse sur les autres et n'en subisse réciproquement des influences, je dis que la simultanéité de ces substances ne serait pas un objet de perception possible...» A212/B258 p. 943.

La conclusion est alors imparable: si l'on suppose des individus, on doit leur supposer des rapports réciproques et nécessaires. Cette nécessité dans la liaison entre les phénomènes et leur répartition dans la détermination du temps comme succession (seconde analogie) ou comme simultanéité (troisième analogie) n'est autre que la causalité[48]:

> «Chaque substance (puisqu'elle ne peut être conséquence qu'au point de vue de ses déterminations) doit donc contenir la causalité de certaines déterminations dans une autre substance, et en même temps les effets de la causalité de l'autre en elle, c'est-à-dire qu'elles doivent être (immédiatement ou médiatement) en communauté dynamique, si la simultanéité doit être connue dans quelque expérience possible.» A212/B259, p. 944

L'«éclaircissement» apporté (A214/B261, p. 945) est notable en ce qu'il procède de la «communauté d'aperception» de tous les phénomènes «en tant que contenus dans une expérience possible», à l'ensemble systématisé dans lequel ceux-ci doivent «déterminer réciproquement leur place dans un temps et *former par là un tout*» (*ibid.*). Cette «communauté d'aperception» n'est autre que l'unité originaire de l'aperception, entendue comme *totalité*; nous y reconnaissons sans peine la permanence, objet de la *première Analogie*; la détermination réciproque par un réseau de liaisons nécessaires et individuantes désigne l'effectivité de la synthèse de l'imagination dans son rapport à l'unité de l'aperception (autrement dit la production même de l'expérience empirique) et ce genre de liaison nécessaire (et qui spécifie réciproquement les termes de la liaison comme cause et effet) n'est autre que l'objet de la *seconde Analogie*; enfin, la liaison de la première catégorie à la seconde[49] est désignée comme «influen-

---

48. «Cela seul qui détermine pour un autre sa place dans le temps, qui est sa cause ou celle de ses déterminations.» *Ibid.*, p. 944.

49. «...la troisième catégorie résulte toujours de la liaison de la seconde classe avec la première». (B110, p. 838, *loc. cit.*).

ce réciproque», «une communauté (*commercium*) réelle des substances» (*ibid*.), objet de la *troisième Analogie*, dont nous verrons plus loin la signification profonde. En effet, Kant coupe net et le discours s'effondre, laissant simplement échapper que la troisième Analogie contient les deux premières analogies articulées entre elles, suivant le concept de la liaison en général (B130, p. 852, *loc. cit*.), le divers (comme agrégat), la synthèse du divers, l'unité du divers (comme système). Ainsi,

> «Les trois rapports dynamiques, d'où résultent tous les autres, sont donc ceux d'inhérence, de conséquence et de composition.» A215/B262, pp. 945-946.

On ne peut manquer de rapprocher ce passage de celui où Kant, dans l'Analytique des Concepts, énonce tous les rapports de la pensée dans les jugements[50]. L'indication, pour ténue qu'elle soit, est dénuée d'ambiguïté : dans la troisième Analogie, il suffit d'établir la possibilité du jugement synthétique a priori qui lie un concept pur de l'entendement, la causalité, à une détermination d'une forme pure de la sensibilité, le temps simultané, c'est-à-dire l'espace. En même temps, en prenant du recul, Kant commentant les trois analogies et voulant en montrer le caractère dynamique (c'est-à-dire relevant d'un jugement synthétique a priori) donne les trois «modes» du temps dans la «détermination de l'existence des phénomènes dans le temps» :

> «...le rapport au temps lui-même comme à une grandeur (la grandeur de l'existence, c'est-à-dire la durée), le rapport dans le temps, comme dans une série (la succession), et enfin le rapport dans le temps, comme dans l'ensemble de toutes les existences (la simultanéité)» A215/B262, p. 946.

En se penchant distraitement sur cette énumération, on pensera retrouver les trois analogies, peut-être même citées dans le désordre. Rien n'est moins sûr, car Kant ne dit pas que les Analogies «sont» ces modes du temps, il dit plus subtilement qu'«elles ne sont autre chose que des principes de la détermination de l'existence des phénomènes dans le temps, d'après

---

50. «Tous les rapports de la pensée dans les jugements sont ceux a) du prédicat au sujet, b) du fondement à la conséquence, c) de la connaissance divisée et de tous les membres de la division entre eux.» A73/B98, p. 829.

ses trois modes», qui sont ceux que nous avons cités. Or, Kant enchaîne sur cette énumération par ces mots : «Cette unité de la détermination du temps est entièrement dynamique...»

A quoi pense Kant ? — au schématisme : l'unité du temps est *dynamique* (et non mathématique, comme on pouvait le conjecturer à propos d'une détermination d'une forme pure de la sensibilité). Les Analogies servent à déterminer l'existence des phénomènes, ce qui implique à la fois le donné dans l'intuition et l'unité du divers dans une représentation, exprimée par la catégorie. Mais cette détermination même, nous voulons dire l'opération synthétique de l'entendement par laquelle les phénomènes sont déterminés comme existant, est un schématisme, lequel à son tour possède une unité. En fait, et c'est ce que nous voulons montrer ici, Kant a énuméré trois des quatre déterminations transcendantales du temps dans ce passage que nous venons de citer. C'est très naturellement que lui vient sous la plume la quatrième à savoir l'unité du temps. Revoyons cela de plus près. Les schèmes sont des déterminations du temps...

> «... et ces déterminations, *suivant l'ordre des catégories,* concernent la série du temps, le contenu du temps, l'ordre du temps, enfin l'ensemble du temps par rapport à tous les objets possibles.» A145/B185, p. 890 *loc. cit.*

Il est facile de vérifier que Kant vient de citer — nous suivons l'ordre des modes du temps, vide supra — le *contenu* du temps (en tant que durée), la *série* (en tant que succession), et par-dessus l'*ordre* du temps qu'il ne cite pas comme modes du temps, l'*ensemble*, c'est-à-dire ici la simultanéité. Or, suivant l'ordre des catégories, l'ordre du temps vient en troisième place, à cette place qu'occupe parmi les Concepts, la Relation, et parmi les Principes, ...les Analogies de l'expérience. Nous retrouvons ici la configuration que nous avons rencontrée à propos des Postulats de la pensée empirique au nombre desquels il avait suffi d'ajouter leur ensemble entendu comme unité totalisatrice d'un système, pour retrouver thématiquement toute la table des catégories. Ici, il n'est pas indispensable de se livrer à nouveau à un tel exercice, dont l'intérêt ne serait pas supérieur à celui d'une simple confirmation ; il est en revanche plus utile de faire remarquer ceci : «l'unité de la détermination du temps» ne peut être qu'une seule chose : l'unité originaire de l'aperception transcendantale, idée qui par soi-même ne donne lieu à aucune science[51] et qui doit par conséquent être schématisée (là réside son «ordre») en un système analogique en se rapportant à l'entendement, ce en quoi le concept même du temps trouve son exposition transcendantale (l'unidimensionalité du temps, sa succession et sa simultanéité), c'est-à-dire en d'autres termes, ses *modes*.

Ainsi, nous pouvons mieux comprendre les «éclaircissements» si effroyablement laconiques de la troisième analogie : pour l'expérience, le temps a autant besoin d'un schème que la catégorie, car comme Kant le dit dans cette formule si célèbre, l'une sans l'autre, la pensée serait vide, et l'intuition, aveugle (*loc. cit.*). Si les schèmes de la catégorie sont les déterminations du temps, l'on vient de voir que les schèmes du temps sont les catégories, c'est-à-dire plus exactement les trois Analogies (ou l'exposition transcendantale du concept du temps) et leur unité idéale (son exposition métaphysique).

Pourquoi Kant frôle-t-il si furtivement cette problématique ? On peut en effet se demander s'il n'aurait pas été plus économique de ne pas l'aborder du tout, plutôt que de la traiter de manière aussi voilée. Il est difficile de se prononcer sur la signification profonde d'une hésitation (ce trop et trop peu), dont le gauchissement est justement fonction de la profondeur dans laquelle cette signification est enfouie ; il est certainement plus assuré de reconstruire la démarche en nous laissant guider par les contraintes architectoniques.

Le fil conducteur n'est autre que l'unité du temps : le thème était déjà amorcé en ce que la «communauté d'aperception» implique que les objets «forment un tout» (A214/B261, p. 945) ; il s'est poursuivi en ce que ce tout est systématisé par l'ordre du temps schématisé à partir de «l'unité de la détermination du temps». A quoi aboutit ce fil conducteur, au paragraphe suivant

---

51. On trouvera dans la *Première introduction à la critique de la faculté* de juger cette remarque particulièrement éclairante de Kant sur ce fait qu'il n'y a qu'un seul principe pur de ce qui se produit dans l'esprit, lequel est: «le principe de continuité de tous les changements (puisque le temps, qui n'a qu'une dimension, est la condition formelle de l'intuition interne); ce principe sert a priori de fondement aux perceptions de cette espèce mais il est dénué d'à peu près toute valeur explicitative puisque, à la différence de la théorie pure de l'espace (géométrie), u*ne théorie générale du temps ne suffit pas à donner matière à toute une science.*» p. 66, (nos italiques) *trad. cit.*, Guillermit.

(A216/B263, p. 946)? Au concept de la *nature*. Kant en donne ex abrupto une définition:

> «Par nature (dans le sens empirique), nous entendons l'enchaînement des phénomènes, quant à leur existence, d'après des règles nécessaires, c'est-à-dire d'après les lois.» A216/B263 p. 946.

Cette définition est celle de la *natura formaliter spectata*, à savoir la nature considérée suivant la liaison[52]. Kant, dans ce même paragraphe, enchaîne sur le rôle des Analogies dans la réalisation de l'unité de la nature, y insiste quelque peu et épilogue sur des considérations proprement critiques sur toute méthode dogmatique qu'on aurait pu vouloir préférer à la méthode adoptée dans les Analogies. Le texte des Analogies se termine sans vraiment conclure.

Cependant, l'on retrouve quelque chose de cette problématique dans l'«éclaircissement» apporté par Kant à propos du troisième Postulat de la pensée empirique (la nécessité) et dont le texte se trouve isolé de l'exposé principal par l'insertion de la Réfutation de l'Idéalisme, addition de la seconde édition. Qu'on l'y retrouve ne doit pas surprendre: si l'on reprend la définition de la nature «empirique» (A216/B263 p. 946), celle-ci est constituée de l'enchaînement des phénomènes (suivant leur existence) dans la mesure où la synthèse est opérée suivant des règles (ce en quoi elles relèvent des Analogies) qui sont nécessaires (ce en quoi elles relèvent des Postulats). Aussi, Kant commence-t-il, à propos du troisième Postulat, par préciser qu'«il se rapporte à la nécessité matérielle dans l'existence» (A226, p. 959). Il s'agit bien de la même chose, ce que nous allons maintenant approfondir.

---

52. «...tous les phénomènes de la nature doivent être soumis quant à leur liaison aux catégories, dont la nature (considérée simplement comme nature en général) dépend comme du fondement originaire de sa conformité nécessaire à la loi (comme natura formaliter spectata).» B165, p. 876. Cette définition est à opposer à celle de la nature comme ensemble de tous les phénomènes, eux-mêmes considérés comme individus en tant que cette individuation est également soumise aux catégories (natura materialiter spectata), cf. B163, p. 875. Dans ce paragraphe 26 de l'Analytique des concepts, (déduction), Kant annonce déjà le problème que nous voulons envisager ici: «Des lois particulières, puisqu'elles concernent des phénomènes empiriquement déterminés, ne peuvent être *complètement dérivées* des catégories, quoiqu'elles leur soient toutes dans leur ensemble soumises.» (B165, p. 876).

— L'«inquiétante disparité sans bornes des lois empiriques»

La formule provient de la *Première introduction à la critique de la faculté de juger* (*trad. cit.*, Guillermit, p. 29) ; elle résume le fonds du problème, que nous avions aperçu en reconstituant la table des catégories suivant (formellement) les concepts de la réflexion transcendantale et (matériellement) l'intuition en général : il s'agit du *divers du divers*. Cela constitue chez Kant un souci constant, comme si libéré de toute l'inauthentique familiarité d'avec les choses, il ne s'était plus jamais départi du vertige occasionné par l'inépuisable profusion des formes et des lois empiriques.

Situons le problème à un niveau architectonique suffisamment élevé pour pouvoir le circonscrire. L'unité du temps est finalement la seule connaissance (sa dimension unique) que nous puissions avoir a priori du temps, entendu comme concept métaphysique. En revanche, comme concept transcendantal, nous savons qu'il peut se déterminer comme temps (succession) et comme non-temps (simultanéité). Cette détermination opère, par le même mouvement, c'est-à-dire la même effectivité dans la synthèse de l'imagination, la dissociation entre sens externe (le temps et l'espace, à savoir la succession et la simultanéité) et sens interne (le temps, comme dimension unique, ou plutôt comme unicité).

Au niveau de la constitution de l'expérience en sa possibilité intrinsèque, l'unité originaire de l'aperception ne devait pas être approfondie en elle-même dès le moment que son principe était accepté comme élément indispensable de l'homéostase de la synthèse de l'imagination appréhendant son propre écho dans le temps. Cette unité originaire qui est celle de la synthèse elle-même se traduit par cette «communauté d'aperception» par laquelle tous les objets «forment un tout» (A214/B261, p. 945 *loc. cit*) et cette unité matérielle (collective du tout des objets) est en même temps formelle (distributive comme système de ce même tout) : c'est «l'unité de la détermination du temps» (*loc. cit.*) dans le schématisme, autrement dit l'ordre exprimé dans sa diversité schématisée (dans le jugement synthétique qui l'accorde aux catégories de l'entendement) dans les Analogies de l'expérience. Mais on ne peut en rester là, l'unité parfaitement mystérieuse du temps (et qui est l'unique élément par lequel il est «connu» métaphysiquement) constitue le principe fondamental de la faculté de juger réfléchissante (et plus exactement : téléologique) : la nature n'est compréhensible que dans la mesure où nous la pensons *comme* si elle formait une unité systématique finale.

La nature entière comme «ensemble de tous les objets de l'expérience» constitue un système ; l'unité de la nature l'exige, d'après «un principe de la connexion complète de tout ce qui est contenu dans cet ensemble de tous les phénomènes»[53]. Ce n'est ici, dans cette première version de l'introduction à la *Critique de la faculté de juger*, rien de plus que le passage, dans l'ensemble des parties, entre le tout déterminable et le système de ses déterminations. L'individuation, c'est-à-dire la constitution d'une unité locale exprimée dans l'intuition rapportée sous un concept, par «l'objet» est nécessairement et inséparablement liée à la connexion, comme nous l'avons vérifié en étudiant les concepts de la réflexion transcendantale : la représentation opère effectivement (par le fait même qu'elle est produite et dans l'acte même qui la produit) la liaison de ce qui est présenté en elle comme dissocié, en l'occurrence, la partie et sa place dans le tout.

Il faut se garder de l'impression qu'une représentation, étant objective, serait par là suffisamment déterminée, de telle sorte que l'individuation de son objet ne serait jamais remise en question par l'articulation de cet objet au sein d'un tout. Or, et Kant y insiste avec force comme nous l'avons vu plus haut, la clarté d'une représentation n'est pas l'indice de son objectivité ; dans le paragraphe 12 de la Déduction, il précise que la «pluralité qualitative des caractéristiques qui appartiennent à un concept comme à un principe commun»[54], contient «sa vérité relativement aux conséquences» et ce mot est ici essentiel parce qu'il connote la causalité. Il n'est pas possible, en posant simplement le concept, de savoir jusqu'où l'on peut déterminer ses «conséquences» et cette détermination est l'œuvre analytique (et en elle-même contingente) de la logique, dont les jugements analytiques sont à ce titre appelés «explicatifs». Ainsi,

53. «IV. De l'expérience comme d'un système pour la faculté de juger», *Première introduction à la critique de la faculté de juger*, trad. cit. Guillermit, p. 29.

54. Cf. B114, § 12, p. 840. Il s'agit de la décomposition de la connaissance d'un objet en «unité qualitative», «pluralité qualitative» et enfin l'«intégralité qualitative» (la totalité).

contrairement à l'illusion (dont procède l'illusion transcendantale qui croit détenir une connaissance alors qu'elle ne tient qu'une pensée), un concept est toujours quelque chose à comprendre, c'est-à-dire une tâche qui reste à accomplir, ce qui présuppose un tout systématique qui est l'horizon *idéal* de cet accomplissement qu'il serait illusoire (dans le même sens que précédemment) de penser comme pouvant conquérir l'infini autrement qu'indéfiniment.

Dans ce même texte «De l'expérience comme d'un système pour la faculté de juger» de la *Première Introduction,* Kant décrit cet effet d'évasement infini dont l'entendement ne saurait faire le tour:

> «Mais il ne s'ensuit pas que la nature soit également d'après des lois empiriques un système compréhensible *<fassliches>* pour le pouvoir humain de connaître et que les hommes soient capables de parvenir à l'organisation systématique complète de ses phénomènes en une expérience, par suite, que cette dernière soit possible comme système.» trad. cit., p. 29.

De l'unité du système (des lois de la nature) dépend l'unité de l'expérience, laquelle dépend de l'unité des catégories, de l'unité de l'intuition, cette dernière étant soit formelle (et elle est unité de l'aperception) soit matérielle (et elle est celle de l'intuition externe). En formulant la problématique ainsi, nous avons parcouru tous les pouvoirs de connaître : l'architectonique pour la raison dans son usage logique, les principes et les concepts pour l'entendement (respectivement *schématique* dans les principes et *autonome,* c'est-à-dire pur, dans les concepts) et l'intuition et la perception (respectivement; comme *autonomie,* dans l'intuition pure, et comme *schématisation,* dans la perception sensible). Rien n'a varié en 1790 depuis la rédaction de la *Critique de la raison pure* et la problématique de la surabondance des lois empiriques est déjà esquissée dans les passages de la seconde déduction ou de l'Analytique des principes que nous avons précédemment cités. Qu'il n'y ait rien à retoucher dans l'architectonique de la possibilité de l'expérience, la raison en apparaîtra plus clairement, au moment de la rédaction de la troisième critique : «Car unité de la nature dans le temps et dans l'espace et unité de l'expérience possible pour nous, c'est la même chose...» *ibid.* p. 29.

Mais la nouveauté, l'apport de la troisième critique (dans sa partie concernant la téléologie, qui relève de la raison théorique) est qu'il faille à la faculté de juger transcendantale (objet, rappelons-le, de l'Analytique des principes) supposer transcendantalement la clôture de la nature puisque celle-ci n'est jamais empiriquement vérifiable et qu'elle est une Idée de la raison, tout comme il faut supposer transcendantalement l'unité analytiquement vide du temps. Un peu plus loin dans ce même texte, l'exigence proprement rationnelle de complétude se fait sentir :

> «C'est donc une supposition transcendantale subjectivement né-
> cessaire que celle-ci : cette inquiétante disparité sans bornes des
> lois empiriques et cette hétérogénéité des formes de la nature, ne
> conviennent pas à la nature ; tout au contraire, cette nature se qua-
> lifie comme système empirique grâce à l'affinité des lois empi-
> riques particulières sous des lois universelles, pour constituer une
> expérience.» *ibid.* p. 29.

Entre ces deux idéalités transcendantales que sont ces suppositions nécessaires à la possibilité même de l'effectivité synthétique produisant l'événement de l'expérience (l'unité originaire de l'aperception et l'unité originaire de la nature), s'intercale l'expérience empirique elle-même, c'est-à-dire la réalité empirique elle-même, ce qui nous restitue le schéma tripartite de la catégorie, à savoir une effectivité articulée entre deux représentations qu'elle sépare invisiblement, c'est-à-dire en éclipse réciproque. Ici, ou l'expérience empirique nous aveugle, ou les suppositions transcendantales (notamment dans l'illusion transcendantale elle-même), c'est-à-dire, dans notre terminologie, ou bien l'apparence métaphysique, ou bien l'apparence transcendantale.

En même temps, nous retrouvons l'organisation systématique des trois Analogies dont il fallait encore expliciter le dernier moment. Si le concept métaphysique contenu dans la première Analogie (la permanence) offrait déjà quelques difficultés, si le concept transcendantal contenu dans la seconde Analogie (la causalité comme liaison nécessaire dans la succession) offrait des difficultés encore plus grandes — et nous n'avons même pas abordé le problème de l'antinomie avec la causalité libre —, la dernière Analogie constitue un véritable sommet qui, au sein de la *Critique de la raison pure,* reste comme entouré de nuages et caché au promeneur qui se limite aux sentiers balisés du fond des vallées et sa signification profonde resterait inaccessible sans cette troisième Critique, dont nous voulions montrer l'articulation architectonique à la *Critique de la raison pure*, qui la rend indispensable à sa compréhension.

En quoi cette dernière Analogie (simultanéité des influences dans le tout) se révèle-t-elle si obscure, d'une obscurité telle qu'elle passe même inaperçue ? Nous avions plus haut mentionné les phénomènes de temporalisation de l'espace (simultanéité) et de spatialisation du temps (liaison causale comme succession «objective») qui s'éclipsent les uns les autres dans une représentation de la nature qui, outre cette instabilité, est réduite à n'être toujours que fragmentaire. Kant offre dans la troisième Critique une explication beaucoup plus éclairante encore :

> «...que le tout soit la cause de la possibilité de la causalité des parties, voilà qui est tout à fait contraire à la nature des causes physiques mécaniques : pour qu'on puisse saisir la possibilité d'un tout, il faut à l'inverse que les parties soient données *d'abord* ; en outre, la représentation séparée d'un tout qui précède la possibilité des parties est une simple Idée, qui, lorsqu'elle est considérée comme le fondement de la causalité, se nomme : fin.» *ibid.* p. 63.

Autrement dit, la difficulté de la troisième Analogie est comme le revers de la médaille, le prix à payer pour l'apparente évidence de la seconde. En effet, il était difficile non pas de se représenter la causalité comme succession où le logique (le fondement à la conséquence) s'effectuait dans le même sens (avant, après) que le réel (la cause à l'effet), mais bien plutôt de se représenter la nécessité dans une telle liaison, c'est-à-dire la possibilité intrinsèque du jugement synthétique a priori qui rend l'expérience possible sous ce point de vue. Ici, la progression logique du fondement à la conséquence doit pour ainsi dire remonter le temps et l'effet doit être pensé comme précédant réellement la cause. Il n'y aurait aucun problème si «effet» et «cause» étaient des termes neutres, sans aucune connotation logique, et alors la seconde Analogie consisterait à mettre la «cause» avant l'«effet», tandis que la troisième mettrait l'«effet» avant la «cause» ; mais la difficulté n'est pas d'ordre temporel, dans l'appréhension du temps, mais dans la compréhension même (pour l'entendement, et plus justement, dans la réflexion de la faculté de juger), car ici c'est la conséquence qui précède le fondement. Certes, elle ne la précède ni réellement (dans l'expérience), ni même logiquement (dans l'entendement, où elle serait une catégorie), elle la précède *idéalement*.

En entrant dans l'expérience empirique, c'est le cadre même de la troisième Analogie qui explose, car il ne fait qu'indiquer une limite. Si l'on se contente des exposés de la première Critique, il est vrai que l'on reste dans le domaine de l'entendement, et surtout de sa *connaissance pure a priori* ; dès que l'on entre dans le cadre de l'*expérience empirique*, la nature «en général» devient cette nature hic et nunc et l'on ne peut continuer à la considérer comme si elle était totalement inerte, soit qu'elle ait cessé de vivre, soit qu'elle n'ait jamais commencé, car nous vivons autant qu'elle et en communauté d'action réciproque (ce qui s'était déjà manifesté dans l'unicité de fait entre la réceptivité des sensations et l'activité de la réalité <*Wirklichkeit*>). On entre dans la dimension du complexe, qui n'est véritablement théorisée que dans la dernière Critique.

La troisième Analogie a donc ceci en commun avec la première (dont Kant faisait remarquer qu'elle était si peu analogique) qu'elle indique une limite : limite avec la permanence du temps et la substantialité qui y est associée, unité de l'unité ; limite avec la communauté ou action réciproque, *divers du divers*. Ces limites enserrent l'entendement, aussi bien comme connaissance pure a priori que comme pouvoir de connaître.

Conclusion

Nous espérons avoir fait partager au lecteur cette conviction qui est la nôtre qu'un *système* anime et dirige en profondeur la pensée kantienne. A proportion de la force d'une telle conviction, naîtrait le mystère nouveau de ce qui fait l'altérité de l'architectonique par rapport à la pensée dont nous faisons la rassurante expérience quotidienne dans ses aspects vivants et désordonnés, «rhapsodiques» aurait dit Kant. Il serait en effet inquiétant qu'une métaphysique systématique et invisible exerce en secret une sorte de totalitarisme de la vérité, en marge de laquelle la pensée s'adonnerait aux rêves colorés de la fiction. D'une manière implicite, nous avons posé là la question de l'*essence* et celle de l'*extension* de l'architectonique.

L'essence de l'architectonique a été très peu thématisée par Kant, et bien qu'elle doive être pensée dans le cadre de cette réflexion sur le sens que constitue la troisième Critique, nous croyons qu'il faut la caractériser dans son altérité et sa spécificité propres comme *méthode* et non comme philosophème à part entière, ce qui d'ailleurs peut être fait par la suite sur une base dès lors plus solide. L'essence de l'architectonique peut être aperçue dans le traitement (quoique fort laconique) réservé à Kant à la problématique de la chiralité et que nous avons exposé. Qu'il suffise ici de rappeler que l'entendement, en ce qu'il règle «tout ce qui est formulable selon les critères que le discours rend intelligibles à l'esprit» (*Dissertatio*, Section III, *loc. cit.* T. 1, p. 653) aplatit en une unité technique tout ce qui ne prend son sens qu'au départ d'une unité architectonique : ainsi la chiralité des mains, patente pour l'intuition, est inintelligible dans le discours.

La pensée kantienne, nous pensons l'avoir montré à suffisance, est indiscutablement topologique, en ce sens qu'elle reconnaît plusieurs façons de penser le même «lieu», c'est-à-dire le même rapport de représentations et en ce sens qu'elle pense cette pluralité contre l'hégémonie de la métaphysique pré-critique. Sans que Kant, trop en avance sur son temps, puisse le thématiser comme tel, le sens, avec l'architectonique, cesse d'être purement langagier et la pensée philosophique cesse de reproduire en *automaton* les multiples efflorescences de l'être même du langage. La question de l'essence de l'architectonique est donc celle-ci : peut-on faire du sens en dehors du langage ?

Il n'y a pas, dans la *Critique de la raison pure* de philosophie du langage, et l'institution de la Logique y est présentée comme toute faite, puisque la subjectivité, empirique, transcendantale et idéale du sujet, y trouve toutes les modalités de sa dis-parition : dès lors, le problème du sens n'appartient déjà plus à une problématique de la connaissance *pure* et retombe dans cette de la faculté de juger, qui suppose immédiatement la discursivité de l'entendement humain (refoulant la problématique de la discursivité au-delà de l'horizon du *donné*).

Produire l'essence de l'architectonique revient à la fois à penser comme Kant et penser plus loin que lui, dans les mêmes orientations ; le lecteur jugera. L'important cependant est de saisir ceci : la production de l'essence de l'architectonique n'est pas en même temps celle de son sens métaphysique ; bien au contraire, cela entraîne l'affirmation de la relativité irréductible du sens, ricochant interminablement de plans en plans depuis une origine que l'on ne peut conjecturer comme *sensible* qu'en produisant une *apparence métaphysique* qui consiste à croire ce que l'on voit comme s'y trouvant nativement. La familiarité rassurante de l'apparence métaphysique (un chat est un chat) participe de l'effet particulièrement apaisant pour l'esprit des certitudes de la logique, remède contre l'angoisse dont on a tendance à abuser jusqu'à produire des apparences transcendantales. Le sens du monde dans sa totalité (apparence transcendantale) n'est pas plus assuré que le sens de toute chose intra-mondaine (apparence métaphysique) dont le découpage reste nôtre bien qu'il apparaisse toujours-déjà comme surgissant de par soi.

Pour passer d'une représentation à l'autre, la pensée en général traverse l'espace vide qui contient le plan (de la logique générale analytique) où elles se trouvent comme la main de la brodeuse passe le fil au-dessus et en dessous de son dessin. De même, la main droite traverse l'espace pour effectuer une rotation et vérifier son identité avec la main gauche ; le plan de leur extension idéale ne peut pas contenir la possibilité d'une telle rotation. Dans ce contexte, la pensée architectonique est la pensée d'un tel espace, vide de toute représentation et donc de tout sens.

La pensée architectonique n'est pas rassurante. En fondant fermement l'*Aufhebung* entre le Savoir et la Foi, Kant ne fait que tirer la conclusion de la *dis-parition* de toute la subjectivité du sujet dans la science ; le sujet est réduit à une seule pensée, vide par surcroît : Je pense. Tout, dans l'immense espace au-dessus des solides représentations de l'entendement, peut être fait mais rien n'y peut demeurer comme certitude éternelle : *«que puis-je espérer ?»*. Mais c'est déjà un autre débat.

Ceci dit, cette solidité dont nous parlons à propos des représentations de l'entendement reste un «effet de sens», une évidence opaque. L'architectonique qui *situe* l'entendement et par là la possibilité et l'universalité même d'une science montre en même temps que celle-ci ne peut prétendre ni à la maîtrise d'un concept premier métaphysique qui serait l'Idée inexponible de cette science, ni à la complétude de tout ce qui se tiendrait sous celle-ci. Il est d'ailleurs aisé de voir que l'unité métaphysique d'une telle Idée projetterait immédiatement la totalité disjonctive de toutes ses parties possibles, de même que l'ensemble de celles-ci, pour autant que l'on puisse être assuré de sa complétude, laisserait déterminer *réflexivement* cette même idée. Comme nous l'avons montré, dans la triade que constitue chaque catégorie, le premier et le dernier moments sont métaphysiques, tandis que le moment médian est transcendantal. La Science (de la nature) ne peut prétendre en son principe à être autre chose que transcendantale dans son exécution, puisqu'il lui manque sa propre Idée comme principe (unité de sa cohérence) et cette même Idée redoublée comme concept (la complétude du déploiement de cette même Idée). D'où son historicité, d'où sa possibilité infinie de progrès. Les principes métaphysiques de la science de la nature sont premiers, chez Kant, car ils sont les *premiers* d'une longue procession...

Cela nous amène insensiblement à la caractérisation de l'architectonique suivant l'*extension*. L'architectonique contient le concept métaphysique de la transcendance constitutive de la discursivité humaine, mais elle n'est pas cette transcendance elle-même puisqu'elle est la théorie des modalités

de sa dis-parition (dans l'Idéal), tout comme la théorie des
noumènes négatifs est celle de la sensibilité (*loc. cit.*). La clôture d'une science pure a priori, à l'intérieur de laquelle la pensée est *effectivement immanente* n'est l'apanage que de deux
sciences possibles : la mathématique pure a priori et la morale
pure a priori. L'on voit les deux pôles métaphysiques où s'articule toute la discursivité de l'entendement humain. Quelle est
la science pure a priori de cette discursivité ? — la philosophie
transcendantale, la seule des trois sciences pures a priori à porter ce qualificatif (A 480/B 508, p. 1130, *loc. cit.*).

Cette science de la discursivité est en même temps une théorie
de la transcendance (comme ouverture à autre chose que soi)
qui suppose la possibilité de la métaphysique (alors que la métaphysique, comme immanence, ne doit supposer qu'elle-
même). Elle est la théorie de la dis-parition du transcendantal
en vue du métaphysique, dis-parition qui dans le métaphysique
devient à son tour dis-parition de la disparition : ainsi, il nous
semble *de l'extérieur* pouvoir pressentir la plénitude matérielle
de la métaphysique, dont tout devrait procéder analytiquement,
alors qu'il nous semble de même *de l'intérieur* qu'elle n'est
rien d'autre qu'une énigme vide et insondable. Cependant, le
fait même de la métaphysique apparaît comme «donné» de
toute éternité, dans l'éclipse qui la coupe de toute fondation.
La fondation architectonique de la métaphysique est donc en
même temps la théorie de la dis-parition du fondement de la
métaphysique, dis-parition par laquelle il peut y avoir métaphysique pour la raison pure et par les étapes de laquelle il peut
y avoir une mathématique pour l'intuition pure, une logique
pour l'entendement pur (indissociable de la faculté de juger
dans les limites invisibles de l'expérience sensible).

La discursivité de l'entendement humain est ce qui dis-paraît
progressivement dans l'ascension de la faculté de juger réfléchissante allant du conditionné à l'inconditionné ; elle est cependant l'objet dis-paraissant de la philosophie transcendantale
et par là de la métaphysique systématique dont l'objet a ac-
compli sa dis-parition lorsqu'elle se consomme en une
connaissance pure a priori, c'est-à-dire une représentation, car
en tant que représentation systématique, elle ne peut être représentation qu'à proportion inverse de ce qu'elle est systématique. Pourtant, pour se donner son objet, la philosophie transcendantale doit supposer la discursivité de l'entendement

humain bien qu'elle en effectue la dis-parition, tout comme l'entendement humain, bien qu'il entre dans sa possibilité intrinsèque d'être pur, c'est-à-dire de faire abstraction du contenu et de l'origine de ses connaissances, doit cependant supposer la réalité des choses extérieures, quand bien même qu'il les aurait abstraites jusqu'à tomber dans l'illusion transcendantale. La «Réfutation de l'idéalisme», qui développe cette argumentation, faisait partie intégrante, à l'origine, du quatrième «Paralogisme de la psychologie rationnelle», qui concernait l'idéalité des phénomènes extérieurs. Que devait conclure ce texte? Que l'idéalisme transcendantal doit se doubler d'un réalisme empirique. L'on ne peut vaincre ce dédoublement de toutes les perspectives pour le réduire à l'unité sans tomber victime de l'éclipse qui les sépare en alimentant l'illusion qu'elles sont chacune, pour leur propre compte, uniques et totales.

La fondation architectonique de la métaphysique ne doit pas se limiter — en tant qu'il faut comprendre par fondation non pas un fait durablement acquis, mais une expérience à refaire interminablement — à montrer que l'infini mathématique se mire dans son double logique comme une immanence répond à son double immanent au sein d'un infini plus grand, à la manière des trans-finis de Cantor, qui ne contient rien de plus que l'espace de rotation où la main mathématique opère l'inversion qui révèlera son identité seconde, chirale, d'avec la main logique. La métaphysique kantienne a pour horizon la réflexion de la raison pratique (d'elle-même sur elle-même): L'Aufhebung du penser et du connaître, de l'intuitionner (le mathématique comme «usage intuitif» de la raison, *loc. cit.*) et du juger (le logique comme «usage discursif» de la raison, *loc. cit.*) prépare celle du Savoir et de la Foi, Aufhebung, c'est-à-dire éclipse entre un monde sans sujet (le Savoir) et un sujet sans monde (la Foi).

TABLE DES MATIERES

SECONDE PARTIE
LA SENSIBILITÉ

TROISIÈME PARTIE
L'ENTENDEMENT

✳

Collection *KRISIS*

Krisis. Crise. Mais aussi discernement, décision, séparation. C'est tout à la fois, encore, le titre abrégé de la dernière grande œuvre de Husserl, où la phénoménologie se confronte à l'historicité et à la rationalité, et le terme dont est dérivé le mot *"critique"*, qui évoque aussitôt, en philosophie, les trois maîtres-ouvrages de Kant. Notre temps de crise se doit de tenir en éveil la philosophie qui, comme philosophie de la crise, ne peut être que critique: non seulement à l'égard des disciplines déjà constituées, de la dispersion de la praxis dans des pratiques diverses que plus rien ne semble relier, mais aussi et avant tout à l'égard d'elle-même, du désir d'obtenir des "résultats" définis, qui la hante encore, comme en une visée ultime bien que toujours déjà éclatée selon ses objets.

Critique, la philosophie ne peut plus être *théorie*, contemplation d'un Etre ou d'un monde qui recelerait, en soi, ses structures immuables. Elle reste à élaborer, quelque part entre les *questions ouvertes* par la phénoménologie depuis Husserl et les *horizons de sens* inscrits dans l'œuvre kantienne. Non plus en vue d'une désormais illusoire "science des sciences" — la philosophie est heureusement libérée aujourd'hui des tâches de la connaissance positive —, mais en vue de l'interrogation, nécessairement *plurielle*, du sens et des sens. La philosophie, en cette fin de XXème siècle, se doit de devenir, sous peine de disparaître, un exercice *réfléchi*, parmi d'autres possibles, de la *responsabilité quant au sens*, en marge des savoirs et de leur technicité, en marge aussi des manipulations et des appropriations. Car l'énigme du sens est qu'il se perd plus facilement qu'il ne se gagne, qu'il n'en existe nulle part de maître. Dès lors, il s'agit pareillement de renouer, à travers le fil de la critique, un rapport de fidélité à la tradition, qui ne peut aller sans de nouvelles infidélités — selon ce que "la vie de l'esprit" a toujours été, et à l'encontre des incantations tout à la fois mortifères et auto-satisfaites de la "fin". Car nous commençons à comprendre que la crise est originaire, qu'elle a du moins commencé dès que les hommes ont réfléchi leur histoire, que, loin de les empêcher de vivre et de penser, elle les y a poussés jusqu'aux plus étonnantes créations de leur génie, et qu'il n'y a finalement aucune raison, malgré les apparences, et malgré un siècle qui nous a plongés dans l'horreur nue, de nous mettre en scène, de manière agonistique, comme les derniers, ou de manière fantasmagorique, comme les premiers. Il y a tout simplement à *vivre* comme des *hommes*, c'est-à-dire aussi à tâcher de comprendre en faisant du sens, contre les œuvres décidément trop florissantes, en tout cas suffisamment prospères, de la pulsion de mort.

Vouée à la philosophie, la collection *"Krisis"* accueillera tant des textes originaux que des études critiques, problématiques ou historiques, voire même des travaux érudits jetant un jour nouveau sur le devenir toujours énigmatique de la pensée et des idées. Car il serait contradictoire que son inspiration "phénoménologique" et "critique" n'aille pas jusqu'à la rencontre la plus finement articulée des *faits*.

Ouvrages à paraître prochainement

— Jan Patočka, *Liberté et sacrifice. Ecrits politiques*
  Traduit du tchèque et de l'allemand par Erika Abrams

— Pierre Fédida [sous la direction de], *Psychiatrie et existence*

— Renaud Barbaras, *La dimension comme être du phénomène. Sur l'ontologie de Merleau-Ponty*

AVEC LES FILMS FOURNIS
CET OUVRAGE A ÉTÉ

ACHEVÉ D'IMPRIMER   EN SEPTEMBRE 1990
SUR LES PRESSES   DE L'IMPRIMERIE
LIENHART & Cᴱ A   AUBENAS D'ARDÈCHE

DÉPÔT LÉGAL : Septembre 1990

Nº 4716. Imprimé en France